アジャイルソフトウェア達人の技

Clean
クリーンコード
Code

■ Robert C. Martin 著
■ 花井志生 訳

ASCII
DWANGO

商標
本文中に記載されている社名および商品名は、一般に開発メーカーの登録商標です。
なお、本文中ではTM・Ⓒ・Ⓡ表示を明記しておりません。

Clean Code

A Handbook of Agile Software Craftsmanship

The Object Mentors:

Robert C. Martin

Michael C. Feathers   Timothy R. Ottinger
Jeffrey J. Langr   Brett L. Schuchert
James W. Grenning   Kevin Dean Wampler
Object Mentor Inc.

*Writing clean code is what you must do in order to call yourself a professional.
There is no reasonable excuse for doing anything less than your best.*

Upper Saddle River, NJ • Boston • Indianapolis • San Francisco
New York • Toronto • Montreal • London • Munich • Paris • Madrid
Capetown • Sydney • Tokyo • Singapore • Mexico City

Copyright

Authorized translation from the English language edition, entitled CLEAN CODE: A HANDBOOK OF AGILE SOFTWARE CRAFTSMANSHIP, 1st Edition, by MARTIN, ROBERT C., published by Pearson Education, Inc, publishing as Prentice Hall, Copyright © 2009.

All rights reserved. No part of this book may be reproduced or transmitted in any form or by any means, electronic or mechanical, including photocopying, recording or by any information storage retrieval system, without permission from Pearson Education, Inc.

JAPANESE language edition published by DWANGO CO., LTD., Copyright © 2017.

Japanese translation rights arranged with PEARSON EDUCATION, INC. through JAPAN UNI AGENCY, INC., TOKYO JAPAN.

本書は、米国 Pearson Education, Inc. との契約に基づき、株式会社ドワンゴが翻訳、出版したものです。

アン・マリーに捧ぐ：生涯に渡って永遠に続く愛

目　次

- 前書き 13
- 序論 19
- 謝辞 21
- カバーの絵について 23

第1章　クリーンコード 25
- そこにコードありき 25
- 粗悪なコード 27
- 混乱のために支払う総コスト 28
- 道場 38
- 我々が著者です 39
- ボーイスカウトの規則 41
- 続編と原則 41
- 結論 42
- 参考文献 42

第2章　意味のある名前 43
- 序文 43
- 意図が明確な名前にする 43
- 偽情報を避ける 45
- 意味のある対比を行う 47
- 発音可能な名前を使用する 48
- 検索可能な名前を用いる 49
- エンコーディングを避ける 50
- ハンガリアン記法 50
- メンバープレフィクス 51
- インターフェイスと実装 52
- メンタルマッピングを避ける 52
- クラス名 53

メソッド名 53
気取らない 54
1つのコンセプトには1つの単語 54
ごろ合わせをしない 55
解決領域の用語の使用 55
問題領域の用語の使用 56
意味のある文脈を加える 56
根拠のない文脈を与えない 58
最後に 59

第3章　関数 **61**

小さいこと！ 64
1つのことを行う 65
1つの関数に1つの抽象レベル 67
switch 文 68
内容をよく表す名前を使う 70
関数の引数 71
副作用を避ける 75
コマンド・照会の分離原則 77
戻りコードよりも例外を好む 78
DRY（Don't Repeat Yourself）原則 81
構造化プログラミング 81
なぜ関数をこのように書くのでしょう？ 82
結論 82
SetupTeardownIncluder 83
参考文献 86

第4章　コメント **87**

コメントで、ダメなコードを取り繕うことはできない ... 89
自分自身をコードの中で説明する 89
よいコメント 89
よくないコメント 95
参考文献 113

第 5 章　書式化 …………………………………………………… 115

書式化の目的 …………………………………………… 116
縦方向の書式化 ………………………………………… 116
横方向の書式化 ………………………………………… 126
チームの規則 …………………………………………… 132
アンクルボブの書式化規則 …………………………… 133

第 6 章　オブジェクトとデータ構造 ……………………………… 137

データ抽象化 …………………………………………… 137
データ／オブジェクトの非対称性 …………………… 139
デメテルの法則 ………………………………………… 142
データ転送オブジェクト ……………………………… 145
結論 ……………………………………………………… 147
参考文献 ………………………………………………… 147

第 7 章　エラー処理 ………………………………………………… 149

リターンコードではなく、例外を使用する ………… 150
最初に try-catch-finally 文を書く …………………… 151
非チェック例外を使用する …………………………… 153
例外で状況を伝える …………………………………… 154
呼び出し元が必要とする例外クラスを定義する …… 154
正常ケースのフローを定義する ……………………… 156
null を返さない ………………………………………… 158
null を渡さない ………………………………………… 159
結論 ……………………………………………………… 161
参考文献 ………………………………………………… 161

第 8 章　境界 ………………………………………………………… 163

サードパーティーのコードを使用する ……………… 163
境界の調査と学習 ……………………………………… 166
log4j を学習する ………………………………………… 167

学習テストは、タダ以上のものである ……………………………………… 169
　　　まだ存在しないコードを使用する ………………………………………… 169
　　　きれいな境界 …………………………………………………………………… 171
　　　参考文献 ………………………………………………………………………… 171

第9章　単体テスト …………………………………………………… 173

　　　TDD 三原則 …………………………………………………………………… 174
　　　テストをきれいに保つ ………………………………………………………… 175
　　　クリーンテスト ………………………………………………………………… 177
　　　1つのテストに1つのアサート ……………………………………………… 183
　　　F.I.R.S.T. ……………………………………………………………………… 186
　　　結論 ……………………………………………………………………………… 187
　　　参考文献 ………………………………………………………………………… 187

第10章　クラス ………………………………………………………… 189

　　　クラスの構成 …………………………………………………………………… 189
　　　クラスは小さくしなければならない！ ……………………………………… 190
　　　変更のために最適化する ……………………………………………………… 202
　　　参考文献 ………………………………………………………………………… 207

第11章　システム ……………………………………………………… 209

　　　あなたは、街をどうやって造りますか？ …………………………………… 209
　　　システムを使うことと、構築することとを分離する ……………………… 210
　　　スケールアップ ………………………………………………………………… 214
　　　Java プロキシ …………………………………………………………………… 218
　　　Pure Java の AOP フレームワーク ………………………………………… 220
　　　AspectJ アスペクト …………………………………………………………… 223
　　　システムアーキテクチャのテスト実行 ……………………………………… 224
　　　意思決定を最適化する ………………………………………………………… 225
　　　論証可能な価値を追加する際には、標準を賢く使用する ………………… 226
　　　システムはドメイン特化言語を必要とする ………………………………… 226
　　　結論 ……………………………………………………………………………… 227

参考文献 ……………………………………………………………………………… 227

第12章　創発 …………………………………………………………………… 229

　　　創発的設計を通して、洗練する ……………………………………………… 229
　　　単純な設計への規則1：全テストを実行する ……………………………… 230
　　　単純な設計への規則2～4：リファクタリング …………………………… 230
　　　重複の排除 …………………………………………………………………… 231
　　　表現に富む ……………………………………………………………………… 234
　　　クラスとメソッドを最小限に ………………………………………………… 235
　　　結論 ……………………………………………………………………………… 235
　　　参考文献 ……………………………………………………………………… 236

第13章　同時並行性 …………………………………………………………… 237

　　　なぜ同時並行性が必要なのか？ ……………………………………………… 238
　　　難問 ……………………………………………………………………………… 240
　　　同時並行性防御原則 …………………………………………………………… 241
　　　使用しているライブラリを知る ……………………………………………… 243
　　　実行モデルを見分ける ………………………………………………………… 244
　　　同期化メソッド間の依存関係に注意 ………………………………………… 246
　　　同期化セクションを小さくする ……………………………………………… 246
　　　正確な終了処理コードを書くのは難しい …………………………………… 247
　　　スレッド化されたコードのテスト …………………………………………… 247
　　　結論 ……………………………………………………………………………… 252
　　　参考文献 ……………………………………………………………………… 253

第14章　継続的改良　コマンドライン引数のパーサを用いたケーススタディ ……… 255

　　　Args の実装 …………………………………………………………………… 256
　　　Args クラス。大雑把な下書き ………………………………………………… 264
　　　文字列引数 ……………………………………………………………………… 282
　　　結論 ……………………………………………………………………………… 329

第15章　JUnit の内部 **331**

JUnit フレームワーク 331
結論 348

第16章　SerialDate のリファクタリング **349**

まずは、動作するようにする 350
そして正しく直した 352
結論 369
参考文献 369

第17章　においと経験則 **371**

コメント 372
環境 373
関数 374
一般 375
Java 398
名前 401
テスト 406
結論 408
参考文献 408

付録A　同時並行性 II **411**

クライアント／サーバーの例 411
結論 416
実行経路候補 416
さらに深層へ 418
ライブラリを知る 421
メソッド間の依存性が同時並行コードを破壊する 425
スループットを高める 430
デッドロック 433
マルチスレッドコードをテストする 438

マルチスレッドコードのテストのツールによるサポート 441
チュートリアル：コードサンプルの全体 442

付録 B　org.jfree.date.SerialDate 447

付録 C　経験則のクロスリファレンス 515

後書き 517

索引 519

前書き

　ガ・ヨール（Ga-Jol）は、ここデンマークで最も親しまれているキャンディーです。その強烈な甘草の香りは湿潤で、時に底冷えするような気候を補うのにピッタリです。我々デンマーク民族にとってのガ・ヨールの魅力の1つは、その箱の上蓋に描かれた思慮深い、あるいは機知に富んだ文句にあります。私が今朝、このごちそうを2パック買い求めると、それは次のような文句を、この年老いたデンマーク人に披露したのでした。

　Ærlighed i småting er ikke nogen lille ting.

「小さなことに誠実であることは、決して小さなことではない。」このお告げは、まさに私がここで述べたいと思っていたこととよく一致しています。小さなことが重要である。この本は、地味な関心事を扱いますが、それらの価値は決して小さなものではありません。
　「神は細部に宿る。」建築家のルートヴィッヒ・ミース・ファン・デル・ローエの名言です。この言葉は、現代のソフトウェア開発、それも特にアジャイル界においてアーキテクチャが果たす役割に対する議論を思い起こさせます。ボブと私は、時折、この議論にのめりこみました。確かに、ミース・ファン・デル・ローエは実用性と、そして素晴しいアーキテクチャに裏打ちされている時代を超えた建築様式とに注意を払った人でした。一方で、彼は自分が設計したすべての家のドアノブを自分自身で選ぶ人でもありました。なぜなのでしょうか？ それは小さなことこそが重要だからです。
　今、行われているTDDに関する「議論」の中で、ボブと私はソフトウェアアーキテクチャが開発において、重要な位置を占めることを認めつつも、この言葉が正確に意味するものとして、これまでと異なった光景がありそうなことを発見しました。この手のあら探しは、どちらかといえば重要ではありません。なぜなら、責任あるプロというものが、プロジェクトの開始時点で**ある程度の**時間を考えることと計画することとに費やすということを、我々は当然のこととして受け入れているからです。1990年代後半になって、テストとコード**のみ**に裏打ちされたデザイン駆動という考えは廃れてしまいました。さらに、細かなことへの気づきというものが、他のもったいぶったビジョンよりもずっと重要となってきています。第一に、プロというものは、小さな実践を通して上達し、大きな実践を通じて信用を勝ち得るものであり、第二に、建築における細かな部分のぞんざいさ、きちんと閉まらないドア、微妙に曲がった床のタイル、よごれた机、こうしたものは全体としての魅力を台無しにしてしまいます。これこそが「クリーンコード（Clean Code）」で議論する内容なのです。
　それでもアーキテクチャは、ソフトウェア開発、とりわけ最初の**製品**を産み出すソフトウェアのメタファーの1つです。これは、建築家がピカピカの建物を提供するのと同じ感覚です。今日のスクラムとアジャイルの開発においては、市場にいちはやく**製品**を届けることが重要です。工場が、最

大速度で稼動してソフトウェアを生産することを我々は望みます。これは人間による工場です。そこでは、考えながら、感じながら働くコーディング担当者が製品のバックログ、あるいはユーザーストーリーから**製品**を作り上げていきます。こうした考えの中では、製造業のメタファーが、これまでよりも強烈に現われてきます。日本の製造業におけるオートメーション、組み立てラインの世界のイメージがスクラムに多くの示唆を与えています。

　自動車業界においてさえ、製造ではなく保守——あるいはその回避作業が仕事の多くを占めています。ソフトウェア産業においては、80%以上の作業が修正作業であり、これは奇妙なことに「保守」という言葉で呼ばれます。よいソフトウェアの構築を指向する、典型的な西洋風の考えを信奉するのではなく、我々はもっと建設業における、家の修理工や、自動車業界における車整備工のように考えるべきです。日本の経営者はこのことに対して何というでしょう？

　1951年頃、TPM（Total Productive Maintenance）と呼ばれる、品質向上の取り組みが日本に現われました。TPMは製造よりも、保守にフォーカスしています。TPMを支える主な柱は、いわゆる5S原則です。5Sは規律です——ここでは啓蒙の意味で「規律」という言葉を使用しています。実際、5Sの原則はリーンの基礎となっています。リーンも西洋における、もう1つのバズワードであり、最近ソフトウェア界でとみに目立つようになってきました。これらの原則はすべてが必須です。アンクルボブが前付けで述べているとおり、よいソフトウェア開発を実践するには次の規律：集中、知性の存在、そして思考が必要です。これは工場の設備が、最適な速度で動くように努力し続けることを、いつも意味するとは限りません。5Sの理念は、次の5つのコンセプトによって構成されます。

- **整理**（英語では"sort"を思い浮かべるとよい）。どこに何があるかを把握すること（たとえば適切な名前を付けるなどして）が重要です。識別子の名前付けなど、重要でないと思いますか？ 以降の章を読めばわかるでしょう
- **整頓**（英語では"systematize"を思い浮かべるとよい）。昔のアメリカの言い伝えに、何物にも相応の場所があり、万物はそれにふさわしい場所に存在する。というのがあります。コードは、あなたがここにあるだろうと推測した場所にあるべきです。もしもそうでないのなら、リファクタリングして、あるべき場所に移動すべきです
- **清掃**（英語では"shine"を思い浮かべるとよい）。作業場所を、ぶら下がったワイヤや、グリース、スクラップ、ゴミで汚さないようにします。コードにコメントを入れたり、コメントアウトしたりして将来のために履歴を残したりして、ちらかすことに対して、筆者らは何というでしょうか？ そんなことはおやめなさい
- **清潔**。グループの意識は、作業場所をきれいに保つという点で一致しています。この本では、コーディングスタイルや、日々の仕事のやり方を、整合性を持ってグループ内で一致させることを、主張するのだろうと思いましたか？ こうした標準は、いったいどこからくるのでしょうか？ 読み進めてみてください
- **しつけ**（self-discipline）。決められた仕事の進め方に従い、メンバーの仕事について回顧し、変革することを厭わない。こうした規律を持つことを意味します

もしもこの本を読み進め、そして実践するという挑戦（そう挑戦です）を続けるのであれば、やがて、最終到達点を理解し、そして評価することになるでしょう。ついに我々は、製品のライフサイクルに関係した職業における、責任の重いプロ意識の根幹へと辿りつきました。TPM のもと、自動車やその他の機械を整備する上で、故障の修理（バグが露呈するまで待つこと）というのは例外です。そうではなく、水準を 1 つ上げるのです。機械の状態を日々チェックし、摩耗したパーツを壊れてしまう前に修復し、あるいは摩耗と破断を事前に防ぐために有名な 10,000 マイルオイル交換と同じようなことを実践するのです。コードで置き替えるなら、妥協を許さずにリファクタリングを実施するのです。これにより水準をさらに一段階改善できます。TPM の動きは、50 年以上前に革新を起こしました。そもそも整備しやすい機械を作り出しました。コードを読みやすくするということは、動くようにすることと同じくらい重要です。1960 年頃の TPM によって取り入れられた究極の実践は、まったく新しい機械の導入あるいは古い機械の置き替えにフォーカスしました。フレッド・ブルックス[1]が警告しているように、ぞっとするような酷い造りのものを一掃するために、我々は、おそらく 7 年ほどの周期でソフトフェアの大半を 0 から作り直すハメに陥っています。たぶん、ブルックスの時間定数は年ではなく週、日、時間のオーダーに修正する必要があるのです。そこにこそ細部が横たわっているのです。

　細部には強い力があり、さらにこうした人生への取り組みには、何かしら地味でありながら重要なものが存在し、それが日本人の根源的なものを滲ませるのであれば、我々は固定観念的に、その取り組みに期待を持つのです。しかし、これは何も東洋人のみの人生観というわけではありません。イギリス、アメリカの民衆の知恵というものも、こうした訓戒にあふれています。上記の整頓の一節は、文字どおり整頓されたようすを目の当たりにしたオハイオ州の大臣の一節「さまざまな災厄に対する治療薬」からきています。清掃についてはどうでしょうか？ **清潔さは、信仰の深さと似ています**。いかに家がきれいであろうと、そこにある机がちらかっていれば台無しでしょう。こうした小さなことがらに対して、しつけはどのような役割を果たすでしょうか？ **小さなことに忠実な人間とは、多くのことにも忠実なものです**。リファクタリングに敢えて仕事の時間を割り当て、きたるべき「大きな」決断にそなえて、あきらめるのではなく、自分の立ち位置をより強固にするという姿勢をどう思いますか？ **今日の一針、明日の十針。早起きは三文の得といいます。今日できることを明日に延ばしてはいけません**（リーンが、ソフトウェアコンサルタントの手中に落ちる以前に、「最終責任時点（The last responsible moment）」というフレーズが元々持っていた意味合いのごとく）。こうした細々とした活動の立ち位置を、舞台の中央へと変えてみてはどうでしょう。**小さなドングリが成長して、巨大な樫の木となるのです**。あるいは単純な予防のための作業を日々の生活の中に組み入れることについてはどう思いますか？ **1 オンスの予防は 1 ポンドの治療に値します。1 日 1 つのリンゴは医者を遠ざけるといいます**。コードを洗練することは、深い深い知恵の根源を支持します。それは、広く我々の文化の中にあるもの、あるいはかつてあったもの、あるいはそうであるべきものです。そして、それは細部への注意も含んでいる**かもしれません**。

1　訳注：「人月の神話」の著者。

全体アーキテクチャの資料の中にさえ、ここでいう細部を思い起こさせるような格言が見つかることがあります。ミース・ファン・デル・ローエのドアノブについて考えてみてください。これは整理です。1つ1つの変数名に注意を払うことです。変数の名前を決定する際には、最初の子供の名前を決めるときと同じくらいの配慮が必要なのです。

　こうした手入れや、修理というものに終わりはありません。家を所有している人は皆気づいていることでしょう。パターン、パターン言語の産みの親であるアーキテクト、クリストファ・アレキサンダは、1つ1つの設計作業は局所的な小さな修繕作業であると見なしています。そして、洗練された構造を産み出す能力こそがアーキテクトの領分であり、それより広い領域はパターンと、その分野の利用者によるパターンの適用がカバーすると述べています。設計に終わりはありません。つまり家に新たな部屋を増築するようなものではなく、つねに気を配って塗り替えをしたり、痛んだ絨毯を交換したり、台所の流しをよりよいものに交換したりというような作業なのです。大抵の技術には、情緒的なものが反映されています。神の家は細部に帰ると主張する人々を調査するうち、実は我々自身は、19世紀のフランスの作家、グスタフ・フローベルトのようなよき会社にいるのだということを再認識しました。フランスの詩人、ポール・ヴァレリーは、詩は永遠に完成することがなく、継続的な修正が続くもので、もしもそれを止めるときがくるなら、それは放棄に等しいと述べています。このように細部に没頭することというのは、卓越を達成するための共通の努力なのです。さて、ここで述べたことは、ちょっとこれまでには聞いたことのないようなものもあるかもしれません。しかし、この本を読み進むうちに、こうしたよき規律が必要だと感じるでしょう。こうした規律は、遠い過去に、あなたが無気力にあきらめざるを得なかったものだったり、あるいは自発性とか変化への順応性の訴求だったりするのです。

　残念なことに、普段我々はこうしたことをプログラミング上の最重要項目としては扱っていません。我々は早い時期でコードを手放してしまいます。それは完了したからではなく、我々の価値体系の興味が、実際に提供するソフトウェア自体から外観へと移ってしまうためです。結局これは後で高くつくことになります。**ニセ金は結局バレてしまうのです。**コードを洗練するといった研究は、学術的なものでも、業界のものでもないので、低俗なものと見られてしまいます。私がベル研のソフトウェア製品研究部門（そう、製品！）で働いていた頃、我々はある簡単な事実を見つけました。それは統計的に見ると、整合性を持った字下げが、バグ発生率を下げるための1つの大きな要因であるということでした。我々は、品質の問題をアーキテクチャやプログラミング言語など、もっと高尚な概念と結びつけることを望みます。熟練したツールの活用とか、高尚な設計手法の使いこなしによって、その人がプロとして認められるかのごとくです。工場の単純労働者、つまりはコーダーが字下げを守るといった単純なことで価値を産み出してしまうことに、我々は自尊心を傷つけられてしまうのです。17年前に私が書いた本では、優秀であることと能力のあることとを区別しています。日本人の世界観では、日々の作業担当者の産み出す重要な価値を大事にします。さらにいえば、それは単純な、日々の作業者の行動に立脚している開発体系です。品質というのは、天から降ってきた高尚な手法からではなく、幾多の無私無欲の行動から得られるのです。これらの行動は単純なものですが、過度に単純なものではなく、実践がやさしいものでもありません。そうではなく、そ

れらは人類のあらゆる努力が産み出す卓越さ、さらにいえば、美しさの結晶なのです。これらを無視するということは、人として何かが欠けているということです。

　もちろん、私は依然として、広い視野で物事を考えることと、特にソフトウェアの有用性とドメインの深い知識とに根ざしたアーキテクチャ主導の取り組みの提唱者です。この本は、こうしたことには（少なくとも明確には）触れません。この本では、より本質的な趣旨を扱います。その深遠さは無視してはならないものです。これは、今日見られる、ピーター・ソマーラド、ケヴリン・ヘニー、ジョバンニ・アスプロニといったコード指向の人達の考えとよく一致します。「コードは設計である」、「単純なコード」という言葉は彼らのマントラです。我々は、インターフェイスがプログラムであり、その構造がプログラムの構造について多くを語るということを心に留めおくべきですが、一方、デザインはコードの中に宿るという謙虚なスタンスを受け入れることも重要なことです。製造における補整はコストをほのめかしますが、設計段階での補整は価値に結びつきます。我々は自分達のコードを、高尚な設計努力の美しい表現と見るべきでしょう。ここでいう設計とは固定的な到達点ではなく、経過なのです。アーキテクチャ上の評価基準の1つである、凝集性と結合度はコードから得られるものです。ラリー・コンスタンティンの凝集性と結合度に関する話を聞けば、彼がUMLに出てくるような、高尚で抽象的な概念ではなく、コードの観点から話をしていることに気づくでしょう。リチャード・ガブリエルは、彼の随筆の中で、抽象化は悪であるとする「抽象化歌」について語っています。コードは悪に立ち向かうものであり、コードの洗練はさしずめ神というところでしょう。

　もう一度、私の小さなガ・ヨールの箱に戻りましょう。小さなことに注意を向けるだけでなく、小さなことに正直である。これがデンマーク人に語りつがれる知恵です。これは、私は重要なことだと考えます。つまりコードに対して正直になり、現在のコードの状態に対して、仲間達に対し正直になること、そしてとりわけコードに対して、自分自身に正直となることです。キャンプ場をもとあったとき以上にきれいにすることに、我々は最善を尽くしたでしょうか。コードをチェックインする際に我々はリファクタリングしたでしょうか？　アジャイルにおける価値の中心にある関心事というのは、周辺に存在するのではなく、真正面から向き合っているものなのです。スクラムにおいては「完了」という概念の一部にリファクタリングを含めることを推奨しています。アーキテクチャもコードを洗練することも、完璧さを求めるわけではなく、正直さと、最善を尽くすことのみを要求するのです。**過ちを犯すのは人間で、それを許すのは神です**。スクラムにおいては、すべてのことを観察可能とします。我々は汚れた洗濯物を乾かします。我々のコードは決して完璧なものではありません。だからこそ我々は、コードの状態に対して正直になるのです。そしてより完璧な人間となり、神にふさわしい存在になり、そして細かなことの偉大さにより近づくのです。

　この仕事に就いていると、どんな手伝いでも喉から手が出るほど欲しいものです。店の床をきれいにすることで事故を防ぐことができ、店の商売道具をきちんと整理することで生産性が向上するのであれば、私はそれらすべてを実践するでしょう。この本で扱う、リーン原則のソフトウェアへの実践的な適用は、これまで出版されたものの中で最高のものです。私はまさしくこの小さな実践的集団に期待してきたのです。彼らは自ら考え、長年に渡ってお互いに努力し、自らを高めるだけ

でなく、自分達の知識を、この業界で働く、あなたのような、この本を手にとっている人に伝えようとしてきたのです。アンクルボブが原稿を私に送ってくる前の頃よりも、彼らの知識は、この世界を幾分マシなものにしてくれました。

　この宿題を、高尚な洞察の中で片付けたら、次は私の机の上を片付けるとしましょう。

James O. Coplien
Mdrup, Denmark

序論

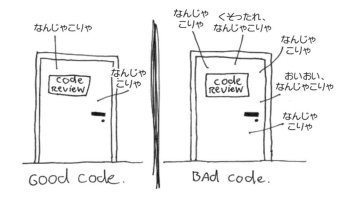

Reproduced with the kind permission of Thom Holwerda.
（ソム・ホルウェルダに快諾を得て複製）
http://www.osnews.com/story/19266/WTFs_m

　あなたのコードはどちらのドアですか？　あなたのチーム、会社はどうですか？　なぜ、我々は、この部屋にいるのでしょう？　これは通常のコードレビューでしょうか、それともシステムが実運用に入ってまもない間に、続けざまに問題が発見されたところなのでしょうか？　我々はパニック状態で、ちゃんと動作したと思っていたコードを何度も見直しながら、デバッグを行っているのでしょうか？　お客様が押し寄せ、管理者は我々にまとわりついて、うしろからあれこれとがなりたてているのでしょうか？　右のドアの向こうで、事態が切迫してしまっているとき、どうすれば、それを終わりにできるのでしょう？　答は**職人技**です。

　職人技の習得は２つの部分、知識と作業とに分けられます。原則、パターン、実践、そして経験則といった、職人が身につけるべき知識を得る必要があります。そしてまた、一所懸命に作業し、実践することで、こうした知識を咀嚼して自分自身の指、目、そして腑へと落とし込む必要があります。

　自転車に乗るための物理法則を、私はあなたに教えることができます。実際、古典数学は比較的単純です。重力、摩擦、角運動量、重心などは、１ページ以下の方程式で表せます。こうした方程式を用いて、あなたが自転車に乗ることが可能であると私は証明できますし、そのために必要な知識をすべて授けることができます。それでも実際に、あなたが初めて自転車に乗ろうとするときには転んでしまうことでしょう。

コーディングも同じことです。クリーンコードを書くための「心地よい」原則を書き並べ、あなたがうまくやるだろうと信じることは可能です（言い換えれば、あなたを自転車に乗せ、転ばせるということです）。このようなやり方をとったら、我々はどんな先生となり、あなたはどんな生徒になるのでしょう？

いえいえ。この本でやろうとしている方法はこうではありません。

クリーンコードを書くことを身につけるには**努力が必要です**。原則とかパターンといった知識を身につけるだけではだめなのです。実際に汗をかかなければならないのです。自分自身で実践してみて、そして失敗してみなければならないのです。また、他の人が実践しているのを、また失敗しているのを見なければならないのです。彼らがつまずき、やり直すのを観察しなければならないのです。彼らが判断に苦しむのを見て、間違った判断の結果として、彼らが支払うはめになった代償を見なければならないのです。

この本を読む間は、いつでも一所懸命に作業ができるように準備しておいてください。この本は飛行機の中で読み、到着するまでに読み終わってしまうような「心地よい」本ではありません。この本はあなたに作業をさせます。しかも激しくです。どんな作業をすることになるのでしょうか？ 大量のコードを読むことになります。そして、どんなコードが正しくて、どんなコードが間違っているかについて考えなければなりません。モジュールを切り離したり、ふたたび元どおりにしたりすることも要求されます。これには、時間と努力を要しますが、我々はこの作業に意味があると考えています。

この本は大きく3つのパートに分かれています。最初のいくつかの章ではクリーンコードを書くための原則、パターン、実践について解説します。これらの章でもかなりのコードを扱うので、読みごたえがあるでしょう。これは2つめのパートの準備となります。最初のパートを読み終えることができたのなら、成功をお祈りします！

2つめのパートはさらに大変です。このパートはいくつかのケーススタディ（これらはどんどんと複雑になっていきます）で構成されています。それぞれのケーススタディではコードを洗練する練習をします。そこでは、コードを書き変えることで、コードに含まれる何らかの問題を低減します。このセクションの詳細は**強烈**です。ページの文章やリストの間を何度もいったりきたりしなければならないでしょう。作業対象のコードを分析、理解し、我々のコード変更の論拠についてウォークスルーしなければなりません。何度か冷却期間を置いてください。**作業には数日を要するものです**。

3つめのパートが山場です。このうちのある章は、ケーススタディを作成しているときに集まった経験則とにおいのリストで構成されています。ケーススタディの中でコードをウォークスルーし、洗練しながら、なぜそうするのか、その理由を経験則とにおいとして文書化していきます。我々はコードを読み、変更したときの我々自身の反応を理解しようと努力しました。そしてなぜ、そのように感じ、そのようにしたのかを捉えることに腐心しました。その結果がこの知識ベースなのです。そこには我々がコードを書くとき、読むとき、そして洗練するときにどのように考えるのかについて記述されています。

この知識ベースは、あなたが2つめのパートのケーススタディを注意深く読まないと、十分な価

値を発揮できないでしょう。ケーススタディの解説の中で、我々は実際に行っていく変更に対して、注意深く注釈を加えていきます。そこには経験則への前方参照も付け加えました。前方参照は、カギカッコを用いて［H22］のように記述されています。これにより、これらの経験則が適用される場所の**文脈**を知ることができるでしょう。その場所は、経験則が書かれた場所でもあるのです。経験則自体は、それほど重要でにありません。**重要なのは、それぞれの経験則の間の関係と、ケーススタディの中でコードを洗練していく過程で行った判断なのです。**

こうした関連を、より一層理解するため、この本の終わりにはクロスリファレンスを設けています。そこには前方参照のためのページ番号が記載されており、これにより、ある経験則がどこで適用されているのかを調べることができます。

2つめのパートのケーススタディを飛ばして読んだ場合は、この本はよいソフトウェアを書くためのもう1つの「心地よい」本となるでしょう。しかし、ケーススタディで作業する時間をとり、小さなステップをたどり、ちょっとした判断を下し、すなわち、あなたが我々の側に身を置き、我々が想定した道筋をたどるのであれば、これらの原則、パターン、実践、そして経験則をずっと深く理解することができるでしょう。それらは、もはや「心地よい」知識ではありません。あなたの指、心臓、腑の中に咀嚼されるのです。ちょうど自転車への乗り方を体得したときに、自転車があなたの意思の拡張となったように、あなたの一部となるのです。

謝辞

図版

ジェニファ・コーンケとアンジェラ・ブルックスの2人に感謝したいと思います。ジェニファは、みごとで創造的な挿画を各章の冒頭に描いてくれました。また、ケントベック、ワード・カニンガム、ビャーネ・ストラウストラップ、ロン・ジェフリーズ、グラディ・ブーチ、デイブ・トーマス、マイケル・フェザーズ、そして私の肖像画を描いてくれました。

アンジェラは、各章の中に美しい絵を上手に描いてくれました。彼女は、何年にも渡って『アジャイルソフトウェア開発の奥義―原則・デザインパターン・プラクティス完全統合』などでいくつもの絵を私のために描いてくれています。彼女は私の長女で、産まれたときには、それは嬉しかったものです。

カバーの絵について

　カバーの写真は、M104 ソンブレロ銀河です。M104 は乙女座にあり、3000 万光年の彼方にあります。中心部は超大質量ブラックホールで、その重さは、太陽の 10 億倍に匹敵します。

　この写真を見て、クリンゴンの衛星、プラクシスの爆発を思い出したでしょうか？ 爆発により赤道状の破片の環が広がっていく、スタートレック VI におけるこの場面を、私は、鮮明に覚えています。このシーン以来、赤道状の環は、SF 映画での爆発表現で一般的なものとなりました。最初のスターウォーズの特別篇ではアルデラン星の爆発シーンにも付け加えられました。

　M104 のこの環はどうしてできたのでしょう？ 中心部分はなぜふくらんでいて、なぜ明るく小さな核があるのでしょうか？

　私にはあたかも中心のブラックホールが落ち着きを失なって、宇宙のどまんなかで 30,000 光年の穴を吹き飛ばしたかに見えます。宇宙の崩壊の過程では、さまざまな文明に悲しみが訪れます。

　超重量のブラックホールはまるで昼食を食べるかのように星を飲み込み、質量をエネルギーへと変換します。$E = MC^2$ だけでも、十分な効果があるのに、M が星の重量だったらどうでしょう。危い！ その化け物が飽きるまでの間に、いったいいくつの星が化け物の胃袋にまっさかさまに落ちていったのでしょう？ その中心部の空間の大きさがヒントになるのでしょうか？

　カバーの M104 の写真は 2 つの写真を合成したものです。1 つは有名なハッブル望遠鏡による可視光の写真（左）、もう 1 つは最近のスピッツァー宇宙望遠鏡の赤外線写真（右）です。銀河の環の特徴をより鮮明に捉えているのは赤外線写真のほうです。可視光だと、環のシルエットの前面の縁しか見えません。真ん中のふくらみが、環の残りの部分をぼやけさせてしまっています。

　一方、赤外線のほうは、熱を持った粒子の輝きが中央のふくらみを透過して見えます。この 2 つを合成することで、これまで我々が見たことのない光景が得られます。それは、あたかも遠い昔に荒れ狂う地獄のような活動があったことを暗示するかのようです。

図　カバーイメージ：Ⓒ Spitzer Space Telescope

クリーンコード 第1章

　あなたがこの本を読む理由は2つあります。第一に、あなたがプログラマであるから。第二に、あなたがよりよいプログラマを目指しているからです。よいことです。我々にはより優れたプログラマが必要なのですから。

　この本は、優れたプログラミングのための本です。本の中は、コードにあふれています。我々は、この後、さまざまな角度からコードを観察することになります。上から下へとながめ、今度は上へとながめ、徹底的に中を見ます。この作業が完了するまでに、コードに関するさまざまなことを知ることになります。さらに、よいコードと悪いコードとの違いを判別できるようになります。我々は、よいコードを書く方法を知ることになるでしょう。また、悪いコードをよいコードへと変える方法を知ることになるでしょう。

そこにコードありき

　コードに関する本は時代遅れだと主張する方もいらっしゃるかもしれません。つまり、コードは、もう問題とはならず、モデルとか要件について関心を払うべきだと。実際、コードは終焉に近づいていると示唆している人達もいます。つまり、いずれはすべてのコードが生成されるようになるの

で、書く必要がなくなると。そしてビジネス領域の人達が、仕様を元にプログラムを生成できるようになるので、もはやプログラマは必要ないと。

　ばかばかしい！　コードは要件の詳細な部分を実装しているのですから、コードから逃れられるわけがないのです。ある程度以上細かな内容というのは無視することも抽象化することもできず、明示的に書くよりほかはないのです。このように要件を詳細に明示し、機械に実行可能なものとするのが**プログラミング**であり、こうした仕様が**コード**なのです。

　筆者は、今後、言語の抽象度は増大していくと予想しています。またドメイン特化言語も増えていくだろうと予想しています。これはよいことでしょう。とはいえ、コード自体がなくなるわけではありません。実際、こうした高級なドメイン特化言語で書かれた仕様も、**それ自体がコード**なのですから！　それらはやはり厳格で、正確で、形式に則って詳細を記述する必要があり、また機械に理解、実行できるものである必要があります。

　コードがいつか消えてなくなるものだと考えている人は、正式なものとはならなくてもよいので、いつか自分自身で数学を発見できないかと夢みる数学者のようなものです。我々がいったことではなく、望んでいることを実現してくれるような、そんな機械を作る方法を、我々が発見してくれることを夢みているのです。もしもこういう機械があったとすれば、我々について深く理解できる必要があります。あいまいに提示された要望を寸分違わずに満たすことのできる、完璧な実行可能プログラムへと変換することができなければなりません。

　こんなことが起こるわけがありません。直感と創造性を持った人間にさえ、お客様のあいまいな感覚だけから、よいシステムを開発することなど、どだい無理なことなのです。実際、もしも要求仕様の研究が我々に何かを教えてくれるとすれば、よく定義された要件は、コードと同じように、しっかりとした形式を持っており、コードのテスト仕様としてそのまま実行可能であるということでしょう！

　実際、コードというのは、究極的な要求表現のための言語であることを忘れないでください。より要求に則した言語を作ることもできるでしょう。そうした要件をパースして、きちんとした構造に組み上げるツールを作ることもできるでしょう。しかしそこには必要最低限の正確さが要求されます。つまり、そこにはコードが常に必要なのです。

粗悪なコード

　最近ケント・ベックの『実装パターン [1]』の前書きを読む機会がありました。その中で彼は、「...この本は、よいコードが重要であるという、脆い前提の上に立っています...」と述べています。脆い前提なのでしょうか？　筆者はこの意見にはくみしません。筆者は、この前提は確実で、多くの人に支持されていると考えています。それに我々の飛行機は、あらゆる前提でいっぱいなのです（このことはケントも気づいているはずです）。これまで、粗悪なコードに苦しめられてきたのだから、よいコードが重要であることに間違いはないのです。

　80年代後半に、ある**キラーアプリケーション**を開発した、とある会社のことを思い起こしてみましょう。その製品は、とても有名で多くのプロがその製品を購入して使用していました。しかし、その後、製品のリリース間隔は長くなっていきました。あるリリースで発見されたバグが、次のリリースでも修正されないこともありました。起動時間は長くなり、実行中にクラッシュすることも多くなりました。製品に失望し、ついにはアプリケーションを停止して、そのまま二度と使わなくなったことを覚えています。その後、その会社はほどなくして、廃業に追い込まれました。

　20年が経ち、その会社の初期の頃の従業員と会い、何が起きていたのかを聞いてみました。その答は、筆者が恐れていたとおりでした。製品を市場に出すのを急ぐあまり、コードがひどい混乱状態だったのです。いくつもの機能を追加する中で、コードの状態はどんどん悪くなっていき、もはや自分達で管理することができなくなってしまったのです。**粗悪なコードが会社を廃業に追いやったのです。**

　粗悪なコードによる深刻な障害を経験したことがありますか？　もしもあなたが、経験を持ったプログラマならば、こうした障害には、幾度となく遭遇したことがあるでしょう。実際、こうした事態には名前があり「ウェーディング（wading）」と呼ばれています。我々は、粗悪なコードのぬかるみを歩き、入り組んだイバラと隠れた落し穴がいっぱいの沼地を重い足どりで進んでいくのです。なんとか我々の進むべき道を見つけようともがき、起きている事象に関する何らかのヒントや

手がかりが見つかることを夢見ますが、見えるのはばかげたコードばかりなのです。

　もちろん、あなたも、粗悪なコードに行く手を阻まれたことがあるでしょう。しかし、なんでまたそんなコードを書いたのでしょう？

　速く前に進みたかったのでしょうか？　急いでいたのでしょうか？　おそらくそうでしょう。よい仕事をするには、十分な時間がないと感じていたのでしょう。時間をかけてコードを洗練させようとすると、腹を立てる上司がいたのかもしれません。あなたは、このプログラムをなんとかして終わらせようとしていたのでしょう。あるいは、もしかしたら、たまった他の仕事に目がいったのかもしれません。自分がそれを完成させると約束してしまい、そのためには、このモジュールをやっつけなければ次に進めなかったのかもしれません。いずれも心あたりのあることです。

　我々は皆、自ら引き起こした面倒ごとを目の当たりにしても、いつかなんとかすればいいやと、そのままにしてしまうのです。ぐちゃぐちゃなコードだって動作する場合もあることを知っています。たとえぐちゃぐちゃでも動かないよりはマシではないかと考えてしまいます。皆、後できれいにしたらいいじゃないかというのです。もちろん、その頃の我々には、レブランの法則「後で、とはやらないに等しい」など知る由もなかったのです。

混乱のために支払う総コスト

　プログラマ経験が2〜3年もあれば、他人の書いたぐちゃぐちゃなコードのせいで仕事の進行をひどく妨げられたことがあるでしょう。それよりも多くの経験があるなら、ぐちゃぐちゃなコードのせいで仕事の進行を妨げられた経験があるでしょう。当初は非常に速いペースで仕事をしていたプロジェクトのチームが1〜2年後には、かたつむりのごとく遅くなってしまっていることに気づくでしょう。コードを変更するたびに、コードを2、3か所壊してしまいます。変更しなれば問題は発生しません。コードを追加したり、変更したりするには現在のコードにあるもつれ、ねじれ、結び目をいくつも理解しなければなりません。そして、コードを追加、変更した後には、新しいもつれ、ねじれ、結び目がいくつもコードに加えられるというわけです。混乱はどんどん大きく、深く、高くなっていき、きれいにすることはもはや不可能となります。そしてどうにもならなくなります。

　混乱が形成され、チームの生産性は、どんどん減少していき、0に近づいていきます。生産性の減少に対して管理者ができることは、生産性の向上を夢見ながら、増員することだけです。管理者には、設計に合致した変更と、設計に逆らった変更とが区別できません。さらに、管理者、そしてチームのメンバーは生産性を上げなければならないという恐るべきプレッシャーの下にいます。そのために、また混乱を重ね、生産性を0に向かって落としていくのです（図1-1）。

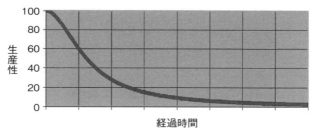

図1-1　生産性と経過時間

途中で基礎設計をやり直す

　最後には、チームは反乱を起こします。こんなコードの状態では開発は続けられないと、管理層に通告し、設計のやり直しを要求します。管理者は、プロジェクト全体の設計やり直しに開発リソースを費やすことは望まないものの、生産性のひどさが否定できないのも事実です。結局は、開発者の要求を聞き入れて、途中での再設計を承認します。

　タイガーチームが結成されます。これは新規開発になるため、誰もがこのチームに入りたがります。彼らは、作業を始め、真に美しいものを作成します。しかし、タイガーチームに選抜されるのは最高のエース級メンバーのみです。残りのメンバーは今のシステムを保守しなければなりません。

　2つのチームは競争状態になります。タイガーチームは、過去のシステムの全機能を実装しなければなりません。それだけではありません。旧システムにその後加えられた変更も取り込まなければなりません。旧システムでできることすべてが新システムでできるようになるまでは、管理層はシステムを置き替えようとはしないでしょう。

　この競争は、非常に長い間続くことになります。筆者はこれが10年続いた例を見たことがあります。ようやく終わりが見えてきた頃には、タイガーチームの元メンバーはいなくなり、現在のメンバーはまた再設計を求めるようになります。なぜなら、その時点ですでにコードがひどい状態になってしまっているからです。

　ここに書かれたようなことを一部でも経験したことがあれば、コードを洗練することに時間を費やすことは、単にコスト効率がよいというだけでなく、プロが生き残っていくのに重要であるということがわかるはずです。

心構え

　コードがひどい状態のため、本来なら数時間で終わるような仕事に数週間かかった経験がありませんか？　1行変えればよいことなのに、数百モジュールの変更が行われているのを目にしたことはありませんか？　こうしたことは、とてもよく目にします。

　どうしてコードには、このようなことが起きるのでしょう？　洗練されたコードは、どうして、こ

うも早く粗悪なコードへと変質してしまうのでしょう？ いくつもの言い訳があるでしょう。元々のデザインが想定していないような要件の変更が行われたとか、開発作業をまっとうに進めるにはスケジュールがきつ過ぎるであるとか。我々は、まぬけな管理者と、頑ななお客様、無駄なマーケティングタイプや、電話消毒[1]などについて嘆くのです。しかし、ディルバート[2]よ、間違っているのは、我々の星回りではなく、我々自身なのです。これでは我々はプロとは呼べないのです。

　これは容易に飲み込めない苦い薬かもしれません。この混乱がどうして、我々の責任だというのでしょう？ 要件やスケジュールとか、はたまた、まぬけな管理層とか、役に立たないマーケティングタイプも我々のせいでしょうか？ 彼らには落ち度はないのでしょうか？

　やっぱり我々が悪いのです。管理層とかマーケティング担当者というのは、契約や公約を行うために、我々に情報を求めています。仮に見ていなかったとしても、我々は、自分が考えていることを、彼らに伝えることに臆してはいけません。お客様は、要件がシステムに合致するかどうかを確認するために、我々を見ています。プロジェクトマネージャは、スケジュールを守るために、作業を手伝うべく我々を見ています。我々はプロジェクト開始時点から共犯者であり、あらゆる失敗に対して共同責任があります。特にその失敗が、粗悪なコードによるものだったら！

　「ちょっと待って、管理者のいうとおりにしなかったら、私はクビになってしまう」というかもしれません。でもおそらくそうではありません。大抵の管理者は真実を求めます。仮に彼らが、そう振る舞っているように見えなくてもです。大抵の管理者は、よいコードを求めます。仮にスケジュールに悩んでいたとしてもです。彼らはスケジュールと要件を守ることに必死かもしれませんが、それは彼らの仕事なのですから仕方のないことです。**あなた**がそれに負けない熱意を持ってコードを守ればよいのです。

　普段の生活の場に視点を移してみましょう。自分が医者だとして、時間の無駄だから、手術前の準備の際に、ばかげた手洗いを行うのを止めて欲しいと訴える患者がいたとしたらどうでしょう[3]？ この場合、患者が上司です。そしてもちろん医師は、きっぱりと断わらなければなりません。なぜでしょうか？ 医師は、患者よりも病気や感染症について詳しいからです。ここで患者の意見を聞くのは（犯罪になるかどうかは置いておくとして）、プロにあるまじき行為です。

　混乱を招くリスクについて理解していない管理者に屈服したのでは、プロのプログラマとはいえません。

最初の難問

　プログラマは基本的な価値について難題をかかえています。数年以上の経験を持った開発者なら、前回のコードの混乱が作業に遅延をもたらしたことを知っています。そして今回、納期を守るため

1　訳注：イギリスには、電話を消毒するサービスがあるらしい。
2　訳注：エンジニアが主人公の米国のマンガ。
3　イグナーツ・ゼンメルヴァイスは、1847年に外科医がいつ手を洗うべきかについて提唱しましたが、当時は受け入れられませんでした。医師達は忙しくて、患者がくるたびに手など洗っていられないと反対したのです。

に、またコードに混乱を埋め込んでしまうプレッシャーを感じています。つまり、生産性を上げるための時間が取れないということです！

真のプロならば、難問の後半部分の間違いに気づくはずです。混乱を埋め込んで納期を守ることなどできないのです。混乱を埋め込めば、たちまち生産性は低下し、結局納期など守れないのです。納期を守るためには（つまり、速く動けるようになるには）、コードを常に、きれいな状態に保つしかないのです。

クリーンコード技法とは？

さて、あなたが、ぐちゃぐちゃなコードが、大きな障害となることを確信するに至ったとしましょう。素早く動けるようになるためには、コードを洗練するよりほかにないということに、あなたが同意したとしましょう。そうしたら自分自身に「どうやったら洗練されたコードを書けるのだろう？」と自問自答しなければなりません。コードが洗練されているということの意味を知らなければ、洗練されたコードを書くことは叶いません。

残念なことに、洗練されたコードを書くということは、絵を描くようなものです。絵ができあがったときに、それがうまく描けたのかどうかというのは、大抵の人が判断できます。ところが、よい絵とそうでない絵を判別できたからといって、よい絵をどうすれば描けるかがわかるわけではありません。きれいなコードとそうでないコードが判別できたからといって、洗練されたコードを書く方法がわかるわけではないのです。

きれいなコードを書くためには、骨身を惜しまずに獲得した「きれいさ」のセンスを持って、無数の小さな手法を規律を持って適用する必要があります。この「コードのセンス」が重要なのです。生まれながらにこれを持っている人もいるでしょうし、努力して獲得する必要がある人もいるでしょう。このセンスがあれば、コードの善し悪しが判別できるだけでなく、粗悪なコードを洗練されたコードへと変化させていく規則を適用していくための戦略を立てることができます。

「コードのセンス」がないプログラマは、混乱したモジュールを見て、その混乱ぶりを認識することはできますが、どうしたらいいかはわからないでしょう。「コードのセンス」があれば、混乱したコードを一目見れば、いくつもの選択肢やその変形を思いつくでしょう。「コードのセンス」はまた、そうした中から最適なものを選び出し、コードを変化させていく順番を決めていくための手引きとなります。

簡単にいってしまえば、洗練したコードを書くプログラマというのは、まっさらの画面に変形を加えていくことで、エレガントにコーディングされたシステムを造り上げる芸術家なのです。

クリーンコードとは？

そこにはプログラマの数だけ定義があることでしょう。そこで、何人かの有名で深い経験のあるプログラマに彼らの考えを聞いてみました。

ビャーネ・ストラウストラップ（C++の産みの親であり、『プログラミング言語C++』の著者）

私は、自分のコードがエレガントで効率よいことを好みます。ロジックは、バグが入り込みにくいように単純であるべきで、依存性は保守が容易となるように最小限にすべきであり、エラー処理は一連の戦略に則って完全でなければならず、後々、他の人が理論に裏打ちされていない最適化を行う誘惑にかられて、コードがぐちゃぐちゃになってしまわないよう、実行効率は最高に近いものでなければなりません。クリーンコードとは1つのことをうまくやることです。

ビャーネは「エレガント」という言葉を使っていますね。この言葉に尽きます。私のMacBookに入っている辞書によると、この言葉の定義は「心地よく、優雅で、粋な出で立ち、あるいは振る舞い。心地よい巧妙さ、あるいは単純さ」となっています。「心地よさ」が強調されている点に注意しましょう。明らかに、ビャーネは洗練されたコードは読んでいて楽しいものだと考えているのです。そうしたコードを読むことは、よくできたミュージックボックスや、格好よい車のようにあなたに笑顔をもたらすのです。

ビャーネは実行効率についても二度触れています。C++の産みの親から、このような言葉が出ることは驚くに値しません。しかし、そこには、単なる実行速度の追求以上のものを筆者は感じます。CPUのクロックを無駄に消費することは、エレガントに反し、喜ばしいことではありません。そして、そうしたエレガントでないものの結果をいい表すために、ビャーネがこの言葉を使ったことに気づきます。彼は「誘惑する（tempt）」という言葉を使っています。ここには深い真実があります。ダメなコードというのは、混乱の拡大を誘惑するのです！ ダメなコードを直そうとしても、さらに傷口を広げてしまう傾向にあるのです。

実用主義者であるデイブ・トーマスとアンディ・ハントは、これとは異なる観点から主張を行っ

ています。彼らは壊れた窓[4]という隠喩を使います。建物の窓が壊れていると、そのことについて、誰も気にかけていないのだと思われてしまいます。このため、他の人も、そのことに関して注意を払わなくなります。これが更なる窓の破壊へとつながり、ついには、積極的に壊そうとするようになります。落書きで外見を損い、ゴミが放置されるにまかせ、誰かが窓を割り始めると、事態は崩壊へと進み始めます。

　ビャーネは、エラー処理が完全でなくてはならないと述べています。これは細部へ注意を払わなければならないという規則に行き着きます。エラー処理を省略することは、プログラマが詳細をごまかすのに使う1つの方法です。メモリリークもその1つでしょうし、競合状態（レースコンディション）もやはりその1つでしょう。整合性のない命名もまたその1つです。つまり、クリーンコードとは詳細に対して注意を払うということです。

　ビャーネは最後に、クリーンコードとは1つのことをうまくやることだと注意しています。さまざまなソフトウェア設計に関する理念が、この単純な訓戒に要約できることは、驚くに値しません。さまざまな著者が、この考えをうまく伝えることを試みています。できの悪いコードは、多くのことをやろうとします。意図がよくわからなくなって、目的があやふやになってしまうのです。クリーンコードは、ここにフォーカスします。関数、クラス、モジュールは、ひたむきな姿勢を外に示します。それは、周囲の詳細によって、迷ったり、悪い方向に流されたりすることが決してありません。

グラディ・ブーチ（『Booch法：オブジェクト指向分析と設計』の著者）

　クリーンコードは、単純で直接的です。クリーンコードは、うまく書かれた散文のようにも読めます。クリーンコードは、決して設計者の意図をないがしろにすることがなく、明快な抽象化と、まっすぐな境界線とにあふれています。

　グラディは、ビャーネとほぼ同じポイントを述べていますが、**読みやすさ**の視点に立っています。筆者は、クリーンコードがうまく書かれた散文のように読めるという、彼の見方がとても気にいっています。これまで読んだ良書を思い起こしてみてください。どのようにして言葉がイメージへと変容していったでしょうか？　まるで映画を見ているようではなかったでしょうか？　わくわくしま

4　http://www.pragmaticprogrammer.com/booksellers/2004-12.html（編注：2009年4月時点でのURLはhttp://www.pragprog.com/the-pragmatic-programmer/extracts/software-entropy のようです）

すね！ あなたは登場人物を目にして、音を聞き、ペーソスとユーモアを味わったのです。

洗練されたコードを読むことは、指輪物語を読むのとまったく一緒だというわけではありません。それでも、この文学的な隠喩は悪くありません。洗練されたコードは、問題を解く中で、よくできた小説のように、緊張感をはっきりと外に示すに違いありません。そしてその緊張感を最高潮にまで高めたところで、明快な解法が出現し、その問題と緊張とが解決されたときに、読者に「あぁ！そうそう、そうだよね！」といわしめるのです。

グラディが用いた「明快な抽象化」という言い回しは、うっとりするような矛盾語法ですね！「明快（crisp）」は「具象（concrete）」とほぼ同義です。私のMacBookの中に入っている辞書では、明快（crisp）の定義は「キビキビと、決断力があり、事実に即しており、ためらいや、不必要な詳細がない」となっています。表面上の意味の並置にもかかわらず、これらの言葉には、強いメッセージがこめられています。我々のコードは、純理論的なものとは対照的に、事実に即していなければならないのです。必要なもののみを含んでいなければならないのです。読者に、我々には決断力があると認めてもらわなければならないのです。

「偉大な」デイブ・トーマス（OTIの創設者、Eclipse strategyの後見人）

クリーンコードとは、原作者以外の人にも読むことができ、そして拡張できるコードのことです。そこには単体テストと受け入れテストがあります。そこには意味を持った名前があります。1つのことをするのに、いくつもの方法を提供するのではなく、ただ1つの方法を提供します。依存性は最低限で、それは明確に定義され、そして明快で最低限のAPIが提供されます。コードは文芸的でなければなりません。なぜなら言語によりますが、すべての必要な情報がコードだけで明確に表現できるわけではないからです。

偉大なデイブは、読みやすさに関してはグラディと同意見ですが、重要な違いがあります。デイブは、クリーンコードは、**他の人が拡張することが容易なコード**だと主張しています。これは当然のように見えますが、いくらいっても強調し過ぎということはありません。結局のところ読むのが容易なコードと変更するのが容易なコードとの間には違いが存在します。

デイブは、コードのきれいさとテストとを関連付けています！ 10年前だったら、大いに眉をし

かめられたことでしょう。しかしテスト駆動開発という分野は、我々の業界に大きな影響を与え、今や最も基本的な分野の1つとなっています。デイブは正しいです。テストのないコードは洗練されているとはいえません。どれほどエレガントであろうと、どれほど読みやすく理解しやすかろうと、テストがないなら、洗練されているとはいえません。

デイブは最低限（minimal）という単語を2回使用しています。明らかに彼は、大きなコードよりも小さなコードに価値を見い出しています。実際、このことはソフトウェア文献において、最初の頃から繰り返し提唱されていることです。小さきことはよきことなのです。

デイブは、コードが文芸的でなければならないといっています。これはクヌースの『文芸的プログラミング [2]』へのソフト参照といえます。まとめると、コードは人間に読めるように構成されなければならないということです。

マイケル・フェザーズ（『Working Effectively with Legacy Code』の著者）

私がクリーンコードの中に見つけた品質に関する項目を、1つ1つここで挙げていくこともできるでしょうが、その中でも、包括的で、すべてを先導するものが1つあります。クリーンコードは常に誰かが気配りを持って書いているように見えます。コードをよりよくするのに、すぐにわかるような明白なものは存在しません。こうしたことがらはすべて、コードの作者が考えるのです。改善について思いを馳せると、あなたは、あなた自身が座っている場所へといざなわれます。そこであなたは、誰か（同じ仲間のために、仕事に深い気配りができる誰か）が残してくれたコードを前に感謝を捧げているのです。

「気配り」これこそがこの本のトピックです。もしもこの本にサブタイトルを付けるとすれば、「どうやってコードに気を配るか」になるでしょう。

マイケルは最初にこれに触れています。クリーンコードとは、気配りされたコードのことです。誰かが時間をかけて、コードを単純で、秩序を保った状態に維持しているのです。また、細部に対して適切に配慮をしています。つまり気配りをしているのです。

ロン・ジェフリーズ（『Extreme Programming Installed』、『Extreme Programming Adventures in C#』の著者）

　ロンは、ストラテジックエアーコマンド社で Fortran のプログラマとして仕事を始めました。その後、あらゆる言語、機械でのプログラミングを経験しました。彼の言葉には、傾聴の価値があります。

　ここ数年の間に、私が始め、もうすぐ終わろうとしているものに、単純なコードに関する、ベックの規則があります。単純なコードとは以下を満たすコードのことです（重要度順）。

- すべてのテストを実行する
- 重複がない
- システムのあらゆる設計知識が表現されている
- クラス、メソッド、関数といったものの数が最低限である

　いうまでもなく、私の最大の関心事は重複です。何度も同じことが繰り返し書かれているならば、それは、我々の意図がコードにうまく表現できていないことを示しています。私は、それが何であるかを突き止めようとし、もっと明確に意図がコードで表現できないか試してみます。

　私がいうところの表現力には、意味のある名前付けも含まれます。だから、私はしっくりとくる名前が見つかるまでは何度でも名前を変更します。Eclipse のような最近の開発ツールなら、名前の変更はきわめて簡単です。このため、名前の変更を何度もしても、私にとっては何の問題もありません。しかし表現力は、名前付けだけに留まりません。私はオブジェクトやメソッドが 2 つ以上のことをしていないかを調べます。オブジェクトなら、2 つ以上のオブジェクトに分離します。メソッドなら、「メソッド抽出」のリファクタリングを行い、1 つのメソッドが何をするのかを明確にします。そしてサブメソッドで、それをどのように実現するのかを明確にします。

　コードの重複と表現力について考え出すと、私がクリーンコードについてどう捉えているかについて、とても多くのことが思い浮かびます。そして、これら 2 つを念頭に置いて汚いコードを改善することで、元あったコードとは、まったく違うものとなります。もう 1 つ、私が実践していることがあります。それはちょっと説明するのが難しいものです。

　この仕事を何年も続けるうち、どのプログラムも非常に似通った要素から構成されていると私には見え

ようになりました。例として「コレクションの中から見つける」が挙げられます。データベースから従業員のレコードを見つけるにせよ、キーと値からなるハッシュマップから見つけるにせよ、あるいは何らかの配列から見つけるにせよ、ある要素をコレクションの中から見つける必要があります。そのようなとき、私は特定の実装を、もっと抽象化されたメソッドやクラスで包みます。これにより興味深い2つの利点が生まれます。

こうすると、機能を実装する際に単純な、たとえばハッシュマップのようなものを使用できるようになります。そして検索処理への参照は、私の小さな抽象層で覆われています。これにより私は、いつでも実装を好きなものに変更することができるようになります。後で変更できるという利点を残したまま、素早く開発を先に進めることができるのです。

さらに、このようなコレクションの抽象化により、私は「真に」何が行われようとしているのかに注意を払うことができます。そして、いくつかの単純な検索なら、コレクションの実装詳細にまで踏み込まずに済みます。

重複を減らし、表現力を高め、単純な抽象化を早い時期に作り上げる。これが私にとっての、クリーンコードを作成する方法です。

このいくつかの段落で、ロンはこの本の内容を要約してしまいました。重複の回避、1つのこと、表現力、簡単な抽象化。あらゆることが、ここに書かれています。

ワード・カニンガム（Wikiの産みの親。Fitの産みの親。エクストリームプログラミングの産みの親。デザインパターンの推進者。Smalltalkとオブジェクト指向の指導者。コードに気を配るすべての人の後見人）

そこに書かれているルーチンを読んだとき、それがあなたの予想を上回るものであったとしたら、あなたはクリーンコードの中で作業をしていることに気づくのです。その言語が、その問題のために作られたかのように見えるようならば、それを美しいコードと読んでもよいでしょう。

このような書き方はワードの性格からくるものでしょう。あなたは、これを読み、うなずき、次のトピックへと進みます。とても筋が通っており、明快です。それ故、重要な点がかすかにしか見えません。もしかすると、もうこれで十分だと感じてしまうかもしれません。しかしよく見てみま

しょう。

「... あなたの予想を上回るものであったとしたら」あなたがモジュールを見て、自分の予想を上回るものであると感じたのはいつが最後でしょうか？ それは、むしろパズルのようだとか、複雑だとか、絡みあっているという感じではなかったでしょうか？ ルールは間違っていなかったでしょうか？ システム全体から外へとほとばしる論拠の糸をいくつも掴み出すといった作業に慣れてしまい、またそうしたモジュールの中を千鳥足のようになって読み進めることに慣れてしまったのではないでしょうか？ あなたがコードを読んで、うなずくことができたのは、いつが最後でしょうか？ ワードの主張を読んで、あなたがうなずいたように。

　クリーンコードを読むときには、驚きはないだろうとワードは考えています。実際、読むのに大した努力は必要ありません。コードを読み、それが自分の予想を上回っていた。それだけのことです。あまりに明快で単純で、しかも魅力的です。それぞれのモジュールは、次の段階の準備を行います。そして次の段階が、どんな風に書かれるかについて語ります。**このようにきれいなプログラム**というのは、非常に上手に記述されているため、あなたは、それに気づくことすらないのです。その設計者は、ばかばかしいほど単純に見えるように作り上げたのです。他のすべての並はずれた設計がそうであるように。

「美しい」というワードの表現についてはどうでしょう？ 我々は皆、自分達が使っている言語が、自分達の問題を解くのに向いていないと不平をいいます。しかしワードの主張は、責任を我々に投げ返します。美しいコードは、**その言語がまるでその問題を解決するために作られたかのように見せる**と彼は述べています。つまり、その言語を単純に見せるのは、**我々の責務**なのです。言語おたくはどこにでもいます。気をつけましょう！ 言語がプログラムを単純に見せるのではありません。プログラマが、言語を単純に見せるのです！

道場

　筆者（アンクルボブ）の場合はどうでしょうか？ 筆者はクリーンコードについてどう考えているのでしょう？ この本では、私とその同胞がクリーンコードについてどう考えているかを、おそろし

く詳細に紹介します。洗練された変数名、関数、クラスなどに対して、我々がどのように考えているかを紹介します。我々は、これを絶対的なものとして語りますが、その傲慢さを弁解するつもりはありません。我々の現時点までの経験上、我々にとっては、これらは絶対的なものなのです。これは我々のクリーンコード**道場**なのです。

　武道の達人すべてが、必ずしも最高の武道、あるいは武道の中に含まれる最高のテクニックに賛同するわけではありません。しばしば武道の大家は道場を作って、そこで学ぶ生徒達を集めます。ブラジルのグレーシー一族は**グレーシー柔術**を創設してそれを広めています。東京の奥山龍峰は**八光流柔術**を創設してそれを広めています。アメリカのブルース・リーは、**截拳道**（ジークンドー）を創設してそれを広めています。

　生徒達は、これら創設者の教えを熱心に聞きます。それぞれの師匠の教えを受けることに自らを捧げ、時として他の師匠の教えを受け入れない場合があります。その道場で修練を積んだ後、生徒達は、彼らの知識と経験を広めるため、他の師範につくかもしれません。何人かは、彼等の技を磨き続け、新たな技を体得し、彼等自身の道場を創設するかもしれません。

　これらの道場は、どれも絶対的に**正しい**わけではありません。しかしそれぞれの道場においては、我々はあたかもそこでの教えと技が正しいものとして振る舞います。結局、八光流柔術、截拳道を体得する正しい道が存在することになります。しかし特定の道場内での正しさが、他の道場でも正しいとは限りません。

　この本をオブジェクトメンター道場におけるクリーンコードの解説書だと考えてください。ここに書かれた技術と教え方は、我々の技法を体得するためのものです。ここに書かれた技術を習うことで、我々が体得したものと同じものを得ることができ、専門職としてふさわしいクリーンコードを書く方法を学ぶことができるようになることを我々は断言します。ただし、我々が絶対的に「正しい」と勘違いしないように注意してください。我々のように専門家技術について主張を行う道場や師匠はほかにも存在します。彼らからの教えを受けることもまた、あなたには必要でしょう。

　実際、この本で教えることには賛否両論のものがいくつもあります。ここに書かれたことすべてには賛同できないでしょう。いくつかについては、まったく賛同できないかもしれません。それでよいのです。我々は、最終的な権威者なのではありません。一方で、ここに書かれたことは、我々自身が長い間、確かであると考えてきたことです。何十年に渡る経験とトライアンドエラーの積み重ねから学んだものです。あなたが賛成するにせよ反対するにせよ、我々の視点から、目をそむけ関心を持たないとしたら残念なことです。

我々が著者です

　Javadoc の @author に我々が誰であるかが記述されています。我々が著者です。著者に関して1ついえることは、そこに読者がいるということです。実際、著者はその読者とよく理解し合う必要があります。もしもあなたが次にコードを書く機会があったら、あなたが著者であなたの力作を判

定する読者のために書いているのだということを思い起こしてみてください。

　実際どれだけコードは読まれるのですか？　ほとんどの努力は書くところに注がれるのではないですか？　と思うかもしれません。

　編集セッションを再生してみたことはあるでしょうか？　80、90 年代、我々は Emacs のようなエディタを使用していました。このようなエディタは、それぞれのキーの押下を保存します。小 1 時間作業をした後、自分のすべての編集セッションを再生することができます。まるで高速映画を見るかのように。これは、とてもおもしろいものです。

　再生内容の大半はスクロール、そして他のモジュールの閲覧なのです！

ボブが、あるモジュールを開きます。
変更が必要な関数へとスクロールダウンします。
修正の選択肢を、しばし考えます。
おっと、変数の初期化を確認するためモジュールの先頭にスクロールアップしています。
そして、また元の場所にスクロールして戻り、キーを打ち始めます。
おっと、彼は打ち込んだものを消しています！
またキーを打ち始めます。
と思いきや、また消してしまいます！
別のものを半分ほど打ち込みますが、結局また消してしまいます！
彼が修正しようとしている関数が、どのように呼び出されているのかを確認するためスクロールダウンします。
さっき消したコードと同じものを、もう一度打ち込みます。
しばらく考え、
また消してしまいます！
別のウィンドウを開き、継承クラスを調べます。この関数はオーバーライドされているのでしょうか？
……

　だいたいのようすがわかったかと思います。実際、読むのと書くのとの比率は 10：1 以上になります。コードを新たに書き起こす際には、**常に既存のコードを読まなければならないのです**。

　このように高い比率なので、コードは読みやすくなければならないのです。たとえ、その分書くのが大変になってもです。もちろん既存のコードを読むことなしにコードを書くことはあり得ないので、**結局、読みやすくするということは、書きやすくすることを意味します**。

　例外はありません。周辺コードが読めなければ、コードを書くことはできないのです。周辺のコードが読みやすいか読みにくいかによって、あなたが今日これから書こうとしているコードが、簡単になったり難しくなったりするのです。つまり、もしも素早く動きたいのであれば、仕事を早く終えたいのであれば、より簡単にコードを書きたいのであれば、コードを読みやすくすることです。

ボーイスカウトの規則

　コードを満足に書くには、これだけでは十分ではありあせん。コードを何度も**洗練しなければな
りません**。時間の経過に伴ってコードが腐り、品質が低下する事態を誰しも目にしています。我々
は、この品質低下を食い止めなければなりません。

　アメリカのボーイスカウトには、単純な規則があります。この規則は、我々の職業にも適用でき
ます。

> キャンプ場を、自分が見つけたときよりもきれいにすること[5]

　コードをチェックアウトしたときよりもきれいにして、チェックインするようにすれば、コード
が腐ってしまうことはないでしょう。コードを洗練することは大したことではありません。変数名
をよりよいものにし、大きすぎる関数を分割し、小さな重複を削除し、`if`文の連なりを洗練するの
です。

　プロジェクトの中で、時間の経過とともに**コードがよい方向に向かっていく**。そんな光景を想像
できますか？　これ以外のやり方が専門家にふさわしいものだと思いますか？　改善を続けていくこ
とこそが、プロ意識の本質の一部だと思いませんか？

続編と原則

　いろいろな意味で、この本は私が2002年に書いた『Agile Software Development: Principles, Patterns,
and Practices[6]』の続編です。PPP（Principles = 原則、Patterns = パターン、Practices = 実践、の
頭文字をとったもの）本は、オブジェクト指向設計の原則と、その他、プロの開発者が用いている
実践を扱ったものです。もしもPPP本を読んだことがなかったら、この本で書かれている内容の流
れが、PPP本とつながっていることに、いずれ気づくことになるかもしれません。すでに読んだこ
とがあれば、PPP本で述べられた意見が、この本ではコードのレベルで繰り返されていることに気
づくでしょう。

　この本では、時おり、さまざまな設計原則を引き合いに出します。これらは、単一責務の原則
（Single Responsibility Principle）、開放／閉鎖原則（Open Closed Principle）、依存関係逆転の原
則（Dependency Inversion Principle）などです。これらの原則はPPP本で詳しく解説しています。

---

[5] これは、ロバート・ステファンソン・スミス・ベーデン・パウエルの「この世界を自分が見つけたときよりも、よりよくする
ようにせよ」という告別の辞からきています。

[6] 編注：邦訳は『アジャイルソフトウェア開発の奥義—原則・デザインパターン・プラクティス完全統合』（瀬谷啓介 訳、ソフト
バンククリエイティブ刊）。現在は『アジャイルソフトウェア開発の奥義 第2版 オブジェクト指向開発の神髄と匠の技』（瀬
谷啓介 訳、ソフトバンククリエイティブ刊）が刊行されています。

結論

　技法について書かれた本は、あなたが名人になることを保証するわけではありません。これらはいずれも、あなたに他の名人が活用しているツール、テクニック、思考過程を伝授するだけです。この本は、あなたがよいプログラマになれることを保証するわけではありません。あなたが「コードセンス」を身につけられることを保証するものではありません。よいプログラマの思考過程、トリック、テクニック、ツールを紹介するだけです。

　他の技法に関する本同様、この本は詳細な記述に溢れています。大量のコードがあります。よいコードと悪いコードの両方を見ることになります。悪いコードをよいコードに変えていく過程を見ることになります。経験則、規律、テクニックの一覧を見ることになります。大量の例を見ることになります。その後は、あなた次第です。

　ここで次の古いジョークを、記憶にとどめておいてください。コンサートのバイオリン奏者が演奏に行こうとして道に迷ってしまいました。彼は、ある老人を呼び止めて、カーネギーホールに行く方法を聞きました。老人は彼がバイオリンを小脇に挟んでいるのを見ると「お若いの、練習だ。練習だよ！」といいました。

参考文献

[1] *Implementation Patterns*, Kent Beck, Addison-Wesley, 2007.（邦訳は『実装パターン』、長瀬嘉秀／永田渉 監訳、株式会社テクノロジックアート 訳、ピアソン・エデュケーション刊）

[2] *Literate Programming*, Donald E. Knuth, Center for the Study of Language and Information, Leland Stanford Junior University, 1992.（邦訳は『文芸的プログラミング』、有澤誠 訳、アスキー・メディアワークス刊）

by Tim Ottinger

意味のある名前 第2章

序文

　ソフトウェアのいたるところには名前が付いています。変数、関数、引数、クラス、パッケージに我々は名前を付けます。ソースファイル、ソースファイルを格納するディレクトリにも名前を付けます。jar、war、ear ファイルにも名前を付けます。何度もやっていることなので造作もないことです。以下は、よい名前付けのための単純なルールです。

意図が明確な名前にする

　その意図が明確な名前を付ける。いうだけなら簡単なことです。ここで、しっかりと胸に刻みつけておいて欲しいのは、我々が名前付けを大変重要なことだと思っているということです。よい名前を付けるのには時間がかかりますが、それによって、より多くの時間を節約できます。それ故、名前を付けるときには注意深く、そして後でよりよいものが思い浮かんだら、変更してください。

そうすることで、あなたのコードを読む人（あなた自身を含めて）を幸福にすることができます。

変数、関数、クラス名は、次の大命題に応える必要があります。なぜそれが存在するのか、何をするのか、どのように使用するのか。もしも名前に解説が必要なら、その名前は、意図が明確とはいえません。

```
int d; // 日単位の経過時間
```

dという名前では何もわかりません。経過時間とか日という意味を想起させることができません。計測している対象が何で、そして計測の単位が何なのかを名前に込めなければなりません。

```
int elapsedTimeInDays;
int daysSinceCreation;
int daysSinceModification;
int fileAgeInDays;
```

意図を表現した名前を用いれば、コードはもっと変更しやすいものになります。以下のコードの目的は何でしょう？

```
public List<int[]> getThem() {
  List<int[]> list1 = new ArrayList<int[]>();
  for (int[] x : theList)
    if (x[0] == 4)
      list1.add(x);
  return list1;
}
```

このコードの意図がほとんどわからないのはなぜでしょうか？ 難しい式は存在しません。スペースのとり方やインデントも適切です。ここにはたった3つの変数と2つの定数しかありません。そこには派手なクラスや、多態メソッドはなく、配列のリストがある（少なくともそう見える）だけです。

このコードの問題は単純さにあるのではなく、（あえて表現するなら）暗黙さ、にあります（これはコード内の文脈が、はっきりしている度合いです）。コードの暗黙さは、我々に以下のことを知っていることを要求します。

1. theList には、どんなものが入っているのか？
2. theList の要素の添字 0 には、どんな重要な意味があるのか？
3. 4 という値には、どのような重要性があるのか？
4. 戻り値のリストをどのように使用すればよいのか？

こうした質問の答は、コードの中以外の、どこかにはあるのかもしれません。ここで我々が、実はゲームのマインスイーパーのプログラムを見ていたとしましょう。盤面が複数のマスのリストになっていて、それに theList という名前が付いていることがわかりました。その場合は、名前を gameBoard に変更しましょう。

それぞれのマスは、単純な配列で表現されていました。0 番目の添字は状態を格納する場所で、4 というのは旗を立てた状態でした。こうした概念から得られた名前を使用して、コードをかなり改善することができます。

```
public List<int[]> getFlaggedCells() {
  List<int[]> flaggedCells = new ArrayList<int[]>();
  for (int[] cell : gameBoard)
    if (cell[STATUS_VALUE] == FLAGGED)
      flaggedCells.add(cell);
  return flaggedCells;
}
```

コードの単純さは何も変わっていないことがわかります。演算子や定数の数、ネストの深さもまったく一緒です。しかしコードはずっと明確になりました。

マスの表現に int の配列を使う代わりにクラスを使って、さらに改善することができます。マジックナンバーを隠すために isFlagged という名前の意図が明確な関数を用意してもよいでしょう。以下が新しいバージョンの関数です。

```
public List<Cell> getFlaggedCells() {
  List<Cell> flaggedCells = new ArrayList<Cell>();
  for (Cell cell : gameBoard)
    if (cell.isFlagged())
      flaggedCells.add(cell);
  return flaggedCells;
}
```

このように単に名前を変えるだけで、コード上で何が行われているかを理解することが、大して難しくなくなります。これが、よい名前付けの力なのです。

偽情報を避ける

プログラマは、コードの意味をあいまいにしてしまうような、間違った情報をコードに入れるのを避けるべきです。その単語の確立された意味が、我々が意図した意味以外にさまざまに存在する

のであれば、そのような単語の使用は避けるべきです。たとえば、hp、aix、sco などといった変数名はよくありません。なぜなら、これらは Unix のプラットフォームや、その仲間だからです。斜辺（hypotenuse）を扱うのに hp がよい省略形だと感じたとしても、これは読者によい情報を与えているとはいえません。

　複数の顧客を扱う際に、実際にはそれが List ではないのなら、accountList という名前を使用するのはやめましょう。list というのはプログラマにとって、ある特別な意味があります。実際には account の入れものが List でないというのなら、これは間違った理解を招くかもしれません[1]。accountGroup とか bunchOfAccounts、あるいは単に accounts のほうがよいでしょう。

　ごく一部分のみが異なる名前を付けないようにしてください。あるモジュールで XYZControllerForEfficientHandlingOfStrings という名前が付けられていて、少し離れたところに XYZControllerForEfficientStorageOfStrings という名前があったら、その違いに気づくのにどれだけかかるでしょう？　この2つの単語は、とても似ています。

　似た概念に似たつづりを与えるのは1つの**情報**となります。整合性のないつづりを利用することは攪乱です。最近の Java の開発環境では、自動コード補完が利用できます。先頭の数文字を入力し、あとはホットキーの組み合わせを叩けば、補完候補の名前リストが表示されます。とても似通った名前がアルファベット順で表示され、それらを明確に判別できるのなら、この機能はとても便利です。開発者は、名前の中から1つを選べばよいのです。大量のコメントを読む必要も、クラスで提供されているメソッドの一覧を調べる必要もありません。

　うまく情報を伝えられない好例の1つが、小文字の L あるいは大文字の O、あるいはその両方の変数名への使用です。これはもちろん、定数の 1 とか 0 と見間違ってしまうからです。

```
int a = 1;
if ( O == l )
  a = O1;
else
  l = 01;
```

これは何かのワナでしょうか。しかしこうしたコードが大量に入ったコードを見た経験があります。1つの可能性として、コードを書いた人が、これらの文字の違いが簡単に判別できるフォントを使用していたというのが考えられます。この問題は、すべての開発者が口頭で意思を伝達するのか、それとも書かれた文書で伝達するのかという問題に帰結します。この問題は、特に新たな成果物を作成することなく、単純に名前を変えるだけで解決することができました。

1　後で見るように、たとえ入れものが List だとしても、入れものの型を名前に含めるのは勧められません。

意味のある対比を行う

プログラマは、コンパイラやインタプリタを通すだけのコードを書くことで、自分自身で問題を埋め込んでしまいます。たとえば、同一スコープ内では2つの違うものに、同じ名前を付けることはできません、そこでもう片方に適当な名前を付けてしまう場合があります。場合によっては、ミススペルすることで、結果的に別の名前になっている場合があります。これは、スペルミスを直すとコンパイルエラーになってしまうという、とんでもない状況です[2]。

数字を付け加えるとか、その他の適当な文字を付け加える方法（ノイズワード）は、たとえコンパイルは通るとしても不十分です。名前が違うものでなければならないなら、それらは異なるものに違いありません。

数字の連続を使った名前（a1、a2、……、aN）は、意図的な名前付けとは正反対のやり方です。これらは攪乱（disinformative）というより、そもそも無情報（noninformative）なのです。これらの名前はプログラマの意図を何も提供しません。たとえば以下を考えてみてください。

```
public static void copyChars(char a1[], char a2[]) {
  for (int i = 0; i < a1.length; i++) {
    a2[i] = a1[i];
  }
}
```

この関数は、引数に source、destination という名前を付ければ、ずっと読みやすくなります。

ノイズワードには、また別の無意味さがあります。たとえば、Product というクラスがあるとしましょう。ProductInfo とか ProductData というクラスがある場合、名前には違うものを付けていますが意味は一緒です。Info と Data ははっきりしない単語です。これは、英語の a と an と the のようなものです。

意味に明確な違いが生じるのであれば、a とか the のようなものを付け加えるのも間違いではない点に注意してください。たとえば、ローカル変数とか関数の引数には、a を用いるかもしれません[3]。問題が起きるのは、すでに zork という変数があるときに、theZork という名前の変数を導入するこ

---

[2] たとえば、class という名前がすでに使われているからといって、新たな名前を klass とするような、ぞっとする例を考えてみてください。

[3] アンクルボブは、このようなやり方を C++ ではよくやりましたが、最近は止めました。現在の IDE では、このようなことをする必要はないからです。

とです。

　ノイズワードは冗長的です。「variable」という単語が変数名に含まれていてはいけません。「table」という単語が表の名前に含まれていてはいけません。NameString のどこが Name よりも優れているというのでしょうか？ Name に浮動小数点数が入るとでもいうのでしょうか？ もしそうなら、前述の規則「偽情報」に抵触することになります。Customer という名前のクラスと CustomerObject という名前のクラスを見つけたときのことを考えてみてください。これらの違いは、どう理解したらいいのでしょう？ どっちを使えば、お客様の購買履歴に辿り着けるのでしょうか？

　ここに書いたようなことが起きていたアプリケーションを知っています。後で問題にならないよう実際の名前からは変更していますが、以下に間違った命名部分を抜きだしてみました。

```
getActiveAccount();
getActiveAccounts();
getActiveAccountInfo();
```

　いったいどの関数を呼べばよいのか、このプロジェクトのプログラマにはわかるのでしょうか？

　特定の規約がなければ、moneyAmount という変数は、money とは区別が付きませんし、customerInfo と customer、accountData と account、theMessage と message の区別も付かないでしょう。読み手に違いが明確にわかるような名前を付けてください。

発音可能な名前を使用する

　人間は単語の扱いを得意とします。脳内の重要部分が、単語という概念のために使用されています。そして単語とは定義によれば発音可能です。話し言葉を扱うために進化した脳の大部分を活用しないのは、もったいないことです。名前は発音可能なものにしましょう。もしも発音可能な単語を使わないと、その単語について話をする際に間の抜けた音を発する必要があります。「えーと、このビー シー アール サン シー エヌ ティーに、ピー エス ユー int を。わかります？」プログラミングというのは社会事業なので、これでは困ります。

　ある会社で genymdhms という名前を使っていました（generate、year、month、day、hour、minute、second から名付けたものです）。このため「ジェン ワイ エム ディー エイチ エム エス」といいながら仕事をする必要がありました。私には、書いてあるそのままに発音してしまうという困ったくせがあります。このため「ジェン ヤー ムッダ イムズ」と発音するようになりました。その後、お客様や、設計者、アナリストまでが、この呼び方をするようになり、我々はふざけた呼び方を続けることになりました。我々は、悪ふざけでやっていたので、それはそれで楽しいものでした。楽しいかどうかはともかくとして、我々は下手な名前付けを受け入れていたわけです。新規参画開発メンバーは、まず変数についての説明を受けなければならず、そして、それはまっとうな英語では

なく、おかしな造語で行われるのです。以下のコードと、

```
class DtaRcrd102 {
  private Date genymdhms;
  private Date modymdhms;
  private final String pszqint = "102";
  /* ... */
};
```

以下のコードを比べてみてください。

```
class Customer {
  private Date generationTimestamp;
  private Date modificationTimestamp;;
  private final String recordId = "102";
  /* ... */
};
```

これなら、気のきいた会話が成り立ちます。「マイキー、このレコードを見てくれ！ generation timestamp（生成タイムスタンプ）が明日の日付けになっている！ なんでこうなったんだろう？」

検索可能な名前を用いる

　1文字の名前と数値定数は、テキストの中から簡単には見つけられないという問題があります。
　MAX_CLASSES_PER_STUDENT なら、簡単に grep できますが、数字の 7 となるとやっかいです。ファイル名に含まれている 7 とか、他の定数定義で使われている 7 とか、自分が検索しようと思った 7 とは違う意味で 7 が使われているあらゆる式が検索で見つかってしまうでしょう。値の桁数が長ければ、さらに面倒なことになります。もしも桁の入れ違いが起きると、それはバグとなると同時に、検索でもひっかからなくなってしまいます。
　同様に、後で検索が必要になりそうな変数に e という名前を付けるのはよくありません。これは英語で非常にありふれた文字であり、あらゆるプログラムのテキストの中に表われるからです。この点については、長い名前のほうが短い名前よりも勝っており、検索可能な名前は定数を直書きするよりも勝っていることになります。
　1文字の名前は小さなメソッド内のローカル変数でのみ用いるというのが、私の個人的な意見です。変数名の長さはそのスコープに対応します［N5］。もしも、ある変数、定数がコード本体の複数の場所で使われているなら、後で検索が容易な名前とすべきです。次のコードと、

```
for (int j=0; j<34; j++) {
  s += (t[j]*4)/5;
}
```

次のコードを比較してみてください。

```
int realDaysPerIdealDay = 4;
const int WORK_DAYS_PER_WEEK = 5;
int sum = 0;
for (int j=0; j < NUMBER_OF_TASKS; j++) {
  int realTaskDays = taskEstimate[j] * realDaysPerIdealDay;
  int realTaskWeeks = (realdays / WORK_DAYS_PER_WEEK);
  sum += realTaskWeeks;
}
```

sum という名前は検索が可能ということ以外、とりたてて便利なわけではありません。意図的に名前を付けるという作業は、長い関数で役に立ちますが、後から単に WORK_DAYS_PER_WEEK を検索するほうが、5 が現れるすべての場所を探して、その中からここでの意味と同じ使われ方をしているものを抽出することよりも、はるかに楽であることも考慮するべきでしょう。

エンコーディングを避ける

我々は、すでにかなりのエンコーディングを使用しています。これ以上増やして苦しむ必要はありません。型、スコープ情報といったものを名前の中にエンコーディングすると、名前解読のための障害となります。新しい社員が入ってきたときに、作業対象のコード本体（それも大抵は相当な量の）を習得してもらうのに加えて、エンコーディング「言語」についてまで覚えてもらうというのは、妥当だとは思えません。これは問題解決の観点からは、本来不必要で、精神的苦痛以外の何ものでもありません。エンコードされた名前というのは、発音可能なことがまずなく、ミスタイプの原因ともなります。

ハンガリアン記法

はるか昔、プログラミング言語には名前の長さに制限があり、我々は上記のルールを必要以上に軽んじて、そして後悔しました。Fortran は、最初の文字を型に合わせなければなりませんでした。初期の BASIC は、1 つの文字と 1 つの数字の組み合わせを使わなければなりませんでした。ハンガリアン記法（HN）は、これを新たな段階へと引き上げます。

HN は、Windows C API で重要視されていました。そこでは、あらゆるものが、int のポインタ、long のポインタ、void のポインタ、あるいは「文字列」のいくつかの（使用方法や属性が異なる）実装でした。その当時のコンパイラは型をチェックしなかったので、プログラマは型を覚えておく必要がありました。

現代の言語には、ずっと高度な型システムがあり、コンパイラが型を知っており、その型に従うことを強制します。さらに、最近では小さなクラス、小さな関数を用いることで、使用する変数の宣言が常に視界にある状況で作業することのほうが多いでしょう。

Java のプログラマには、型のエンコーディング（名前への埋め込み）は不要です。オブジェクトは強い型付けがなされており、コードの編集環境もずっと進んでおり、実際にコンパイラを起動するよりもずっと前に型エラーを発見することが可能です。このため、現在では、HN やその類の型情報を名前に埋め込むやり方は、逆に障害でしかありません。関数やクラスの名前とか型を変更することが、面倒になってしまいます。コードも読みにくくなります。また、このようなエンコーディング体系が読み手を混乱させる可能性もあります。

```
PhoneNumber phoneString;
// 型を変更したのに、名前を変更し忘れた！
```

メンバープレフィクス

メンバー変数に m_ を付ける必要ももうありません。クラス、関数は十分に小さくすべきもので、十分に小さくできれば m_ で始まるメンバー変数はもはや必要ないのです。開発ツールの編集環境設定で、メンバーの色を変えるなり、強調表示するなりして見分ければよいのです。

```
public class Part {
  private String m_dsc; // テキスト形式での説明
  void setName(String name) {
    m_dsc = name;
  }
}

-------------------------------------------------

public class Part {
  String description;
  void setDescription(String description) {
    this.description = description;
  }
}
```

さらに、プレフィクス（あるいはサフィックス）をやめて、名前の中の意味を持った部分に注意を向けるようにしていくことは簡単にできます。するとコードを読むほど、プレフィクスに出会うことは少なくなっていき、最終的には、プレフィクスに出会ったら、それは古いコード片であることを意味するようになるでしょう。

インターフェイスと実装

これはエンコーディングの特殊例ですが、形（Shape）の抽象ファクトリを造ることを考えてみましょう。このファクトリはインターフェイスであり、具象クラスによって実装されます。これらの名前は何にしたらいいでしょう？ IShapeFactory と ShapeFactory でしょうか？ 私の好みは、インターフェイス名を単純にすることです。I を前置するのは、レガシーコードでは一般的ですが、よくて散漫、最悪の場合、情報過多とさえいえるでしょう。読者に、それがインターフェイスであるということを意識させるべきとは思えません。それが ShapeFactory であるということのみを伝えたいのです。どうしてもインターフェイスか実装のどちらかを名前にエンコードしなければならないとしたら、私なら実装を選びます。ShapeFactoryImp もしくは CShapeFactory と呼ぶほうが、インターフェイスを名前にエンコードするよりも好ましいと感じられます。

メンタルマッピングを避ける

あなたが付けた名前を、コードを読む人が心の中で（その人が知っている既知の）名前に変換しなければならないような状況を作ってはいけません。この問題は、問題領域あるいは解決領域で定義されている用語をピックアップしなかった場合に発生します。

この問題は 1 文字の変数名を使う場合に発生します。ループカウンタに i、j、k（ただし l はダメです！）を使用することはよくあります。これはループカウンタのスコープが非常に狭く、他に名前の衝突が起きないのであれば問題ありません。こうしたループカウンタに付ける 1 文字の名前は、慣習だから構わないのです。しかし、これ以外の大半のケースでは 1 文字の名前はよくありません。これは単なるプレースホルダでしかなく、コードを読む人が心の中で実概念へと変換（メンタルマッピング）しなければならないのです。単に a と b がすでに使用されているからという理由で、c という名前を付けるのは最悪です。

プログラマというものは、一般に頭の回転が速く、ちょっとした曲芸技を披露したがるものです。つまり、もしも r という名前が、URL からホスト名とスキーマ部分を除いたものを小文字にしたものであるということをきちんと覚えていられたら、あなたはとても賢いということです。

「賢い」プログラマと、「プロの」プログラマの違いの 1 つは、プロのプログラマは透明性が重要であることを理解しているということです。プロというのは、価値のために自らの能力を使い、他の

人が理解可能なコードを書くのです。

クラス名

クラス、オブジェクトにはCustomer、WikiPage、Account、AddressParserCustomerのような、名詞あるいは名詞句を付けます。Manager、Processor、Data、Infoのような名前は避けるべきです。クラス名には動詞を付けるべきではありません。

メソッド名

メソッドにはpostPayment、deletePage、saveといった動詞、動詞句を付けます。Accessors、mutators、predicatesといった名前はメソッドが扱う値に付けるべきもので、Javaビーン標準[4]によれば、get、set、isを前置すべきものです。

```
string name = employee.getName();
customer.setName("mike");
if (paycheck.isPosted())...
```

コンストラクタがオーバーロードされている場合は、staticなファクトリメソッドを用意し、名前に引数を表現するものを含めます。たとえば一般には、

```
Complex fulcrumPoint = Complex.FromRealNumber(23.0);
```

のほうが以下よりも望ましいでしょう。

```
Complex fulcrumPoint = new Complex(23.0);
```

ファクトリメソッドの使用を強制するために、コンストラクタをprivateにすることも検討してください。

---

[4] http://java.sun.com/products/javabeans/docs/spec.html（編注：現在のページはhttp://java.sun.com/javase/technologies/desktop/javabeans/docs/spec.htmlと思われます）

気取らない

あまりに巧妙な名前を付けると、名前を付けた人と同じセンスとユーモアを共有する人にしか、覚えられないものになってしまいます。また、これは、元となったジョークを覚えている間しか有効ではありません。HolyHandGrenade[5] という関数名から何を処理するのかを予期できるでしょうか？ 確かにこの名前はおしゃれですが、この場合 DeleteItems のほうが適切な名前でしょう。

おもしろさという価値よりも、明確さのほうが大事です。

気取った名前は口語体や、俗語という形で現れます。たとえば、kill() の意味で、whack() を使うのは避けてください。特定の文化に何かしら関連した冗談（たとえば abort() の替わりに eatMyShorts() を使うとか[6]）も避けるべきです。

自分の意図どおりのことを言葉にし、言葉を自分の意図に合わせましょう。

1つのコンセプトには1つの単語

ある1つの抽象概念には1つの名前を使い続けましょう。たとえば複数のクラスで fetch、retrieve、get といった名前のメソッドを、同じ意味で提供するのは混乱を招きます。どのクラスでは、どのメソッドを使用すべきかなんてことを、どうやって覚えたらよいのでしょう？ 残念なことに、ライブラリ、クラスで使用されている用語を思い出すためには、それらがどの会社、集団、個人によって書かれたものかを思い出す必要があることがよくあります。あるいはヘッダファイルや以前のコードサンプルを眺めることに、長時間を費やすこともあります。

Eclipse や IntelliJ が提供するような、最新のソースコード編集環境では、文脈依存の機能、たとえば、あるオブジェクト上で呼び出せるメソッドの一覧を表示するような機能が利用できます。しかし、あなたが関数名や、引数リストの周辺に書いたコメントまでは、リストに表示してはくれません。

よくて、関数宣言に記載したパラメータの名前まででしょう。関数名は独立しており、特に追加で調査をしなくても、適切なメソッドを選び出すことができます。

1つのコードベースの中で controller、manager、driver といった名前が使用されていたら、紛

---

5 編注：Monty Python And The Holy Grail に登場する手榴弾。
6 訳注：直訳すると「パンツでも食らえ」。

らわしいでしょう。`DeviceManager` と `ProtocolController` との間の本質的な違いとは何でしょうか？ `controller` あるいは `manager` に統一してはだめなのでしょうか？ これらは両方 `Driver` なのでしょうか？ これらは、2つのオブジェクトが、クラスが異なるというだけでなく、大きく異なる型であるかのように思わせるでしょう。

　整合性を持った語彙集があると、あなたのコードを使うプログラマに重宝されるでしょう。

ごろ合わせをしない

　1つの単語を2つの目的で使用してはいけません。2つの異なる概念に同じ用語をあてはめることは、本質的にごろ合わせです。

　「1つのコンセプトには1つの単語」という規則を守っていれば、多くのクラスが、たとえば `add` という同じ名前のメソッドを持つことになるでしょう。さまざまな `add` メソッドの間で、引数リストと戻り値が意味的に同等ならば、すべて問題ありません。

　しかし「整合性」のために、`add` をそれまでとは違った意味で使おうとする人がいるかもしれません。たとえば、多くのクラスで、`add` は既存の2つの値を連結して、新たな値を生成する意味で使われていたとしましょう。ここで、唯一の引数をコレクションに追加するメソッドを持つクラスを新規に書いているとしましょう。このメソッドを `add` と命名すべきでしょうか？ すでに大量の `add` メソッドがあるので、この命名は理にかなっているように見えます。しかしこの場合、意味が異なります。この場合は、`insert` とか `Append` という名前を替わりに使うべきでしょう。この新しいメソッドに `add` という名前を付けるのはごろ合わせです。

　コードの作者が目指すべきは、コードを可能な限り簡単に理解できるようにすることです。コードは集中して調査するのではなく、さっと読める必要があります。学者が論文から意味を掘り出すようなアカデミックモデルではなく、著者が責任を持って彼自身の考えを明瞭に伝える、大衆向けペーパーバックモデルを採用する必要があります。

解決領域の用語の使用

　あなたのコードを読むのはプログラマであることを思い起こしてください。コンピュータサイエンス（CS）の用語、アルゴリズムの名前、パターンの名前、数学用語などを用いるのはまったく問題ありません。すべての名前をいちいち業務用語から取り出すのは勧められません。なぜなら一緒に働くメンバーが、いちいちお客様に用語の意味を聞かなければならなくなるからです。その概念自体は、他の名前ですでに知っているのに。

　ビジターパターンを知っているプログラマにとって、`AccountVisitor` は十分な意味を持った名前です。`JobQueue` の意味がわからないプログラマなどいるでしょうか？ プログラマにとってあた

りまえの、とても技術的なことがらが数多くあります。こうしたことがらに技術的な名前を付けるのは、至極まっとうなことです。

問題領域の用語の使用

　処理内容が、ちっとも「プログラマチック」でないのならば、問題領域から名前を持ってくるのがよいでしょう。少なくとも、あなたのコードを保守する人は、業務の専門家に意味を聞くことができるはずです。

　解決領域と問題領域の概念を分離することは、優れたプログラマ、設計者の仕事の1つです。問題領域の概念をより多く扱うのであれば、問題領域から名前を持ってくるべきです。

意味のある文脈を加える

　それ自身が深い意味を持つ名前がいくつかありますが、大抵の名前はそうではありません。深い意味を持たない言葉については、読み手の理解を助けるように、その名前を文脈の中に配置します。これには、そうした名前をうまく名前付けされたクラス、関数、名前空間に配置します。他に方法がなければ、最後の手段として、名前にプレフィクスを付ける必要があるかもしれません。

　firstName、lastName、street、houseNumber、city、state、zipcode という名前の変数があったとしましょう。これらを合わせると住所となることは、それなりに明らかです。しかし、state 変数のみが、あるメソッドで使われていたらどうでしょう？　これも住所の一部だろうと思いますか？

　addrFirstName、addrLastName、addrState のようにプレフィクスを付けることで、文脈を付け足すことができます。少なくとも、これを読んだ人は、これらの名前がより大きな構造の構成要素だと理解するでしょう。もちろん Address という名前のクラスを用意するほうが望ましいといえます。こうすれば、コンパイラにも、これらの変数がより大きな概念に属していることを伝えることができます。

　リスト 2-1 を見てください。これらの変数には、より深い意味の文脈が必要ではないでしょうか？この関数名は、文脈の一部しか提供していません。残りはアルゴリズムから明らかになります。この関数を最後まで読めば、number、verb、pluralModifier の3つの変数が「予測統計値」メッセージを構成していることがわかります。残念ながら、ここでは文脈は類推するよりありません。初めてこのメソッドを見た時点では、これらの変数の意味は不明瞭でしょう。

リスト2-1　不明瞭な概念を持った変数

```
private void printGuessStatistics(char candidate, int count) {
  String number;
  String verb;
  String pluralModifier;
  if (count == 0) {
    number = "no";
    verb = "are";
    pluralModifier = "s";
  } else if (count == 1) {
    number = "1";
    verb = "is";
    pluralModifier = "";
  } else {
    number = Integer.toString(count);
    verb = "are";
    pluralModifier = "s";
  }
  String guessMessage = String.format(
    "There %s %s %s%s", verb, number, candidate, pluralModifier
  );
  print(guessMessage);
}
```

　この関数は少々長すぎ、変数が関数全体に渡って使用されています。関数をより小さな断片に分解するためには、`GuessStatisticsMessage`クラスを作成し、3つの変数をフィールドとしてクラスの中に移動する必要があります。これにより3つの変数に明確な文脈を与えることができます。つまり、これらは`GuessStatisticsMessage`の一部となったのです。文脈が改善されたことで、アルゴリズムを細かな関数に分けて、ずっと簡潔にできます（**リスト2-2**）。

リスト2-2　文脈を持った変数

```
public class GuessStatisticsMessage {
  private String number;
  private String verb;
  private String pluralModifier;
  public String make(char candidate, int count) {
    createPluralDependentMessageParts(count);
    return String.format(
      "There %s %s %s%s",
      verb, number, candidate, pluralModifier );
```

```
  }
  private void createPluralDependentMessageParts(int count) {
    if (count == 0) {
      thereAreNoLetters();
    } else if (count == 1) {
      thereIsOneLetter();
    } else {
      thereAreManyLetters(count);
    }
  }
  private void thereAreManyLetters(int count) {
    number = Integer.toString(count);
    verb = "are";
    pluralModifier = "s";
  }
  private void thereIsOneLetter() {
    number = "1";
    verb = "is";
    pluralModifier = "";
  }
  private void thereAreNoLetters() {
    number = "no";
    verb = "are";
    pluralModifier = "s";
  }
}
```

根拠のない文脈を与えない

「豪華な給油所（Gas Station Deluxe）」という想像上のアプリケーションを思い浮かべたとき、すべてのクラス名に GSD を前置するのは間違っています。開発ツール上で作業しているとしましょう。G を入力して、補完キーを押すと、システム内のクラスの一覧が1マイルもの長さで表示されることでしょう。こんなのが賢いと思いますか？ なぜわざわざ IDE の支援機能を邪魔するようなことをするのでしょう？

　GSD の顧客のモジュールに MailingAddress クラス[7]を作成し、これに GSDAccountAddress という名前を付けたとしましょう。その後、顧客コンタクトアプリケーションでメールアドレスが必要に

7　訳注：「メールアドレスのためのクラス」の間違いと思われます。

なったとしましょう。ここにも GSDAccountAddress[8] という名前を使いますか？ この名前で正しいと感じますか？ この手の 17 文字が 10 セットあったら、それは冗長で不適切でしょう。

短い名前は、意味が明確である限りは、長い名前よりも一般に優れています。必要以上に文脈を名前に付け加えるのはやめましょう。

accountAddress とか customerAddress という名前は、Adress クラスのインスタンスの名前としてはよいですが、クラスの名前とするのは不適切です。Address はクラスの名前としては適切です。もしも、MAC アドレスとポートのアドレス、Web のアドレスとを区別したいのであれば、私なら PostalAddress、MAC、URI といった名前を使用するでしょう。これらの名前はより明確です。これは名前付けでは重要な点です。

最後に

名前の選択で最も難しいのは、優れた記述能力と文化的背景の共有が必要な点です。これは技術的、業務的、あるいは管理的な問題というより、教える能力の問題です。つまり、この業界の人達の多くは、こうした能力をあまりよくは身につけていないのです。

また、もしある開発者が名前を変更しようと思ったら、他の開発者が、それに対して反対しないか心配することになります。我々は、こうしたことには臆せず、名前の変更を（それがよいものであれば）感謝しつつ受け入れます。大抵の場合、クラスやメソッドの名前をいちいち覚えてはいません。こうした細かなことに対処するために、我々は最新の開発ツールを使用します。そして我々はコードが段落や文章のように、あるいは少なくとも表やデータ構造（文章は、データを表示するのに常に適しているわけではありません）のように見えるようにすることに力を注ぎます。あなたが名前を変更することで、誰かを驚かせるかもしれません。あなたが他の人の変更に驚くように。だからといって、道を進むのをやめてはいけません。

ここに挙げたいくつかの規則を守り、あなたのコードの読みやすさが改善するかどうか見てみてください。もしも他の人が書いたコードを保守しているときには、これらの問題を解決するためにリファクタリングツールを使用してみてください。結果はすぐに現れ、長い期間に渡って効果を上げるでしょう。

---

[8] 訳注：「GSDCustomerAddress」の間違いではないかと思われます。

関数 第3章

　昔は、システムをルーチンとサブルーチンとで構成しました。FortranとPL/1の時代は、プログラムとサブプログラム、関数でシステムを構成しました。この中で現在まで生き残っているのは関数のみです。あらゆるプログラムの中で、関数は最初の構成体です。その関数をうまく書くことが、本章のテーマです。**リスト3-1**を見てください。FitNesse[1]のコードには、あまり長い関数はありませんが、探し回ってこのコードを見つけてきました。このコードは長いだけでなく、コードの重複や奇妙な文字列、おかしな、あるいは不明瞭なデータタイプ、APIが含まれています。3分差し上げます。このコードがどのくらい筋が通っているのか見てみてください。

リスト3-1　HtmlUtil.java (FitNesse 20070619)

```
public static String testableHtml(
  PageData pageData,
  boolean includeSuiteSetup
) throws Exception {
  WikiPage wikiPage = pageData.getWikiPage();
```

---

[1] オープンソースのテストツール。http://fitnesse.org

```
StringBuffer buffer = new StringBuffer();
if (pageData.hasAttribute("Test")) {
  if (includeSuiteSetup) {
    WikiPage suiteSetup =
      PageCrawlerImpl.getInheritedPage(
          SuiteResponder.SUITE_SETUP_NAME, wikiPage
      );
    if (suiteSetup != null) {
      WikiPagePath pagePath =
        suiteSetup.getPageCrawler().getFullPath(suiteSetup);
      String pagePathName = PathParser.render(pagePath);
      buffer.append("!include -setup .")
            .append(pagePathName)
            .append("\n");
    }
  }
  WikiPage setup =
    PageCrawlerImpl.getInheritedPage("SetUp", wikiPage);
  if (setup != null) {
    WikiPagePath setupPath =
      wikiPage.getPageCrawler().getFullPath(setup);
    String setupPathName = PathParser.render(setupPath);
    buffer.append("!include -setup .")
          .append(setupPathName)
          .append("\n");
  }
}
buffer.append(pageData.getContent());
if (pageData.hasAttribute("Test")) {
  WikiPage teardown =
    PageCrawlerImpl.getInheritedPage("TearDown", wikiPage);
  if (teardown != null) {
    WikiPagePath tearDownPath =
      wikiPage.getPageCrawler().getFullPath(teardown);
    String tearDownPathName = PathParser.render(tearDownPath);
    buffer.append("\n")
          .append("!include -teardown .")
          .append(tearDownPathName)
          .append("\n");
  }
  if (includeSuiteSetup) {
    WikiPage suiteTeardown =
      PageCrawlerImpl.getInheritedPage(
```

```java
          SuiteResponder.SUITE_TEARDOWN_NAME,
          wikiPage
      );
      if (suiteTeardown != null) {
        WikiPagePath pagePath =
          suiteTeardown.getPageCrawler().getFullPath (suiteTeardown);
        String pagePathName = PathParser.render(pagePath);
        buffer.append("!include -teardown .")
            .append(pagePathName)
            .append("\n");
      }
    }
  }
  pageData.setContent(buffer.toString());
  return pageData.getHtml();
}
```

3分の調査でコードが理解できたでしょうか？ おそらく無理だったでしょう。ここでは、あまりに多くのことが行われており、さまざまなレベルの異なる抽象化が入り乱れています。フラグによって制御される二重にネストされた if 文の中に、奇妙な文字列と不恰好な関数呼び出しとが渾然一体となっています。

しかし、いくつかの簡単なメソッド抽出、名前の変更と、わずかな構造の改善によって、この関数の意図を**リスト 3-2** に示す 9 行として取り出すことができます。

もう一度 3 分差し上げますので、今度は理解できるかどうか試してみてください。

リスト 3-2　HtmlUtil.java（リファクタリング版）

```java
public static String renderPageWithSetupsAndTeardowns(
  PageData pageData, boolean isSuite
) throws Exception {
  boolean isTestPage = pageData.hasAttribute("Test");
  if (isTestPage) {
    WikiPage testPage = pageData.getWikiPage();
    StringBuffer newPageContent = new StringBuffer();
    includeSetupPages(testPage, newPageContent, isSuite);
    newPageContent.append(pageData.getContent());
    includeTeardownPages(testPage, newPageContent, isSuite);
    pageData.setContent(newPageContent.toString());
  }
  return pageData.getHtml();
}
```

あなたがFitNesseの研究生でなければ、細かいところすべてを理解することは無理でしょう。それでも、この関数がsetupページ、teardownページをテストページに取り込み、HTMLを書き出していることは理解できるでしょう。もしもJUnit[2]について知っていれば、この関数が何らかのWebベースのテスト用フレームワークに関係したものだろうことに気づくでしょう。いうまでもなく、その理解は正しいです。この事実はリスト3-2からは割と簡単にわかりますが、リスト3-1からははっきりとはわからないでしょう。

では何がリスト3-2の関数を理解しやすくしているのでしょう？　どうすれば関数に、その意図を語らせることができるのでしょうか？　プログラムの種類を、コードの読み手に直感させるためには、そのプログラム内の関数に、どんな属性を与えればよいのでしょうか？

小さいこと！

関数の第一規則は、小さくせよ。第二の規則は、**さらに小さくせよ**、です。この主張に根拠を示すことはできません。私には、とても小さな関数が優れていることを示す研究への参照を提供することはできません。私にいえることは、約40年に渡ってさまざまな大きさの関数を書いてきたという事実です。3000行に及ぶ汚い醜悪なコードを書いたこともあります。100から300行ほどの関数は、たくさん書いたことがあります。20から30行程度の関数も書いたことがあります。こうした長年に渡る試行錯誤の経験から、関数は非常に小さなものにすべきであるということを学びました。

80年代、関数は1画面に収まるようにといわれてきました。もちろん、これはVT100端末の24行80桁の画面のことで、さらにそのうち4行は、管理目的に使われています。今なら、嫌がらせのような小さなフォントと、素晴しく巨大なモニタを使えば、100行150桁以上を表示することも可能でしょう。1行に150文字も入れるべきではありませんし、関数は100行もの長さにすべきではありません。

関数の長さが20行に達することなど、ほとんどないようにすべきです。

関数は、どのくらい短ければよいのでしょう？　1999年にオレゴンにあるケント・ベックの家を訪れたことがあります。我々は、一緒に座ってプログラミングをしました。そこで彼は**スパークル**と呼ぶ、Java/Swingで書かれたかわいらしいプログラムを見せてくれました。このプログラムは、シンデレラの映画に出てくるフェアリーゴッドマザーが持っている魔法の杖のような視覚効果を表示するものでした。そこには重力がシミュレートされていて、マウスを動かすと、カーソルから火花があふれ、それがウィンドウの下へとこぼれていきました。ケントからコードを見せてもらったときに、関数の短さに衝撃を受けました。それまで、私はSwingのプログラムでは、縦方向に数マイルに及ぶ関数を見るのが普通でした。ところが、このプログラムは、2、3行、あるいは4行ほどの長さの関数で作成されていたのです。それぞれが透明で明瞭なものでした。処理の流れを語っていました。そして、それぞれが次の処理への流れを、異論のはさみようのない順番で提示していまし

---

[2] Java用オープンソース単体テストツール。www.junit.org

た。このような観点から、関数は短くしなければならないのです！[3]

　関数は、どのくらい短くすればよいのでしょう？　通常は、リスト3-2よりも短くすべきなのです！実際、リスト3-2は**リスト3-3**のように短縮できます。

リスト3-3　HtmlUtil.java（リファクタリング版）

```
public static String renderPageWithSetupsAndTeardowns(
  PageData pageData, boclean isSuite) throws Exception {
  if (isTestPage(pageData))
    includeSetupAndTeardownPages(pageData, isSuite);
  return pageData.getHtml();
}
```

ブロックとインデント

　このことは、if文、else文、while文などのブロックが1行の長さでなければならないことを示唆しています。おそらく、その行は関数の呼び出しでしょう。これにより関数が短くなるだけでなく、ドキュメントとしての価値を持つことになります。なぜならブロック内で呼び出されている関数に、処理内容を上手に表現する名前を付けることが可能だからです。これはまた、関数の中にはネストされた構造を置いてはいけないということを示唆しています。つまり、関数内のインデントレベルは1つか2つということです。これはもちろん関数を読みやすく、理解しやすいものとすることに貢献します。

1つのことを行う

　リスト3-1は、明らかに1つ以上どころか、大量のことをしています。バッファを作り、ページを取得し、継承しているページを探し、パスをレンダリングし、難解な文字列を付け加え、そして

---

[3] ケントに、そのときのコードがまだ残っているかを聞いてみましたが、見つけられなかったそうです。私も自分のコンピュータの中を探してみましたが、見つかりませんでした。残っているのは、私の記憶のみです。

HTMLを生成するということを、他のさまざまな処理に加えて行っています。リスト3-1は、多くの異なった処理がごちゃまぜになっています。これに対しリスト3-3は、たった1つの単純な処理を行っています。テストページの準備と終了内容の取り込みだけです。

以下に示す助言は、さまざまな形で、ここ30年以上に渡って語り継がれてきたものです。

> 関数では1つのことを行うようにせよ。その1つのことをきちんと行い、それ以外のことを行ってはならない。

この文章の問題は、「1つのこと」の意味するところがわかりにくいという点です。リスト3-3は、1つのことを行っているのでしょうか？ 3つのことを行っているという主張を作るのは簡単です。

1. ページがテストページであるかを判断する
2. もしそうなら、準備と終了内容の取り込みを行う
3. HTMLを生成する

さて、どちらなのでしょう？ この関数は1つのことを行っているのでしょうか？ それとも3つのことを行っているのでしょうか？ 関数内の3つのステップは、関数の名前で示されている、ある1つの抽象レベルにあることがわかります。この関数の処理内容はTO[4]節で表現できます。

TO RenderPageWithSetupsAndTeardowns、ページがテストページかどうかを判定し、もしそうならば準備、終了内容の取り込みを行います。どちらの場合にもHTMLでページを生成します。

関数の名前で示される、ある1つの抽象レベルにおけるいくつかのステップのみで表現されるなら、その関数は1つのことをしています。つまり関数を書く目的は、ある1つのより広い概念（これは関数の名前でもあります）を、次の抽象レベルのいくつかのステップに分解することなのです。

リスト3-1が、複数の抽象レベルに属するステップを実行していることは明らかです。リスト3-2でさえ2つの抽象レベルを含み、さらなる短縮が可能でした。しかしリスト3-3を意味を持ったままさらに縮めるのは困難でしょう。if文を `includeSetupsAndTeardownsIfTestPage` という名前の関数として抽出することは可能でしょうが、これは抽象レベルを変更せずに言い換えているだけに過ぎません。

関数が1つ以上のことをしていないか調べる、もう1つの方法は、その関数の実装の中から単なる言い換えではなく別の関数を抽出できるかを調べることです［G34］。

---

4 RubyやPythonのdefと同じように、LOGO言語では、TOというキーワードを使います。このため、すべての関数はTOで始まります。これは関数の設計に興味深い影響を与えます。

関数内のセクション

109ページのリスト 4-7 を見てください。generatePrimes 関数は**宣言**、**初期化**、**ふるいの処理**といったセクションに分かれていることがわかります。これは 1 つ以上のことをしているという明らかな兆候です。1 つのことをしている関数は、このように無理なく複数のセクションに分けることができません。

1つの関数に1つの抽象レベル

関数が「1 つのこと」のみを行っているかを確実にするには、その関数内の文が 1 つの抽象レベルにあるかを確認する必要があります。リスト 3-1 が、この規則を破っていることは簡単にわかります。そこには、getHtml(); のような、非常に高い抽象レベルのものもあれば、String pagePathName = PathParser.render(pagePath); のような、中間レベルの抽象度のものもあれば、.append("\n") のような、非常に低い抽象レベルのものもあります。

関数の中で複数の抽象レベルのことを一緒に行うと常に混乱を招きます。コードを読む人には、特定の式が本質的な概念なのか、実装詳細なのかを判別することができないかもしれません。さらに、ひとたび本質的な概念と実装詳細とが一緒になったコードが現われると、割れた窓理論のごとく、関数の中に実装詳細が増えていきます。

コード通読：逓減規則

コードは上から下へと物語[5]のように読める必要があります。プログラムリストを上から読んだときに関数の抽象レベルが降順で読めるよう、関数は抽象レベルの順番に並んでいる必要があります。これを私は逓減規則と読んでいます。

別の言葉でいうなら、TO 節の並びとしてプログラムが読める必要があります。それぞれの節はその場所での抽象レベルについての記述を持ち、続く次のレベルの TO 節への参照を含みます。

To include the setups anc teardowns（開始と終了内容を取り込むためには）、まず開始内容を取り込み、テストページの内容を取り込み、そして終了内容を取り込む。
To include the setups（開始内容を取り込むためには）、もし、それがテストスイートならば、テストスイートを取り込み、そして通常の開始内容を取り込む。
To include the suite setup（テストスイートを取り込むためには）、親階層の「SuiteSetup」ページを探し、このページのパスを持った include 文を加える。
To search the paren...（親階層の中を検索するには……）

5　［KP78］、37 ページ。

この規則に従って関数が1つの抽象レベルになるように書くことは、プログラマにとってかなり難しいことがわかっています。それでも、このこつはとても重要です。関数を短くし、「1つのこと」のみを行うようにすることが重要です。コードを上から下へと流れる TO 節の並びにすることが、抽象レベルの整合性を保つには有効です。

リスト 3-7 を見てください（83ページ）。これは testableHtml 関数の全体をここに挙げた原則に従ってリファクタリングしたものです。それぞれの関数が、次へとつながっていること、それぞれが整合性を持った抽象レベルにあることがわかるでしょう。

switch文

switch 文を小さくするのは難しいことです[6]。たった2つの case しかない switch 文でさえ、1つの関数の中に入れるには大き過ぎるのです。1つの switch 文で1つのことを行うのも難しいことです。switch 文は、その性質上、N 個のことを行うのです。残念なことに、switch 文をまったく使わないというわけにもいきません。しかし、switch 文を低いレベルの処理にのみ用いることにして、決して繰り返さないように気をつけることは可能です。これは多態を使うことにより可能です。

リスト 3-4 を見てください。ここでは従業員のタイプに応じた処理が行われています。

リスト 3-4　Payroll.java

```java
public Money calculatePay(Employee e)
  throws InvalidEmployeeType {
  switch (e.type) {
    case COMMISSIONED:
      return calculateCommissionedPay(e);
    case HOURLY:
      return calculateHourlyPay(e);
    case SALARIED:
      return calculateSalariedPay(e);
    default:
      throw new InvalidEmployeeType(e.type);
  }
}
```

この関数にはいくつかの問題があります。1つには、関数が大き過ぎます。そして新しい従業員のタイプが追加されるたびに大きくなっていきます。2つ目の問題として、関数が明らかに複数のこ

---

[6] もちろん if/else のチェインも同じです。

とを行っています。3つ目の問題は、単一責務の原則（SRP：Single Responsibility Principle[7]）に反していることです。なぜなら、ここに将来変更が必要となる理由が2つ以上あるからです。4番目の問題は、開放／閉鎖原則（OCP：Open Closed Principle[8]）に反していることです。なぜなら新たに従業員タイプが追加されるたびにコードを変更しなければなりません。しかし、おそらく一番困った問題は、同じ構造を持った大量の関数が制限なく作成されてしまうことでしょう。たとえば

```
isPayday(Employee e, Date date)
```

とか、

```
deliverPay(Employee e, Money pay)
```

とか、あるいはこれらから呼び出される処理が存在するかもしれません。これらすべて、同様の有害な構造を持つことになります。

これに対する解決策（**リスト** 3-5）は、switch文を抽象レベルの最下層である抽象ファクトリ[9]に置き、人の目に触れないようにすることです。ファクトリはswitch文を使って適切なEmployeeの派生クラスのインスタンスを生成します。calculatePay、isPayday、deliverPayといったさまざまな関数は、多態的にEmployeeのインターフェイスを通してディスパッチします。

私のswitch文に対する一般的な規則は、一度しか現れず、多態オブジェクトを生成し、継承の裏に隠されていれば許すというものです［G23］。

リスト 3-5　Employee とファクトリ

```
public abstract class Employee {
  public abstract boolean isPayday();
  public abstract Money calculatePay();
  public abstract void deliverPay(Money pay);
}

-----------------

public interface EmployeeFactory {
  public Employee makeEmployee(EmployeeRecord r) throws InvalidEmployeeType;
}
```

7　a. http://en.wikipedia.org/wiki/Single_responsibility_principle、
　　b. http://www.objectmentor.com/resources/articles/ocp.pdf
8　a. http://en.wikipedia.org/wiki/Open/closed_principle、
　　b. http://www.objectmentor.com/resources/articles/srp.pdf
9　［GOF］

```
----------------

public class EmployeeFactoryImpl implements EmployeeFactory {
  public Employee makeEmployee(EmployeeRecord r) throws InvalidEmployeeType {
    switch (r.type) {
      case COMMISSIONED:
        return new CommissionedEmployee(r) ;
      case HOURLY:
        return new HourlyEmployee(r);
      case SALARIED:
        return new SalariedEmploye(r);
      default:
        throw new InvalidEmployeeType(r.type);
    }
  }
}
```

もちろん状況によります。場合によっては、このルールの一部を破ることもあるでしょう。

内容をよく表す名前を使う

　リスト3-7では、サンプルとして取り上げた関数の名前をtestableHtmlからSetupTeardownIncluder.renderに変更しています。この名前は、関数が何を行うかをよく表現しており、ずっとよい名前です。privateメソッドに対しても、isTestable、includeSetupAndTeardownPagesといった、同じくらい内容をよく表す名前を与えています。適切な名前付けの価値はいくら評価したとしても、過大評価となることはありません。ワードの原則を思い起こしてください「そこに書かれているルーチンを読んだとき、それがだいたいあなたの期待通りであったとしたら、そのときあなたはクリーンコードの中で作業をしていることを知るのです」。この原則の半分は、1つのことを行う小さな関数に適切な名前を付けることで達成できます。関数を小さくし、そこに注目するようになるに従い、内容をよく表す名前を付けることは簡単になっていきます。

　長い名前を付けるのを怖がらないでください。内容をよく表す長い名前は、不可解な短い名前よりも優れているのです。内容をよく表す長い名前のほうが、内容を説明した長いコメントよりも優れているのです。複数の単語で構成された関数名を簡単に読めるような命名規約を用い、これらの複数の単語を関数の名前に使用して、その関数が何を行うのかを明確にしてください。

　名前を選択するのに十分な時間をかけることを厭わないでください。いくつかの候補を実際にコードに埋め込んでみてください。EclipseとかIntelliJのような最新のIDEを使用しているなら名前を変更するのは造作もないことです。いくつかの名前をIDEを使って実験しつつ、内容をよく表す名

前を見つけてください。

　内容をよく表す名前を選択すれば、あなた自身の頭の中にあるモジュールの設計が明らかとなり、さらに改良することが可能となるでしょう。適切な名前を追求することで、それがコードの構造を改善することにつながることは、よくあることです。

　名前は整合性を持って付けなければなりません。モジュール内の関数に付ける名前には、同じ言い回し、名詞、動詞を使用しましょう。たとえば `includeSetupAndTeardownPages`、`includeSetupPages`、`includeSuiteSetupPage`、`includeSetupPage` のような名前を検討します。名前についても同様な語法を用いることで、処理の流れの順序をうまく説明できるようになります。実際、もしも上で挙げた処理順序のみを、あなたに示したとしら「`includeTeardownPages`、`includeSuiteTeardownPage`、`includeTeardownPage` では何が行われるのだろう？」と自問自答することになるのではないでしょうか。「... あなたの予想を上回るものであったとしたら」という観点からは、どう感じますか。

関数の引数

　関数の引数は理想的には 0（ニラディック、niladic）です。その次が 1（モナディック、monadic）、そして 2（ダイアディック、dyadic）がすぐ近くに続きます。3 つの引数（トライアディック、triadic）はできれば避けるべきです。引数の数を 4 以上（ポリアディック、polyadic）とするのは、よほどの理由がなければやめるべきで、つまりは基本的に避けるべきです。

　引数はやっかいで、大量の概念上の力を持っています。このため、ほとんどの例では、引数を使わないようにしています。たとえば、`StringBuffer` の例を見てみてください。これをインスタンス変数とせずに、引数として持ち回ることも可能ですが、そうするとコードの読み手は、これを目にするたびに解読が必要となります。モジュールからストーリーを読み取るときには、`includeSetupPage()` のほうが `includeSetupPageInto(newPageContent)` よりも理解が容易でしょう。抽象レベルの観点で引数と関数名は異なります。その時点で特に重要でなくても、それが引数に現れれば、実装詳細（つまり `StringBuffer`）について知らなくてはいけなくなります。

引数は、テストの観点でもやっかいです。さまざまな引数の組み合わせを網羅するテストケースを書く難しさについて考えてみてください。引数がなければ、これは取るに足りない問題です。引数が1つだけなら、大して難しいものではありません。2つの引数が必要になると、この問題は少しばかりやっかいなものとなります。2つを超えるようだと、すべての組み合わせを網羅するのは困難なものとなります。

出力引数は入力引数よりも理解が困難です。関数のソースを読むとき、我々は関数への入力は引数を通して渡し、関数からの出力は戻り値を通して受け取るという考えに慣れています。通常は引数を通して関数が情報を出力するとは思いません。このため出力引数は、いったん見過ごしたあと、後で驚いて見直すことになることがよくあります。

引数1つは引数なしの次によい方法です。`SetupTeardownIncluder.render(pageData)` ならば、割と理解が容易です。データを `pageData` オブジェクトに表示しようとしていることが明らかだからです。

共通モナディック形式（Common Monadic Forms）

関数に1つの引数を渡す理由として、非常に一般的なものが2つあります。それは、`boolean fileExists("MyFile")` のように引数に渡したものについて照会を行うケース。あるいは、引数に対してある操作をし、変換を行ってから返すケースです。たとえば、`InputStream fileOpen("MyFile")` は `String` のファイル名を `InputStream` に変換して戻り値として返します。これら2つの使い方は、関数を見たときに読み手が予想する動作に合致しています。これらの2つの違いが明確になるような名前を選ぶべきです。また、これら2つを使うときには整合性を持った文脈が必要です（以下の「コマンド・照会の分離原則」を参照のこと）。

これら2つと比べると、あまり有名ではありませんが、1引数の関数にもう1つの形態があります。イベントです。この場合、入力引数が1つのみで、出力引数はありません。プログラム全体は関数呼び出しをイベントの発生と見なし、引数はシステムの状態を変更する目的に使用されます。例として、`void passwordAttemptFailedNtimes(int attempts)` が挙げられます。この形態の使用にあたっては、注意が必要です。これがイベントの発生であることが、読み手に非常にはっきりとわからなければなりません。名前と文脈を注意深く選ぶ必要があります。

ここで挙げた形態とは異なる1引数の関数、たとえば、`void includeSetupPageInto(StringBuffer pageText)` を作成しないようにしてください。値の変換に戻り値ではなく出力引数を使用するのは混乱を招きます。もしも入力引数に対して何らかの変換を行うのであれば、それは戻り値として返すべきです。実際、`StringBuffer transform(StringBuffer in)` のほうが、`void transform(StringBuffer out)` よりも優れています。たとえ前者の実装が単純に入力引数をそのまま返すものだとしてもです。最低でも、これなら変換の形式に従っています。

フラグ引数

　フラグ引数は汚い方法です。関数に`boolean`を渡すのはよくない習慣です。これは、ただちにメソッドのシグネチャをわかりにくくします。声を大にしていいますが、この関数は2つ以上のことをしています。フラグが`true`のときに1つ、そして`false`のときにもう1つです！ リスト3-7では、すでに呼び出し元がフラグを渡していたのと、関数のリファクタリング範囲をせばめるために仕方がありませんでした。依然として、気の毒なコードの読み手にとって、`render(true)`という関数呼び出しは、平たくいって単にわかりにくいのです。マウスカーソルを上に持ってくれば、`render(boolean isSuite)`と表示されるので、いくらかは助けになりますが、十分とはいえません。`renderForSuite()`と`renderForSingleTest()`の2つに分割するべきなのです。

引数2つの関数

　引数を2つとる関数は、引数1つの関数よりも理解が難しくなります。たとえば、`writeField(name)`は`writeField(outputStream, name)`よりも理解が容易です[10]。たとえ両引数の意味が明確だとしても、最初の引数に目を通すと、即座にその意味が脳裏に焼きついてしまいます。このため、次の引数を認識するために、最初の引数を頭の中から追い出す時間が必要になってしまうのです。そしてもちろん、本来ならコードの一部を頭の中から追い出すべきではないので、このことは問題となります。コードの一部を無視すると、そこはバグの温床となります。

　もちろん2つの引数が適切な場合もあります。たとえば、`Point p = new Point(0,0);`というのは至極まっとうです。デカルト座標が2つの引数をとるのは自然です。実際、`new Point(0)`というのを目にしたら面食らうでしょう。ただし、この場合、**2つの引数はある1つの値を構成する順序付けられた2つのコンポーネントなのです！** これに対して、出力ストリームと名前は自然なつながりがあるわけでも、自然な順序付けがあるわけでもありません。

　`assertEquals(expected, actual)`のような明確な2引数関数でさえ、問題を孕んでいます。予想値（expected）を設定すべき場所に、実際の値（actual）を指定してしまったことが何回ありますか？ この2つの引数には、自然な順序付けがあるわけではありません。予想値と実際の値の順番は規約であり、使用者が学習する必要があります。

　2引数は悪というわけではありません。使用する必要が出てくるでしょう。しかし使用にあたってはコストがかかること、そして、これらを1引数に変換するのに、どんな方法が利用できるのかについて知っておく必要があります。たとえば、`writeField`メソッドを、`outputStream`のメンバーにすれば、`outputStream.writeField(name)`と書くことができるでしょう。あるいは、`outputStream`をこのクラスのメンバー変数とすれば渡さずに済みます。あるいは`FieldWriter`といった新たなク

---

[10] ちょうど、引数2つの関数を使用している、あるモジュールのリファクタリングを終えたところです。`outputStream`をフィールドとして関数を引数1つにすることで、コードはずっと簡潔になりました。

ラスを抽出し、コンストラクタで `outputStream` を受け取り、`write` メソッドを提供することもできます。

引数3つの関数

　引数3つの関数は、2つの関数よりも非常に理解が難しくなります。引数の順序の問題、立ち止まりの問題、頭の中から追い出す問題、これらは2倍どころではありません。3つの引数の関数を作る際には、よほど慎重になることをお勧めします。

　3つの引数をとる `assertEquals` のオーバーロード、`assertEquals(message, expected, actual)` を考えてみてください。`message` を `expected` と間違えてしまったことが何回ありますか？　私は、この3引数の関数に何度もつまづき、足をとられました。実際、これを見るたびに、いつもいったん通り過ぎては、ハッと気がつき、そして `message` を無視しなければならないことを学ぶのです。

　これに対し、それほど陰険でない `assertEquals(1.0, amount, .001)` のような、3引数関数もあります。もちろんこれも、後でハッと気づいて見直すことになりますが、見直す価値があります。浮動小数点数の同値性が相対的なものであることを思い起こすのはよいことです。

引数オブジェクト

　ある関数の引数に2、3を超える引数が必要なら、引数のいくつかをクラスにラップすべきかもしれません。たとえば、以下の2つの宣言を比べてみてください。

```
Circle makeCircle(double x, double y, double radius);
Circle makeCircle(Point center, double radius);
```

　オブジェクトを作って、引数の数を減らすのは、ズルをしているようにも見えるかもしれませんが、そうではありません。この例の x と y のように、オブジェクトを作って引数の数を減らすと、これらはその名に相当する概念の一部となるのです。

引数リスト

　時おり、関数に渡したい引数の数が変わることがあります。`String.format` メソッドを考えてみましょう。

```
String.format("%s worked %.2f hours.", name, hours);
```

　この例のように、指定された可変引数がすべて同じように扱われるのであれば、これは `List` 型で

指定された1つの引数と等価であると見なせます。よって`String.format`は実際には2引数です。以下の`String.format`の宣言は、明らかに2引数となっています。

```
public String format(String format, Object... args)
```

同様の規則がすべての場合に適用されます。可変引数をとる関数は1つ、2つあるいは3つの引数をとる関数なのです。しかし、これ以上の引数を与えるのは、間違いでしょう。

```
void monad(Integer... args);
void dyad(String name, Integer... args);
void triad(String name, int count, Integer... args);
```

動詞とキーワード

関数の名前を選ぶという作業は、関数の意図を説明し、引数の順序と意図を説明するのに大いに役立つでしょう。1引数の場合、関数名と引数は洗練された動詞／名詞の組み合わせとなります。`write(name)`という例は示唆に富んでいます。この「名前」が何を指しているかはともかく、それが「書かれる」のです。これよりずっと優れた関数名は、`writeField(name)`でしょう。これなら「名前」が「フィールド」を指していることがわかります。

この最後の例は、関数名がキーワードの形式になっています。この形態においては、関数の引数の名前を関数名にエンコードしています。たとえば、`assertEquals`は、`assertExpectedEqualsActual(expected, actual)`のほうがよかったかもしれません。これなら引数の順序を覚えておかなければならない問題を軽減することができます。

副作用を避ける

副作用は偽りです。関数が1つのことを行うことを保証しつつ、**隠れて**別のことを行うのです。副作用は、渡されたパラメータに対して、あるいはシステムのグローバルに対して行われます。いずれの場合でも、回りくどく、誤解を招き、結果として奇妙な時間軸上の関連を産み、依存関係の順序を狂わせます。

一見問題のなさそうな**リスト3-6**を見てみてください。この関数は、`userName`と`password`の一致を調べるのに、標準的なアルゴリズムを使っています。一致すれば`true`を、何か問題が起きれば`false`を返します。しかし、これは副作用を持っています。どこかわかりますか？

リスト 3-6　UserValidator.java

```java
public class UserValidator {
  private Cryptographer cryptographer;

  public boolean checkPassword(String userName, String password) {
    User user = UserGateway.findByName(userName);
    if (user != User.NULL) {
      String codedPhrase = user.getPhraseEncodedByPassword();
      String phrase = cryptographer.decrypt(codedPhrase, password);
      if ("Valid Password".equals(phrase)) {
        Session.initialize();
        return true;
      }
    }
    return false;
  }
}
```

　もちろん、副作用は Session.initialize() の呼び出しです。checkPassword 関数の名前はパスワードを検査すると主張しています。この名前には、セッションを初期化するという意味は込められていません。このため、関数名を信じた呼び出し側は、ユーザーの妥当性を検査しようとして、セッション内のデータを消してしまう恐れがあります。

　この副作用は時間軸上の関連を生成しています。つまり、checkPassword は特定のタイミングでしか呼び出すことができません（言い方を変えれば、セッションを初期化しても構わないときにしか呼び出せません）。間違った順序で呼び出せば、セッションデータは思いもかけず消えてしまうかもしれません。時間軸上の関連は特にそれが副作用の中に隠れている場合、混乱を招きます。時間軸上の関連が必要ならば、それを明確に関数の名前に示すべきです。この場合なら、名前を checkPasswordAndInitializeSession に変えるとよいでしょう。もっともこれは「1つのことを行う」というルールを破ってしまいますが。

出力引数

　引数というのは、関数への入力として解釈されるのが自然です。もしもプログラミング経験が数年以上あれば、**出力引数**をいったん見過ごしてから後で驚いた経験があるでしょう。たとえば、

```
appendFooter(s);
```

　この関数は、sをフッタとして追加するのでしょうか？ それとも、何らかのフッタをsに追加す

るのでしょうか？ sは入力でしょうか、出力でしょうか？ 関数のシグネチャを見れば、このことはすぐにわかります。

```
public void appendFooter(StringBuffer report)
```

これにより問題となっていたことは明らかになりましたが、いちいち関数の宣言を調べなければなりません。関数のシグネチャを調べなければならないということは、つまりいったん見過ごしてから後で驚くのと同じことです。これは認識の分断であり、避けるべきです。

オブジェクト指向プログラミングが登場する前は、しばしば出力引数というものが必要となりました。しかしオブジェクト指向言語の世界では、出力引数の必要性のほとんどはなくなりました。なぜなら `this` が出力引数の代わりになるからです。つまり、`appendFooter` は以下のように呼び出すのが妥当です。

```
report.appendFooter();
```

一般に出力引数は避けるべきです。もしも関数が何らかの状態を変更しなければならないのであれば、自分自身の状態を変更すべきです。

コマンド・照会の分離原則

関数は、何らかの処理を行うか、何らかの応答を返すかのどちらかを行うべきで、両方を行ってはなりません。関数は、オブジェクトの状態を変更するか、あるいはオブジェクトの何らかの情報を返します。両方を同時に行うのは、混乱を招きます。たとえば以下の関数について考えてみてください。

```
public boolean set(String attribute, String value);
```

この関数は、指定された名前の属性に値を設定し、成功したら `true` を、指定された属性が存在しなければ `false` を返します。この関数は、以下のような奇妙な文の記述へとつながります。

```
if (set("username", "unclebob"))...
```

これをコードの読み手の視点から思い浮かべてみてください。いったいこれは何を意味しているのでしょうか？ `"username"` 属性が呼び出し前に `"unclebob"` となっていたかどうかを調べているのでしょうか？ それとも `"username"` 属性が、正しく `"unclebob"` に設定されたかどうかを確認

しているのでしょうか？ この呼び出しからそれを推測することは難しいでしょう。なぜなら「set」は動詞かもしれないし形容詞かもしれないからです[11]。

コードを書いた人は、setを動詞の意味で使いましたが、if文の文脈では**形容詞のように見えます**。このため、if文は「username属性をunclebobに設定し、それがうまくいったら」ではなく「もしもusername属性がunclebobに設定されていたら」と解釈されてしまいます。これは、関数の名前をsetAndCheckIfExistsと変更することで解決できますが、このようにしても、if文はあまり読みやすくはなりません。本当の解決策は、コマンドと照会とを分離してあいまいさを排除することです。

```
if (attributeExists("username")) {
  setAttribute("username", "unclebob");
  ...
}
```

戻りコードよりも例外を好む

コマンド関数からエラーコードを返すのは、コマンド・照会の分離原則に微妙に違反しています。これによりコマンドがif文の述部に式として使用されてしまいます。

```
if (deletePage(page) == E_OK)
```

ここでは動詞／形容詞の混乱は起きていませんが、深いネスト構造を招くことになるかもしれません。もしもエラーコードを返すと、呼び出し元が、エラーをすぐに処理しなければならなくなります。

```
if (deletePage(page) == E_OK) {
  if (registry.deleteReference(page.name) == E_OK) {
    if (configKeys.deleteKey(page.name.makeKey()) == E_OK){
      logger.log("page deleted");
    } else {
      logger.log("configKey not deleted");
    }
  } else {
    logger.log("deleteReference from registry failed");
  }
} else {
```

---

11 訳注：動詞なら「設定する」、形容詞なら「設定されていた」となります。

```
    logger.log("delete failed");
    return E_ERROR;
}
```

これに対し、戻りコードの代わりに例外を使用すれば、エラー処理のためのコードは、幸せの小道のコード（本来の処理コード）から分離され、コードは単純になります。

```
try {
  deletePage(page);
  registry.deleteReference(page.name);
  configKeys.deleteKey(page.name.makeKey());
}
catch (Exception e) {
  logger.log(e.getMessage());
}
```

try/catchブロックの分離

try/catchブロックはそれ自体が不恰好です。これはコードの構造を混乱させ、エラー処理と通常の処理とが混ざってしまいます。このため、tryブロック、catchブロックの中身を関数として外に出してしまうほうがよいでしょう。

```
public void delete(Page page) {
  try {
    deletePageAndAllReferences(page);
  }
  catch (Exception e) {
    logError(e);
  }
}

private void deletePageAndAllReferences(Page page) throws Exception {
  deletePage(page);
  registry.deleteReference(page.name);
  configKeys.deleteKey(page.name.makeKey());
}

private void logError(Exception e) {
  logger.log(e.getMessage());
}
```

上記のコードでは、delete関数はエラー処理のみを行っています。このため簡単に理解でき、また無視することができます。deletePageAndAllReferences関数は、ページを完全に削除することのみを行っています。エラー処理は無視しています。ここではうまく分離が行われ、コードは簡単に理解でき、また変更も容易です。

エラー処理も1つの処理

関数は1つの処理のみを行うべきです。エラー処理も1つの処理です。このため、エラー処理を行う関数は他のことをすべきではありません。これは（上でも示したとおり）、tryキーワードが関数内にあるなら、それは関数の一番最初の単語でなければならず、catch/finallyブロックで終わっていなければならないということを意味しています。

Error.java依存性磁石

エラーコードを返すということは、どこかにすべてのエラーコードが定義されたenumが存在することを意味します。

```
public enum Error {
  OK,
  INVALID,
  NO_SUCH,
  LOCKED,
  OUT_OF_RESOURCES,
  WAITING_FOR_EVENT;
}
```

こうしたクラスのことを**依存性磁石**と呼びます。さまざまなクラスが、このクラスをインポートして使用することになるからです。もしもError enumが変更されたら、多くの他のクラスをコンパイルし直して、配備し直さなければなりません[12]。これはErrorクラスに対する負の圧力です。プログラマはエラーを追加したがらなくなります。なぜならリビルドと配備し直しが必要になるからです。このため新規のエラーコードを追加する代わりに既存のエラーコードを再利用しようとします。

エラーコードの代わりに例外を使用していれば、新たな例外クラスはExceptionクラスの派生クラスとなります。この場合、リコンパイルや、配備し直しは不要です（これは、開放／閉鎖原則＝Open Closed Principle、OCP［PPP02］の例です）。

---

[12] リコンパイル、配備し直しなど不要だと思っている人達がいるので、触れています。

DRY（Don't Repeat Yourself）原則[1]

　もう一度リスト 3-1 を注意深く見てみると、そこにはあるアルゴリズムが SetUp、SuiteSetUp、TearDown、SuiteTearDown とで 4 回繰り返されていることに気づくかもしれません。この重複は、他のコードに混ざっており、一様に重複しているわけではないので、気づくのはちょっと難しいかもしれません。それでも、この重複は問題です。これはコード量を増やし、アルゴリズムに変更が必要な場合、4 か所を修正しなければならないからです。これは修正漏れの確率も 4 倍になるということです。

　この重複は、リスト 3-7 のようなインクルードメソッドを使うと軽減できます。このコードをもう一度読んでみると、コード重複の削減により、コードの読みやすさが向上していることに気がつきます。

　重複は、あらゆるソフトウェアの諸悪の根源ともいえるかもしれません。重複に対処するために、さまざまな原則や経験則が提唱されてきました。たとえばコッドのデータベースの正規形が、データの重複を除去していることを思い起こしてみてください。オブジェクト指向プログラミングにおいて、冗長性を排するために、共通部分をベースクラスへと集めることを思い起こしてみてください。構造化プログラミング、アスペクト指向プログラミング、コンポーネント指向プログラミング、これらはすべて、重複の排除の側面を持っています。サブルーチンが発明されたときから、ソフトウェア開発における革新は、常に我々のソースコードから重複を取り除く試みなのです。

構造化プログラミング

　いくらかのプログラマは、エドガー・ダイクストラの構造化プログラミング[13]に従っているかもしれません。ダイクストラは、すべての関数と関数内のすべてのブロックは入口と出口を 1 つにすべきと提唱しました。このルールに従うと、関数内の return 文は 1 つだけになり、ループ内には break、continue 文は存在せず、goto 文も存在しないことになります。

　構造化プログラミングの規律が目指すところには共感を覚えるものの、この規則は、関数が小さ

12　The DRY principle.［PRAG］
13　［SP72］

い場合には、あまり役立ちません。

　関数が小さければ、returnが複数あったり、break、continue文が現われても、害にはならず、むしろ入口出口を1つにすることにこだわるよりも、よりコードの表現を豊かにできることも少なくありません。これに対し、gotoは大きな関数でなければ使う理由がなく、つまりは使用を避けるべきです。

なぜ関数をこのように書くのでしょう？

　ソフトウェアを書くということは、文章の執筆と同じようなものです。論文や記事を書くとき、まず自分の思いを書き出して、それからそれらが読みやすくなるように練り込んでいきます。最初の草稿はぎこちなく、うまく構成されていないものです。そこでさまざまな推敲を行い、構成の見直しと洗練を行います。これを、仮に自分が読者となったとしたら、そのように読みたいと思うような状態になるまで続けます。

　関数を書くとき、最初は長く複雑なものとなります。深いインデントとループのネストがあります。引数リストは長く、名前はぞんざいです。またコードには重複があります。しかし一揃いの単体テストにより、これらのぎこちないコードを、1行単位でテストすることができます。

　次にコードを練って洗練していきます。関数を分離し、名前を変更し、重複を排除していくのです。メソッドを短縮し、並べ替えます。クラスを丸ごと取り壊すこともあります。そして、これらの作業中、常にテストが通ることを確認し続けます。

　最後にでき上がった関数は、この章で解説した規則に従ったものとなります。最初から完璧なものが書けるわけではないのです。そんなことは、おそらく誰にもできないでしょう。

結論

　プログラマはシステムを記述するためにドメイン特化言語を設計し、これを用いてシステムを構築します。関数は言語内での動詞で、クラスは名詞です。これは、要件定義書に現われる名詞と動詞がシステムのクラスと関数の第一候補になるという、古来からの身の毛のよだつ考えの蒸し返しではありません。そうではなく、もっと古くからある真実なのです。プログラミング技法とは、言語設計の技法であり、そして、これまでずっとそうあり続けてきたのです。

　プログラマの大家は、システムをプログラムで書くものとしてではなく、話して聞かせるストーリーとしてとらえます。彼等は、選択したプログラミング言語の機能を用い、そのストーリーを語るために、非常に表現豊かな言語を構築します。このドメイン特化言語の一部は、関数の階層となっており、システム内で起きるすべての事象が記述されています。巧妙な再帰の構図の中で、これらの事象は、システムの小さな一部分を表現するために定義した、非常にドメインに特化した言語を

用いて記述されます。

　本章では、関数をうまく書くための方法を解説しました。ここにある規則を守ることで、あなたの関数は短くなり、よい名前を持つようになり、うまく整理されることでしょう。しかし、真の目的がシステムのストーリーを語ることにあることを忘れないでください。そのためには関数は、システムを語るための明確で正確な言語にふさわしいものとなるよう、明快なものとしなければなりません。

SetupTeardownIncluder

リスト3-7　SetupTeardownIncluder.java

```java
package fitnesse.html;

import fitnesse.responders.run.SuiteResponder;
import fitnesse.wiki.*;

public class SetupTeardownIncluder {
  private PageData pageData;
  private boolean isSuite;
  private WikiPage testPage;
  private StringBuffer newPageContent;
  private PageCrawler pageCrawler;

  public static String render(PageData pageData) throws Exception {
    return render(pageData, false);
  }

  public static String render(PageData pageData, boolean isSuite)
    throws Exception {
    return new SetupTeardownIncluder(pageData).render(isSuite);
  }

  private SetupTeardownIncluder(PageData pageData) {
    this.pageData = pageData;
    testPage = pageData.getWikiPage();
    pageCrawler = testPage.getPageCrawler();
    newPageContent = new StringBuffer();
  }

  private String render(boolean isSuite) throws Exception {
```

```
    this.isSuite = isSuite;
    if (isTestPage())
      includeSetupAndTeardownPages();
    return pageData.getHtml();
  }

  private boolean isTestPage() throws Exception {
    return pageData.hasAttribute("Test");
  }

  private void includeSetupAndTeardownPages() throws Exception {
    includeSetupPages();
    includePageContent();
    includeTeardownPages();
    updatePageContent();
  }

  private void includeSetupPages() throws Exception {
    if (isSuite)
      includeSuiteSetupPage();
    includeSetupPage();
  }

  private void includeSuiteSetupPage() throws Exception {
    include(SuiteResponder.SUITE_SETUP_NAME, "-setup");
  }

  private void includeSetupPage() throws Exception {
    include("SetUp", "-setup");
  }

  private void includePageContent() throws Exception {
    newPageContent.append(pageData.getContent());
  }

  private void includeTeardownPages() throws Exception {
    includeTeardownPage();
    if (isSuite)
      includeSuiteTeardownPage();
  }

  private void includeTeardownPage() throws Exception {
    include("TearDown", "-teardown");
```

```
  }

  private void includeSuiteTeardownPage() throws Exception {
    include(SuiteResponder.SUITE_TEARDOWN_NAME, "-teardown");
  }

  private void updatePageContent() throws Exception {
    pageData.setContent(newPageContent.toString());
  }

  private void include(String pageName, String arg) throws Exception {
    WikiPage inheritedPage = findInheritedPage(pageName);
    if (inheritedPage != null) {
      String pagePathName = getPathNameForPage(inheritedPage);
      buildIncludeDirective(pagePathName, arg);
    }
  }

  private WikiPage findInheritedPage(String pageName) throws Exception {
    return PageCrawlerImpl.getInheritedPage(pageName, testPage);
  }

  private String getPathNameForPage(WikiPage page) throws Exception {
    WikiPagePath pagePath = pageCrawler.getFullPath(page);
    return PathParser.render(pagePath);
  }

  private void buildIncludeDirective(String pagePathName, String arg) {
    newPageContent
      .append("\n!include ")
      .append(arg)
      .append(" .")
      .append(pagePathName)
      .append("\n");
  }
}
```

参考文献

[KP78] Kernighan and Plaugher, *The Elements of Programming Style*, 2d. ed., McGrawHill, 1978.（邦訳は『プログラム書法』、木村泉 訳、共立出版刊）

[PPP02] Robert C. Martin, *Agile Software Development: Principles, Patterns, and Practices*, Prentice Hall, 2002.（邦訳は『アジャイルソフトウェア開発の奥義—原則・デザインパターン・プラクティス完全統合』、瀬谷啓介 訳、ソフトバンククリエイティブ刊。現在は『アジャイルソフトウェア開発の奥義 第2版 オブジェクト指向開発の神髄と匠の技』が同社より刊行されています）

[GOF] *Design Patterns: Elements of Reusable Object Oriented Software*, Gamma et al., Addison-Wesley, 1996.（邦訳は『オブジェクト指向における再利用のためのデザインパターン（改訂版）』、本位田真一／吉田和樹 監修、ソフトバンククリエイティブ刊）

[PRAG] *The Pragmatic Programmer*, Andrew Hunt, Dave Thomas, Addison-Wesley, 2000.（邦訳は『達人プログラマー—システム開発の職人から名匠への道』、村上雅章 訳、ピアソン・エデュケーション刊）

[SP72] *Structured Programming*, O.-J. Dahl, E. W. Dijkstra, C. A. R. Hoare, Academic Press, London, 1972.（邦訳は『構造化プログラミング』、野下浩平／川合慧／武市正人 訳、サイエンス社刊）

コメント 第4章

「ダメなコードをコメントで取り繕ってはいけない。書き直すのだ」
ブライアン W. カーニハン、P. J. プラウガ[1]

　適切な位置に付けられたコメントほど、ありがたいものはありません。ばかげた独断的なコメントほど、モジュールを雑然とさせてしまうものはありません。嘘と誤情報を含んだ、古い粗雑なコメントほど、有害なものはありません。

　コメントとは、シンドラーのリストのようなものではありません。コメントは「純粋によい」ものではないのです。実際コメントは、せいぜいよくて必要悪なのです。もしもプログラミング言語の表現力が十分であれば、あるいは我々に、この言語を巧妙に使って我々の意図をうまく表現できる才能があれば、コメントは、大して、いやおそらくはまったく必要ないのです。

　適切なコメントの使用方法とは、コードでうまく表現することに失敗したときに、それを補うのに使うことです。ここで「失敗」という言葉を使っていることに注意してください。私は、この言葉を意図して使っています。コメントとは常に失敗なのです。いつも我々自身の意図をコメントなしで表現できるわけではありません。このため喜ばしいことではありませんが、コメントを使わなければならないのです。

1　［KP78］、144ページ。

どんなときにコメントが必要となるのでしょう。じっくりと考えてみてください。それを、コメントを使わずにコードで表現することはできないのでしょうか。うまくコードで表現できれば、それは自慢してよいでしょう。コメントを書くのであれば、そのときは顔を歪め、あなたの表現力のなさに敗北感を覚えるべきです。

なぜ、筆者はこれほどまでにコメントを責めるのでしょう？　なぜなら、それは嘘だからです。もちろん常にではありません。わざとでもありません。しかし、ほとんどの場合そうなのです。コメントが古ければ古いほど、コメントが説明しているコードから離れていればいるほど、そのコメントは、ただ単に間違ったことが書かれている可能性が高くなります。現実問題としてプログラマには、これらのコメントを行き届いた状態に保つことができないのです。

コードは変更され、進化していきます。コード片はあちこちへと移動されます。これらのコード片は、キメラのように、2つに分かれたかと思えば、元どおりになります。残念ながらこうした場合、コメントは**置きざりになります**。このため、コメントはコードと生き分かれとなり、次第に正確さを失っていきます。たとえば、以下のコメントにはいったい何が起きたのでしょう。元々はどういう意図で書かれていたのでしょう。

```
MockRequest request;
private final String HTTP_DATE_REGEXP =
  "[SMTWF][a-z]{2}\\,\\s[0-9]{2}\\s[JFMASOND][a-z]{2}\\s"+
  "[0-9]{4}\\s[0-9]{2}\\:[0-9]{2}\\:[0-9]{2}\\sGMT";
private Response response;
private FitNesseContext context;
private FileResponder responder;
private Locale saveLocale;
// Example: "Tue, 02 Apr 2003 22:18:49 GMT"
```

おそらく他のインスタンス変数が追加され、HTTP_DATE_REGEXP定数とそのコメントの間にはさまったのでしょう。

コメントを十分に手入れされ、適切で正確な状態に保つことをルール化して、プログラマに対し守らせようとすることは可能かもしれません。確かにそうです、そうすべきです。しかしそこまでの努力をするなら、その労力は、まずコードを明確にし、表現豊かにすることで、そもそもコメントを書かなくてもよくすることに振り向けるべきでしょう。

不正確なコメントが書かれるくらいなら、コメントを書かないほうがはるかにマシです。不正確なコメントは人を惑わせ、誤解に導きます。決して満たされることのない期待を抱かせます。そうしたコメントは今では不要、あるいは有害となった古い規則を書き記したものなのです。

真実は1か所にしかありません。コードです。コードこそが、あなたの処理を真に語っているのです。ソースこそが、真に正確な情報の源（ソース）なのです。このため、コメントは場合によっては必要な場面がありますが、それを最小限とするために多大な努力をすべきなのです。

コメントで、ダメなコードを取り繕うことはできない

　コメントを書こうとする1つのありふれた動機はダメなコードでしょう。我々はモジュールを書き、その構造が混乱していてわかりにくく、雑然としていることに気づきます。そこで自分自身に対していうのです「おっと、コメントを入れて改善しよう」。それではダメです！　コードをきれいにしましょう！

　コメント入りの雑然とした複雑なコードよりも、コメントがほとんどない、きれいで表現豊かなコードのほうがずっと優れています。自分が埋め込んでしまった混乱を説明するコメントを書くことに時間をかけるより、その時間を混乱を片付けることに使いましょう。

自分自身をコードの中で説明する

　コードではうまく説明ができない場合というのも、確かに存在します。残念なことに、これをもって多くのプログラマが、たとえ可能だとしても、コードは意図を説明するのに向いていないと受けとってしまいます。これは明らかな間違いです。以下のコードと、

```
// 従業員が、給与の完全給付を受けるかどうかをチェックする
if ((employee.flags & HOURLY_FLAG) &&
  (employee.age > 65))
```

こちらと、どちらをとりますか？

```
if (employee.isEligibleForFullBenefits())
```

　あなたの意図をコードに込めるのに必要なのは、たったの数秒の思考です。大抵の場合、それは単にコメントに書きたかった内容を実行する関数を作成するだけなのです。

よいコメント

　それが必要で、有益だというコメントもあります。私がコメントのために記憶域を消費するのに値すると考えているいくつかのケースを見てみましょう。ただし、次のことは覚えておいてください。書かずに済ますよりも優れたコメントはないのです。

まっとうなコメント

　時折、我々の会社におけるコーディング標準では、ある種の正当なコメント記入を義務付けます。たとえばソースファイルの先頭に著作権、著作者の表示を行うのは、必要であり、筋の通ったものです。

　ここに例として、我々が FitNesse のすべてのソースファイルに入れている標準コメントヘッダを示します。うれしいことに、私が使用している IDE では、このコメントを自動的に折り畳んで、コードがごちゃごちゃするのを防いでくれます。

```
// Copyright (C) 2003,2004,2005 by Object Mentor, Inc. All rights reserved.
// Released under the terms of the GNU General Public License version 2 or later.
```

　こうしたコメントは、契約や法律書であってはなりません。あらゆる条項、条件をコメントに入れるのではなく、可能であれば、コメントには、標準のライセンスや、その他の外部ドキュメントへの参照を提示してください。

情報を与えるコメント

　基本的な情報を与えるのに、しばしばコメントが便利な場合があります。たとえば抽象メソッドの戻り値について解説する以下のコメントを例として考えてみてください。

```
// テスト対象の Responder のインスタンスを返す
protected abstract Responder responderInstance();
```

　こうしたコメントは時として便利なこともありますが、可能であれば関数名に、その意味を込めたほうがよいでしょう。たとえば、このケースなら、関数名を `responderBeingTested` とすればコメントは不要になります。

　以下は幾分マシな例です。

```
// kk:mm:ss EEE, MMM dd, yyyyにマッチする書式
Pattern timeMatcher = Pattern.compile(
    "\\d*:\\d*:\\d* \\w*, \\w* \\d*, \\d*");
```

　このケースでは、指定された文字列が `SimpleDateFormat.format` 関数の日付時刻の書式にマッチする正規表現であることをコメントしています。この場合でも、ある特別なクラスを用意して、そこにコードを移動し、日付時刻の書式表現を、そちらに切り替えたほうがよかったでしょう。こう

すればコメントは余計なものとなります。

意図の説明

時折、コメントは単に実装に対する有益な情報にとどまらず、決定の裏に隠された意図を伝える場合があります。以下の例では、興味深い決定が行われたことがコメントから読み取れます。このコードの作者は、2つのオブジェクトを比較する際に、このクラスのオブジェクトを他の型のいかなるオブジェクトよりも大きいものとして扱うことにしたようです。

```java
public int compareTo(Object o)
{
  if(o instanceof WikiPagePath)
  {
    WikiPagePath p = (WikiPagePath) o;
    String compressedName = StringUtil.join(names, "");
    String compressedArgumentName = StringUtil.join(p.names, "");
    return compressedName.compareTo(compressedArgumentName);
  }
  return 1; // このオブジェクトのほうが正しい型なので、より大きいと見なす
}
```

以下は、もっとよい例です。このプログラマのやり方には賛成できないかもしれませんが、それでも少なくとも彼が何をしようとしていたのかは理解できます。

```java
public void testConcurrentAddWidgets() throws Exception {
  WidgetBuilder widgetBuilder =
    new WidgetBuilder(new Class[]{BoldWidget.class});

  String text = "'''bold text'''";
  ParentWidget parent =
    new BoldWidget(new MockWidgetRoot(), "'''bold text'''");
  AtomicBoolean failFlag = new AtomicBoolean();
  failFlag.set(false);

  // 競合状態を引き起こすために、大量のスレッドを起動して、
  // 最大限に努力してみる
  for (int i = 0; i < 25000; i++) {
    WidgetBuilderThread widgetBuilderThread =
      new WidgetBuilderThread(widgetBuilder, text, parent, failFlag);
    Thread thread = new Thread(widgetBuilderThread);
    thread.start();
```

```
    }
    assertEquals(false, failFlag.get());
}
```

明確化

　あいまいな引数、戻り値の意味を、解読可能なように翻訳することは、時として有益です。一般には、その引数や戻り値の意味を明確にすることが望ましいですが、それらが標準ライブラリであったり、あなたが変更できないコードである場合、明確化のためのコメントが有益となるでしょう。

```
public void testCompareTo() throws Exception
{
  WikiPagePath a = PathParser.parse("PageA");
  WikiPagePath ab = PathParser.parse("PageA.PageB");
  WikiPagePath b = PathParser.parse("PageB");
  WikiPagePath aa = PathParser.parse("PageA.PageA");
  WikiPagePath bb = PathParser.parse("PageB.PageB");
  WikiPagePath ba = PathParser.parse("PageB.PageA");
  assertTrue(a.compareTo(a) == 0);      // a == a
  assertTrue(a.compareTo(b) != 0);      // a != b
  assertTrue(ab.compareTo(ab) == 0);    // ab == ab
  assertTrue(a.compareTo(b) == -1);     // a < b
  assertTrue(aa.compareTo(ab) == -1);   // aa < ab
  assertTrue(ba.compareTo(bb) == -1);   // ba < bb
  assertTrue(b.compareTo(a) == 1);      // b > a
  assertTrue(ab.compareTo(aa) == 1);    // ab > aa
  assertTrue(bb.compareTo(ba) == 1);    // bb > ba
}
```

　しかし、この方法には、明確化のために入れたコメントが間違っているかもしれないという本質的な危険があります。上の例に戻ってみると、コメントが正しいかどうかを確かめる作業が、いかにやっかいなことであるかわかるでしょう。これは、明確化が必要である理由であり、またこれが危険であることの理由でもあります。従って、こうしたコメントを書く場合には、他に方法がないのかを検討し、コメントを間違えないように十分に注意する必要があります。

結果に対する警告

他のプログラマに対して、ある種の結果について警告することが有益な場合があります。たとえば、以下のコメントは、ある特定のテストケースがなぜオフになっているのかを説明しています。

```
// 十分な時間があるとき以外は実行しないでください
public void _testWithReallyBigFile()
{
  writeLinesToFile(10000000);
  response.setBody(testFile);
  response.readyToSend(this);
  String responseString = output.toString();
  assertSubString("Content-Length: 1000000000", responseString);
  assertTrue(bytesSent > 1000000000);
}
```

現在ではもちろん、テストケースをオフにする場合には、@Ignore を使い、属性に説明の文字列を指定します。たとえば、@Ignore("Takes too long to run") のようにします。しかし、JUnit 4 よりも前は、メソッド名の前に "_" を入れるのが、共通の決まりごとでした。簡単なものでも、こうしたコメントを使うことで、要点をうまく説明できることがあります。

もっと強烈な例を見てみましょう。

```
public static SimpleDateFormat makeStandardHttpDateFormat()
{
  // SimpleDateFormat はスレッドセーフではありません
  // このため、毎回インスタンスを生成します
  SimpleDateFormat df = new SimpleDateFormat("EEE, dd MMM yyyy HH:mm:ss z");
  df.setTimeZone(TimeZone.getTimeZone("GMT"));
  return df;
}
```

おそらく、もっとよい方法があるよといいたくなるでしょう。それは、そのとおりです。ただ、こ

こにコメントを置くこと自体は至極まっとうです。このコメントがあれば、プログラマが、static イニシャライザを使って、パフォーマンスの最適化をやり過ぎてしまうことを防ぐことができます。

TODOコメント

「あとでやる」という覚え書きを残すために、「// TODO」という形式のコメントを入れることが役に立つ場合があります。以下のケースでは、TODO コメントを使い、なぜ現在の関数の実装が単に null を返すだけになっているのか、そして将来は、どのように実装すべきなのかが説明されています。

```
// TODO-MdM これらは必要ありません
// モデルをチェックアウトするときに、この関数を削除してください
protected VersionInfo makeVersion() throws Exception
{
  return null;
}
```

TODO は、プログラマが実施しなければならないと判断したものの、何らかの理由で現在はできないと判断した仕事です。それは、推奨されない機能の削除のための備忘録や、誰かに何らかの問題の解析を頼むためのものだったりします。あるいは誰かによりよい名前を考えてもらうのをお願いしたり、将来予定された、ある事象に合わせて変更しなければならない内容の備忘録だったりするかもしれません。どのようなものであれ、システム上の好ましくないコードをそのままにするいい訳には**なりません**。

現在の大抵の IDE には、TODO コメントを探し出して表示する機能があるので、TODO コメントを見失ってしまうことはないでしょう。とはいえ、TODO コメントがコード上に散らばってしまうのがよいとも思えません。常に、これらを検索して、なるべくつぶしていきましょう。

強調

コメントは、一見、筋の通らないことを強調するのにも使われるかもしれません。

```
String listItemContent = match.group(3).trim();
// ここでの trim は不可欠です。ここで先頭に含まれる空白文字
// を削除しておかないと、別のリストと誤認されてしまいます
new ListItemWidget(this, listItemContent, this.level + 1);
return buildList(text.substring(match.end()));
```

公開APIにおけるJavadoc

使用者にしてみれば、よく記述された公開 API の存在は非常に有益なものであり、希望に沿ったものです。Java 標準ライブラリの Javadoc はそのよい例です。これなしに Java のプログラムを書くことは、どんなにひいき目に見ても困難でしょう。

もしも公開 API を書くのであれば、そのために優れた Javadoc を書く必要があります。しかしこの章の残りのアドバイスにも心を配ってください。Javadoc 自体が誤解を招いてしまう場合や、非局所的になる場合、あるいは他のコメント同様に不誠実となることもあります。

よくないコメント

ほとんどのコメントはこのカテゴリに属します。こうしたコメントは、つっかい棒、あるいはできの悪いコードの言い訳、不十分な決定の正当化であり、プログラマの表現能力の欠如を物語ります。

ぶつぶついう

必要にせまられたから、あるいは行きがかり上必要となったからといってコメントを書き捨てるのは、あまりに乱暴です。コメントを書くのであれば、十分な時間をかけて、最善のコメントを残さなければなりません。

以下は、FitNesse の中から、意味のありそうなコメントを見つけたものです。しかしコードを書いた人は、急いでいたのか十分な注意を払わなかったのでしょう。何やら理解不能なことを、ぶつぶついっています。

```java
public void loadProperties()
{
  try
  {
    String propertiesPath = propertiesLocation + "/" + PROPERTIES_FILE;
    FileInputStream propertiesStream = new FileInputStream(propertiesPath);
    loadedProperties.load(propertiesStream);
  }
  catch(IOException e)
  {
    // プロパティファイルがなかった場合、デフォルト値が読み込まれる
  }
}
```

catchブロックに置かれたコメントは何を意味しているのでしょう？ 作者にとって何らかの意味があったことは明らかですが、どうにもその意味するところがうまく伝わってきません。IOExceptionがスローされた場合には、プロパティファイルが存在しないことを意味しており、そしてその場合デフォルト値が読み込まれることが明らかです。しかしそのデフォルト値は誰が読み込むのでしょう？ `loadProperties.load`よりも前に読み込まれるのでしょうか？ それとも`loadProperties.load`で例外をキャッチして、デフォルトを読み込み、例外を飲み込んで無視するのでしょうか？ それとも`loadProperties.load`がファイルの読み込みを行う前に、デフォルトを読み込んでおくのでしょうか？ 作者はcatchブロックを空にしておくことで、自分自身を安心させたのでしょうか？ それとも（これは恐ろしい可能性ですが）作者は、後でデフォルトをロードするコードを書くために、自分自身へのメッセージを残したかったのでしょうか？

我々に残された最後の方策は、システムの他の部分のコードを調べて、何が起きているのかを調査することです。他のモジュールを調べないと、その意味がわからないようなコメントは、情報伝達に失敗しており、記憶域を消費する価値はありません。

冗長なコメント

リスト4-1は、ヘッダ部分にまったく冗長なコメントを持った単純な関数です。このコメントを読むのは、関数本体を読むよりも時間がかかるでしょう。

リスト4-1　waitForClose

```java
// this.closed が true ならば、戻るユーティリティメソッド
// タイムアウトに達したら例外をスローする
public synchronized void waitForClose(final long timeoutMillis)
throws Exception
{
  if(!closed)
  {
    wait(timeoutMillis);
    if(!closed)
      throw new Exception("MockResponseSender could not be closed");
  }
}
```

このコメントの目的は何でしょう？ これでは、コード自体を上回る情報を提供していません。コードの根拠を示しているわけでもなく、意図や動作原理を提供しているわけでもありません。コード自体よりも読むのが簡単というわけでもありません。コード自体よりも不正確であるだけでなく、読み手の正しい理解を妨げてしまっています。これではまるで、中古車を買うときに、あなたが中

身を調べる気にならないように、大歓迎を演じるセールスマンのようです。

次に**リスト** 4-2 に示す冗長で無駄な大量の Javadoc を見てみましょう。これは Tomcat から持ってきたものです。これらのコメントは単にコードを雑然とさせ、不明瞭にしているだけです。これらには文書化の目的がまったく見られません。さらに困ったことに、ここに示したのはそのごく一部のみであり、実際には、このモジュールは他の場所にも大量の同様のコメントが見られるのです。

リスト 4-2　ContainerBase.java（Tomcat）

```
public abstract class CcntainerBase
  implements Container, Lifecycle, Pipeline,
  MBeanRegistration, Serializable {

  /**
   * このコンポーネントのプロセッサ遅延
   */
  protected int backgroundProcessorDelay = -1;

  /**
   * このコンポーネントで、ライフサイクルイベントをサポートするためのもの
   */
  protected LifecycleSupport lifecycle =
    new LifecycleSupport(this);

  /**
   * このコンテナのコンテナイベントリスナ
   */
  protected ArrayList listeners = new ArrayList();

  /**
   * コンテナを関連付けるためのLoaderの実装
   */
  protected Loader loader = null;

  /**
   * このコンテナと関連付けられたLogger実装
   */
  protected Log logger = null;

  /**
   * 関連付けられたloggerの名前
   */
  protected String logName = null;
```

```
/**
 * このコンテナと関連付けられたManager実装
 */
protected Manager manager = null;

/**
 * このコンテナと関連付けられたクラスタ
 */
protected Cluster cluster = null;

/**
 * このコンテナに付けた人間に読める名前
 */
protected String name = null;

/**
 * このコンテナの親コンテナ
 */
protected Container parent = null;

/**
 * Loaderをインストールしたときに構成される親のクラスローダー
 */
protected ClassLoader parentClassLoader = null;

/**
 * このコンテナと関連付けられた、Pipelineオブジェクト
 */
protected Pipeline pipeline = new StandardPipeline(this);

/**
 * このコンテナと関連付けられたレルム
 */
protected Realm realm = null;

/**
 * このコンテナと関連付けられた、DirContextオブジェクトresources
 */
protected DirContext resources = null;
```

誤解を招くコメント

時折、どんなにがんばってみても、十分に正確とはいえないコメントになってしまうことがあります。リスト 4-1 に示した、冗長であるだけでなく、誤解を招きかねないコメントについて今一度考えてみてください。

このコメントがどれほど誤解を招くか、気づいたでしょうか？ このメソッドは、this.closed が true になるまで**待って**から戻るのではありません。このメソッドは、呼び出し時点で this.closed が true だったら戻り、さもなければ盲目的にタイムアウトまで待ち、そしてそれでも this.closed が依然として true ならば、例外をスローするのです。微妙な誤解を招く表現が、コメントとして書かれていて、それがコード本体よりも読みにくいと、この関数が this.closed が true になるまで待つものだと期待して、軽率に呼び出してしまうかもしれません。かわいそうな、そのプログラマは、デバッガのセッションの中で、なぜ彼のコードが、こんなに遅いのかを知ることになるでしょう。

命令コメント

すべての関数に Javadoc の記述を強制する、あるいはすべての変数にコメントを強制するようなルールはまったく馬鹿げています。こうしたコメントは単にコードを雑然とさせ、嘘を伝播し、混乱と無秩序へとコードをいざなうでしょう。

たとえば、Javadoc の記載をすべての関数に義務付ければ、**リスト 4-3** に示すような、おぞましいコードが産み出されます。このゴミには何の付加価値もなく、ただ単にコードをわかりにくくし、潜在的な嘘と間違いを生産しているだけです。

リスト 4-3

```
/**
 *
 * @param title CDのタイトル
 * @param author CDの作曲家
 * @param tracks CDのトラック数
 * @param durationInMinutes CDの分単位の長さ
 */
public void addCD(String title, String author,
                  int tracks, int durationInMinutes) {
  CD cd = new CD();
  cd.title = title;
  cd.author = author;
  cd.tracks = tracks;
  cd.duration = duration;
  cdList.add(cd);
}
```

日誌コメント

モジュールを変更するたびに、先頭にコメントを追加するということが行われることがあります。これらのコメントは、すべての変更に対する、ある種の日誌あるいはログを蓄積したものです。こうした日誌が何ダースにも渡って記載されたモジュールを見たことがあります。

```
* 変更履歴(2001/10/11-)
* -------------------------
* 2001/20/11 : クラスを再構成して、新しいcom.jrefinery.dateパッケージに移動(DG)
* 2001/11/05 : getDescription()メソッドを追加し、NotableDateクラスを削除(DG)
* 2001/11/12 : IBDにsetDescription()メソッドが必要となった。NotableDateクラス
*              は削除された(DG)。getPreviousDayOfWeek()、getFollowingDayOfWeek()、
*              getNearestDayOfWeek()のバグを修正(DG)
* 2001/12/05 : SpreadsheetDateのバグを修正(DG)
* 2002/05/29 : 月定数を、独立したインターフェイス(MonthConstants)に移動(DG)
* 2002/08/27 : addMonths()のバグを修正。N???levka Petrに感謝(DG)
* 2002/10/03 : Checkstyleで報告されたエラーを修正(DG)
* 2003/03/13 : Serializableを実装(DG)
* 2003/05/29 : addMonthsのバグを修正(DG)
* 2003/09/04 : Comparableを実装。isInRangeのjavadocを更新(DG)
* 2005/01/05 : addYears()メソッドのバグを修正(1096282)(DG)
```

はるか昔は、こうした記録をモジュール作成時に作成して保守することにも意味がありました。変更管理をしてくれるソースコード管理システムがなかったからです。しかし今日では、こうした長い日誌は、単にモジュールを雑然とさせ、不明瞭にするだけでしかありません。これらは全部削除すべきです。

ノイズコメント

ノイズでしかないコメントを見かけることがあります。すでに明らかなことを、単に言い換えているだけで、何ら新しい情報を提供していないのです。

```
/**
 * デフォルトコンストラクタ
 */
protected AnnualDateRule() {
}
```

本当にまったく新たな情報を提供していませんね？ 以下はどうでしょう。

```
/** 日 */
private int dayOfMonth;
```

以下は、冗長さの模範というべきものです。

```
/**
 * 日を返す
 *
 * @return 日
 */
public int getDayOfMonth() {
  return dayOfMonth;
}
```

これらのコメントはあまりにやかましいので、次第に無視されるようになります。そしてコードを読むときには、コメントを単純に読み飛ばすようになります。そして最終的にはコードの変更に伴って、コメントに書かれたことが嘘と化していきます。

リスト 4-4 の最初のコメントは、適切なように見えます[2]。catch ブロックが無視されている理由が記述されています。しかし 2 つ目のコメントはノイズでしかありません。明らかにこのプログラマは、この関数の中に try/catch ブロックをいくつも書くことに嫌気がさしていて、はけ口をもとめていたのだと思われます。

リスト 4-4　startSending

```
private void startSending()
{
  try
  {
    doSending();
  }
  catch(SocketException e)
  {
    // 問題なし。誰かがリクエストを止めた
  }
  catch(Exception e)
  {
    try
    {
```

---

[2] 最近の IDE は、コメントの中のスペルミスを指摘してくれるようになってきており、これは我々のようなコードを大量に読む人間にとっては救いです（訳注：これが日本語にもあてはまる日はくるのでしょうか）。

```
            response.add(ErrorResponder.makeExceptionString(e));
            response.closeAll();
        }
        catch(Exception e1)
        {
            // ちょっとは休ませてくれよ！
        }
    }
}
```

無意味でうるさいだけのコメントにはけ口を求めるのではなく、コードの構造を改善することで、鬱憤の元を解決できることに気づくべきでした。彼のエネルギーは、最後のtry/catchブロックを関数に抜き出すことに費やすべきだったのです（リスト4-5）。

リスト4-5　startSending（リファクタリング済）

```
private void startSending()
{
  try
  {
    doSending();
  }
  catch(SocketException e)
  {
    // 問題なし。誰かがリクエストを止めた
  }
  catch(Exception e)
  {
    addExceptionAndCloseResponse(e);
  }
}

private void addExceptionAndCloseResponse(Exception e)
{
  try
  {
    response.add(ErrorResponder.makeExceptionString(e));
    response.closeAll();
  }
  catch(Exception e1)
  {
  }
}
```

ノイズを埋め込もうとする気持ちを、あなたのコードをきれいにすることへと切り替えてください。それがあなたをよりよい、そして、より幸せなプログラマにすることに気づくときがくるはずです。

恐るべきノイズ

Javadocもノイズとなり得ます。以下のJavadocを提供した目的は何でしょう（これはよく知られたオープンソースのライブラリから引用したものです）。答え：目的なんてありません。これらは文書化をしようとして、場所を間違えた、単純に冗長でうるさいだけのコメントです。

```
/** 名前 */
private String name;

/** バージョン */
private String version;

/** ライセンス名 */
private String licenceName;

/** バージョン */
private String info;
```

もう一度これらのコメントを注意深く見てみてください。カットアンドペーストのミスがあるのに気づきましたか？ 大した注意を払わずにコメントが書かれた（あるいはペーストされた）のであれば、どうして読み手が、そこから何かを得られるなどと期待できるというのでしょうか？

関数や変数が使用できるのであれば、コメントを使用しないこと

以下の、だらだらとしたコードを見てみてください。

```
// グローバルリスト<mod>から得たモジュールが、我々のサブシステムに
// 依存しているかどうか？
if (smodule.getDependSubsystems().contains(subSysMod.getSubSystem()))
```

これは、以下のようにコメントなしで書き直すことができます。

```
ArrayList moduleDependees = smodule.getDependSubsystems();
String ourSubSystem = subSysMod.getSubSystem();
if (moduleDependees.contains(ourSubSystem))
```

このコードを書いた人は、(考えにくいことですが) まずコメントを書き、そしてそのコメントのとおりにコードを書いたのでしょう。しかし、その後、私がやったようにコードをリファクタリングして、コメントを削除すべきでした。

道標

時折、プログラマはソースファイルの、特定の場所にマークを付けたがることがあります。たとえば、以下は私が目を通していた、とあるプログラムの中で見つけたものです。

```
// Actions //////////////////////////////////
```

こうしたバナーの下に、ある種の機能を集めることに意味があることは、ほとんどありません。大抵は、これら (特に最後の騒々しいスラッシュの連続) は削除すべきゴミです。

これは次のように考えましょう。バナーは普段、あまり目にしないものであれば、出会ったときにはギョッとさせられるでしょう。ですから、なるべく使わないようにし、その効果が最大となるときに限って使うのです。バナーを使い過ぎれば、それらは背景の雑音となってしまい、無視されてしまうでしょう。

閉じカッココメント

閉じカッコに続けて、特別なコメントが入っていることがあります (**リスト 4-6**)。こうしたコメントは、深いネストを持った長い関数では意味がありますが、我々が信奉しているのは小さな要約された関数です。小さな要約された関数では、この種のコメントはゴミでしかありません。もしも閉じカッコにコメントしたくなったら、関数を短かくすることを替わりに検討すべきです。

リスト 4-6　wc.java

```java
public class wc {
  public static void main(String[] args) {
    BufferedReader in = new BufferedReader(new InputStreamReader(System.in));
    String line;
    int lineCount = 0;
    int charCount = 0;
    int wordCount = 0;
    try {
      while ((line = in.readLine()) != null) {
        lineCount++;
        charCount += line.length();
        String words[] = line.split("\\W");
```

```
      wordCount += words.length;
    } //while
    System.out.println("wordCount = " + wordCount);
    System.out.println("lineCount = " + lineCount);
    System.out.println("charCount = " + charCount);
  } // try
  catch (IOException e) {
    System.err.println("Error:" + e.getMessage());
  } //catch
} //main
}
```

属性と署名

```
/* Added by Rick */
```

ソースコード管理システムは、誰がいつ何を追加したのかを的確に覚えています。コードの中に署名を入れて汚す必要はありません。このコードについて何か尋ねたいときに、誰に聞けばよいかがわかるので、このコメントには意味があると思うかもしれません。しかし実際には、これらは何年にも渡って残ってしまい、どんどんと不正確で不適切なものと化してしまうのです。

もう一度いいます。ソースコード管理システムこそが、こうした情報を置くに相応しい場所なのです。

コメントアウトされたコード

コードのコメントアウトほど、いやな慣習はあまりありません。絶対にやめましょう！

```
    InputStreamResponse response = new InputStreamResponse();
    response.setBody(formatter.getResultStream(), formatter.getByteCount());
//  InputStream resultsStream = formatter.getResultStream();
//  StreamReader reader = new StreamReader(resultsStream);
//  response.setContent(reader.read(formatter.getByteCount()));
```

このコメントアウトされたコードを目にした人達には、それを削除する勇気がないのです。そして彼らは、それがあまりに重要過ぎて削除できないから、そこにあるのだと思うのです。かくしてコメントアウトされたコードは、ワインの瓶の下に沈んだ澱のように積み重なっていくのです。

Apache commonsから引用した以下のコードを見てください。

```
  this.bytePos = writeBytes(pngIdBytes, 0);
  //hdrPos = bytePos;
  writeHeader();
  writeResolution();
  //dataPos = bytePos;
  if (writeImageData()) {
    writeEnd();
    this.pngBytes = resizeByteArray(this.pngBytes, this.maxPos);
  }
  else {
    this.pngBytes = null;
  }
  return this.pngBytes;
```

なぜこの2行はコメントアウトされているのでしょう？ これらは重要なのでしょうか？ 差し迫った、何らかの変更の備忘録のために残されているのでしょうか？ それとも単なるゴミで、何年も前にコメントアウトされたまま、削除されずに残っているだけなのでしょうか。

60年代、コードをコメントアウトすることに意味のあった時代がありました。しかし現在では、優れたソースコード管理システムが登場して長い時間が経過しています。これらのシステムは、我々に替わってコードを記憶してくれます。もはやコメントアウトする必要はないのです。単に消せばよいのです。それでなくなってしまうわけではありません。保証します。

HTMLコメント

コメントの中のHTMLは忌まわしいものです。それは以下のコードを読めばわかるでしょう。コメントとは本来、エディタやIDEにおいて最も読みやすくなければならないものですが、以下のコメントはとても読みにくいものになっています。もしもコメントが（Javadocのような）ツールによって抽出されて、Webページとなるのであれば、コメントをHTMLで飾り付けるのはツール側の責任で、プログラマの責任ではありません。

```
  /**
   * Task to run fit tests.
   * This task runs fitnesse tests and publishes the results.
   * <p/>
   * <pre>
   * Usage:
   * &lt;taskdef name=&quot;execute-fitnesse-tests&quot;
   *     classname=&quot;fitnesse.ant.ExecuteFitnesseTestsTask&quot;
   *     classpathref=&quot;classpath&quot; /&gt;
```

```
 *  OR
 *  &lt;taskdef classpathref=&quot;classpath&quot;
 *             resource=&quot;tasks.properties&quot; /&gt;
 *  <p/>
 *  &lt;execute-fitnesse-tests
 *      suitepage=&quot;FitNesse.SuiteAcceptanceTests&quot;
 *      fitnesseport=&quot;8082&quot;
 *      resultsdir=&quot;${results.dir}&quot;
 *      resultshtmlpage=&quot;fit-results.html&quot;
 *      classpathref=&quot;classpath&quot; /&gt;
 *  </pre>
 */
```

非局所的な情報

コメントを書くのであれば、対象となるコードのそばに書いてください。システム全体に及ぶ情報を、局所的なコメントの文脈に載せないでください。たとえば、以下のJavadocコメントを見てください。ひどい重複があることには目をつぶるとして、ここではデフォルトポートに関する情報が記述されていることがわかります。そしてこの関数には、デフォルトが何であるかを決定する権限が一切ありません。このコメントは、この関数についてではなく、どこかシステムの離れたところにある関数について語っているのです。デフォルト値を含んだコードが変更されたときに、このようなコメントが、一緒に変更される保証はありません。

```
/**
 * fitnesseが実行されるポート。デフォルトは<b>8082</b>
 *
 * @param fitnessePort
 */
public void setFitnessePort(int fitnessePort)
{
  this.fitnessePort = fitnessePort;
}
```

多すぎる情報

興味深い議論の履歴とか、過度に詳細な記述などをコメントに入れてはいけません。以下のコメントは、base64のエンコード、デコード処理を行う関数をテストするためのモジュールから引用したものです。RFC番号を除けば、このコードの読み手にとって、この手の難解な情報を含んだコメントは不要なものです。

```
/*
    RFC 2045 - Multipurpose Internet Mail Extensions (MIME)
    Part One: Format of Internet Message Bodies
    section 6.8. Base64 Content-Transfer-Encoding
    The encoding process represents 24-bit groups of input bits as output
    strings of 4 encoded characters. Proceeding from left to right, a
    24-bit input group is formed by concatenating 3 8-bit input groups.
    These 24 bits are then treated as 4 concatenated 6-bit groups, each
    of which is translated into a single digit in the base64 alphabet.
    When encoding a bit stream via the base64 encoding, the bit stream
    must be presumed to be ordered with the most-significant-bit first.
    That is, the first bit in the stream will be the high-order bit in
    the first 8-bit byte, and the eighth bit will be the low-order bit in
    the first 8-bit byte, and so on.
*/
```

不明確なつながり

　コメントと対象コードとのつながりは明確でなければなりません。もしもコメントを書く上で困ったら、最低でも、コメントとコードを目にした読み手にとって、コメントが何について述べているのかが理解できるようにしてください。以下のApache commonsから引用したコードを見てください。

```
/*
 * 全ピクセル（と、フィルタのバイト）と、追加で200バイトのヘッダ情報分を保持する
 * のに十分な配列を確保することから始める
 */
this.pngBytes = new byte[((this.width + 1) * this.height * 3) + 200];
```

　フィルタのバイトとは何でしょう？　それは +1 の部分と関係しているのでしょうか？　それとも *3 のほうでしょうか？　あるいは両方？　1ピクセルは1バイトなのでしょうか？　なぜ200なのでしょう？　コメントの目的とは、コードがそれ自体で説明できないことを説明することにあります。コメント自身が、さらに説明を要するのは情けないことです。

関数ヘッダ

　短い関数には大した解説は不要です。関数によく練られた名前を付け、小さくし、1つのことのみを行うようにすることは、コメントヘッダを付けることに優ります。

非公開コードのJavadoc

　Javadocが便利なのは、公開APIを作るときです。外部に公開されて使われるコードでないならば、Javadocは忌まわしいものになってしまいます。システム内部のクラスや関数のJavadocページを生成することは一般には意味がなく、Javadocコメントの持つ形式的な堅苦しさが、イライラと嫌悪以上のものを招くことでしょう。

例

　リスト4-7は、筆者が最初にXPの洗礼を受けたときに書いたモジュールです。ここでは間違ったコーディングとコメントのスタイルの例として持ってきました。ケント・ベックが、1ダースの熱心な生徒の前で、このコードをリファクタリングして、ずっと好ましい形へと変更しました。その後、筆者の本である『Agile Software Development, Principles, Patterns, and Practices[3]』と、筆者の職人としての記事である『Software Development』誌の最初の記事の中で使う例とするために、このコードを修正しました。

　このモジュールの面白いところは、これを「よく文書化されている」と我々が感じていた時代があったという点です。今は、我々はこれをちょっと雑然としたコードであると見ています。どれだけのコメントの問題が含まれているか探してみてください。

リスト4-7　GeneratePrimes.java

```
/**
 * このクラスは、指定された最大値までの素数を生成します。
 * アルゴリズムとして、エラトステネスのふるいを用います。
 * <p>
 * キュレネのエラトステネス（紀元前276-194）、キュレネ、リビア、
 * アレクサンドリア。この世で最初に地球の円周を計算した
 * 人です。また、暦にうるう年を設けることに尽力し、アレクサンドリア
 * 図書館の館長を務めました。
 * <p>
 * アルゴリズムは極めて単純です。与えられた整数の配列に対し、2から
 * 始めます。2の倍数をすべて削除します。次の削除していない整数を見つけ、
 * その倍数をすべて削除します。これを最大値の2乗に達するまで
 * 繰り返します。
 *
 * @author アルフォンス
 * @version 2002/2/13
```

3　訳注：邦訳は『アジャイルソフトウェア開発の奥義―原則・デザインパターン・プラクティス完全統合』。

```java
 */
import java.util.*;

public class GeneratePrimes
{
  /**
   * @param maxValue は、生成する最大数
   */
  public static int[] generatePrimes(int maxValue)
  {
    if (maxValue >= 2) // 唯一の有効なケース
    {
      // 宣言
      int s = maxValue + 1; // 配列サイズ
      boolean[] f = new boolean[s];
      int i;
      // 配列をtrueで初期化する
      for (i = 0; i < s; i++)
        f[i] = true;

      // すでにわかっている非素数を削除
      f[0] = f[1] = false;

      // ふるい
      int j;
      for (i = 2; i < Math.sqrt(s) + 1; i++)
      {
        if (f[i]) // もしも i がまだ削除されていなければ、その倍数dを削除する
        {
          for (j = 2 * i; j < s; j += i)
            f[j] = false; // multiple is not prime
        }
      }

      // 素数の個数は？
      int count = 0;
      for (i = 0; i < s; i++)
      {
        if (f[i])
          count++; // カウントアップ
      }

      int[] primes = new int[count];
```

```
    // 素数を、結果へと移動する
    for (i = 0, j = 0; i < s; i++)
    {
      if (f[i]) // if prime
        primes[j++] = i;
    }
    return primes; // 素数を返す
  }
  else // maxValue < 2
    return new int[0]; // 入力が正しくないときは null を返す
  }
}
```

リスト 4-8 にリファクタリングしたものを示します。コメントの使用が極力控えられていることがわかるでしょう。モジュール全体で2つのコメントしかありません。どちらのコメントも、実際説明的なものです。

リスト 4-8　PrimeGenerator.java（リファクタリング済）

```
/**
 * このクラスは、指定された最大値までの素数を生成します。
 * アルゴリズムとして、エラトステネスのふるいを用います。
 * 与えられた整数の配列に対し、2から始めます。
 * 最初の削除されていない整数を見つけ、その倍数をすべて
 * 削除します。これを倍数が配列の中に存在しなくなるまで
 * 繰り返します。
 */
public class PrimeGenerator
{
  private static boolean[] crossedOut;
  private static int[] result;
  public static int[] generatePrimes(int maxValue)
  {
    if (maxValue < 2)
      return new int[0];
    else
    {
      uncrossIntegersUpTo(maxValue);
      crossOutMultiples();
      putUncrossedIntegersIntoResult();
      return result;
    }
  }
```

```java
  private static void uncrossIntegersUpTo(int maxValue)
  {
    crossedOut = new boolean[maxValue + 1];
    for (int i = 2; i < crossedOut.length; i++)
      crossedOut[i] = false;
  }

  private static void crossOutMultiples()
  {
    int limit = determineIterationLimit();
    for (int i = 2; i <= limit; i++)
      if (notCrossed(i))
        crossOutMultiplesOf(i);
  }

  private static int determineIterationLimit()
  {
    // 配列内の倍数は、配列サイズの平方根以下の素因数を持つので、
    // この平方根より大きな数の倍数は削除する必要がありません
    double iterationLimit = Math.sqrt(crossedOut.length);
    return (int) iterationLimit;
  }

  private static void crossOutMultiplesOf(int i)
  {
    for (int multiple = 2*i;
         multiple < crossedOut.length;
         multiple += i)
      crossedOut[multiple] = true;
  }

  private static boolean notCrossed(int i)
  {
    return crossedOut[i] == false;
  }

  private static void putUncrossedIntegersIntoResult()
  {
    result = new int[numberOfUncrossedIntegers()];
    for (int j = 0, i = 2; i < crossedOut.length; i++)
      if (notCrossed(i))
        result[j++] = i;
  }
```

```
  private static int numberOfUncrossedIntegers()
  {
    int count = 0;
    for (int i = 2; i < crossedOut.length; i++)
      if (notCrossed(i))
        count++;
    return count;
  }
}
```

　最初のコメントが冗長であることに気づくのは簡単でしょう。なぜなら単なる`generatePrimes`関数の解説以上のものを含んでいるからです。ただし、このコメントは、読み手をアルゴリズムの理解へと自然に導くので残すことにしました。

　2番目の論拠は必要でしょう。ここでループの上限に平方根を用いている理由が解説されています。この点を明確にすることができる単純な変数名も、コード構造も思い付きませんでした。一方で、平方根を持ち出したのは、私のうぬぼれかもしれません。平方根を使って繰り返しの回数を制限することで、本当に処理時間を大幅に削減できるのでしょうか？ 平方根の計算時間のほうが、削減できる時間を上回っていないのでしょうか？ これは考慮に値します。繰り返しの上限に平方根を使うことは、私のようなCとアセンブラのハッカーには納得できるやり方ですが、その他の人にとって、コードを理解することに余計にかける時間と努力に見合うのかどうかは疑問です。

参考文献

[KP78]　　Kernighan and Plaugher, *The Elements of Programming Style*, 2d. ed., McGrawHill, 1978. （邦訳は『プログラム書法』、木村泉 訳、共立出版刊）

書式化 第5章

　誰かに内部を見せるとき、内部を見た人が、その簡潔さ、整合性、細部へのこだわりに気づき、感動することを期待します。整然としているようすに衝撃を受けることを期待します。モジュールをスクロールするにつれ、驚きの表情となることを期待します。プロの仕事だと、その人が認めることを期待します。もしも反対に、まるで、酔っ払った船乗りの一団が書いたかのような、ごちゃごちゃとしたコードのかたまりを目にしたとしたら、その人は、そうした細部への配慮のなさが、プロジェクトのコード以外のいたるところにも浸透しているのだろうと結論付けることでしょう。

　自分のコードがきちんとした書式となるよう注意を払うべきです。自分のコードに適用する、単純な書式のルールを選び出し、それをたゆみなく適用していくべきです。チームで仕事をしているなら、1つの書式ルールで合意をとり、すべてのメンバーはそれに従うべきです。自動化ツールは、こうした書式化の適用の大きな助けとなるでしょう。

書式化の目的

　最初にはっきりさせておきましょう。コードの書式化は**重要なこと**です。大変重要なので無視してはいけませんし、宗教論争と片付けてもいけません。コードの書式化とは情報伝達を意味し、情報伝達はプロの開発者の仕事を進める上で最も重要なことなのです。

　プロの開発者にとっては「ちゃんと動くこと」のほうが重要なのではないかと思うかもしれません。しかし筆者は、ここで、本書をもって、あなたにそれが間違いであると気づかせようとしています。今日あなたが書いた機能は、次のリリースで変更される可能性が十分にあります。しかしコードの読みやすさが、将来何度も行われるかもしれない変更に多大な影響を与えるのです。コーディングスタイルと読みやすさは判例となります。これは、元のコードがわからなくなるくらいに長い間、変更を受けた後も、常に保守容易性と拡張性とに影響を与え続けます。たとえあなたのコードが滅びようと、あなたのスタイルと規律は生き残り続けるのです。さて、それでは最善の情報伝達を達成するのに役立つ書式化の論点とはどんなものなのでしょうか？

縦方向の書式化

　まずは縦方向の大きさから始めましょう。ソースファイルの大きさはどのくらいが適切なのでしょう？　Java の場合ファイルのサイズは大抵、クラスのサイズと深い関係にあります。クラスについて語るのであれば、クラスの大きさについて語ることになります。ここではしばらく、ファイルの大きさのほうに注目しましょう。

　多くの Java のソースファイルは、どのくらいの大きさなのでしょう？　これには大きな幅があることがわかっています。またそのスタイルにも大きな違いがあることがわかっています。図 5-1 は、こうした違いを示したものです。7 つの異なるプロジェクトが示されています。JUnit、FitNesse、testNG、Time and Money、JDepend、Ant、Tomcat です。箱をつらぬいている線は、それぞれのプロジェクトにおけるファイルの長さの最小と最大を表しています。箱は、ほぼ 1/3（標準偏差[1]）のファイルを表しています。箱の中心が平均値です。つまり FitNesse プロジェクトにおけるファイルの大きさの平均は 65 行であり、1/3 のファイルの行数は 40 から 100 強ということになります。FitNesse における最大のファイルサイズは、400 行であり、最小は 6 行です。縦軸は対数目盛になっていますから、縦軸方向のわずかな違いが、実際の値としては大きな違いとなります。

　JUnit、FitNesse、Time and Money は、比較的小さなファイルで構成されています。500 行を超えるものはなく、ほとんど 200 行未満です。一方、Tomcat と Ant は、数千行に達するものもあり、ほぼ半分が 200 行を超えています。

---

[1] この箱は $\sigma/2$ より大きく、平均よりも小さい値域を表しています。ファイルの長さは正規分布となっていなかったので、標準偏差をとるのは数学的には正確ではありません。しかし、ここでは精度を問題とするのではなく、感触を掴んでください。

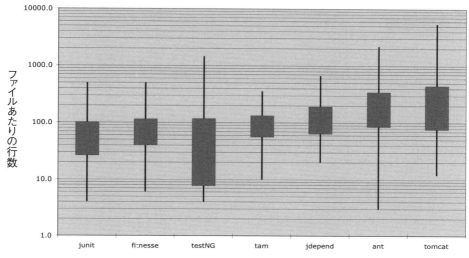

図5-1 ファイルの長さの偏差を対数目盛で表したもの（箱の高さ ＝ σ）

　これは何を意味するのでしょう？　それなりのシステム（FitNesseは50,000行近くあります）が、200行から、最大でも500行程度のファイルで構成できるということがわかります。これを厳格なルールとすべきではありませんが、非常に望ましいものと思われます。大きなファイルよりも小さなファイルのほうが普通は理解が容易です。

新聞にたとえる

　よくできた新聞記事を思い浮かべてください。縦方向に読んでいくと、一番上には見出しがくるでしょう。これを見ることで、どんな内容なのかを知ることができ、そのページに読みたい内容があるのかどうかを知ることができます。最初の段落を読めば、詳細をふせたまま、概要の大まかなところがわかり、その記事の大意を掴むことができます。さらに下に進むと、詳細度は増し、日付、名前、引用、主張やその他の細かな点が明らかとなります。

　ソースファイルも、新聞の記事のようにしたいものです。名前は単純でありながら、説明的でなければなりません。名前だけを見れば、そのモジュールが自分が見たいモジュールかどうか判断できなければなりません。ソースファイルの一番最初には、高レベルの概念とアルゴリズムが書かれているべきです。下へと読み進むに従い、詳細度は増していき、ソースファイルの一番下に達すると、最も低レベルの関数と詳細な記述を目にすることになります。

　新聞は（そのほとんどが、とても小さな）多くの記事で構成されます。その中には幾分大きな記事もあるでしょう。そして、1ページに渡るような大きなものは滅多にありません。このことが新聞を**有用なもの**にしています。もしも新聞が、事実、日付、名前の無秩序なかたまりで構成された長文だとしたら、誰も読みはしないでしょう。

垂直概念分離性

我々は、ほぼすべてのコードを、左から右へ、そして上から下へと読みます。それぞれの行は式と節を成し、ひとまとまりの行があるまとまった考えを成します。それぞれは空行で分けられます。

リスト 5-1 を見てみてください。パッケージ宣言、インポート宣言、そしてすべての関数が空行で分けられています。この極めて単純な規則は、コードの見た目に重要な影響を及ぼします。それぞれの空行は、新しい別の概念の開始の合図となるのです。リストを下へとながめるとき、視線は空行に続く行に引き付けられるのです。

リスト 5-1　BoldWidget.java

```java
package fitnesse.wikitext.widgets;

import java.util.regex.*;

public class BoldWidget extends ParentWidget {
  public static final String REGEXP = "'''.+?'''";
  private static final Pattern pattern = Pattern.compile("'''(.+?)'''",
    Pattern.MULTILINE + Pattern.DOTALL
  );

  public BoldWidget(ParentWidget parent, String text) throws Exception {
    super(parent);
    Matcher match = pattern.matcher(text);
    match.find();
    addChildWidgets(match.group(1));
  }

  public String render() throws Exception {
    StringBuffer html = new StringBuffer("<b>");
    html.append(childHtml()).append("</b>");
    return html.toString();
  }
}
```

これらの空行を、**リスト 5-2** のように取り払うと、コードの読みやすさがかなり低下することがわかるでしょう。

リスト 5-2　BoldWidget.java

```java
package fitnesse.wikitext.widgets;
import java.util.regex.*;
public class BoldWidget extends ParentWidget {
  public static final String REGEXP = "'''.+?'''";
  private static final Pattern pattern = Pattern.compile("'''(.+?)'''",
    Pattern.MULTILINE + Pattern.DOTALL);}
  public BoldWidget(ParentWidget parent, String text) throws Exception {
    super(parent);
    Matcher match = pattern.matcher(text);
    match.find();
    addChildWidgets(match.group(1));}
  public String render() throws Exception {
    StringBuffer html = new StringBuffer("<b>");
    html.append(childHtml()).append("</b>");
    return html.toString();
  }
}
```

これは視線を外したときに、ずっとはっきりとわかります。最初の例なら、別のグループが目に飛び込んできますが、後の例のほうでは、ぼんやりとしてしまっています。この2つのリストの違いを垂直分離性と呼びます。

垂直密度

分離性は概念の分離を、垂直密度は関連性の密接さを意味します。ソースの各行が強く関連している場合、垂直密度が高いと観察されます。**リスト 5-3** の無駄なコメントが、いかに2つのインスタンス変数の密接な関連を引き裂いてしまっているかがわかるでしょう。

リスト 5-3

```java
public class ReporterConfig {

  /**
   * The class name of the reporter listener
   */
  private String m_className;

  /**
   * The properties of the reporter listener
   */
```

```
  private List<Property> m_properties = new ArrayList<Property>();

  public void addProperty(Property property) {
    m_properties.add(property);
  }
```

リスト5-4のほうがずっと読みやすくなります。これは（少なくとも私の場合）視野に収まります。このため、頭も視線も動かさずに、これがクラスであり、そこに2つの変数と1つのメソッドがあると確認できます。リスト5-3では、同じように内容を確認するために、頭と目をずっと多く動かさなければなりません。

リスト5-4

```
public class ReporterConfig {
  private String m_className;
  private List<Property> m_properties = new ArrayList<Property>();

  public void addProperty(Property property) {
    m_properties.add(property);
  }
}
```

垂直距離

　あるクラスを通読するという無駄な努力を経験したことがありますか？ ある関数から次の関数へと移り、ソースファイルを上へ下へとスクロールし、複数の関数がどのように関連して動作するのかを見抜こうとあがき、結局はわけがわからなくなり、鼠の巣の中で途方に暮れてしまいませんでしたか？ 変数あるいは関数の定義を探して、継承の連鎖を調べた経験がありますか？ ただシステムが**何をしているのか**を調べたいだけなのに、各構成要素が**どの場所**にあるかを探し、その場所を覚えておくことに、時間と集中力を注がなければならず、この作業はとてもストレスがたまります。

　密接に関連した概念は、垂直方向に近い位置になければなりません［G10］。明らかに、この規則は複数のファイルにまたがった概念にはききめがありません。とはいえ、それ相応な強い理由がなければ、深い関連を持った概念を複数のファイルに分散するべきではありません。実際、これはprotectedな変数を避けるべき理由の1つです。

　同一のソースファイルに密接に関連する複数の概念があった場合、これらの概念の垂直方向の距離は、ある概念を理解する上でもう一方の概念がどの程度重要であるかを示すものでなければなりません。コードを読む際に、ソース、クラスを飛び回らずに済むようにする必要があります。

変数宣言。変数を宣言するときは、その変数が使用される場所となるべく近い位置で行うべきです。我々の作成する関数は非常に短いため、ローカル変数は、関数の最初に現れることになります。以下の JUnit 4.3.1 から引用した長めの関数のように。

```
private static void readPreferences() {
  InputStream is= null;
  try {
    is= new FileInputStream(getPreferencesFile());
    setPreferences(new Properties(getPreferences()));
    getPreferences().load(is);
  } catch (IOException e) {
    try {
      if (is != null)
        is.close();
    } catch (IOException e1) {
    }
  }
}
```

ループの制御変数は、通常、ループ文の中で宣言します。同じソースから持ってきた、以下のかわいらしい関数のように。

```
public int countTestCases() {
  int count= 0;
  for (Test each : tests)
    count += each.countTestCases();
  return count;
}
```

まれに、ブロックの最初あるいは長めの関数内のループの直前で宣言されるかもしれません。以下の TestNG から引用した非常に長い関数の途中には、このような変数の例が見られます。

```
  ...
  for (XmlTest test : m_suite.getTests()) {
    TestRunner tr = m_runnerFactory.newTestRunner(this, test);
    tr.addListener(m_textReporter);
    m_testRunners.add(tr);

    invoker = tr.getInvoker();

    for (ITestNGMethod m : tr.getBeforeSuiteMethods()) {
      beforeSuiteMethods.put(m.getMethod(), m);
```

```
      }

      for (ITestNGMethod m : tr.getAfterSuiteMethods()) {
        afterSuiteMethods.put(m.getMethod(), m);
      }
    }
    ...
```

インスタンス変数は、これに対しクラスの頭で宣言するべきです。これは、垂直距離を広げることにはなりません。なぜなら、うまく設計されたクラスでは、インスタンス変数は、すべてではないにしても、非常に多くのメソッドで使用されるからです。

　インスタンス変数をどこに置くかについては、さまざまな議論があります。C++ では、いわゆる「はさみの規則」をよく採用しました。この場合すべてのインスタンス変数を一番下に置きます。一方 Java では、クラスの最初にインスタンス変数を置きます。これら以外の規約については、私には合理性を見い出せません。重要なのは、インスタンス変数をよく知られた場所に置くことです。誰にでも、どこに宣言場所があるのかがわかる必要があります。

　たとえば、JUnit 4.3.1 の奇妙な TestSuite クラスを見てみてください。論点を明確にするため、クラスのごく一部を取り出しています。リストの半分ほどを見ていくと、2 つのインスタンス変数が宣言されているのが見つかります。この場所に置かれたことで、変数がすっかり隠れてしまっています。このコードを読む人が、これを見つけるのは偶然に頼るほかないでしょう（私がそうだったように）。

```
public class TestSuite implements Test {
  static public Test createTest(Class<? extends TestCase> theClass,
                                String name) {
    ...
  }

  public static Constructor<? extends TestCase>
  getTestConstructor(Class<? extends TestCase> theClass)
  throws NoSuchMethodException {
    ...
  }

  public static Test warning(final String message) {
    ...
  }

  private static String exceptionToString(Throwable t) {
```

```
    ...
  }

  private String fName;
  private Vector<Test> fTests= new Vector<Test>(10);

  public TestSuite() {
  }

  public TestSuite(final Class<? extends TestCase> theClass) {
    ...
  }

  public TestSuite(Class<? extends TestCase> theClass, String name) {
    ...
  }
  ... ... ... ... ...
}
```

依存関数。もしもある関数が別の関数を呼び出しているのであれば、それらは垂直方向に近い位置に置くべきであり、また可能なかぎり、呼び出し側を呼び出される側の上に置くべきです。これによりプログラムが自然な流れになります。もしもコーディング規約が確実に守られていれば、コードの読み手は、関数定義は使われている場所のすぐ後にくると期待することができます。たとえば、FitNesseから引用した**リスト5-5**を見てください。一番上の関数は、その下にある関数を呼び出し、その関数が順番に下の関数を呼び出していくようすがわかると思います。これによって呼び出されている関数を見つけるのが簡単になり、モジュール全体を読むのがはるかに簡単になるのです。

リスト5-5 WikiPageResponder.java

```
public class WikiPageResponder implements SecureResponder {
  protected WikiPage page;
  protected PageData pageData;
  protected String pageTitle;
  protected Request request;
  protected PageCrawler crawler;

  public Response makeResponse(FitNesseContext context, Request request)
    throws Exception {
    String pageName = getPageNameOrDefault(request, "FrontPage");
    loadPage(pageName, context);
    if (page == null)
      return notFoundResponse(context, request);
```

```
    else
      return makePageResponse(context);
  }

  private String getPageNameOrDefault(Request request, String defaultPageName)
  {
    String pageName = request.getResource();
    if (StringUtil.isBlank(pageName))
      pageName = defaultPageName;

    return pageName;
  }

  protected void loadPage(String resource, FitNesseContext context)
    throws Exception {
    WikiPagePath path = PathParser.parse(resource);
    crawler = context.root.getPageCrawler();
    crawler.setDeadEndStrategy(new VirtualEnabledPageCrawler());
    page = crawler.getPage(context.root, path);
    if (page != null)
      pageData = page.getData();
  }

  private Response notFoundResponse(FitNesseContext context, Request request)
    throws Exception {
    return new NotFoundResponder().makeResponse(context, request);
  }

  private SimpleResponse makePageResponse(FitNesseContext context)
    throws Exception {
    pageTitle = PathParser.render(crawler.getFullPath(page));
    String html = makeHtml(context);

    SimpleResponse response = new SimpleResponse();
    response.setMaxAge(0);
    response.setContent(html);
    return response;
  }
...
```

ところで、このコード片は、定数を適切なレベルに保つ［G35］というルールのよい例になっています。"FrontPage" 定数は、getPageNameOrDefault 関数の中に埋め込むことも可能ですが、そ

うすると、よく知られた、あって当然と期待される定数をレベルの低すぎる関数の中に置いてしまうことになります。この定数は、実際に使用されるにふさわしい場所に置き、引数として渡すのが理にかなっていたのです。

概念の密接な関係。コードの中には近い距離に集めたほうがよいものがあります。これらのコードは、何らかの概念における密接な関係を持っているのです。その関連が強ければ強いほど、垂直方向の距離は小さくすべきです。

これまで見てきたように、この関連は、直接的な依存性によるものかもしれません。たとえば、ある関数から呼び出される別の関数や、関数で使用される変数などがそうです。しかしこのほかにも関連性を高める原因となるものがあります。一群の関数が似たような操作を行う場合、それは関連性を高めることになるかもしれません。以下の、JUnit 4.3.1 から引用したコードを見てください。

```java
public class Assert {
  static public void assertTrue(String message, boolean condition) {
    if (!condition)
      fail(message);
  }

  static public void assertTrue(boolean condition) {
    assertTrue(null, condition);
  }

  static public void assertFalse(String message, boolean condition) {
    assertTrue(message, !condition);
  }

  static public void assertFalse(boolean condition) {
    assertFalse(null, condition);
  }
  ...
```

これらの関数群は共通の命名体系を持っており、共通の基本的な作業に対するバリエーションになっており、概念上、密接な関係を持っています。これらの間には呼び出し関係がありますが、それは副次的な要素です。たとえ、これらの間に呼び出し関係がなかったとしても、これらはそばに置く必要があるのです。

垂直方向の並び順

一般には、関数呼び出しの依存関係は下の方向へと展開する必要があります。呼び出される関数は、呼び出し元よりも下に置くべきです[2]。このようにすることで、モジュールのコードを、高いレベルの概念から低いレベルへと流れるものにすることができます。

我々は、新聞記事のように、最も大事な概念が最初にくることを期待します。そしてこれらに、あまり詳細な内容が含まれないことを期待します。低レベルな内容は最後にくることを期待するのです。これによって、詳細な内容にわずわらされることなく、ソースファイルをさっと読んで、最初のいくつかの関数を見て、要点をつかむことが可能となります。リスト5-5は、このようにして構成したリストです。345ページのリスト15-5と83ページのリスト3-7のほうが、もしかすると、さらによい例といえるかもしれません。

横方向の書式化

行の横幅はどの程度にすべきでしょう？　この問いに答えるため、典型的なプログラムの行が、どのくらいの横幅を持っているのかを見てみることにしましょう。ここでは再度7つの異なるプロジェクトを調べてみることにします。図5-2は、全7プロジェクトの行の長さの分散を示したものです。この規則性、特に約45文字から右の結果は興味深いものになっています。実際、20から60文字までの行の、それぞれの割合は全体行の1%程度になっています。つまり合わせて40%です！おそらく残りの30%は10文字未満でしょう。対数目盛であることに気をつけてください。80文字以上での落ち込みは直線的に見えますが、実際にはずっと大きなものなのです。プログラマは、明らかに短い行を好んでいることがわかります。

この結果は、行をなるべく短くすべきであることを提起しています。昔の80文字ルールは、少々独断が過ぎると感じます。100、120文字でも構わないと思います。しかし、これを超えたとしたら、それは単なる不注意によるものでしょう。

筆者は、右へのスクロールが起きないようにするというルールに慣れています。しかし今のモニタはとても広くなってきています。そして若いプログラマは、フォントを小さくして、1行に200文字を入れようとします。これは避けましょう。筆者は120文字を限度としています。

2　これは、関数を使用する前には、その関数をあらかじめ定義、あるいは最低でも宣言しておかなければならない、Pascal、C、C++のような言語とは正反対です。

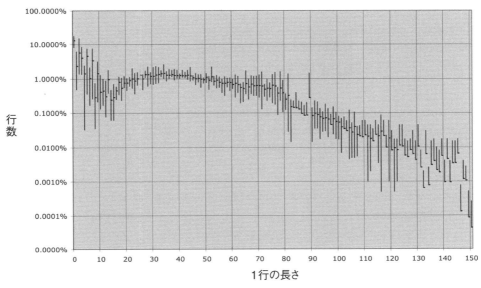

図5-2　Javaプログラムの行の長さの分散

水平分離性と密度

　我々は、水平方向にホワイトスペースを使って、強く関連するものを結びつけたり、関連の弱いものを遠ざけたりします。以下の関数を見てみてください。

```
private void measureLine(String line) {
  lineCount++;
  int lineSize = line.length();
  totalChars += lineSize;
  lineWidthHistogram.addLine(lineSize, lineCount);
  recordWidestLine(lineSize);
}
```

　ここでは代入演算子の両脇にスペースを置いて、強調しています。代入文には2つの主要な要素、左辺と右辺があります。スペースは、この2つを明確に分離します。

　一方、関数名と開きカッコの間にはスペースを入れていません。なぜなら、関数とその引数とは強く関連しているからです。スペースを入れると、結合するのではなく、分離することになってしまいます。関数呼び出しのカッコ内の引数を分離することで、カンマを強調し、またそれらの引数が独立していることを示しています。

　ホワイトスペースの別の用法として、演算子の優先順位を強調するというのがあります。

```
public class Quadratic {
  public static double root1(double a, double b, double c) {
    double determinant = determinant(a, b, c);
    return (-b + Math.sqrt(determinant)) / (2*a);
  }

  public static double root2(int a, int b, int c) {
    double determinant = determinant(a, b, c);
    return (-b - Math.sqrt(determinant)) / (2*a);
  }

  private static double determinant(double a, double b, double c) {
    return b*b - 4*a*c;
  }
}
```

式が読みやすくなっていることがわかるでしょう。乗算記号のまわりにはスペースがありません。これは優先度が高いためです。各項がスペースで分離されているのは、加減算の優先度が低いためです。

残念なことに、自動フォーマットを行うツールの多くは演算子の優先度を無視して、全体に同じスペースを挿入します。このため、上記のような微妙なスペース付けはオートフォーマットによって失なわれてしまう傾向にあります。

水平方向の位置合わせ

筆者がアセンブラのプログラマだったころ[3]、水平方向の位置を使って、特定の構造を強調していました。C/C++、そしてJavaでのコーディングを始めるようになってからも、変数宣言の際に変数名の位置を揃えたり、あるいは代入文における右辺値を揃えたりしました。たとえば以下のようにです。

```
public class FitNesseExpediter implements ResponseSender
{
  private   Socket          socket;
  private   InputStream     input;
  private   OutputStream    output;
  private   Request         request;
  private   Response        response;
  private   FitNesseContext context;
```

---

3 おっと、私はまだアセンブラのプログラマでした。少年をメタルから遠ざけることはできても、メタルは少年なしでは存在し得ないのです！

```
    protected long          requestParsingTimeLimit;
    private   long          requestProgress;
    private   long          requestParsingDeadline;
    private   boolean       hasError;

    public FitNesseExpediter(Socket       s,
                       FitNesseContext context) throws Exception
    {
      this.context =        context;
      socket =              s;
      input =               s.getInputStream();
      output =              s.getOutputStream();
      requestParsingTimeLimit = 10000;
    }
```

しかし結局、こうした位置揃えは、あまり有用とはいえないことに気づきました。この位置合わせをすると、間違ったことが強調され、真の意図に目を向けることを妨げてしまうようなのです。たとえば、上記の変数宣言の□の変数名を下へと見るときには、型を見逃してしまいがちです。同様に、代入文で右辺値を見るときには、代入演算子を見逃してしまいがちです。さらに悪いことに、このように揃えたところで、オートフォーマットによって失なわれてしまいます。

このため、結局最終的には、このような位置合わせはしなくなりました。筆者は今では宣言と代入で、以下のように位置合わせをしないほうが好みです。このほうが、コード上の欠陥を見つけやすくなります。もしも位置合わせをしたくなるような長いリストがあったとしたら、問題は位置が揃っていないことではなく、**リストが長いこと**なのです。以下のFitNesseExpediterの中にある長い宣言は、クラスを分割すべきであることを物語っています。

```
public class FitNesseExpediter implements ResponseSender
{
  private Socket socket;
  private InputStream input;
  private OutputStream output;
  private Request request;
  private Response response;
  private FitNesseContext context;
  protected long requestParsingTimeLimit;
  private long requestProgress;
  private long requestParsingDeadline;
  private boolean hasError;

  public FitNesseExpediter(Socket s, FitNesseContext context) throws Exception
  {
```

```
    this.context = context;
    socket = s;
    input = s.getInputStream();
    output = s.getOutputStream();
    requestParsingTimeLimit = 10000;
}
```

インデント

　ソースファイルというものは、アウトラインというよりは階層です。ファイル全体に、その中の個々のクラスに、クラス内の各メソッドに、メソッド内のブロックに、そして再帰的にブロック内の子ブロックに、それぞれ情報が存在します。これらは階層的なスコープを持っており、その中に名前を宣言できます。そしてそれらのスコープ内で宣言、実行文が解釈されます。

　こうしたスコープの階層を目に見えるようにするために、ソースの行に対してインデントを用い、階層レベルを位置で示します。トップレベルクラス宣言のような、ファイルレベルの文は、まったくインデントしません。クラス内部は、1 レベルインデントして右に寄せます。メソッドの実装は、宣言から 1 レベル右にインデントします。ブロック内部の実装は、外側のブロックよりも 1 レベルインデントして右に寄せます。後は、これを同様に適用していきます。

　プログラマは、このインデントのやり方に大きく依存しています。プログラマは、どのスコープにあるかがわかるように、各行を左から並べます。これにより、if や while 文の内部といった複数のスコープを、お互いの状態に関連しないものとして分離し、これらの間を素早く渡り歩くことを可能とします。新たなメソッド、変数、クラスの宣言を探すには左に見ていけばよいのです。もしもインデントがなければ、プログラムを縦方向に読むことは、人間には不可能でしょう。以下の、文法的、意味的には、まったく同一な 2 つのプログラムを見てみてください。

```
public class FitNesseServer implements SocketServer { private FitNesseContext
context; public FitNesseServer(FitNesseContext context) { this.context =
context; } public void serve(Socket s) { serve(s, 10000); } public void
serve(Socket s, long requestTimeout) { try { FitNesseExpediter sender = new
FitNesseExpediter(s, context);
sender.setRequestParsingTimeLimit(requestTimeout); sender.start(); }
catch(Exception e) { e.printStackTrace(); } } }

-----

public class FitNesseServer implements SocketServer {
  private FitNesseContext context;

  public FitNesseServer(FitNesseContext context) {
```

```
    this.context = context;
  }

  public void serve(Socket s) {
    serve(s, 10000);
  }

  public void serve(Socket s, long requestTimeout) {
    try {
      FitNesseExpediter sender = new FitNesseExpediter(s, context);
      sender.setRequestParsingTimeLimit(requestTimeout);
      sender.start();
    }
    catch (Exception e) {
      e.printStackTrace();
    }
  }
}
```

インデントされたファイルならば、構造をすぐにはっきりと見わけられるでしょう。変数、コンストラクタ、アクセサ、メソッドをほとんど一瞬のうちに見つけることができるでしょう。数秒もあれば、これが、タイムアウトを持ったソケットに対するちょっとしたフロントエンドであることに気づくでしょう。これに対し、インデントされていないほうは、注意して中身を読み解いていかないと、縦方向に見通すことは不可能でしょう。

インデント規則違反。短かい if 文、短い while ループ、あるいは短い関数では、インデント規則を破りたい衝動にかられる場合があります。このようなときは、いつも戻ってインデントし直すようにしています。スコープを以下のように、1 行にたたんでしまうコードを書かないように注意しています。

```
public class CommentWidget extends TextWidget
{
  public static final String REGEXP = "^# [^\r\n]*(?:(?:\r\n)|\n|\r)?";

  public CommentWidget(ParentWidget parent, String text){super(parent, text);}
  public String render() throws Exception {return ""; }
}
```

代わりに以下のようにスコープをインデントで示すようにすることを選びます。

```
public class CommentWidget extends TextWidget {
  public static final String REGEXP = "^# [^\r\n]*(?:(?:\r\n)|\n|\r)?";

  public CommentWidget(ParentWidget parent, String text) {
    super(parent, text);
  }

  public String render() throws Exception {
    return "";
  }
}
```

ダミーのスコープ

以下に示すように、while 文、for 文の本体がダミーの場合があります。筆者は、こうした構造が嫌いなので、なるべく避けるようにしています。それができないときは、本体部分は適切にインデントして、大カッコで囲みます。while ループの同一行の最後に置かれたセミコロンのせいで何度ひどい目にあったことでしょう。仮にセミコロンを別の行にしてインデントしたとしても、非常に確認しにくいものです。

```
while (dis.read(buf, 0, readBufferSize) != -1)
  ;
```

チームの規則

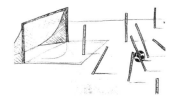

この節のタイトルは言葉遊びです[4]。プログラマは、それぞれ自分自身の書式規則を持っていますがチームで仕事をするときは、チームの規則に従います。

チーム内の開発者は、1つの書式規則に従うべきで、すべてのメンバーが、その規則を採用すべきです。ソフトウェアは整合性を持った書式で書かれている必要があります。各人が好き勝手にコードを書いたかに見えるような状態は好ましくありません。

---

4 訳注：原語は「Team Rules」で、Rule を名詞「規則」と動詞「支配する」の両方にかけているのだと思われます。

2002年に筆者がFitNesseプロジェクトを始めたころ、チームのメンバーと共にコーディングスタイルを策定しました。これには10分ほどかかりました。大カッコの場所、インデントのサイズ、クラス、変数、メソッドの名前付けといったことを決定しました。次に、この規則をIDEのコードフォーマッタに設定し、それ以降、その設定を使用し続けました。そのときの規則は、チームで決定したものであり、筆者の好みとは異なるものでした。筆者はFitNesseのプロジェクトにおいては、チームのメンバーとして、その規則に従いました。

よいソフトウエアシステムというものは、読みやすい文書で構成されているものであるということを覚えておいてください。そのためには、整合性がとれて、よどみのない書式が必要なのです。読み手が、あるソースファイルで目にした書式は、他のファイルでも保たれているべきです。複数の書式が入り乱れたソースコードを書いて、複雑な状況になってしまうようなことは、最後まで避けるべきです。

アンクルボブの書式化規則

私が個人的に採用している規則は**リスト**5-6に示すとおり、とても単純なものです。これを、コード文書を最高なものとするための、標準的な例の1つとしてとらえてください。

リスト5-6　CodeAnalyzer.java

```java
public class CodeAnalyzer implements JavaFileAnalysis {
  private int lineCount;
  private int maxLineWidth;
  private int widestLineNumber;
  private LineWidthHistogram lineWidthHistogram;
  private int totalChars;

  public CodeAnalyzer() {
    lineWidthHistogram = new LineWidthHistogram();
  }

  public static List<File> findJavaFiles(File parentDirectory) {
    List<File> files = new ArrayList<File>();
    findJavaFiles(parentDirectory, files);
    return files;
  }

  private static void findJavaFiles(File parentDirectory, List<File> files) {
    for (File file : parentDirectory.listFiles()) {
      if (file.getName().endsWith(".java"))
```

```java
        files.add(file);
      else if (file.isDirectory())
        findJavaFiles(file, files);
  }
}

public void analyzeFile(File javaFile) throws Exception {
  BufferedReader br = new BufferedReader(new FileReader(javaFile));
  String line;
  while ((line = br.readLine()) != null)
    measureLine(line);
}

private void measureLine(String line) {
  lineCount++;
  int lineSize = line.length();
  totalChars += lineSize;
  lineWidthHistogram.addLine(lineSize, lineCount);
  recordWidestLine(lineSize);
}

private void recordWidestLine(int lineSize) {
  if (lineSize > maxLineWidth) {
    maxLineWidth = lineSize;
    widestLineNumber = lineCount;
  }
}

public int getLineCount() {
  return lineCount;
}

public int getMaxLineWidth() {
  return maxLineWidth;
}

public int getWidestLineNumber() {
  return widestLineNumber;
}

public LineWidthHistogram getLineWidthHistogram() {
  return lineWidthHistogram;
}
```

```java
  public double getMeanLineWidth() {
    return (double)totalChars/lineCount;
  }

  public int getMedianLineWidth() {
    Integer[] sortedWidths = getSortedWidths();
    int cumulativeLineCount = 0;
    for (int width : sortedWidths) {
      cumulativeLineCount += lineCountForWidth(width);
      if (cumulativeLineCount > lineCount/2)
        return width;
    }
    throw new Error("Cannot get here");
  }

  private int lineCountForWidth(int width) {
    return lineWidthHistogram.getLinesforWidth(width).size();
  }

  private Integer[] getSortedWidths() {
    Set<Integer> widths = lineWidthHistogram.getWidths();
    Integer[] sortedWidths = (widths.toArray(new Integer[0]));
    Arrays.sort(sortedWidths);
    return sortedWidths;
  }
}
```

オブジェクトとデータ構造

　変数を private にするのには理由があります。他からの依存を避けるためです。型や実装を、ふと気づいたときや、強く変えたいと思ったときに、自由に変更できるようにしておく必要があるからです。それではなぜ多くのプログラマは、反射的にゲッタとセッタを用意して、あたかも private 変数が public に曝されているかのようにするのでしょうか？

データ抽象化

　リスト 6-1 とリスト 6-2 の違いについて考えてみてください。どちらもデカルト座標平面上の点を表しています。一方は実装を曝し、もう一方は完全に隠しています。

リスト 6-1　具象的な座標

```
public class Point {
  public double x;
  public double y;
}
```

リスト 6-2　抽象的な座標

```
public interface Point {
  double getX();
  double getY();
  void setCartesian(double x, double y);
  double getR();
  double getTheta();
  void setPolar(double r, double theta);
}
```

リスト 6-2 の美しさは、直交座標によって実装されるのか、極座標によって実装されるのかが隠されているという点にあります。あるいは、そのどちらでもないかもしれません！　それでもこのインターフェイスは、データの構造を明白に表現しています。

これはデータ構造以上のものも表現しています。メソッドがアクセス方法を強制しています。座標の値は個別に取得することができますが、設定するときはこれらを同時にアトミックな操作として行う必要があります。

これに対し、リスト 6-1 は、疑いのない直交座標実装であり、座標の値を独立に操作することを強制しています。ここでは実装が曝されています。実際のところ、private 変数と、それに対する一揃いのゲッタ、セッタを提供することは、実装を公開することに等しいでしょう。

単に変数との間に関数の層を入れるということは、実装の隠蔽ではありません。実装の隠蔽とは抽象化なのです！　クラスというのは、変数をゲッタ、セッタを通してクラスの外にただ単に伝えるだけのものではありません。そうではなく、抽象インターフェイスを公開することで、データの実装を知らせることなしに、利用者に対しデータの本質を操作することを可能とするのです。

リスト 6-3 と**リスト 6-4** を見てください。最初の例では、乗り物の残りの燃料の量を具体的な用語によって伝えています。一方、2 番目の例では、百分率によって抽象化しています。前者のケースでは、これらが単なる変数に対するアクセサであるだろうと利用者に思わせるでしょう。後者のケースでは、データがどのように格納されているのか、予測がつかないでしょう。

リスト 6-3　具象的な乗り物

```
public interface Vehicle {
  double getFuelTankCapacityInGallons();
  double getGallonsOfGasoline();
}
```

リスト 6-4　抽象的な乗り物

```
public interface Vehicle {
  double getPercentFuelRemaining();
}
```

これまでに見た2つの例はどちらも、後に挙げたほうが好ましいといえます。データの詳細を公開したいわけではなく、データを抽象化された形式で表現したいのです。これは単にゲッタ、セッタの両方あるいは一方を用意すれば、達成できるというものではありません。オブジェクトが保持するデータを最善の方法で表現するには、真剣に熟考する必要があるのです。軽い気持ちでゲッタとセッタを用意するのは最悪です。

データ／オブジェクトの非対称性

これまでに挙げた2つの例に、データ構造とオブジェクトとの間の違いを示しています。オブジェクトは、裏にあるデータを隠して抽象化し、データを操作する機能を公開します。データ構造は、データを公開し、意味を持った機能は何も提供しません。もう一度読み返してみてください。この2つの性質は、お互いに補い合う関係にあることに気づくでしょう。これらは実質的に反対のものです。この違いはもしかしたら、ささいなことに思われるかもしれませんが、深い関連を持っているのです。

リスト6-5に示す、形状操作の例を見てみてください。Geometryクラスは、3つの形状クラスを操作しています。形状クラスは、振る舞いを持たない単純なデータ構造となっています。すべての振る舞いはGeometryクラスが提供しています。

リスト6-5　手続き型の形状クラス

```java
public class Square {
  public Point topLeft;
  public double side;
}

public class Rectangle {
  public Point topLeft;
  public double height;
  public double width;
}

public class Circle {
  public Point center;
  public double radius;
}

public class Geometry {
  public final double PI = 3.141592653589793;
```

```java
  public double area(Object shape) throws NoSuchShapeException
  {
    if (shape instanceof Square) {
      Square s = (Square)shape;
      return s.side * s.side;
    }
    else if (shape instanceof Rectangle) {
      Rectangle r = (Rectangle)shape;
      return r.height * r.width;
    }
    else if (shape instanceof Circle) {
      Circle c = (Circle)shape;
      return PI * c.radius * c.radius;
    }
    throw new NoSuchShapeException();
  }
}
```

　オブジェクト指向のプログラマは、このコードを見たら顔をしかめ、これは手続き型の書き方であって正しくないというでしょう。しかし、このような、あざけりは軽率かもしれません。perimieter() 関数[1]が、Geometry に追加されたときのことを考えてみてください。形状を表現するクラスの側は、何の影響も受けないのです！　逆に、もしも新しい形状を追加しようとしたら、Geometry のすべての関数を変更しなければならなくなります。もう一度コードを読み返してみてください。相反する2つの条件が存在することがわかります。

　今度は、**リスト 6-6** に示したオブジェクト指向版を見てみてください。ここでは area() メソッドが多態になっていて、Geometry クラスは不要になっています。このため新たな形状を加えても、既存の関数は影響を受けません。しかし新たな関数を加えようとすると、すべての形状クラスを変更しなければなりません！[2]

リスト 6-6　多態的な形状クラス

```java
public class Square implements Shape {
  private Point topLeft;
  private double side;

  public double area() {
    return side*side;
```

---

[1] 訳注：円周。
[2] これに対処する方法に、上級オブジェクト指向設計者によく知られている、ビジターパターンや、デュアルディスパッチなどがあります。しかし、これらには代償があり、プログラムの構造を手続き型へと回帰させてしまいます。

```
  }
}

public class Rectangle implements Shape {
  private Point topLeft;
  private double height;
  private double width;

  public double area() {
    return height * width;
  }
}

public class Circle implements Shape {
  private Point center;
  private double radius;
  public final double PI = 3.141592653589793;

  public double area() {
    return PI * radius * radius;
  }
}
```

　もう一度、これら2つの相反する定義を見てみましょう。これらは実質的に反対のものなのです！このことは、オブジェクトとデータ構造という基本的な2つの方向を示しています。

> 手続き型（データ構造を使用するコード）は、新たな関数を既存のデータ構造に影響を与えずに追加することができます。オブジェクト指向の場合、逆に既存の関数を変えることなく、新たなクラスを追加することが可能です。

逆もまた成立します。

> 手続き型だと、新たなデータ構造を追加するには、既存のすべての関数を変えなければならないので、難しくなります。オブジェクト指向の場合、すべてのクラスを変えなければならないので、新たな関数を追加することは難しくなります。

　オブジェクト指向で難しいことは手続き型では容易であり、手続き型で難しいことはオブジェクト指向では容易なのです！
　複雑なシステムでは、新たな関数を追加することよりも、新たなデータ型を追加することのほうが

多いでしょう。この場合には、オブジェクト指向がうまく適合するでしょう。逆にデータ型を追加するよりも、関数を追加することのほうが多い場合もあるでしょう。その場合には手続き型とデータ構造のほうがよく適合します。

熟練したプログラマなら、オブジェクト指向が常に優れているという考えが神話であることを理解しています。単純なデータ構造とそれらを操作する手続きのほうが必要とされる場合もあります。

デメテルの法則

よく知られた発見的手法の1つにデメテルの法則[3]があります。これはオブジェクトを使用する場合、そのオブジェクトの内部について知るべきではないというものです。直前の節で見たように、オブジェクトはデータを隠蔽し、操作を公開します。これはオブジェクトはアクセサを通して内部のデータ構造を公開してはいけないということです。なぜなら、それは内部構造を隠すのではなく公開することになるからです。

より正確には、デメテルの法則はクラスCのメソッドfは、次のオブジェクトのメソッドのみを呼び出すべきと述べています。

- Cそのもの
- fで生成されたオブジェクト
- fの引数で渡されたオブジェクト
- Cのインスタンス変数に保持されたオブジェクト

fは、上記の許されたメソッドから返されたオブジェクトのメソッドを呼び出してはいけません。つまり友達とのみ会話し、知らない人とは会話してはいけないのです。

以下のコード[4]は、何よりデメテルの法則に違反しています。なぜなら、getOptions() の戻りオブジェクトの getScratchDir() を呼び出し、getScratchDir() の戻りオブジェクトの getAbsolutePath() を呼び出しているからです。

```
final String outputDir = ctxt.getOptions().getScratchDir().getAbsolutePath();
```

3　http://en.wikipedia.org/wiki/Law_of_Demeter
4　アパッチのフレームワークのどこかから持ってきたものです。

電車の衝突

　こうしたコードはあたかも連結された車両のように見えるので、電車の衝突と呼ばれることがあります。こうした呼び出しチェインは、一般には、あぶなっかしいやり方で、避けるべきと考えられています［G36］。通常は以下のように分けるのがよいでしょう。

```
Options opts = ctxt.getOptions();
File scratchDir = opts.getScratchDir();
final String outputDir = scratchDir.getAbsolutePath();
```

　今度のコードは、デメテルの法則に違反しているでしょうか？　このコードを含んだモジュールが、ctxt オブジェクトがオプションを持っており、それが scratch ディレクトリを持っていて、それが絶対パスを持っているという事実を知っていることは明らかです。これは 1 つの関数が知っている内容としては多すぎます。1 つの呼び出された関数が大量の異なるオブジェクトをたどっていく方法を知っていることになります。

　これがデメテルの法則に違反しているかどうかは、ctxt、Options、ScratchDir がオブジェクトなのかデータ構造なのかによります。これらがオブジェクトならば、内部構造は公開されず、隠されているべきであり、内部情報を知ることはデメテルの法則への明らかな違反となります。一方、ctxt、Options、ScratchDir がデータ構造に過ぎず、何ら振る舞いを持たないのであれば、これらは内部構造をごく自然に公開しており、デメテルの法則は適用されません。

　アクセサ関数は事態をややこしくします。コードが以下のように書かれていたのであれば、おそらくデメテルの法則の違反など持ち出すことはなかったでしょう。

```
final String outputDir = ctxt.options.scratchDir.absolutePath;
```

　private 変数と public 関数を持ったオブジェクトの代わりに、関数を持たないデータ構造と単純な public 変数だったとしたら、事態はずっと簡単だったでしょう。しかしながら、単純なデータ構造に対してもアクセサとミューテータを用意することを要請するフレームワークや標準（例：ビーン）があることも事実です。

混血児

このような混乱から、不幸なことに、オブジェクトとデータ構造との混血児が生成されることがあります。そこには重要な処理を行う関数もあれば、public な変数あるいは、public なアクセサとミューテータを用意することで実質的に private 変数を public にすることと同じことが行われ、外部の関数に対し、データ構造として、これらの変数に手続き的にアクセスすることをうながします[5]。

こうした混血児は、新たな関数を追加することを困難にするだけでなく、データ構造の追加も困難にするため、最悪です。混血児を作ってはなりません。これは、設計者が関数と型のどちらの追加を考慮しなければならないかということを決めかねて（あるいは無視して）、腐った設計に陥っているサインなのです。

隠蔽構造

ctxt、options、scratchDir が実際に振る舞いを持ったオブジェクトだとしたら、どうでしょうか？ オブジェクトとは、内部構造を隠蔽するものですから、オブジェクトを通して、たどっていくことなどできないはずです。ではどうやって一時ディレクトリの絶対パスを取得すればよいのでしょうか？

```
ctxt.getAbsolutePathOfScratchDirectoryOption();
```

あるいは、

```
ctx.getScratchDirectoryOption().getAbsolutePath()
```

でしょうか。前者の方法だと、ctxt オブジェクトの中に大量のメソッドを用意しなければならなくなるでしょう。後者は、getScratchDirectoryOption() がオブジェクトではなくデータ構造を返すことを前提としています。どうやら 2 つとも、いまひとつのようです。

ctxt がオブジェクトであるなら、そこに何かを頼む場合、その内部構造について尋ねてはなりません。とすると、なぜ一時ディレクトリの絶対パスなどを要求したのでしょう？ それを使って何をしようとしていたのでしょう？ 同じモジュール内の（ずっと下の行にあった）以下のコードを見てみてください。

```
String outFile = outputDir + "/" + className.replace('.', '/') + ".class";
```

---

5 これは「機能の羨望」（Feature Envy）と呼ばれることがあります［Refactoring］。

```
FileOutputStream fout = new FileOutputStream(outFile);
BufferedOutputStream bos = new BufferedOutputStream(fout);
```

　異なるレベルの詳細が同じ場所に混在しており［G34］［G6］、ちょっとやっかいなことになっています。ピリオド、スラッシュ、ファイルの拡張子、ファイルオブジェクトを、このようにいいかげんに、一緒くたに扱うべきではありませんし、他のコードと同居させるべきでもありません。とりあえずその件は置いておくとしても、与えられた名前を持った一時ファイルを生成することが、一時ディレクトリの絶対パスを取得する理由であったことがわかります。
　それなら、これを ctxt オブジェクトにやらせてはどうでしょう？

```
BufferedOutputStream bos = ctxt.createScratchFileStream(classFileName);
```

　これなら、オブジェクトにさせる仕事として適切ですね！ ctxt の内部を公開する必要はなく、呼び出し元が、本来は隠蔽されているべき内部構造をたどることで、デメテルの法則に違反してしまうこともありません。

データ転送オブジェクト

　典型的なデータ構造クラスは関数を持たず public 変数のみを持ったものです。これはデータ転送オブジェクト、DTO と呼ばれることがあります。これはデータベース、あるいはソケットから取得したメッセージのパーシングなどを行う際に便利です。これはよく、アプリケーションコードの中の、データベースから読み込んだ生データを変換していく過程の、最初の段階として使われます。
　より一般的な「ビーン」の形態を**リスト 6-7** に示します。ビーンでは、private 変数がゲッタとセッタで操作されます。なんとなくカプセル化しているように見えるので、OO 純粋主義者の一部には居心地がよいようですが、通常は何の利点もありません。

リスト 6-7　Address.java

```
public class Address {
  private String street;
  private String streetExtra;
  private String city;
  private String state;
  private String zip;

  public Address(String street, String streetExtra,
           String city, String state, String zip) {
```

```java
    this.street = street;
    this.streetExtra = streetExtra;
    this.city = city;
    this.state = state;
    this.zip = zip;
  }

  public String getStreet() {
    return street;
  }

  public String getStreetExtra() {
    return streetExtra;
  }

  public String getCity() {
    return city;
  }

  public String getState() {
    return state;
  }

  public String getZip() {
    return zip;
  }
}
```

アクティブレコード

　アクティブレコードはDTOの特殊形態です。これはpublic変数（あるいはビーン形態のアクセス手段）を持ったデータ構造ですが、saveやfindといったナビゲーション用の典型的なメソッドを持っています。一般にアクティブレコードは、データベーステーブル、あるいは何らかのデータソースの直接の写像です。

　残念なことに、こうしたデータ構造をオブジェクトのように扱おうとして、ここにビジネスルールを持ったメソッドを追加しようとする開発者がいます。これは勧められません。データ構造とオブジェクトの混血児を作ることになるからです。

　解決策はもちろんアクティブレコードを、データ構造として扱い、ビジネスルールを持ったオブジェクトは別に用意することです。そして、その内部データ（おそらくは、アクティブレコードのインスタンス）はオブジェクトの中に隠蔽します。

結論

　オブジェクトは振る舞いとデータを隠蔽します。これにより既存の振る舞いを変えることなく、新たなオブジェクトを追加することを可能とします。一方で既存のオブジェクトに新たな振る舞いを追加することは難しくなります。データ構造は、データを公開し、意味を持った振る舞いを持ちません。これは新たな振る舞いをデータ構造に追加することを容易とする一方、新たなデータ構造を、既存の機能に追加することを難しくします。

　新たなデータ型を追加する自由がシステムに必要で、システムの一部にオブジェクトの使用を優先する場合もあれば、振る舞いの追加に対する自由が必要で、システムの一部に、データ構造と手続き型の使用を優先する場合もあります。優秀なソフトウェア開発者は、これらを理解し、偏見を排した上で、状況に応じてうまく使い分ける必要があります。

参考文献

[Refactoring]　　*Refactoring: Improving the Design of Existing Code*, Martin Fowler et al., Addison-Wesley, 1999.（邦訳は『リファクタリング―プログラムの体質改善テクニック』、児玉公信／友野晶夫／平澤章／梅澤真史 訳、ピアソン・エデュケーション刊）

by Michael Feathers

エラー処理 第7章

　クリーンコードの本に、エラー処理に関する章があることは、奇妙に感じられるかもしれません。エラー処理は、プログラムを開発する際に考慮しなければならないことの1つです。入力に異常があるかもしれませんし、デバイスは処理に失敗するかもしれません。一言でいえば、エラー処理とは、何らかの異常が起きる可能性があり、それが実際に起きた場合に、プログラマとしてコード上で必要な対処を行うことです。

　クリーンコードとのつながりは明らかです。多くのコードがエラー処理に完全に支配されています。ここでの「支配」という言葉の意味は、処理内容がすべてエラー処理であるということではありません。エラー処理のコードは全体に散らばっていて、どこがエラー処理であると、はっきり分けることが、ほとんど不可能だということです。エラー処理は重要ですが、**それが本来のロジックを不明瞭にしてしまうのだとしたら**、**間違っています**。

　本章では、洗練された堅固なエラー処理のコードを、上品で優美に記述するための技法と考慮点を概説していきます。

リターンコードではなく、例外を使用する

　大昔は、例外を持たない言語が数多くありました。こうした言語では、エラーを処理し報告するために使える技法は限られていました。呼び出し元がチェックできるように、エラーフラグをセットするか、エラーコードを戻すしかありませんでした。**リスト 7-1** は、こうした方法を示したものです。

リスト 7-1　DeviceController.java

```java
public class DeviceController {
  ...
  public void sendShutDown() {
    DeviceHandle handle = getHandle(DEV1);
    // デバイスの状態をチェック
    if (handle != DeviceHandle.INVALID) {
      // レコードのフィールドに、デバイスの状態を保存
      retrieveDeviceRecord(handle);
      // 停止状態でなければ、終了する
      if (record.getStatus() != DEVICE_SUSPENDED) {
        pauseDevice(handle);
        clearDeviceWorkQueue(handle);
        closeDevice(handle);
      } else {
        logger.log("デバイスが停止しています。終了できません。");
      }
    } else {
      logger.log("次のデバイスのハンドルが不正です: " + DEV1.toString());
    }
  }
  ...
}
```

　この方法の問題は、呼び出し側が雑然としてしまうことです。呼び出し元は、呼び出した後にすぐにエラーをチェックしなければなりません。困ったことにこれは忘れやすいのです。エラーがあった場合には、例外を送出するほうがよいでしょう。これにより呼び出し側のコードはすっきりしたものになります。エラー処理でロジックが不明瞭になってしまうことがありません。
　リスト 7-2 は、エラーの検出に例外の送出を選択した例です。

リスト 7-2　DeviceController.java（例外使用版）
```java
public class DeviceController {
  ...
  public void sendShutDown() {
    try {
      tryToShutDown();
    } catch (DeviceShutDownError e) {
      logger.log(e);
    }
  }

  private void tryToShutDown() throws DeviceShutDownError {
    DeviceHandle handle = getHandle(DEV1);
    DeviceRecord record = retrieveDeviceRecord(handle);

    pauseDevice(handle);
    clearDeviceWorkQueue(handle);
    closeDevice(handle);
  }

  private DeviceHandle getHandle(DeviceID id) {
    ...
    throw new DeviceShutDownError("デバイスのハンドルが不正です: " +
      id.toString());
    ...
  }
    ...
}
```

とてもきれいになっていることがわかるでしょう。単に美しいというだけではありません。入り組んでいたデバイスの終了アルゴリズムとエラー処理という2つの関心事が分離されているという点で、このコードは前のコードよりも優れています。これなら、それぞれの関心事を個別に調べることが可能です。

最初にtry-catch-finally文を書く

　例外処理の興味深い特性として、例外処理がプログラムの中にスコープを定義するという点が挙げられます。try-catch-finally 文の try の部分でコードを実行する際、実行はその中のどこかで中止されるかもしれず、中止された場合には catch から再実行されるということを宣言することに

なります。

　このように try ブロックはあたかもトランザクションのように見えます。try の中で何が起きようとも、catch の中で、プログラムを整合性のとれた状態に保つ必要があります。例外を送出する可能性のあるコードを書く際に、まず try-catch-finally 文から書き始めるのはよい習慣です。これにより、try の中で実行されるコードで問題が起きた場合に、そのコードの利用者がどんな問題に備えなければならないかを定義することができるようになります。

　例を見てみましょう。ここではファイルにアクセスして直列化されたオブジェクトを読み出すコードを書く必要があるとしましょう。

　まずファイルがなかったときに、例外が送出されることを確認するための単体テストを書きましょう。

```
@Test(expected = StorageException.class)
public void retrieveSectionShouldThrowOnInvalidFileName() {
  sectionStore.retrieveSection("正しくないファイル");
}
```

このテストを確認するには以下のスタブが必要になります。

```
public List<RecordedGrip> retrieveSection(String sectionName) {
  // 実際の実装ができるまでための、ダミーの戻り値
  return new ArrayList<RecordedGrip>();
}
```

例外が送出されないので、テストは失敗します。次に実装を、正しくないファイルにアクセスを試みるものに変更します。今度は例外が送出されます。

```
public List<RecordedGrip> retrieveSection(String sectionName) {
  try {
    FileInputStream stream = new FileInputStream(sectionName)
  } catch (Exception e) {
    throw new StorageException("読み出しエラー", e);
  }
  return new ArrayList<RecordedGrip>();
}
```

今度は例外が捕捉されるためテストは成功します。これでリファクタリングが可能となります。FileInputStream のコンストラクタで送出されるもっと狭い例外である、FileNotFoundException に変更できます。

```
public List<RecordedGrip> retrieveSection(String sectionName) {
  try {
    FileInputStream stream = new FileInputStream(sectionName);
    stream.close();
  } catch (FileNotFoundException e) {
    throw new StorageException("読み出しエラー", e);
  }
  return new ArrayList<RecordedGrip>();
}
```

try-catch 構造によってスコープを定義しました。そして TDD を使って、残りの必要なロジックを実装することが可能です。そのロジックは、FileInputStream の生成と close との間に追加されることになります。そしてそれらのコードは、まるで何も問題が起きないかのごとく書くことができます。

例外を強制的に送出するテストを書き、その後で、テストが成功するように自分の処理コードに振る舞いを追加するのです。これにより、まず try ブロックによるトランザクションスコープを作成し、そのトランザクションスコープの特性を維持することを可能とします。

非チェック例外を使用する

　論争は終わりました。ここ数年、Java プログラマの間ではチェック例外の利点と欠点とが議論されてきました。最初のバージョンの Java で、チェック例外が導入されたとき、これはよいアイデアだと思われていました。メソッドのシグネチャには、呼び出し元に渡るかもしれない例外がすべて列挙されます。さらに、これらの例外はメソッドの型の一部となるのです。シグネチャが一致しなければ、コンパイルエラーとなります。

　あのときはチェック例外はすばらしい考えだと思っていました。実際、確かに利点もあります。しかし、堅牢なソフトウェアの開発には、必ずしも必要でないことが明らかになりました。C# にはチェック例外はありません。果敢な試みにもかかわらず、C++ にもありません。Python、Ruby にもありません。こうした言語でも堅牢なプログラムは書けるのです。こうした事実があるので、本当にチェック例外に存在価値があるのかについて、よく考える必要があります。

　代償は何でしょう？　チェック例外の代償は、開放／閉鎖原則[1]に違反する点です。もしもあるメソッドでチェック例外をスローし、3 レベル上の呼び出し元でキャッチした場合、**そのキャッチとの間にあるメソッドすべてのシグネチャに例外を追加しなければなりません**。これは下層の変更が、より高いレベルのシグネチャ変更を強制することになります。変更されたモジュールは、再ビルドと再配備が必要になります。それらが本来対象とする処理が何も変わっていないのにです。

1　［Martin］

大規模システムの呼び出し階層を考えてみましょう。最上位の関数が下層の関数を呼びます。そこから、さらに下層の関数を呼び出し、これが永遠に続いていきます。ここで最も下層の関数の1つが例外を送出するように変更されたとしましょう。この例外がチェック例外の場合、関数のシグネチャには throws 節が必要になります。しかし、これは今変更した関数を呼び出すすべての関数を変更して、新たな例外に対応させるか、もしくは新たな throws 節をシグネチャに追加しなければならないということを意味します。そしてこれが永遠に呼び出し元へと波及していきます。ポイントは、変更の連鎖が、ソフトウェアの最も低レベルな層から最も高レベルな層へと波及してしまうことです！　例外送出の連鎖に含まれるすべての関数が下層における例外の詳細を知らなければならなくなり、カプセル化は破壊されてしまいます。例外の目的が、離れた場所でのエラー処理を可能とするものだとしたら、それがこのようにカプセル化を破壊してしまうというのは、なんとも残念なことです。

　チェック例外は、重要なライブラリを書く際には有用なこともあります。これによりキャッチを強制できます。しかし一般的なアプリケーション開発においては、依存性を招くという代償のほうが利益を上回るでしょう。

例外で状況を伝える

　例外には、エラーの場所と、原因を判断できるコンテキストを持たせる必要があります。Java の場合、例外からスタックトレースを得ることができます。しかしスタックトレースからは、失敗した処理の意図まではわかりません。

　十分な情報を持ったエラーメッセージを作成し、それを例外に含めましょう。失敗した処理、失敗の種類を含めましょう。アプリケーションにロギングの仕組みがあるなら、catch した場所でロギングを行うのに十分な情報を渡しましょう。

呼び出し元が必要とする例外クラスを定義する

　エラーを分類する方法はいろいろです。その原因で区別することもできれば（ある1つのコンポーネントから発生しているのでしょうか、それとも別のコンポーネントでしょうか？）、エラーの種類で区別することもできます（デバイスの失敗でしょうか、ネットワークの失敗でしょうか、あるいはプログラムのバグでしょうか？）。しかし、アプリケーションの中で例外クラスを定義する場合には、**それがどのようにキャッチされるか**が最も重要です。

　きちんと例外が分類されていない例を見てみましょう。以下は、サードパーティーのライブラリを呼び出している try-catch-finally 文です。呼び出しによってスローされ得るすべての例外が網羅されています。

```
ACMEPort port = new ACMEPort(12);

try {
  port.open();
} catch (DeviceResponseException e) {
  reportPortError(e);
  logger.log("Device response exception", e);
} catch (ATM1212UnlockedException e) {
  reportPortError(e);
  logger.log("Unlock exception", e);
} catch (GMXError e) {
  reportPortError(e);
  logger.log("Device response exception");
} finally {
  ...
}
```

この文に多くの重複があるのは、驚くに値しないでしょう。大抵のエラー処理では、我々の作業は、実際の原因にかかわらず、比較的標準的なものとなります。つまりエラーを記録し、処理を継続できるようにします。

今回の場合、例外によらず、ほぼ同じことを行う必要があるので、呼び出している API をラップして共通の例外型を返すようにすることで、コードをとても簡単なものにすることができます。

```
LocalPort port = new LocalPort(12);
try {
  port.open();
} catch (PortDeviceFailure e) {
  reportError(e);
  logger.log(e.getMessage(), e);
} finally {
  ...
}
```

LocalPort クラスは単純なラッパで、ACMEPort クラスが送出する例外をキャッチして翻訳します。

```
public class LocalPort {
  private ACMEPort innerPort;

  public LocalPort(int portNumber) {
    innerPort = new ACMEPort(portNumber);
  }
```

```
  public void open() {
    try {
      innerPort.open();
    } catch (DeviceResponseException e) {
      throw new PortDeviceFailure(e);
    } catch (ATM1212UnlockedException e) {
      throw new PortDeviceFailure(e);
    } catch (GMXError e) {
      throw new PortDeviceFailure(e);
    }
    ...
  }
```

ここで述べた（ACMEPort のラッパの）ようなラッパは非常に有用です。実際、サードパーティー API をラップするのはベストプラクティスの 1 つです。サードパーティー API をラップすれば、依存性を最小限とすることができます。それほど手をかけずに別のライブラリへと乗り換えることができるようになります。また、コードのテストを行う際にサードパーティーライブラリのモックを作成することが、より簡単にできるようになります。

ラッピングの究極的な利点は、アプリケーションを特定のベンダの API の設計に依存させなくて済むということです。自分にとって最適な API を別に定義することができます。前の例では、port デバイスの失敗に対して、1 つの例外型を定義することで、ずっと洗練されたコードになることがわかります。

多くの場合、特定の領域のコードでは、1 つの例外クラスを使用することが適しています。例外とともに送られる情報によって、エラーを判別することが可能だからです。ある例外はキャッチしたいけれど、別の例外はキャッチしたくないというケースがある場合に限って、別のクラスを使いましょう。

正常ケースのフローを定義する

これまでの節で述べたことに従えば、最終的にビジネスロジックとエラー処理をうまく分離できるでしょう。ひとかたまりに見えていたコードが、簡素で洗練されたアルゴリズムのように見えて

くるでしょう。しかし、これによってエラーの検出がプログラムの片隅へと追いやられることになります。外部 API をラップすることで、自分で定義した例外を送出することを可能とし、ハンドラを定義することで、処理の中断にうまく対処できるようになります。たいていの場合、このやり方はとてもうまくいきますが、処理の中断を望まない場合もあります。

例を見てみましょう。以下はある請求アプリケーションにおける、費用の合計を算出するためのぎこちないコードです。

```
try {
  MealExpenses expenses = expenseReportDAO.getMeals(employee.getID());
  m_total += expenses.getTotal();
} catch(MealExpensesNotFound e) {
  m_total += getMealPerDiem();
}
```

このコードの仕様は、もしも食費が経費として存在していれば、そのまま計上され、さもなければ、日割の食費がその日の食費として計上されます。例外がロジックを分断してしまっています。特定なケースを扱わなくて済めば、それにこしたことはないと思いませんか？ それならコードはずっと単純になるはずです。それは以下のようになるでしょう。

```
MealExpenses expenses = expenseReportDAO.getMeals(employee.getID());
m_total += expenses.getTotal();
```

このようにコードを簡単にすることは可能でしょうか？ 結論からいうと、これは可能です。ExpenseReportDAO が、常に MealExpense オブジェクトを返すようにすればよいのです。もしも食費が存在しなければ、日割の食費を返す MealExpence オブジェクトを返すようにします。

```
public class PerDiemMealExpenses implements MealExpenses {
  public int getTotal() {
     // 日割の食費を返す
  }
}
```

これはスペシャルケースパターン［Fowler］と呼ばれます。クラスを作成するか、オブジェクトを構成して、このスペシャルケースクラスを扱えるようにします。こうすれば、呼び出し側のコードは例外的な振る舞いを扱わなくて済みます。その振る舞いは、スペシャルケースオブジェクトに、カプセル化するのです。

nullを返さない

　筆者は、エラー処理に関する議論の中には、エラーを招き入れてしまう事象も含まれると考えています。その筆頭は null を返すことです。これは大変ありふれており、筆者が、これまで目にしたアプリケーションの中で、ほぼ1行おきに null チェックをしているコード数を数え上げることなど、到底不可能なくらいです。以下に例を示します。

```
public void registerItem(Item item) {
  if (item != null) {
    ItemRegistry registry = peristentStore.getItemRegistry();
    if (registry != null) {
      Item existing = registry.getItem(item.getID());
      if (existing.getBillingPeriod().hasRetailOwner()) {
        existing.register(item);
      }
    }
  }
}
```

　このようなコードの中で作業をしなければならない状況では、すべてがすべて問題とは思えないかもしれません。しかし、これは問題のあるコードなのです！　自分達の仕事をする際に、呼び出し元にやっかいなことを押し付けているのです。null チェックを1つ忘れれば、アプリケーションは制御不能となってしまいます。

　ネストされた if 文の2行目では、null チェックが抜けていることに気づきましたか？ persistentStore が null だったらどうなるでしょう？ NullPointerException を実行時に受け取ることになります。NullPointerException は呼び出し階層の最上位でキャッチされるかもしれませんし、されないかもしれません。いずれにせよこれは**問題です**。アプリケーションの深いところから送出された NullPointerException をどうさばけばよいというのでしょう？

　この問題を null チェック忘れの一言で片付けることは簡単です。しかし実際には、問題は null チェックが**多すぎる**ことなのです。メソッドから null を返そうというときには、例外を送出するか、スペシャルケースオブジェクトを代わりに返すことを検討してください。もしもサードパーティーの API が null を返すのであれば、そのメソッドをラップして代わりに例外を送出するか、スペシャルケースオブジェクトを返すようにすることを検討してください。

　多くの場合、スペシャルケースオブジェクトはよい解決策になります。以下のようなコードを考えてみてください。

```
List<Employee> employees = getEmployees();
if (employees != null) {
  for(Employee e : employees) {
    totalPay += e.getPay();
  }
}
```

今は、getEmployees が null を返すかもしれません。しかし、そうすべきなのでしょうか？ getEmployees が空のリストを返すようにすれば、コードは以下のようにきれいになります。

```
List<Employee> employees = getEmployees();
for(Employee e : employees) {
  totalPay += e.getPay();
}
```

幸運なことに、Java では Collections.emptyList() を使うことで、予め定義済みのイミュータブルなリストを取得することができます。これは、今回の用途にピッタリです。

```
public List<Employee> getEmployees() {
  if( .. もしも従業員オブジェクトが存在しないなら .. )
    return Collections.emptyList();
}
```

このようにすることで、NullPointerException が送出される可能性を最小限に抑え、コードをきれいにすることができます。

nullを渡さない

null を返すことはよくないことですが、null をメソッドに渡すことはさらによくないことです。null を要求する API を使っているのでなければ、null をできる限り渡さないようにすべきです。

例を見て、その理由を考えてみましょう。以下は、2つの点に対する、あるメトリクスを計算するものです。

```
public class MetricsCalculator
{
  public double xProjection(Point p1, Point p2) {
    return (p2.x - p1.x) * 1.5;
  }
  ...
}
```

もしも null を渡したらどうなるでしょう？

```
calculator.xProjection(null, new Point(12, 13));
```

もちろん NullPointerException が送出されます。どうすれば直せるでしょう？ 新たな例外型を作って、それをスローすることも可能でしょう。

```
public class MetricsCalculator
{
  public double xProjection(Point p1, Point p2) {
    if (p1 == null || p2 == null) {
      throw InvalidArgumentException(
        "引数が不正です。MetricsCalculator.xProjection");
    }
    return (p2.x - p1.x) * 1.5;
  }
}
```

これで改善されたでしょうか？ NullPointerException よりは幾分ましかもしれません。しかし、InvalidArgumentException への対処が必要となることに注意してください。どんな対処が必要でしょうか？ もっとよい方法はないのでしょうか？

別の選択肢があります。アサーションを使用するのです。

```
public class MetricsCalculator
{
  public double xProjection(Point p1, Point p2) {
    assert p1 != null : "p1 should not be null";
    assert p2 != null : "p2 should not be null";
    return (p2.x - p1.x) * 1.5;
  }
}
```

これは、文書化という意味ではよいでしょうが、問題を解決しているとはいえません。誰かが null を渡すと、依然として実行時エラーとなってしまいます。

多くのプログラミング言語では、呼び出し元から null が渡されてしまった場合に、うまく対処する方法がありません。となると、理にかなった方法とは、null を渡すことを原則禁止することです。こうすることで、null が引数に渡されることは、何かの間違いであるとすることができ、単純なミスを減らすことができます。

結論

　クリーンコードは読みやすいだけでなく、堅牢でなければなりません。これらは相反する命題ではありません。エラー処理が関心事の分離であり、本流のロジックとは独立して見ることが可能であるものと捉えることができるのであれば、堅牢でありながら、かつ洗練されたコードを書くことが可能です。それが到達可能なレベルまで、我々は、これらを独立して考えることが可能であり、コードの保守性を大きく改善することができるのです。

参考文献

[Martin] 　　*Agile Software Development: Principles, Patterns, and Practices*, Robert C. Martin, Prentice Hall, 2002. （邦訳は『アジャイルソフトウェア開発の奥義─原則・デザインパターン・プラクティス完全統合』、瀬谷啓介 訳、ソフトバンククリエイティブ刊）

by James Grenning

第8章 境界

　システム内のすべてのソフトウェアが自分の制御下にあることは、めったにないでしょう。サードパーティーのパッケージを買うこともあれば、オープンソースを使うこともあります。同じ会社内の別のチームが、我々のチームのために作ってくれたコンポーネント、サブシステムを使うこともあります。何らかの形で、このような外部のコードと、我々のコードとをきれいに接続しなければならないことがあります。

　本章では、ソフトウェアの境界をきれいに分けるための実践と技法について見ていくことにします。

サードパーティーのコードを使用する

　インターフェイスを提供する側とそれを使用する側との間には、自然と緊張が生まれます。サードパーティーのパッケージ、フレームワークは、さまざまなアプリケーションで使用されるので、さまざまな環境で動作する必要があり、またいろいろな声を聞くことになります。一方、使用者側は、彼ら特定のニーズに特化したインターフェイスを求めます。この緊張がシステムの境界で問題を引き起こすことがあります。

java.util.Map を例として見てみましょう。図 8-1 を見るとわかるとおり、マップは広いインターフェイスを持ち、さまざまな機能を提供しています。この強力さと柔軟性は重荷ではありますが、確かに便利なものです。たとえばアプリケーションの中で、Map を生成して持ち回ることがあるかもしれません。一方、利用者は Map の要素を削除することはないかもしれません。しかし、このリストの先頭には clear() メソッドがあり、Map の利用者はこのメソッドを使用できます。あるいは、我々の設計の規約上は特定の型のオブジェクトしか Map に格納しないかもしれません。しかし、Map は格納する型を強制することはできません。Map のユーザーは、あらゆる型のオブジェクトを格納できてしまいます。

- clear() void – Map
- containsKey(Object key) boolean – Map
- containsValue(Object value) boolean – Map
- entrySet() Set – Map
- equals(Object o) boolean – Map
- get(Object key) Object – Map
- getClass() Class<? extends Object> – Object
- hashCode() int – Map
- isEmpty() boolean – Map
- keySet() Set – Map
- notify() void – Object
- notifyAll() void – Object
- put(Object key, Object value) Object – Map
- putAll(Map t) void – Map
- remove(Object key) Object – Map
- size() int – Map
- toString() String – Object
- values() Collection – Map
- wait() void – Object
- wait(long timeout) void – Object
- wait(long timeout, int nanos) void – Object

図 8-1　Map のメソッド

もしもアプリケーションで、Sensor の Map を作りたい場合、以下のようにするでしょう。

```
Map sensors = new HashMap();
```

そしてアプリケーション内の別のコードが、センサにアクセスする必要がある場合、以下のようなコードとなるでしょう。

```
Sensor s = (Sensor)sensors.get(sensorId);
```

これは、おそらく1か所だけではなく、コード内のさまざまな場所に記述されるでしょう。このコードの利用者は、`Map`から得た`Object`を、適切な型へとキャストする責務を引き受けています。これはこれで動作はしますが、洗練されているとはいえません。またストーリーを本来あるべきレベルまでは語っていません。以下のようにジェネリクスを使えば、読みやすさはずっと向上します。

```
Map<Sensor> sensors = new HashMap<Sensor>();
...
Sensor s = sensors.get(sensorId);
```

しかし、`Map<Sensor>`が、本来必要な機能以上のものを提供してしまっているという問題が解決されたわけではありません。

`Map<Sensor>`インターフェイスを無造作に持ち回ると、`Map`インターフェイスが変更されたときに、さまざまな場所が影響を受けてしまいます。そんな変更が起きることなんて、そうそうないのではないかと思うかもしれません。しかしJava 5でジェネリクスのサポートが追加されたことを、思い起こしてみてください。実際、筆者らは`Map`を無造作に利用していたがために、アプリケーションへの影響が大き過ぎて、ジェネリクスを適用できないアプリケーションを見たことがあります。

より洗練された、`Map`の使用方法は次のようになるでしょう。`Sensor`の利用者はジェネリクスを使用しようがしまいが影響を受けません。そして、ジェネリクスを使用するかどうかの選択は実装詳細となります（常にそうであるべきです）。

```
public class Sensors {
  private Map sensors = new HashMap();

  public Sensor getById(String id) {
    return (Sensor) sensors.get(id);
  }

  // 省略
}
```

`Map`とのインターフェイス境界は隠されているのです。そしてアプリケーションの残りの部分への影響を最小限に留めつつ、拡張していくことが可能です。もはやジェネリクスの適用は大きな問題ではありません。なぜなら、キャストするかどうか、型をどのように扱うかは、`Sensors`クラス

の中で処理されるからです。

　このインターフェイスは、アプリケーションのニーズに合うようにカスタマイズされ、制限されていることがわかります。これはコードの理解を容易にし、誤用されにくくなっています。Sensorsクラスは設計とビジネスルールを強制しているのです。

　Map を利用する部分すべてをこのようにカプセル化すべきといっているのではありません。そうではなくて Map（あるいは、他のインターフェイス境界）をシステム内で持ち回るべきではないといっているのです。Map のようなインターフェイス境界を使うなら、クラスの中だけ、あるいはいくつかの強い関連を持ったクラス内での使用にとどめましょう。公開 API で、これらを返したり引数で受け取ってはいけません。

境界の調査と学習

　サードパーティーのコードを使うと、より多くの機能を短い時間で手に入れることができます。何らかのサードパーティーパッケージを使用したい場合、まずどこから手をつければよいのでしょうか？　サードパーティーのコードをテストするのは、我々の仕事ではありませんが、これから使用するサードパーティーのコードのテストを書いてみるというのは得策かもしれません。

　使用しているサードパーティーのライブラリの使用方法がよくわからなかったとしましょう。資料を読むのに 1、2 日（あるいは数日）をかけて、どのように使用していくのかを決めなければならないかもしれません。そしてサードパーティーのコードを使用するコードを作成してみて、思ったとおりに動作するのかを確かめることになるでしょう。何か問題が起きたときに、それが我々のコード側のバグなのか、サードパーティー側のバグなのかを判別するために、デバッグの泥沼にはまりこんだとしても、驚くには値しないでしょう。

　サードパーティーのコードについて学習するのは大変なことです。サードパーティーのコードを統合するのもやはり大変なことです。そしてこれら 2 つを同時に行うことは 2 倍大変です。別の方法をとってみてはどうでしょう？　実際に開発中の製品コードを使って実験する代わりに、サードパーティーのコードを調査し理解するためにテストコードを書くのです。ジム・ニューカークは、こうしたテストを**学習テスト**[1]と呼んでいます。

　学習テストでは、サードパーティーの API を自分のアプリケーションの中で使っているように呼び出します。これは、本質的には API を理解するための管理された実験を行うことなのです。このテストは、我々が API に求めていることに焦点をあてます。

1　［BeckTDD］、136〜137 ページ

log4jを学習する

　自分達用に作成したロギングの代わりに、apache log4j パッケージを使いたいとしましょう。ダウンロードして、入門用のドキュメントを開きます。すぐに、以下のようなコンソールに "hello" と出力する最初のテストケースを書くことができるようになるでしょう。

```
@Test
public void testLogCreate() {
  Logger logger = Logger.getLogger("MyLogger");
  logger.info("hello");
}
```

　これを実行すると、logger は、何やら Appender と呼ばれるものが必要だというエラーを出力します。もう少しドキュメントを読むと、ConsoleAppender というものがあるのを発見します。そこで、ConsoleAppender を作成し、コンソールロギングの神秘を解き明かすことに挑戦します。

```
@Test
public void testLogAddAppender() {
  Logger logger = Logger.getLogger("MyLogger");
  ConsoleAppender appender = new ConsoleAppender();
  logger.addAppender(appender);
  logger.info("hello");
}
```

　今度は、Appender が出力ストリームを持っていないことがわかります。変ですね。持っていそうなものですが。Google でちょっと調べてみて、以下のコードを試してみます。

```
@Test
public void testLogAddAppender() {
  Logger logger = Logger.getLogger("MyLogger");
  logger.removeAllAppenders();
  logger.addAppender(new ConsoleAppender(
      new PatternLayout("%p %t %m%n"),
      ConsoleAppender.SYSTEM_OUT));
  logger.info("hello");
}
```

　今度は動きました。"hello" と書かれたログメッセージがコンソールに出てきました！ ConsoleAppender に対してコンソールに書くように指示しなければならないというのは何か変ですね。

ConsoleAppender.SystemOut[2]引数を取り除いても、おもしろいことに "hello" は出力されます。しかし PatternLayout 引数を取り除くと、出力ストリームがないといわれてしまいます。これはかなりおかしな挙動です。

ドキュメントをさらに注意深く見てみると、ConsoleAppender のデフォルトコンストラクタ呼び出しは「未設定状態」のオブジェクトを生成することがわかります。これはあまり明確ではない上に、有用とも思えません。log4j のバグか、少なくとも不整合のように思われます。

さらに Goolge で検索し、書いてあることを読み、テストを行い、結局**リスト 8-1** のようなコードに辿り着きます。これは、発見した log4j を動かすためのさまざまなやり方を単純な単体テストコードに落としたものです。

リスト 8-1　LogTest.java

```java
public class LogTest {
  private Logger logger;

  @Before
  public void initialize() {
    logger = Logger.getLogger("logger");
    logger.removeAllAppenders();
    Logger.getRootLogger().removeAllAppenders();
  }

  @Test
  public void basicLogger() {
    BasicConfigurator.configure();
    logger.info("basicLogger");
  }

  @Test
  public void addAppenderWithStream() {
    logger.addAppender(new ConsoleAppender(
        new PatternLayout("%p %t %m%n"),
        ConsoleAppender.SYSTEM_OUT));
    logger.info("addAppenderWithStream");
  }

  @Test
  public void addAppenderWithoutStream() {
    logger.addAppender(new ConsoleAppender(
```

2　編注：ConsoleAppender.SYSTEM_OUT の間違いだと思われます。

```
            new PatternLayout("%p %t %m%n")));
    logger.info("addAppenderWithoutStream");
  }
}
```

単純なコンソール用のロガーを初期化する方法がわかったので、それを我々のロガークラスにカプセル化することにします。こうすればアプリケーションを、log4j インターフェイスの境界から分離することができます。

学習テストは、タダ以上のものである

学習テストには、結果的にはコストはかかりません。いずれにせよ API については学習しなければならなかったわけですし、テストを書くことは簡単でした。しかもこれによって対象の知識のみを得ることができました。学習テストは、理解を深めるための的確な実験だったのです。

学習テストはタダなだけではなく、投資に対して見返りがあります。サードパーティーのパッケージの新バージョンがリリースされたところで、学習テストを実行してみると、振る舞いに違いが生じるかどうかをテストできます。

学習テストは、使用しているサードパーティーパッケージが期待どおりに動くかどうかを検証します。ひとたび開発中のアプリケーションに統合されてしまうと、サードパーティーのコードが、要件どおりに動作する保証はなくなります。元の開発者は、新たな要件への対応を行うために、コード変更のプレッシャーを受けることになります。バグの修正や、新たな機能追加も行われるでしょう。新たなリリースは新たなリスクを背負い込みます。もしもサードパーティーのパッケージに、我々のテストに対して互換性のない変更が行われたら、それはただちに発見されるでしょう。

学習テストによる学習が必要かどうかにかかわらず、外部との接続テスト（インターフェイスを製品のコードと同じように使用してみること）によって、外部との明確な境界を担保すべきです。**外部境界のテスト**により、将来の移行を簡単に行うことができます。これを行わないということは、古いバージョンに必要以上にとどまらざるを得なくなるということです。

まだ存在しないコードを使用する

既知のものとそうでないものとを分離するという、もう1つ別の境界も存在します。コードの中には、知識が欠落してしまっている部分が存在することがよくあります。それは、境界のもう一方の側が（少なくとも現在は）よくわからない場合や、境界より先については調査しないことを選択したような場合です。

ずっと昔、ある無線通信システムのソフトウェアを開発するチームに参画していたことがあります。そこには「送信機」というサブシステムがありましたが、それについての知識は、我々にはほとんどありませんでした。このサブシステムの担当者はインターフェイスを決める際に参画していませんでした。時間だけが過ぎるのを防ぐため、未知の部分から、最も遠い部分から作業を開始しました。

自分達の世界の終わりがどこで、どこから新しい世界が広がっているのかについては、割とよく理解していました。作業を進める中で、何度かこの境界にでくわしてきたからです。無知の霧と雲とが境界の先のようすをぼんやりとさせていましたが、作業を通して、境界のインターフェイスがどのようなものである必要があるかについては、わかってきました。送信機は次のようなものであることが必要でした。

> 送信機を与えられた周波数に同調させ、ストリームを通して与えられたデータをアナログ信号として送信する。

APIはまだ設計されていなかったので、この処理がどのように実現されるかについては、何もわかりませんでした。そこで詳細については後で詰めることにしたのです。

作業が止まらないよう、我々自身のためのインターフェイスを定義しました。これには `Transmitter` のような覚えやすい名前を付けました。そして周波数とデータストリームを受け取る `transmit` というメソッドを与えました。これが、我々が希望していたインターフェイスだったのです。

我々自身が欲しいインターフェイスを作成することの利点は、それが我々の制御下にあるということです。これにより利用者側のコードは読みやすくなり、本来の処理に集中することができます。

図8-2で、`CommunicationsController` というクラス群が `Transmitter` API（これは、我々の制御下にはなく未定義です）から分離されているのがわかるでしょう。我々のアプリケーション専用のインターフェイスを使用することで、自分達の `CommunicationsController` のコードをきれいで表現豊かなものとすることができました。送信機のAPIが定義された後、我々は `TransmitterAdapter` を作成して、違いを吸収しました。アダプタ[3]はAPIとのやりとりをカプセル化し、APIの進化に伴う変更を1か所に局所化します。

この設計はまたテスト用のコードに、とても便利な薄層[4]を提供します。適切な `FakeTransmitter` を使えば、`CommunicationsController` をテストすることが可能になります。`Transmitter` APIができ上がった暁には、境界テストを作成して、我々のAPIの使用方法が適切なのかどうかを確認することができます。

3　［GOF］アダプタパターンを参照のこと。
4　詳細は［WELC］を参照

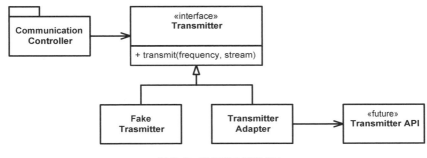

図 8-2　送信機を予想する

きれいな境界

　境界では興味深いことが起きます。変更もその1つです。よい設計というのは、過大な投資ややり直しをすることなしに、変更への対処を行うことを可能とします。自分達の制御下にないコードを使用する際、自分達の投資を守り、将来の変更が多大にならないようにするため、特別な配慮が必要となります。

　境界部のコードは、明確な分離を実現する必要があり、自分たちが境界に対して求める動作が、きちんと定義されているかを検証します。自分達のコードの広範囲の箇所が、サードパーティーコードの詳細に関する知識を持つことは避けるべきです。自分達が制御できないものではなく、自分達が制御できるものに対して依存したほうがよいでしょう。

　サードパーティーとの境界を管理するため、コードの中に非常に小さな領域を設け、そこからサードパーティーのコードに問い合わせを行います。Mapでラップするか、あるいはアダプタを使うことで、自分達が作成した完璧なインターフェイスから提供されるインターフェイスへと変換することが可能となります。いずれにせよ、我々のコードは雄弁に語り、境界を通したやりとりの、内部整合性維持を推進し、サードパーティーコードの変更による影響点を最小化します。

参考文献

[BeckTDD]　　*Test Driven Development*, Kent Beck, Addison-Wesley, 2003.（邦訳は『テスト駆動開発入門』、長瀬嘉秀／テクノロジックアート　訳、ピアソン・エデュケーション）

[GOF]　　　　*Design Patterns: Elements of Reusable Object Oriented Software*, Gamma et al., Addison-Wesley, 1996.（邦訳は『オブジェクト指向における再利用のためのデザインパターン（改訂版）』、本位田真一／吉田和樹　監修、ソフトバンククリエイティブ刊）

[WELC]　　　*Working Effectively with Legacy Code*, Addison-Wesley, 2004.

単体テスト 第9章

　ここ10年の間に、この業界では多くのことがありました。1997年当時、テスト駆動開発などという言葉は、誰も聞いたことがありませんでした。ほとんどの人にとって、単体テストというのは、動作をひとたび「確認」したら捨ててしまうものでした。苦労してクラス、メソッドを書き上げ、それらをテストするための、その場しのぎのコードをでっちあげていたのです。一般にはこれは、テスト対象のプログラムと手動でやりとりを行うことができる、ある種のドライバプログラムを含んでいました。

　90年代の半ば頃に、筆者は組み込みリアルタイムシステムのためのC++プログラムを書いていました。このプログラムは以下のようなシグネチャを持つ簡単なタイマでした。

```
void Timer::ScheduleCommand(Command* theCommand, int milliseconds)
```

　動作は単純です。millisecondsだけ待った後に、新しいスレッドに、Commandのexecuteメソッドを実行させるのです。問題は、これをどうやってテストするかということでした。

　筆者は、急場しのぎでキーボードを監視する単純なドライバプログラムを作りました。文字が入力されるたびに、その同じ文字を5秒後にタイプするコマンドをスケジュールするものでした。そしてリズミカルな旋律を鍵盤の上で奏で、5秒後に同じことが画面上で繰り返されるかどうかを確

認したのです。

"I . . . want-a-girl . . . just . . . like-the-girl-who-marr . . . ied . . . dear . . . old . . . dad."

筆者は、実際に歌いながら、"."を入力しました。そして、ピリオドが画面に出力されるときにもやはり歌ったのです。

これが、私のテストだったのです！ 自分で確認した後、同僚に見せたら、テストコードは捨ててしまいました。

最初に述べたとおり、この業界は大きく変わりました。現在は自分自身の予想どおりに動くかどうかを、隅から隅まで確認するコードを書くようになりました。OSのタイミング制御関数を直接呼ぶのではなく、自分のコードを、こうしたコードから分離します。そしてこのタイミング制御関数のモックを作って、時間に対する完全な制御を手に入れます。booleanのフラグを設定するコマンドをスケジュールし、時間を進めます。そして時間が適切な値になると同時に、これらのフラグがfalseからtrueに変わるのを観察します。

一揃いのテストが成功したら、今後、このコードで作業をする他の人たちにとっても、このテストが使いやすいものになっているかどうかを検証します。そしてテストとテスト対象コードとを同時に同じパッケージ内にチェックインします。

確かに、この業界は大きく変わりましたが、まだまだ変わることができます。アジャイルとTDDの流れは、多くのプログラマに自動化された単体テストを書くことを促し、日々、その実践者は増え続けています。ただ、あまりに性急にテストを、我々の専門分野にとりこんだため、多くのプログラマが、優れたテストを書くための、本質や重要な点を見失ってしまっています。

TDD三原則

今では、製品コードを書く前に単体テストを書くことをTDDが要求するのは、誰でも知っていることでしょう。しかしこれは氷山の一角に過ぎません。次の三原則を考えてみてください[1]。

第一則：失敗する単体テストのコードを書く前に、製品のコードを書いてはならない
第二則：コンパイルが通り、適切に失敗する単体テストができるまでは、次の単体テストを書いてはならない
第三則：現在失敗している単体テストが通るまで、次の製品コードを書いてはならない

---

[1] *Professionalism and Test-Driven Development*, Robert C. Martin, Object Mentor, IEEE Software, May/June 2007（Vol. 24, No. 3）32〜36ページ。http://doi.ieeecomputersociety.org/10.1109/MS.2007.85（編注：2009年4月現在ではhttp://www2.computer.org/portal/web/csdl/doi/10.1109/MS.2007.85に転送されます）。

これらの三原則を目の前にしたら、きっと30秒ほど固まってしまうことでしょう。テストコードと製品コードは**ほぼ同時**に書くのです。テストコードのほうが数秒先行するようにして。

これに従うと、毎日数ダースのテストを、毎月数百のテストを、そして毎年数千のテストを書くことになります。これに従うと、実質的には製品コードのすべてを網羅するテストができることになります。テストコードの量は製品コードの量に匹敵し、管理上の問題にくじけそうになるほどでしょう。

テストをきれいに保つ

何年か前に、筆者はある開発チームの指導を頼まれました。そこではテストコードは、製品コードの品質標準に従う必要は**まったくない**と考えられていました。チーム内では単体テストを書く際には、規則を破ることをお互いに認めていました。「汚ないけど速い」が合言葉でした。変数名はいいかげんで、関数は短かくなくてもよく、記述的でなくても構いませんでした。彼らのテストコードは十分に設計されておらず、分割もされていませんでした。テストコードが動作する限り、そして製品コードを網羅している限り、それで十分とされていたのです。

読者の何人かの方は、この決定に共感するかもしれません。おそらくはるか昔には、読者自身も私が書いた`Timer`クラスのようなテストを書いていたのではないでしょうか。この手の使い捨てのテストを書くやり方と、自動化されたテストスイートを書くやり方の間には、とても大きな隔りがあります。このため、私が見たチームと同じように、汚いテストでも書かないよりはマシだという考えを持っていたとしても致し方のないことです。

このチームが気づいていないのは、汚いテストを持つということはテストを持たないのと同値だということです（未満ということはないでしょうが）。テストというのは製品コードといっしょに変更していかなければならないという点が問題になるのです。テストが汚ないほど、変更は困難になります。新たなコードを書くときにテストコードがねじれているほど、新規製品コードを書くのに費す時間より、新規テストをテストスイートに追加するのに苦闘する時間のほうがかかるようになります。製品コードを修正すれば、既存のテストは失敗するようになります。テストコードが汚なければ、テストが通るように修正するのは困難になります。このためテストがまるで永遠に増え続ける負債のように思えてきます。

リリースごとに、筆者のチームのテストを保守するコストは上がっていきました。最終的には、それが開発者の間での最も大きな、そして唯一の不満になりました。管理者が、なぜこんなに見積りが大きいのかと聞くと、開発者達はテストのせいにしました。最後には、テストスイートをすべて捨てるハメになったのです。

しかしテストスイートがなければ、コードの変更が期待どおりに動くのかどうか確認することができません。テストスイートがないと、ある変更がシステムの別の部分を壊していないか確認することができません。このため、不具合発生率は上昇していきました。偶発的な不具合が増えるにつ

れ、チームは変更を怖がるようになりました。製品コードをきれいにしようとしなくなりました、なぜなら変更を加えることに、メリットを上回る危険があったためです。かくして製品コードは腐っていきました。最後にはテストのない、入り組んで、難解なバグまみれのコードと、イライラした顧客、そして自分達のテストへの取り組みに対する敗北感とが残されたのです。

　ある程度までは、彼らは正しかったのです。テストへの取り組みが彼らの失敗の**原因**です。しかし失敗の原因となった、汚いテストを許容するという決定を下したのは彼らです。テストをきれいに保つようにしていたら、テストへの取り組みは失敗しなかったでしょう。筆者がこのことをある程度の確信を持っていうことができるのは、きれいな単体テストによって成功してきた多くのチームに、筆者自身が参画あるいは指導してきた経験があるからです。

　この話の教訓は単純です。テストのコードも製品コードと同様に重要だということです。脇役なのではありません。テストを書く際には、熟考、設計、配慮が必要なのです。製品コードと同じようにきれいに保たなければならないのです。

テストは、×××性を可能とする

　テストをきれいに保たなければ、テストを失うことになります。テストを失うと製品コードの柔軟性の担保となるものを失うことになります。そう、そのとおりです。コードの柔軟性、保守容易性、再利用性を維持、提供しているのは**単体テスト**なのです。理由は簡単です。テストがあれば、変更を恐れずに行うことができるからです！　テストがなければ変更からバグが生まれる可能性があります。いかにアーキテクチャが柔軟性に富んでいようが、設計が美しく分割されていようが、テストがなければ、変更には躊躇するでしょう。なぜなら発見できないバグを埋めこんでしまうかもしれないからです。

　テストが**あれば**、こうした心配は実質上はなくなります。テストの網羅性が高ければ、高いほど心配は減少します。決して優れているとはいえないアーキテクチャ、入り組んで不透明な設計のコードでも、ほぼ無事に変更することができます。実際、こうしたアーキテクチャ、設計を懸念なしに**改善**することができるのです！

　つまり製品コードを網羅する自動単体テストスイートは、アーキテクチャと設計をきれいにするためのキーなのです。テストが、すべての×××性を可能とするのです。なぜならテストが**変更**を可能とするからです。

　テストが汚いとコード変更の妨げとなります。結果、コードの構造を改善することができなくなっていきます。テストが汚いほど、コードも汚くなっていきます。最終的にはテストを失うこととなり、コードは腐ります。

クリーンテスト

何が洗練されたテストを作り上げるのでしょう？ 3つの要素があります。読みやすさ、読みやすさ、そして読みやすさです。テストコードにおける読みやすさは、製品コードにおけるそれよりもさらに重要といえるかもしれません。何がテストを読みやすくするのでしょう？ どんなコードでも同じです。明瞭さ、単純さ、そして表現の密度です。テストにおいては、多くのことを可能な限り少ない表現で言い表す必要があります。

FitNesse から引用した**リスト 9-1** を見てみてください。これらの3つのテストは、理解が難しく、改善が必要でしょう。第一に、`addPage`、`assertSubString` 呼び出しでひどい重複［G5］が見られます。さらに大事なことは、このコードが、テストの表現力に影響を与える詳細を背負っているということです。

リスト 9-1　SerializedPageResponderTest.java

```java
public void testGetPageHieratchyAsXml() throws Exception
{
  crawler.addPage(root, PathParser.parse("PageOne"));
  crawler.addPage(root, PathParser.parse("PageOne.ChildOne"));
  crawler.addPage(root, PathParser.parse("PageTwo"));

  request.setResource("root");
  request.addInput("type", "pages");
  Responder responder = new SerializedPageResponder();
  SimpleResponse response =
    (SimpleResponse) responder.makeResponse(
      new FitNesseContext(root), request);
  String xml = response.getContent();

  assertEquals("text/xml", response.getContentType());
  assertSubString("<name>PageOne</name>", xml);
  assertSubString("<name>PageTwo</name>", xml);
  assertSubString("<name>ChildOne</name>", xml);
}

public void testGetPageHieratchyAsXmlDoesntContainSymbolicLinks()
  throws Exception
{
  WikiPage pageOne = crawler.addPage(root, PathParser.parse("PageOne"));
  crawler.addPage(root, PathParser.parse("PageOne.ChildOne"));
  crawler.addPage(root, PathParser.parse("PageTwo"));
```

```
    PageData data = pageOne.getData();
    WikiPageProperties properties = data.getProperties();
    WikiPageProperty symLinks = properties.set(SymbolicPage.PROPERTY_NAME);
    symLinks.set("SymPage", "PageTwo");
    pageOne.commit(data);

    request.setResource("root");
    request.addInput("type", "pages");
    Responder responder = new SerializedPageResponder();
    SimpleResponse response =
      (SimpleResponse) responder.makeResponse(
        new FitNesseContext(root), request);
    String xml = response.getContent();

    assertEquals("text/xml", response.getContentType());
    assertSubString("<name>PageOne</name>", xml);
    assertSubString("<name>PageTwo</name>", xml);
    assertSubString("<name>ChildOne</name>", xml);
    assertNotSubString("SymPage", xml);
  }

  public void testGetDataAsHtml() throws Exception
  {
    crawler.addPage(root, PathParser.parse("TestPageOne"), "test page");

    request.setResource("TestPageOne");
    request.addInput("type", "data");
    Responder responder = new SerializedPageResponder();
    SimpleResponse response =
      (SimpleResponse) responder.makeResponse(
        new FitNesseContext(root), request);
    String xml = response.getContent();

    assertEquals("text/xml", response.getContentType());
    assertSubString("test page", xml);
    assertSubString("<Test", xml);
  }
```

たとえば PathParser 呼び出しを見てみてください。文字列を PagePath インスタンスに変換して、crawler で使用しています。この変換は、目先のテストにとっては無関係であり、意図を不明確にしているだけです。responder の生成や、response の収集、キャストといった詳細もノイズでしかありません。そこにはリクエスト URL がリソースと引数から構築される不器用なやり方が示され

ているだけです（筆者自身がこのコードの作成に関わったので、気にせず酷評することにします）。

結局このコードは読めるものになっていません。かわいそうなコードの読み手は、テストを理解するために、最初に解読が必要な詳細の洪水に襲われることになります。

次に**リスト9-2**に示した改善されたテストを見てみましょう。これらのテストは完全に同じことを行いますが、後者はリファクタリングによってずっときれいになり、また説明的に構成されています。

リスト 9-2　SerializedPageResponderTest.java（リファクタリング済み）

```java
  public void testGetPageHierarchyAsXml() throws Exception {
    makePages("PageOne", "PageOne.ChildOne", "PageTwo");

    submitRequest("root", "type:pages");

    assertResponseIsXML();
    assertResponseContains(
      "<name>PageOne</name>", "<name>PageTwo</name>", "<name>ChildOne</name>"
    );
  }

  public void testSymbolicLinksAreNotInXmlPageHierarchy() throws Exception {
    WikiPage page = makePage("PageOne");
    makePages("PageOne.ChildOne", "PageTwo");

    addLinkTo(page, "PageTwo", "SymPage");

    submitRequest("root", "type:pages");

    assertResponseIsXML();
    assertResponseContains(
      "<name>PageOne</name>", "<name>PageTwo</name>", "<name>ChildOne</name>"
    );
    assertResponseDoesNotContain("SymPage");
  }

  public void testGetDataAsXml() throws Exception {
    makePageWithContent("TestPageOne", "test page");

    submitRequest("TestPageOne", "type:data");

    assertResponseIsXML();
    assertResponseContains("test page", "<Test");
  }
```

構築－操作－検査パターン[2]が、これらのテストの構造から明らかになっています。それぞれのテストは、明確に3つの部分に分かれています。最初の部分でテストデータを構築し、2番目の部分でそのデータに操作を行い、3番目の部分で操作結果が期待される内容になっているかどうかを検査しています。

大量にあったやっかいな詳細が削除されていることがわかるでしょう。テストの内容は単刀直入であり、真に必要なデータ型と関数のみを使用しています。これらのテストは、誰にでもすぐに読んで理解することができるでしょう。迷ったり大量の詳細に圧倒されたりすることなしに。

ドメイン特化テスト言語

リスト9-2は、テストでドメイン特化言語（DSL）を構築する技法を示しています。システムを操作するためにプログラマに用意されたAPIを使う代わりに、これらのAPIを使った関数とユーティリティを作成してテストをもっと簡単に読み書きできるようにします。これらの関数とユーティリティは、テストのために特化したAPIとなります。これらは**テスト言語**であり、これらのテストを書くプログラマとこれらのテストを後で読まなければならない人が、作業を容易に行えるようにします。

このテストAPIは、最初から設計されていたものではありません。詳細によって不明瞭となった、腐ったテストを何度もリファクタリングする中で暖めてきたものなのです。リスト9-1からリスト9-2へのリファクタリングで示したように、修練を積んだ開発者なら、リファクタリングによって、テストコードを簡潔で表現豊かなものとすることができるでしょう。

二重規範

ある意味において、この章の最初で話題にしたチームは正しいことを行っていました。APIテストのコードは、製品のコードとは異なるエンジニアリング規範を持っています。テストコードは単純、簡潔、表現豊かでなければなりませんが、製品コードほどには実行効率は求められません。つまりテスト環境でしか実行されず、本番環境では実行されないのです。この2つの環境の目的はまったく異なります。

リスト9-3のテストを見てください。このテストは、筆者がプロトタイピングしていた環境制御システムの一部です。詳細に踏み込まなくても、このテストが最低温度アラームの検査をしていることがわかるでしょう。温度が「あまりに低すぎる」ときにヒーターと送風機の両方がオンになります。

---

[2] http://fitnesse.org/FitNesse.AcceptanceTestPatterns

リスト 9-3　EnvironmentControllerTest.java

```java
@Test
public void turnOnLoTempAlarmAtThreashold() throws Exception {
  hw.setTemp(WAY_TOO_COLD);
  controller.tic();
  assertTrue(hw.heaterState());
  assertTrue(hw.blowerState());
  assertFalse(hw.coolerState());
  assertFalse(hw.hiTempAlarm());
  assertTrue(hw.loTempAlarm());
}
```

もちろん、ここには多くの詳細が含まれています。たとえば、tic という関数は何なのでしょう？ 実際、テストを読むときに、こうしたことに悩まずに済めば、それにこしたことはありません。温度が「あまりに低すぎる」場合にシステムの状態が、矛盾していないことを確認する、ということにのみ集中できるほうがよいでしょう。

実際にテストを読む中で、検査する状態の名前とその状態の**正常値**との間を、視線がいったりきたりするのに気づいたと思います。heaterState を見た後、そこから左に視線をずらして、assertTrue を目にすることになります。coolerState を見た後、左に視線を移して assertFalse を見なければなりません。これは面倒な上に間違えやすく、テストを読むのを困難にします。

リスト 9-4 のように変更すれば、このテストはずっと読みやすくなります。

リスト 9-4　EnvironmentControllerTest.java（リファクタリング済み）

```java
@Test
public void turnOnLoTempAlarmAtThreshold() throws Exception {
  wayTooCold();
  assertEquals("HBchL", hw.getState());
}
```

いうまでもなく、ここでは wayTooCold 関数を用意することで、tic 関数という詳細を隠しています。しかし、ここで注意すべきは、assertEquals に指定された奇妙な文字列です。大文字はオンであることを、小文字はオフであることを意味しており、各文字は、常に次の順番で並ぶことになっています。heater（ヒータ）、blower（送風機）、cooler（クーラー）、hi-temp-alarm（高温アラーム）、lo-temp-alarm（低温アラーム）。

これは、ほぼメンタルマッピング[3]の規則に違反しているといえますが、今回はふさわしいと考えられます。ひとたび意味がわかれば、視線をこの文字列の中にめぐらすだけで、すぐに結果へと翻

---

[3]　「メンタルマッピングを避ける」（52ページ）を参照。

訳できます。テストを読むのが楽しくなってきました。**リスト 9-5** のテストの理解がどれほど容易であるか見てください。

リスト 9-5　EnvironmentControllerTest.java（偉大な選択）

```
@Test
public void turnOnCoolerAndBlowerIfTooHot() throws Exception {
  tooHot();
  assertEquals("hBChl", hw.getState());
}

@Test
public void turnOnHeaterAndBlowerIfTooCold() throws Exception {
  tooCold();
  assertEquals("HBchl", hw.getState());
}

@Test
public void turnOnHiTempAlarmAtThreshold() throws Exception {
  wayTooHot();
  assertEquals("hBCHl", hw.getState());
}

@Test
public void turnOnLoTempAlarmAtThreshold() throws Exception {
  wayTooCold();
  assertEquals("HBchL", hw.getState());
}
```

`getState` 関数を**リスト 9-6** に示します。あまり効率的なコードではないのがわかると思います。おそらくは、`StringBuffer` を使用すべきでした。

リスト 9-6　MockControlHardware.java

```
public String getState() {
  String state = "";
  state += heater ? "H" : "h";
  state += blower ? "B" : "b";
  state += cooler ? "C" : "c";
  state += hiTempAlarm ? "H" : "h";
  state += loTempAlarm ? "L" : "l";
  return state;
}
```

StringBuffer を使うと、少し汚くなります。製品コードの中でさえ、コストがあまりかからないのであれば、筆者は使用を避けます。リスト 9-6 におけるコストは、とても小さなものであることがわかるでしょう。しかし、このアプリケーションは、組み込み系のリアルタイムシステムであり、コンピュータ、メモリ資源はとても限られていることが予想されます。しかしテスト環境には、そうした制限はまったくないと考えてよいでしょう。

　これが二重規範の本質です。本番環境では決してやらないようなことでも、テスト環境であればまったく問題ないことがあります。通常、これはメモリ、CPU 使用量の効率などです。しかしコードの美しさは、こうしたことに含まれません。

1つのテストに1つのアサート

　見解の道場というものが存在します[4]。そこでは 1 つの JUnit テストには 1 つのアサート文までとするべきだと述べられています。この規則は厳しすぎるかもしれませんが、その利点はリスト 9-5 を見るとわかるでしょう。これらのテストは、1 つの結論にたどり着いており、その結論は即座に、また簡単に理解できます。

　しかし、リスト 9-2 はどうでしょう？　出力が XML であることの確認と、ある部分文字列を含んでいるということの確認の両方を簡単に 1 つにまとめることは無理に思えます。しかしこれらを 2 つのテストに分けることは可能です。それぞれのテストで、別々にアサートを行うのです（**リスト 9-7**）。

リスト 9-7　SerializedPageResponderTest.java（1つのアサート）

```
public void testGetPageHierarchyAsXml() throws Exception {
  givenPages("PageOne", "PageOne.ChildOne", "PageTwo");

  whenRequestIsIssued("root", "type:pages");

  thenResponseShouldBeXML();
}

public void testGetPageHierarchyHasRightTags() throws Exception {
  givenPages("PageOne", "PageOne.ChildOne", "PageTwo");

  whenRequestIsIssued("root", "type:pages");

  thenResponseShouldContain(
```

---

[4] デイブ・アテルのブログを参照してください。http://www.artima.com/weblogs/viewpost.jsp?thread=35578

```
        "<name>PageOne</name>", "<name>PageTwo</name>", "<name>ChildOne</name>"
    );
}
```

関数の名前が変更されていることがわかるでしょう。これは一般的な、対象−条件−想定結果規約[5]に従っています。これにより、かなり読みやすくなっています。残念ながらテストを上のように分割するとコードの重複が発生します。

コードの重複は、テンプレートメソッドパターン[6]を使って、**対象／条件部分**をベースクラスに入れ、想定結果部分を継承クラス側に入れることで解決できます。あるいは、これらをまったく別のテストクラスに入れて、**対象／条件部分**を @Before 関数に入れて、**想定結果部分**をそれぞれの @Test 関数に入れてもよいでしょう。しかし、これらは、こうしたささいな問題の解決のためにしては大げさすぎます。筆者はリスト9-2のように2つのアサートを使うほうが好みです。

アサートを1つまでとするという規則はよい指針だと思います[7]。筆者は、いつもリスト9-5に示したようなテスト用のドメイン特化言語を作って、これを実現しています。しかし2つ以上のアサート文を入れることにもためらいはありません。確実にいえることはアサート文の数をなるべく少なくするべきということです。

1つのテストでは1つの概念を扱う

おそらく、1つのテスト関数で1つの概念をテストするという規則を決めることが必要です。あるテストを行った後に、ごちゃまぜに別のテストを行うような、長いテスト関数は望ましくありません。**リスト9-8**は、そんなテストの一例です。このテストは、3つの独立したテストに分けるべきでしょう。なぜなら3つの別々のことを行っているからです。3つのことを1つの関数に押し込めてしまうと、読み手は、なぜそれぞれの部分がそこにあるのか、そして各部分が何をテストしているのかについて考えなければなりません。

リスト9-8

```
/**
 * addMethods()メソッドのためのさまざまなテスト
 */
public void testAddMonths() {
    SerialDate d1 = SerialDate.createInstance(31, 5, 2004);
```

5　[RSpec]
6　[GOF]
7　Keep to the code！（コードに従え！）

```
    SerialDate d2 = SerialDate.addMonths(1, d1);
    assertEquals(30, d2.getDayOfMonth());
    assertEquals(6, d2.getMonth());
    assertEquals(2004, d2.getYYYY());

    SerialDate d3 = SerialDate.addMonths(2, d1);
    assertEquals(31, d3.getDayOfMonth());
    assertEquals(7, d3.getMonth());
    assertEquals(2004, d3.getYYYY());

    SerialDate d4 = SerialDate.addMonths(1, SerialDate.addMonths(1, d1));
    assertEquals(30, d4.getDayOfMonth());
    assertEquals(7, d4.getMonth());
    assertEquals(2004, d4.getYYYY());
}
```

3つのテスト関数は、おそらく次のようにすべきです。

- 最終日が31日である月（たとえば5月）の最終日を選びます
  1. 1か月を加算します。**このとき、最終日が30日になるような月（たとえば6月）が、加算後の月となるようにします。そうすると、結果の日は31ではなく、30となります**
  2. 2か月を加算します。**このとき、最終日が31日になるような月が、加算後の月となるようにします。そうすると、結果は31日になるはずです**
- 最終日が30日である月の最終日を選びます（たとえば6月）
  1. 1か月を加算します。**このとき、最終日が31日になるような月が、加算後の月となるようにします。そうすると、結果の日は31ではなく、30になります**

このように並べてみると、ごちゃまぜのテストの中に隠されていた一般ルールが見えてきます。月を増やしたときには、月の最終日を越えることはできません。これには2/28に1か月を加算したときには3/28になることも含まれています。このテストは抜けており、書くに値するでしょう。

つまり、リスト9-8の問題は、アサート文が複数あることではありません。そうではなく、複数の概念がテストされているということが問題なのです。ということは1つの概念に対するアサート文の数を最小にし、1つのテスト関数では1つの概念をテストするようにするというのが、最善のルールといえそうです。

F.I.R.S.T.[1]

クリーンテストは、上記の頭文字に示される5つの規則に従います。

- **高速である（Fast）**。テストは高速でなければなりません。テストの実行に時間がかかると、テストを頻繁に実行する気がそがれてしまいます。テストを頻繁に実行しないと、早い時期、つまり修正が容易な時期に問題に気づくことができなくなります。またコードをきれいにするのが億劫になります。結果的にコードは腐り始めることになります
- **独立している（Independent）**。テストはお互いに関連すべきではありません。あるテストが後続テストの前提条件を準備してはいけません。すべてのテストは独立して、好きな順序で実行できるようにしておくべきです。テストに関連があると、あるテストの失敗が、後続テストの失敗につながります。これは診断を困難とし、テスト後半部の問題を隠してしまいます
- **再現性がある（Repeatable）**。テストはどんな環境でも再現可能でなければなりません。本番環境でも、品質保証環境でも、帰宅途中のネットワークにつながっていないノートPCでもです。動かない環境があるということは、テストが失敗する言い訳をいつも抱えているということ意味します。いずれ特定のテスト環境がなければテストできないという事実に気づかされることになるでしょう
- **自己検証可能（Self-Validating）**。テストは、2つの結果、成功か失敗かのどちらかを出力すべきです。長いファイルを読まないと、テストの結果がわからないようなテストは避けるべきです。2つのテキストファイルを見比べてテストが成功したのかどうか確認するのは避けるべきです。テストが自己検証可能でないと、失敗の判定が属人的になってしまうかもしれませんし、長時間を要する手作業による検証が必要になってしまうかもしれません
- **適時性がある（Timely）**。テストは必要なときにすぐ書けなければなりません。製品コードを書く直前に単体テストは書かれ、このテストが通るように製品コードを書く必要があります。製品コードの後でテストを書こうとすると、製品コードがテストしづらいものになっていることに気づくことになるかもしれません。その中のいくつかは、あまりにテストが困難だと結論付けることになるかもしれません。テストが困難な製品コードを設計してしまうかもしれません

---

[7] Object Mentor Training Materials.

結論

　ここでは話題の、ほんの表層を扱ったに過ぎません。実際、**クリーンテスト**だけで 1 冊の本を書くことも可能でしょう。開発プロジェクトの健全さを保つためには、製品コードと同じくらい、テストも重要です。いや、むしろテストのほうがより重要かもしれません。なぜならテストは、製品コードの柔軟性、保守性、再利用性を担保し、高めるものだからです。常にテストをきれいに保ちましょう。表現豊かで簡潔なものとするようにしましょう。ドメイン特化言語として使えるテスト用 API を考案し、テストの作成に役立てましょう。

　テストを腐らせてしまうと、製品コードも腐らせることになります。テストを常にきれいにしてください。

参考文献

［RSpec］　*RSpec: Behavior Driven Development for Ruby Programmers*, Aslak Hellesoy, David Chelimsky, Pragmatic Bookshelf, 2008.

［GOF］　*Design Patterns: Elements of Reusable Object Oriented Software*, Gamma et al., Addison-Wesley, 1996. （邦訳は『オブジェクト指向における再利用のためのデザインパターン（改訂版）』、本位田真一／吉田和樹 監修、ソフトバンククリエイティブ刊）

by Jeff Langr

クラス 第10章

　ここまで、ソースの行とブロックをうまく書くには、どうすればよいかということに焦点をあててきました。関数をどのように作成し、どのように関連付けるかということについて掘り下げてきました。コードの文と、文から構成される関数に、全霊を傾けたとしても、さらに高いレベルのコードの構成に注意を払わなければ、まだクリーンコードには到達できません。クリーンクラスについて取り上げることにしましょう。

クラスの構成

　Javaの標準コーディング規約によれば、クラスは変数のリストで始める必要があります。public staticな定数があれば、それが最初にきます。その後に、private staticな変数、privateなインスタンス変数が続きます。publicな変数は通常は避けるべきです。

　publicな関数は変数リストの後にきます。筆者らは、publicな関数から利用される、privateなユーティリティ関数を、public関数の後に置くのが好みです。これは下へ向かって詳細化していくという規則に合致しており、新聞記事を読むようにコードを読むことを可能とします。

カプセル化

筆者は、変数、ユーティリティ関数を private とするのを好みますが、それに固執するわけではありません。テストからアクセス可能とするため、変数やユーティリティ関数を protected とする必要がある場合もあります。筆者らはテストを優先します。同じパッケージにあるテストが、関数、変数にアクセスする必要があるなら、protected にするか、パッケージスコープに入れます。しかしまずは、プライバシーを守る方法を考えます。カプセル化を緩めるという選択は、常に最後の手段です。

クラスは小さくしなければならない！

クラスの規則の筆頭は、小さくするということです。第二の規則は、さらに小さくするということです。いえ関数の章とまったく同じ文章を繰り返すつもりはありません。しかし関数の場合と同様に、クラスを設計する際には、小さくすることが第一規則なのです。関数の場合と同様に、まず最初の課題は「どうやって小さくするか？」です。

関数のときは、物理的な行数を測定しました。クラスの場合にはこれとは違う方法で測定します。それは**責務**の数です[1]。

リスト 10-1 は、SuperDashboard というクラスの大枠を示したもので、ここには 70 の public メソッドが公開されています。多くの開発者が、このクラスが少々大き過ぎるという点に同意するでしょう。何人かは「神のクラス」というかもしれません。

リスト 10-1　多すぎる責務

```
public class SuperDashboard extends JFrame implements MetaDataUser
  public String getCustomizerLanguagePath()
  public void setSystemConfigPath(String systemConfigPath)
  public String getSystemConfigDocument()
  public void setSystemConfigDocument(String systemConfigDocument)
  public boolean getGuruState()
  public boolean getNoviceState()
  public boolean getOpenSourceState()
  public void showObject(MetaObject object)
  public void showProgress(String s)
  public boolean isMetadataDirty()
  public void setIsMetadataDirty(boolean isMetadataDirty)
  public Component getLastFocusedComponent()
```

[1] [RDD]

```
public void setLastFocused(Component lastFocused)
public void setMouseSelectState(boolean isMouseSelected)
public boolean isMouseSelected()
public LanguageManager getLanguageManager()
public Project getProject()
public Project getFirstProject()
public Project getLastProject()
public String getNewProjectName()
public void setComponentSizes(Dimension dim)
public String getCurrentDir()
public void setCurrentDir(String newDir)
public void updateStatus(int dotPos, int markPos)
public Class[] getDataBaseClasses()
public MetadataFeeder getMetadataFeeder()
public void addProject(Project project)
public boolean setCurrentProject(Project project)
public boolean removeProject(Project project)
public MetaProjectHeader getProgramMetadata()
public void resetDashboard()
public Project loadProject(String fileName, String projectName)
public void setCanSaveMetadata(boolean canSave)
public MetaObject getSelectedObject()
public void deselectObjects()
public void setProject(Project project)
public void editorAction(String actionName, ActionEvent event)
public void setMode(int mode)
public FileManager getFileManager()
public void setFileManager(FileManager fileManager)
public ConfigManager getConfigManager()
public void setConfigManager(ConfigManager configManager)
public ClassLoader getClassLoader()
public void setClassLoader(ClassLoader classLoader)
public Properties getProps()
public String getUserHome()
public String getBaseDir()
public int getMajorVersionNumber()
public int getMinorVersionNumber()
public int getBuildNumber()
public MetaObject pasting(
  MetaObject target, MetaObject pasted, MetaProject project)
public void processMenuItems(MetaObject metaObject)
public void processMenuSeparators(MetaObject metaObject)
public void processTabPages(MetaObject metaObject)
```

```
    public void processPlacement(MetaObject object)
    public void processCreateLayout(MetaObject object)
    public void updateDisplayLayer(MetaObject object, int layerIndex)
    public void propertyEditedRepaint(MetaObject object)
    public void processDeleteObject(MetaObject object)
    public boolean getAttachedToDesigner()
    public void processProjectChangedState(boolean hasProjectChanged)
    public void processObjectNameChanged(MetaObject object)
    public void runProject()
    public void setAcowDragging(boolean allowDragging)
    public boolean allowDragging()
    public boolean isCustomizing()
    public void setTitle(String title)
    public IdeMenuBar getIdeMenuBar()
    public void showHelper(MetaObject metaObject, String propertyName)
    // .. publicでないメソッドがこの後に山のように ...
}
```

しかし、もしも SuperDashboard クラスが、**リスト 10-2** に示すメソッドのみを含んでいたとしたら、どうでしょう？

リスト 10-2 十分に小さくなったでしょうか？

```
public class SuperDashboard extends JFrame implements MetaDataUser
    public Component getLastFocusedComponent()
    public void setLastFocused(Component lastFocused)
    public int getMajorVersionNumber()
    public int getMinorVersionNumber()
    public int getBuildNumber()
}
```

5メソッドなら、大き過ぎるとはいえないですね？ この場合、メソッド数は少ないのですが、SuperDashboard には**責務**が多すぎます。

　クラス名は、そのクラスの責務を表すべきです。実際、名前付けがクラスのサイズ決定の最初のよりどころとなります。クラスにわかりやすい名前を付けないと、それは大き過ぎる状態になりがちです。クラス名があいまいなほど、その責務が多くなりがちです。Processor、Manager、Super のような、あいまいな名前は、責務が不適当に集められているサインです。

　クラスの簡単な解説は、「もし」、「そして」、「あるいは」、「しかし」といった単語以外の単語を使って、約25語以内で作成できるべきです[2]。SuperDashboard は、どのように表現できるでしょ

2　訳注：日本語だとしたら、100文字くらいでしょうか？

か？「SuperDashboardは最後のフォーカスを保持していたコンポーネントへのアクセスを提供します。そしてビルド番号とバージョンの追跡を可能とします」ここで「そして」を使用している点が、SuperDashboardが責務を持ち過ぎているというサインなのです。

単一責務の原則

単一責務の原則（Single Responsibility Principle、SRP[3]）によれば、クラス、モジュールは**変更の原因**となるものが1つでなければなりません。この原則は、責務の定義とクラスサイズの指標の両方を提供します。クラスは、ただ1つの責務、つまり変更の原因となるものを持たなければなりません。

リスト10-2の一見小さなSuperDashboardクラスは、2つの変更の原因となるものを持っています。1つは追跡しているバージョン情報です。ソフトウェアが出荷されるたびに、これは更新されることになるでしょう。もう1つは、JavaのSwingコンポーネントです（このクラスは、SwingにおけるトップレベルGUIウィンドウであるJFrameの派生クラスとなっています）。Swingを扱うコードを変更したら、きっとバージョンを変更するでしょう。逆は必ずしも真とはいえませんが、システム内の別のコードの変更に伴って、バージョン情報を変更するかもしれません。

責務（変更の原因となるもの）を探すことは、コードの抽象化を高めることに役立ちます。SuperDashboardクラスからバージョンを扱う3つのメソッドを取り出して、Versionという名前のクラスに分離するのは簡単です（**リスト10-3**）。このVersionクラスは、他のアプリケーションでの再利用が大きく期待できます。

リスト10-3　1つの責務を持ったクラス

```
public class Version {
  public int getMajorVersionNumber()
  public int getMinorVersionNumber()
  public int getBuildNumber()
}
```

SRPは、オブジェクト指向設計の概念として、最も重要なものの1つです。また、その中でも理解が容易で、守るのが簡単な概念の1つといえます。しかし不思議なことに、SRPは、最も無視されがちな設計原則の1つといえます。あまりに多くのことを行っているクラスによく遭遇します。なぜでしょうか？

ソフトウェアを動くようにすることと、ソフトウェアを洗練することとは、大きく異なる活動です。大抵の人間というのは、頭脳の容量に限りがあるため、コードを洗練することよりも、動作さ

---

[3] 詳細は、[PPP]を参照のこと。

せることを優先してしまいます。これはまったくもって当然なことでしょう。関心事の分離を維持することは、プログラムそれ自体にとっても重要ですが、プログラミングの**活動**においても重要なことです。

　問題は、多くの人がプログラムが動作するようになった時点で完了としてしまうことです。組織化と洗練という**別**の関心事へと移ることに失敗してしまうのです。次の問題へと進んでしまい、一旦引き返して、大量のものが積め込まれたクラスを、1つの責務を持った複数のクラスに分割しようとはしません。

　同時に、多くの開発者は、1つの責務のみを持った小さなクラスが溢れかえることで、全体の絵を見失うことになるのではないかと危惧します。ある1つの大きな作業を行うために、いくつものクラスを渡り歩かなければならなくなるのではないかと、心配するのです。

　しかし、小さなクラスの集まりとして構成されたシステムというのは、大きな少数のクラスで構成されたシステムよりも可動部分が少ないのです。大きな少数のクラスで構成されたシステムと、覚えなければならないものの数は変わらないのです。つまり、あなたが日々使用するツールが、適切にラベル付けされた、小さな引き出しに格納された大量のコンポーネントで構成されていることを望むか、あるいは、何でも無造作に投げ込めるような大きな少数の引き出しで構成されていることを望むかということです。

　大きなシステムというのは、大量のロジックと複雑さとを持っています。こうした複雑さに対処するのに必要なのは、開発者がいつでも直接理解しなければならない箇所を容易に探し出せるように、**全体を構成する**ということです。システムを多目的の大きなクラスで構成してしまうと、理解しなくてもよい部分まで調べることになってしまい、まったくの逆効果となります。

　もう一度、前者のポイントを強調しておきましょう。システムは、少数の大きなクラスではなく、多数の小さなクラスで構成する必要があります。個々の小さなクラスは、1つの責務をカプセル化し、1つの変更の原因となるものを有し、システムの振る舞いを実現するために、限られた他のクラスと協調動作します。

凝集性

　クラスは限られた数のインスタンス変数を持つべきです。クラス内のメソッドは、1つ以上のこうした変数を操作します。一般には、あるメソッドが操作する変数が多いほど、そのクラスのメソッドの凝集性は高いといえます。全変数が、全メソッドに使用されるクラスは、凝集性が最大限に高いものであるといえます。

　クラスの凝集性を最大限にせよという助言は、一般には、有用でもなければ、実現可能なものでもありません。それにもかかわらず、凝集性を高めたいと願うのです。凝集性が高ければ、メソッドと変数は、お互いに依存し合っており、全体として1つのロジックを成すことになります。

　リスト 10-4のスタックの実装を見てみてください。これは非常に凝集性が高いクラスです。3つのメソッドのうち、2つの変数を使っていないのは size() のみです。

リスト 10-4　Stack.java。凝集性の高いクラス

```java
public class Stack {
  private int topOfStack = 0;
  List<Integer> elements = new LinkedList<Integer>();

  public int size() {
    return topOfStack;
  }

  public void push(int element) {
    topOfStack++;
    elements.add(element);
  }

  public int pop() throws PoppedWhenEmpty {
    if (topOfStack == 0)
      throw new PoppedWhenEmpty();
    int element = elements.get(--topOfStack);
    elements.remove(topOfStack);
    return element;
  }
}
```

　関数を小さくし、引数リストを短かくするという鉄則を守ることが、あるメソッド群で使用されるインスタンス変数の急増につながることがあります。このようなことが起きる場合には、ほとんどの場合、その大きめのクラスから別のクラスを最低１つ分離することが可能であることを意味します。その場合には、変数とメソッドを、２つあるいはそれ以上のクラスに分離して、クラスの凝集性を高めるべきです。

凝集性に気を配ると、大量の小さなクラスが生まれる

　大きな関数を小さな関数に分割していくと、クラス数の急増を招きます。大量の変数が宣言された大きな関数を思い浮かべてみてください。その関数の一部を別の関数に抽出したいとしましょう。しかし、そのコードは宣言されている変数のうち４つを使用していたとしましょう。これらの変数を引数で渡さなければならないのでしょうか？

　そんなことはありません！　これらの変数を、クラスのインスタンス変数に昇格すれば、これらを引数として渡すこと**なし**に、関数を抽出することができます。これなら**簡単**に関数を小さく分割することができます。

　残念なことに、これはクラスの凝集性を下げてしまいます。なぜなら、新しい関数との間で情報

を共有するためのインスタンス変数が、次から次へと増えてしまうからです。しかし待ってください！ もしもいくつかの関数が、特定の変数を共有する必要があるなら、それらは、別のクラスとしたほうがよいのではないでしょうか？ そのとおりです。もしもクラスが凝集性を失うようであれば、分割しましょう！

つまり大きな関数を多くの小さな関数へと分割することが、クラスを、より小さなクラスへと分割することにもつながるのです。これによりプログラムは、より適切に構成され、透明な構造を持つようになります。

私が述べたことをお見せするため、クヌースの「文芸的プログラミング[4]」から伝統的な例を取り上げることにしましょう。リスト 10-5 は、クヌースの PrintPrimes プログラムを Java に翻訳したものです。クヌースの名誉のために申し上げると、このプログラムは彼が書いたものではなく、彼の WEB ツールで生成したものです。これを使用したのは、大きな関数を、小さな関数とクラスとに分割するのを示すための出発点として好適だからです。

リスト 10-5　PrintPrimes.java

```
package literatePrimes;
public class PrintPrimes {
  public static void main(String[] args) {
    final int M = 1000;
    final int RR = 50;
    final int CC = 4;
    final int WW = 10;
    final int ORDMAX = 30;
    int P[] = new int[M + 1];
    int PAGENUMBER;
    int PAGEOFFSET;
    int ROWOFFSET;
    int C;
    int J;
    int K;
    boolean JPRIME;
    int ORD;
    int SQUARE;
    int N;
    int MULT[] = new int[ORDMAX + 1];
    J = 1;
    K = 1;
    P[1] = 2;
    ORD = 2;
```

4　[Knuth92]

```
      SQUARE = 9;
      while (K < M) {
        do {
          J = J + 2;
          if (J == SQUARE) {
            ORD = ORD + 1;
            SQUARE = P[ORD] * P[ORD];
            MULT[ORD - 1] = J;
          }
          N = 2;
          JPRIME = true;
          while (N < ORD && JPRIME) {
            while (MULT[N] < J)
              MULT[N] = MULT[N] + P[N] + P[N];
            if (MULT[N] == J)
              JPRIME = false;
            N = N + 1;
          }
        } while (!JPRIME);
        K = K + 1;
        P[K] = J;
      }
      {
        PAGENUMBER = 1;
        PAGEOFFSET = 1;
        while (PAGEOFFSET <= M) {
          System.out.println("The First " + M +
                             " Prime Numbers --- Page " + PAGENUMBER);
          System.out.println("");
          for (ROWOFFSET = PAGEOFFSET; ROWOFFSET < PAGEOFFSET + RR; ROWOFFSET++){
            for (C = 0; C < CC;C++)
              if (ROWOFFSET + C * RR <= M)
                System.out.format("%10d", P[ROWOFFSET + C * RR]);
            System.out.println("");
          }
          System.out.println("\f");
          PAGENUMBER = PAGENUMBER + 1;
          PAGEOFFSET = PAGEOFFSET + RR * CC;
        }
      }
    }
  }
}
```

このプログラムは1つの関数で書かれており、ぐちゃぐちゃです。深くインデントされた構造を持っており、大量の奇妙な変数を持っており、強く依存した構造を持っています。控え目にいったとしてもこの巨大な関数は、いくつかの小さな関数に分割すべきでしょう。

リスト10-6 から **リスト10-8** は、リスト10-5をより小さなクラスと関数とに分割し、適切な名前をクラス、関数、変数とに与え直したものです。

リスト10-6　PrimePrinter.java（リファクタリング済み）

```java
package literatePrimes;

public class PrimePrinter {
  public static void main(String[] args) {
    final int NUMBER_OF_PRIMES = 1000;
    int[] primes = PrimeGenerator.generate(NUMBER_OF_PRIMES);

    final int ROWS_PER_PAGE = 50;
    final int COLUMNS_PER_PAGE = 4;
    RowColumnPagePrinter tablePrinter =
      new RowColumnPagePrinter(ROWS_PER_PAGE,
                               COLUMNS_PER_PAGE,
                               "The First " + NUMBER_OF_PRIMES +
                               " Prime Numbers");

    tablePrinter.print(primes);
  }
}
```

リスト10-7　RowColumnPagePrinter.java

```java
package literatePrimes;

import java.io.PrintStream;

public class RowColumnPagePrinter {
  private int rowsPerPage;
  private int columnsPerPage;
  private int numbersPerPage;
  private String pageHeader;
  private PrintStream printStream;

  public RowColumnPagePrinter(int rowsPerPage,
                              int columnsPerPage,
                              String pageHeader) {
```

```java
      this.rowsPerPage = rowsPerPage;
      this.columnsPerPage = columnsPerPage;
      this.pageHeader = pageHeader;
      numbersPerPage = rowsPerPage * columnsPerPage;
      printStream = System.out;
   }

   public void print(int data[]) {
      int pageNumber = 1;
      for (int firstIndexOnPage = 0;
           firstIndexOnPage < data.length;
           firstIndexOnPage += numbersPerPage) {
         int lastIndexOnPage =
           Math.min(firstIndexOnPage + numbersPerPage - 1,
                    data.length - 1);
         printPageHeader(pageHeader, pageNumber);
         printPage(firstIndexOnPage, lastIndexOnPage, data);
         printStream.println("\f");
         pageNumber++;
      }
   }

   private void printPage(int firstIndexOnPage,
                          int lastIndexOnPage,
                          int[] data) {
      int firstIndexOfLastRowOnPage =
         firstIndexOnPage + rowsPerPage - 1;
      for (int firstIndexInRow = firstIndexOnPage;
           firstIndexInRow <= firstIndexOfLastRowOnPage;
           firstIndexInRow++) {
         printRow(firstIndexInRow, lastIndexOnPage, data);
         printStream.println("");
      }
   }

   private void printRow(int firstIndexInRow,
                         int lastIndexOnPage,
                         int[] data) {
      for (int column = 0; column < columnsPerPage; column++) {
         int index = firstIndexInRow + column * rowsPerPage;
         if (index <= lastIndexOnPage)
            printStream.format("%10d", data[index]);
      }
```

```java
  }

  private void printPageHeader(String pageHeader,
                               int pageNumber) {
    printStream.println(pageHeader + " --- Page " + pageNumber);
    printStream.println("");
  }

  public void setOutput(PrintStream printStream) {
    this.printStream = printStream;
  }
}
```

リスト 10-8　PrimeGenerator.java

```java
package literatePrimes;

import java.util.ArrayList;

public class PrimeGenerator {
  private static int[] primes;
  private static ArrayList<Integer> multiplesOfPrimeFactors;

  protected static int[] generate(int n) {
    primes = new int[n];
    multiplesOfPrimeFactors = new ArrayList<Integer>();
    set2AsFirstPrime();
    checkOddNumbersForSubsequentPrimes();
    return primes;
  }

  private static void set2AsFirstPrime() {
    primes[0] = 2;
    multiplesOfPrimeFactors.add(2);
  }

  private static void checkOddNumbersForSubsequentPrimes() {
    int primeIndex = 1;
    for (int candidate = 3;
         primeIndex < primes.length;
         candidate += 2) {
      if (isPrime(candidate))
        primes[primeIndex++] = candidate;
```

```java
      }
    }

    private static boolean isPrime(int candidate) {
      if (isLeastRelevantMultipleOfNextLargerPrimeFactor(candidate)) {
        multiplesOfPrimeFactors.add(candidate);
        return false;
      }
      return isNotMultipleOfAnyPreviousPrimeFactor(candidate);
    }

    private static boolean
    isLeastRelevantMultipleOfNextLargerPrimeFactor(int candidate) {
      int nextLargerPrimeFactor = primes[multiplesOfPrimeFactors.size()];
      int leastRelevantMultiple = nextLargerPrimeFactor * nextLargerPrimeFactor;
      return candidate == leastRelevantMultiple;
    }

    private static boolean
    isNotMultipleOfAnyPreviousPrimeFactor(int candidate) {
      for (int n = 1; n < multiplesOfPrimeFactors.size(); n++) {
        if (isMultipleOfNthPrimeFactor(candidate, n))
          return false;
      }
      return true;
    }

    private static boolean
    isMultipleOfNthPrimeFactor(int candidate, int n) {
      return
        candidate == smallestOddNthMultipleNotLessThanCandidate(candidate, n);
    }

    private static int
    smallestOddNthMultipleNotLessThanCandidate(int candidate, int n) {
      int multiple = multiplesOfPrimeFactors.get(n);
      while (multiple < candidate)
        multiple += 2 * primes[n];
      multiplesOfPrimeFactors.set(n, multiple);
      return multiple;
    }
  }
}
```

このプログラムが前よりも長くなっていることに気がつくかもしれません。1ページ半ほどだったものが、4ページ近くになっています。それにはいくつかの理由があります。1つはリファクタリング後のプログラムが、より表現豊かな変数名を使用していること。第二に、コードへの解説を追加するために、関数とクラスの宣言を利用していること。第三に、ソースが見やすくなるように、ホワイトスペースを加え、書式化の技法を用いていることです。

3つの責務が、いかに分割されているかがわかるでしょう。メインプログラムは、`PrimePrinter`クラスに含まれています。その責務は実行環境を扱うことです。もしもメソッドの呼び出しを変更する必要があれば、ここが変更されるでしょう。たとえば、このプログラムがSOAPのサービスに変換されたならば、このクラスが変更を受けることになるでしょう。

`RowColumnPagePrinter`は数のリストを定められた表形式のフォーマットとしてページに出力するための知識が集約されています。出力形式を変更する際には、このクラスが変更を受けることになるでしょう。

`PrimeGenerator`クラスは素数の生成を司ります。これにはオブジェクトの生成は不要であることがわかるでしょう。このクラスは、変数の宣言を分離するスコープを生成するために有用なのです。このクラスは、素数の生成アルゴリズムが変更された際に、変更を受けることになるでしょう。

これは書き直しではありません！　一から書き直したのではないのです。実際、この2つのプログラムをよく見れば、同じアルゴリズム、仕組みで処理を行っていることがわかるはずです。

この変更は、最初のプログラムの挙動を確認するテストスイートを書くことで可能となりました。これにより同時に無数の小さな変更を入れることが可能となったのです。こうした変更を行った後には、プログラムを実行して、振る舞いが変わっていないことを確認しました。変更は少しずつ行われ、最初のプログラムは、洗練、変形を経て、後者のプログラムになっていったのです。

変更のために最適化する

多くのシステムは、常に変更を受けます。変更を行うときには、常にシステム内の別の部分が想定どおりに動かなくなってしまう危険が伴います。洗練されたシステムでは、クラスは、変更に対するリスクが最小限となるように構成されます。

リスト10-9に示す`Sql`クラスは、与えられたメタデータからSQL文字列を生成します。これは作成途中であり、まだ更新のようなSQL機能を提供していません。更新機能が必要となったら、このクラスを「開き」、変更を行うことになります。クラスを開くことの問題は、リスクを伴うことです。クラスへの変更は、常にクラス内の別のコードを壊す可能性があります。完全なる再テストが必要です。

リスト 10-9　変更の際に、開く必要のあるクラス

```
public class Sql {
  public Sql(String table, Column[] columns)
  public String create()
  public String insert(Object[] fields)
  public String selectAll()
  public String findByKey(String keyColumn, String keyValue)
  public String select(Column column, String pattern)
  public String select(Criteria criteria)
  public String preparedInsert()
  private String columnList(Column[] columns)
  private String valuesList(Object[] fields, final Column[] columns)
  private String selectWithCriteria(String criteria)
  private String placeholderList(Column[] columns)
}
```

　新しいタイプの SQL ステートメントを追加したい場合、Sql クラスを変更しなければなりません。ある 1 つのステートメントタイプの詳細を変える場合にも、このクラスを変更しなければなりません。たとえば、サブクエリをサポートするためには、select 機能を変更する必要があります。これら 2 つの理由が存在することから、Sql クラスは SRP に違反しているといえます。

　この SRP 違反は、1 つの構成上の見地から捉えることができます。Sql のメソッド構成には、selectWithCriteria のような照会ステートメントのみに関連した private メソッドがあることがわかります。

　クラス内の一部にのみ有用な private メソッドの振る舞いの存在は、クラス内の改善可能な領域を発見するのに役立ちます。しかし変更の第一の動機はシステムの変更の側からもたらされるに違いありません。もしも Sql クラスが論理的に完成されていると思われるなら、責務を分割することに思い悩む必要はありません。将来の変更の必要性がさしあたって見えないなら、Sql クラスは、そのままにしておけばよいでしょう。しかしひとたびこのクラスを開くことになったのであれば、設計を修正することを考えなければなりません。

　リスト 10-10 のような修正を思いついたとしたらどうでしょう？ リスト 10-9 にあった以前の Sql クラスで public インターフェイスを提供していたメソッドは、Sql クラスの継承クラスにリファクタリングされています。valuesList のような private メソッドは、それが直接必要とされるところへと移動されています。共通で必要な private な振る舞いは、ユーティリティクラスである Where、ColumnList に分離されています。

リスト 10-10　閉じたクラス群

```java
abstract public class Sql {
  public Sql(String table, Column[] columns)
  abstract public String generate();
}

public class CreateSql extends Sql {
  public CreateSql(String table, Column[] columns)
  @Override public String generate()
}

public class SelectSql extends Sql {
  public SelectSql(String table, Column[] columns)
  @Override public String generate()
}

public class InsertSql extends Sql {
  public InsertSql(String table, Column[] columns, Object[] fields)
  @Override public String generate()
  private String valuesList(Object[] fields, final Column[] columns)
}

public class SelectWithCriteriaSql extends Sql {
  public SelectWithCriteriaSql(
    String table, Column[] columns, Criteria criteria)
  @Override public String generate()
}

public class SelectWithMatchSql extends Sql {
  public SelectWithMatchSql(
    String table, Column[] columns, Column column, String pattern)
  @Override public String generate()
}

public class FindByKeySql extends Sql
  public FindByKeySql(
    String table, Column[] columns, String keyColumn, String keyValue)
  @Override public String generate()
}

public class PreparedInsertSql extends Sql {
  public PreparedInsertSql(String table, Column[] columns)
  @Override public String generate() {
```

```
    private String placeholderList(Column[] columns)
}

public class Where {
  public Where(String criteria)
  public String generate()
}

public class ColumnList {
  public ColumnList(Column[] columns)
  public String generate()
}
```

　各クラスは、極端に単純化されています。各クラスを理解するために必要な時間はほぼゼロといっていいでしょう。ある関数を変更したことによって、他を壊してしまう危険性は、無視できるほど小さくなっています。テストの見地からいえば、これらを完全にテストする作業は、簡単な作業でしょう。なぜならクラスがすべて独立しているからです。

　同様に重要な点として、update ステートメントが必要になったとしても、既存クラスには何ら変更が必要ないということです！ update ステートメントのロジックは、新たな UpdateSql という名前の Sql のサブクラスに実装すればよいのです。システム内の別のクラスが、これによって壊されることはありません。

　この造り変えられた Sql のロジックは非常に優れています。SRP に従っていますし、開放／閉鎖原則（Open Closed Principle、OCP）にも従っています。OCP[5]とは、クラスは拡張に対して開かれており、変更に対して閉じていなければならないという原則です。今回作り変えた Sql クラスはサブクラス作成による新たな機能の追加に対して開かれていますが、その際、既存のクラスを閉じたまま行うことができます。UpdateSql クラスを、そこに落とし込んでやるだけでよいのです。

　新規の機能を加えるとき、あるいは機能の変更を行うときに、できる限り汚れ作業が少なくて済むように、システムを構成する必要があります。新規機能が既存システムの拡張のみで実現され、既存コードの変更が皆無であることが、理想でしょう。

変更から切り離す

　要件は変化し、このためにコードは変化していきます。OO 入門において、具象クラスに詳細な実装（コード）が含まれ、抽象クラスには概念のみが表現されることを学びました。利用者のクラスが具象クラスに依存していると、詳細が変更されたときに影響を受けるリスクがあります。この場合、インターフェイスと抽象クラスを導入することで、詳細の変更の影響を分離できます。

[5]　[PPP]

具象クラスの詳細へ依存しているとシステムのテストが困難になります。Portfolio クラスを作成していて、このクラスが、ポートフォリオの値を導出するために、外部にある TokyoStockExchange API に依存していると、テストケースは、この照会に起因する不安定さの影響を受けることになります。5分ごとに答が変わるのでは、テストを書くのは困難でしょう！

Portfolio を TokyoStockExchange に直接依存させる代わりに、StockExchange というインターフェイスを作り、そこに1つのメソッドを宣言してやります。

```java
public interface StockExchange {
  Money currentPrice(String symbol);
}
```

TokyoStockExchange がこれを実装するようにします。そして Portfolio のコンストラクタで、StockExchange の参照を引数として受けとるようにします。

```java
public Portfolio {
  private StockExchange exchange;
  public Portfolio(StockExchange exchange) {
    this.exchange = exchange;
  }
  // ...
}
```

これで、テストの際には、テスト可能な StockExchange インターフェイスの実装を作って、TokyoStockExchange をエミュレートすることが可能となります。このテスト実装は、どんな株式市場シンボルがきても、決まった値を返すようにします。もしもポートフォリオのテストがマイクロソフトの株を5単位買うというものであれば、テスト実装では、マイクロソフトの株価として1株あたり$100を返すようにします。StockExchange インターフェイスのテスト用実装は単純なテーブル照会に簡略化されます。そしてポートフォリオ全体の価値が $500 上昇したことを確認するテストを書くことができるのです。

```java
public class PortfolioTest {
  private FixedStockExchangeStub exchange;
  private Portfolio portfolio;

  @Before
  protected void setUp() throws Exception {
    exchange = new FixedStockExchangeStub();
    exchange.fix("MSFT", 100);   // 訳注：MSFT はマイクロソフトの株式市場シンボル
    portfolio = new Portfolio(exchange);
```

```
    }

    @Test
    public void GivenFiveMSFTTotalShouldBe500() throws Exception {
      portfolio.add(5, "MSFT");
      Assert.assertEquals(500, portfolio.value());
    }
  }
```

　このようにシステムがテスト可能なように切り離されていれば、柔軟性が高まり、再利用がより簡単にできるようになります。結合が少ないということは、システムの構成要素が、お互いに切り離されており、変更からも分離されていることを意味しています。この分離によって、システムの構成要素を理解することも容易となります。

　このように結合を最小化することで、クラスは、もう1つのクラス設計原則である、依存関係逆転の原則（Dependency Inversion Principle、DIP[6]）に沿ったものとなります。DIPとは、簡単にいえば、クラスは抽象層にのみ依存すべきで、詳細な具象層に依存すべきでないということです。

　`TokyoStockExchange`クラスの詳細実装に依存する代わりに、`Portfolio`クラスは、`StockExchange`インターフェイスに依存するようになりました。`StockExchange`インターフェイスは、指定された株式市場シンボルに対応する、現在の株価を問い合わせるという、抽象的な概念を表現しています。この抽象化が、どこから株価を得るかといった詳細を含む、株価取得の詳細のすべてを分離するのです。

参考文献

[RDD]	*Object Design: Roles, Responsibilities, and Collaborations*, Rebecca WirfsBrock et., Addison-Wesley, 2002.（邦訳は『オブジェクトデザイン－ロール、責務、コラボレーションによる設計技法』、藤井拓 監訳、辻博靖／井藤晶子／山口雅之／林直樹 訳、翔泳社）
[PPP]	Robert C. Martin, *Agile Software Development: Principles, Patterns, and Practices*, Prentice Hall, 2002.（邦訳は『アジャイルソフトウェア開発の奥義―原則・デザインパターン・プラクティス完全統合』、瀬谷啓介 訳、ソフトバンククリエイティブ刊）
[Knuth92]	*Literate Progremming*, Donald E. Knuth, Center for the Study of Language and Information, Leland Stanford Junior University, 1992.（邦訳は『文芸的プログラミング』、有澤誠 訳、アスキー・メディアワークス刊）

システム 第11章

by Dr. Kevin Dean Wampler

「複雑さは死である。それは開発者の生気を吸いとり、製品、構築、テストの計画を困難にする」
——レイ・オジー, CTO, マイクロソフト

あなたは、街をどうやって造りますか？

　自分だけですべての詳細を管理できますか？ おそらく無理でしょう。実在する街を管理することさえ、1人の人間には無理なのです。それでも（大抵の場合）街は機能します。街には、水道、電力、交通、法の執行、建築基準などなど、特定の箇所を管理するチームがいます。何人かは**全体像**に対する責任があり、残りの人達は詳細に関心を持ちます。

　街が機能する理由として、これ以外にも、適切な抽象化レベルとモジュール化を時代の中で発達させてきたことが挙げられるでしょう。これは個々人および管理対象である「コンポーネント」が、効率的に作業を進めることを可能とします。これはたとえ全体像について理解していなくても可能です。

　ソフトウェアのチームも、このように構成されることがよくあるのに、作業対象のシステムは、同じような関心事、抽象化レベルの分離が行われていません。クリーンコードは、低いレベルの抽

象化を達成する役に立ちます。本章では、より高い抽象化レベル——**システム**のレベル——を、きれいな状態に保つ方法について考えることにしましょう。

システムを使うことと、構築することとを分離する

　最初に、システムを**使う**ことと、**構築する**ことは非常に異なるという点について考察しましょう。この文章をシカゴで書いている時点で、私の窓の外ではあるホテルが新規に建設中です。今日の時点で、それはむきだしのコンクリートの箱で、そこには建築用のクレーンが据え付けられ、外側にはエレベータがボルトで取り付けられています。作業員は全員、頑丈なヘルメットと作業着を着ています。1 年くらいのうちに、このホテルは完成することでしょう。クレーンとエレベータは、やがて外されるでしょう。建物は清掃され、ガラスの窓と壁でおおわれ、魅力的な塗装がほどこされることでしょう。そこで働く人のようすも、また大きく変わることでしょう。

　アプリケーションのオブジェクトが生成され、依存関係が「解決」されたら、開始処理を、開始処理の後を引き継ぐランタイムロジックから分離すべきです。

　開始処理は、すべてのアプリケーションが扱わざるを得ない**関心事**です。そして、これは本章で最初に考察する関心事です。我々の仕事の中で、**関心事の分離**は最も古くて重要な設計技法の 1 つです。

　残念ながら、大抵のアプリケーションはこの関心事を分離していません。開始処理のためのコードは、その場しのぎであり、ランタイムロジックと混在してしまっています。以下はよく見る例です。

```
public Service getService() {
  if (service == null)
    service = new MyServiceImpl(...); // このデフォルト値に汎用性はあるのでしょうか？
  return service;
}
```

　これは、遅延初期化／評価イディオムで、いくつかの利点があります。実際にオブジェクトが必要とならなければ、生成のためのオーバーヘッドを回避でき、結果として起動時間を短かくできます。また `null` が決して返らないことも保証されています。

　しかし、`MyServiceImpl` がハードコードされているため、`MyServiceImpl` とそのコンストラクタに渡されている引数（ここでは省略していますが）とに依存しています。これらの依存を解決しないとコンパイルすることはできないのです。実行時に、このオブジェクトがまったく必要とならなかったとしてもです！

これはテストの際に問題となるかもしれません。もしも MyServiceImpl が重いオブジェクトだと、単体テストの際には、適切なテスト代役[1]あるいはモックオブジェクトを、このメソッドが呼び出される前に、service フィールドに代入しておく必要があります。構築のロジックと、通常の実行処理とが混ざってしまっているので、すべての実行パス（たとえば、null のテストとそのブロック）をテストしなければなりません。これらの責務の両方を持っているということは、メソッドが2つ以上のことを行っているという査証であり、**単一責務の原則**に小さいながらも違反していることになります。

おそらく最も悪いことは、あらゆる場合で、MyServiceImpl が適切といえるのかどうかがわからないということです。これについてはコメントでも述べています。どうして、このメソッドを持っているクラスは、グローバルなコンテキストについて、知っていなければならないのでしょう？ ここで使用すべき適切なオブジェクトが何であるか、本当にわかるのでしょうか？ ある1つの型が、あらゆるコンテキストで正しいといえるのでしょうか？

遅延初期化が1つあったからといって、もちろんそれ自体は大きな問題ではありません。しかし、この手の小さな設定イディオムが、こうしたアプリケーションの中には、大量に存在することが普通です。かくして、グローバルな**設定手順**（仮にあればですが）は、アプリケーションのあらゆるところにモジュール化されることなしに**散らばってしまい**、時として著しい重複を生み出します。

よくまとまった堅牢なシステムを構築することに**労を厭わない**のであれば、**便利で小さなイディオム**が、モジュール構造を壊してしまうのを防ぐべきです。オブジェクトの生成と、依存関係の解決が行われる開始処理も例外ではありません。モジュール化して、通常のランタイム処理から切り離し、それが主要な依存関係を解決するための包括的で整合性のとれた手順となるようにすべきです。

mainの分離

構築と使用を分離する1つの方法は、構築に関するすべての局面を、main あるいは main と名付けられたモジュールへと移動し、システム内の残りの部分は、すべてのオブジェクトが適切に生成され、関連付けられているという前提のもとに設計するというものです（図11-1）。

制御の流れを追うのは難しくありません。main 関数が、システムに必要なオブジェクトを生成し、それをアプリケーションに渡し、それが単に使用されるというだけです。main とアプリケーションの間にある障壁をまたいでいる依存関係を表す矢印の方向に気づいたでしょうか。これらは、いずれも main から出る方向を向いています。このことは、アプリケーション側は main や構築側の処理について、何ら知識を持たないということを意味しています。つまりあらゆるものが、適切に構築されていると期待することができるのです。

---

[1] ［Meszaros07］

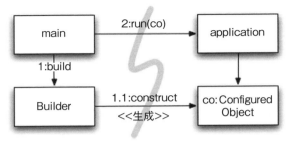

図 11-1　main() における構築作業を分離する

ファクトリ

　時として、オブジェクトの生成に対して、アプリケーションが責任を持たなければならない場合ももちろんあります。たとえば、発注処理のシステムでは、アプリケーションは発注（Order）に追加するための品目（LineItem）のインスタンスを生成しなければならないでしょう。

　この場合、抽象ファクトリ[2]パターンを使って、LineItem を生成する**タイミング**をアプリケーションが制御することを可能とさせつつ、生成に関する詳細を、アプリケーションコードから分離することを可能とします（図 11-2）。

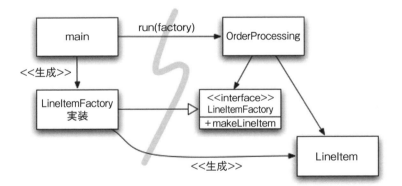

図 11-2　生成をファクトリを用いて分離する

　ここでもやはり、依存関係の方向が、main から OrderProcessing アプリケーションに向いているのがわかるでしょう。つまりアプリケーションは、LineItem 生成の詳細から切り離されているというわけです。これは、main と同じ側にある、LineItemFactory 実装によって達成されています。それにもかかわらずアプリケーションは、LineItem をいつ生成するかという制御権を握っており、アプリケーション特有のコンストラクタ引数を渡すことさえ可能です。

---

[2]　［GOF］

依存性注入

　依存性注入（Dependency Injection、DI）は、オブジェクトの利用と生成を分離する強力な仕組みです。これは依存性管理に対する、**制御の反転**（Inversion of Control、IoC）の適用です[3]。制御の反転はオブジェクトの第二の責務を別のオブジェクトに移します。このオブジェクトは、**単一責務の原則**に従って、この目的のためだけに捧げられます。依存性管理の文脈では、オブジェクトは自分自身の生成に関する責務に依存してはなりません。代わりに、その責務は別の「信頼できる」、制御の反転を実現する機構にゆだねます。設定というのは大域的な関心事であるので、この信頼できる機構は、通常は「main」ルーチンか、特殊用途の**コンテナ**となります。

　JNDIルックアップは「部分的に」DIを実装しており、オブジェクトは、ディレクトリサーバーに対して、特定の名前にマッチする「サービス」の提供を要求することができます。

```
MyService myService = (MyService)(jndiContext.lookup("NameOfMyService"));
```

　これを呼び出しているオブジェクトは、実際に、どのようなオブジェクトが返されるかという点については制御しません（適切なインターフェイスを実装しているのかという点については、もちろん規定しますが）。しかし、ここでは呼び出し側のオブジェクトが、依然として能動的に依存性を解決しています。

　真の依存性注入は、もう一歩先を行きます。クラスは、依存性解決のための直接的な手法は一切用いません。完全に受動的なのです。セッタメソッドあるいはコンストラクタ引数（もしくは、その両方）を代わりに用意し、これらを通して依存性の**注入**を受けます。生成処理の中で、DIコンテナは必要なオブジェクトを（通常は、必要に応じて）生成し、用意されたコンストラクタ引数、あるいはセッタメソッドを使って、依存性の解決を行います。どの依存オブジェクトが実際に使用されるかは、設定ファイルに記述するか、あるいは特殊用途の生成モジュールでプログラム的に指定します。

　Springフレームワークは、Java用のDIコンテナとして、最もよく知られているものです[4]。オブジェクトの依存関係は、XMLの設定ファイルに記述され、Javaのコードからは、特定の名前でオブジェクトを要求します。すぐ後で例をお見せします。

　しかし遅延初期化の長所についてはどうでしょう？　このイディオムは、DIにおいても有用なことがよくあります。まず、大抵のDIコンテナはオブジェクトが必要となるまで生成しません。次に、こうしたコンテナは、ファクトリや、生成プロキシの呼び出しの仕組みを提供しており、これを遅延評価の用途に用いることで、同様の最適化効果が得られます[5]。

---

[3]　詳細は、［Fowler］などを参照のこと。
[4]　［Spring］を参照。Spring .NETフレームワークというものも存在します。
[5]　遅延初期化と遅延評価は最適化の1つに過ぎないことを忘れないでください。これらは、おそらくはまだ未成熟なものです！

スケールアップ

　都市は町が発展したものであり、町は村が発展したものです。最初は道もせまく、ないに等しいものだったのが、舗装され、幾度も拡幅されていきます。小さな建物、土地は、より大きな建物となり、そのうちのいくつかは、ついには超高層ビルとなります。

　当初は、電力、水道、下水、そしてインターネット（おっと！）のような公共サービスはありませんでした。これらの公共サービスは、人口と建築物の増加に伴い追加されていったのです。

　この成長には痛みが伴います。運転中、道路の「改良」工事に何度遭遇したことでしょう。そして「なんで最初から広く造っておかないんだ！？」と思ったのではないでしょうか。

　しかし他の方法は無理なのです。小さな町の真ん中に、将来の成長を見越して6車線の高速道をひく費用を、誰が正当化できるというのでしょう？　そのような道路を、町民の誰が望むというのでしょう？

　「最初から正しい」システムなどというのは神話に過ぎません。できるのは今日の「ストーリー」を実装し、明日のストーリーを実装するために、システムをリファクタリングし、拡張していくことだけです。これがアジャイルにおける、イテレーティブでインクリメンタルな手法の本質です。テスト駆動開発、リファクタリング、そしてクリーンコードにより、このような作業がコードレベルではできるようになります。

　しかしシステムレベルではどうでしょう？　システムアーキテクチャに、事前計画は必要ないのでしょうか？　システムアーキテクチャというのが単純なものから複雑なものへとインクリメンタルに成長するものではないことは明らかですよね？

　物理的なシステムと比べると、ソフトウェアのシステムというのは独特です。適切に関心事を分離して保守していけば、アーキテクチャをインクリメンタルに成長させることが可能です。

　この後、解説しますが、ソフトウェアシステムの持つはかなさがこれを可能としているのです。まずは反例として、関心事をきちんと分離していないアーキテクチャについて考えてみましょう。

　EJBのバージョン1、2のアーキテクチャは、関心事をきちんと分離していませんでした。このため本来可能な成長を不必要に妨げる障壁が存在しました。**エンティティビーン**で作られたBank永続化クラスを考えてみましょう。エンティティビーンは、リレーショナルデータ、すなわち表内の行をメモリ上に表現したものです。

　まず利用者が使用するローカル（プロセス内）あるいはリモート（別JVM）インターフェイスを定義しなければなりません。**リスト11-1**は、ローカルインターフェイスの一例です。

リスト 11-1　Bank EJB のための EJB2 ローカルインターフェイス

```java
package com.example.banking;

import java.util.Collections;
import javax.ejb.*;

public interface BankLocal extends java.ejb.EJBLocalObject {
  String getStreetAddr1() throws EJBException;
  String getStreetAddr2() throws EJBException;
  String getCity() throws EJBException;
  String getState() throws EJBException;
  String getZipCode() throws EJBException;
  void setStreetAddr1(String street1) throws EJBException;
  void setStreetAddr2(String street2) throws EJBException;
  void setCity(String city) throws EJBException;
  void setState(String state) throws EJBException;
  void setZipCode(String zip) throws EJBException;
  Collection getAccounts() throws EJBException;
  void setAccounts(Collection accounts) throws EJBException;
  void addAccount(AccountDTO accountDTO) throws EJBException;
}
```

ここでは銀行の住所と、この銀行の口座を示す属性を取り上げています。これらのデータは、別の Acount EJB で操作されます。**リスト 11-2** は対応する Bank ビーンの実装です。

リスト 11-2　対応する EJB2 エンティティビーンの実装

```java
package com.example.banking;
import java.util.Collections;
import javax.ejb.*;

public abstract class Bank implements javax.ejb.EntityBean {
  // ビジネスロジック...
  public abstract String getStreetAddr1();
  public abstract String getStreetAddr2();
  public abstract String getCity();
  public abstract String getState();
  public abstract String getZipCode();
  public abstract void setStreetAddr1(String street1);
  public abstract void setStreetAddr2(String street2);
  public abstract void setCity(String city);
  public abstract void setState(String state);
```

```java
    public abstract void setZipCode(String zip);
    public abstract Collection getAccounts();
    public abstract void setAccounts(Collection accounts);
    public void addAccount(AccountDTO accountDTO) {
      InitialContext context = new InitialContext();
      AccountHomeLocal accountHome = context.lookup("AccountHomeLocal");
      AccountLocal account = accountHome.create(accountDTO);
      Collection accounts = getAccounts();
      accounts.add(account);
    }
    // EJBコンテナロジック
    public abstract void setId(Integer id);
    public abstract Integer getId();
    public Integer ejbCreate(Integer id) { ... }
    public void ejbPostCreate(Integer id) { ... }
    // 以下は実装することが必要だが、通常は空
    public void setEntityContext(EntityContext ctx) {}
    public void unsetEntityContext() {}
    public void ejbActivate() {}
    public void ejbPassivate() {}
    public void ejbLoad() {}
    public void ejbStore() {}
    public void ejbRemove() {}
  }
```

　ここでは、オブジェクト生成のための本質的なファクトリである、**ローカルホーム**インターフェイス、任意に追加可能な Bank のファインダ（照会）メソッドを省略しています。

　最後に、永続化データ保管のためのオブジェクト-リレーショナルマッピングの詳細、トランザクション特性の指定、セキュリティ束縛などを、1つ以上の XML 配備記述子で指定する必要があります。

　ビジネスロジックは、EJB2 のアプリケーション「コンテナ」と強く結びついています。コンテナが提供する型を継承し、コンテナが要請する大量のライフサイクルメソッドを用意しなければなりません。

　この重量コンテナとの結び付きのため、分離した状態での単体テストは困難となっています。困難なコンテナをモックオブジェクトへ置き替えるか、大量の時間をかけて実際の EJB サーバーに配備してテストをする必要があります。EJB2 のアーキテクチャ外での再利用は、この強い結び付きのため、事実上不可能です。

　最終的には、オブジェクト指向プログラミングさえ、むしばまれてしまっています。あるビーンは別のビーンを継承することができません。口座を追加するロジックがあるのに気づいたでしょ

か。EJB2 ビーンでは「データ転送オブジェクト（Data Transfer Object、DTO）」を定義するのが一般的です。これは本質的に振る舞いを持たない「構造体」です。これは通常、同じデータを持つだけの、冗長な型を生み出すことにつながり、あるオブジェクトから別のオブジェクトへと、データをコピーするだけの決まりきったコードを必要とします。

横断的関心事

　EJB2 のアーキテクチャは、ある領域では、ほぼ真の関心事の分離を達成しています。たとえば、トランザクション、セキュリティ、永続化の挙動の設定は、配備記述子に宣言され、ソースコードとは独立に指定できます。

　永続性のような**関心事**は、オブジェクトの自然なドメイン境界に横断的に現われることに注意してください。すべてのオブジェクトを共通の一般的なやり方、たとえば、特定の DBMS[6]や、フラットファイル、表、カラム名に対する特定の命名規約の遵守、トランザクショナルな意味論の整合性維持などを一貫して適用しつつ永続化する必要があるのです。

　原理上は、自分の永続化の方法が、モジュール構造でカプセル化されているかのように思い描くことができるでしょう。ところが、実際には、永続化の手法を本質的に同じコードの繰り返しによって多くのオブジェクトにまたがって、実装しなければならなくなります。こうした関心事のことを**横断的関心事**と呼びます。繰り返しになりますが、永続化のフレームワークは、モジュール構造となっており、我々のドメインロジックは、それらとは独立しており、やはりモジュール構造になっています。問題なのは、細粒度にこうしたドメイン上の**横断**が起きる点です。

　実際、EJB アーキテクチャにおける永続化、セキュリティ、そしてトランザクションの扱いに対しては、**アスペクト指向プログラミング**（aspect-oriented programming、AOP[7]）の活用が今後予想されます。これは横断的関心事に対してモジュール構造を取り戻すための一般的なアプローチです。

　AOP においては、特定の関心事を実現するために、システム内の振る舞いのどの点に対し、整合性を維持したままで変更を加えるかを**アスペクト**と呼ばれるモジュールで指定します。この指定は、簡潔な宣言的あるいは手続き的な構造を使って行われます。

　永続化を例にとると、どのオブジェクト、属性（あるいはそこで使われる**パターン**）が永続化されるかを宣言すれば、使用している永続化フレームワークに永続化の作業が移譲されるのです。AOP フレームワークによって、振る舞いに対する変更が、非侵入的（対象に対する手作業の変更が必要ないという意味）に行われるのです。Java における、アスペクト、およびアスペクト的な仕組みを 3 つ紹介しましょう。

6　Database management system（データベース管理システム）
7　アスペクトのより一般的な情報は［AOSD］を、AspectJ に特化した内容は［AspectJ］と［Colyer］を参照。

Javaプロキシ

　Javaプロキシは、個々のオブジェクトやクラスのメソッドをラップしたいケースのような、単純な状況に適しています。しかし、JDKで提供されるダイナミックプロキシは、インターフェイスにしか利用できません。クラスのプロキシを生成するには、CGLIB、ASM、Javassist[8]のようなバイトコード操作ライブラリが必要となります。

　リスト11-3に示したスケルトンコードは、JDKが提供するプロキシを使って、Bankアプリケーションで永続化を可能とするものです。ここでは口座リストの取得、設定のみを示しています。

リスト11-3　JDK Proxyの例

```java
// Bank.java（パッケージ名は省略...）
import java.utils.*;

// 銀行の抽象層
public interface Bank {
  Collection<Account> getAccounts();
  void setAccounts(Collection<Account> accounts);
}

// BankImpl.java
import java.utils.*;

// POJO(Plain Old Java Object)によるBank実装
public class BankImpl implements Bank {
  private List<Account> accounts;

  public Collection<Account> getAccounts() {
    return accounts;
  }
  public void setAccounts(Collection<Account> accounts) {
    this.accounts = new ArrayList<Account>();
    for (Account account: accounts) {
      this.accounts.add(account);
    }
  }
}
```

8　[CGLIB]、[ASM]、[Javassist]を参照。

```java
// BankProxyHandler.java
import java.lang.reflect.*;
import java.util.*;

// InvocationHandlerは、プロキシAPIを使用するために必要
public class BankProxyHandler implements InvocationHandler {
  private Bank bank;
  public BankHandler (Bank bank) { // 訳注：BankProxyHandlerの間違いと思われます
    this.bank = bank;
  }

  // InvocationHandler内に定義されたメソッド
  public Object invoke(Object proxy, Method method, Object[] args)
      throws Throwable {
    String methodName = method.getName();
    if (methodName.equals("getAccounts")) {
      bank.setAccounts(getAccountsFromDatabase());
      return bank.getAccounts();
    } else if (methodName.equals("setAccounts")) {
      bank.setAccounts((Collection<Account>) args[0]);
      setAccountsToDatabase(bank.getAccounts());
      return null;
    } else {
      ...
    }
  }

  // 詳細なコードがここに記述される
  protected Collection<Account> getAccountsFromDatabase() { ... }
  protected void setAccountsToDatabase(Collection<Account> accounts) { ... }
}

// どこかに以下を記述...
Bank bank = (Bank) Proxy.newProxyInstance(
  Bank.class.getClassLoader(),
  new Class[] { Bank.class },
  new BankProxyHandler(new BankImpl()));
```

まずBankインターフェイスを定義します。これはプロキシでラップされることになります。インターフェイスのPOJO実装であるBankImplはビジネスロジックを実装します（POJOに関しては、後で簡単に解説します）。

プロキシAPIは、InvocationHandlerオブジェクトを必要とします。プロキシAPIは、プロキ

シに対して行われた、あらゆる Bank メソッド呼び出しを解決するため、このオブジェクトを呼び出します。BankProxyHandler は Java のリフレクション API を使い、一般化されたメソッド呼び出しを BankImpl の各メソッド呼び出しへとマップします。

　これらのコード量は**多く**、今回のような簡単なケース[9]でさえ、割と複雑です。バイトコード操作ライブラリの利用も同様に難解です。こうしたコードの「量」と複雑さが、プロキシ利用の欠点です。こうした仕組みはクリーンコードを作成することを困難にするのです！　真の AOP では、システム全体に渡るような実行「点」を指定することが可能ですが[10]、プロキシではこういったことができません。

Pure JavaのAOPフレームワーク

　幸いなことに、ほとんどのプロキシのひな型はツールで自動生成できます。たとえば Spring AOP や JBoss AOP といったいくつかの Java のフレームワークでは、プロキシを内部で使用して、Pure Java の世界でアスペクトを実装しています（詳細は［Spring］、［JBoss］を参照のこと。ここでいう「Pure Java」は、AspectJ を使用しないということを意味しています）。Spring では、ビジネスロジックを、**POJO** で書くことができ、純粋にドメインに集中できます。EJB のようなフレームワーク（あるいは他のドメイン）への依存がないのです。このため概念上、より単純でありテスト実行がより簡単に行えます。この単純さは、ユーザーのストーリーが正しく実装されているかを検証することを容易にし、また将来のストーリーのためにコードを保守、拡張することを容易にします。

　永続化、トランザクション、セキュリティ、キャッシュ、フェールオーバーといった、横断的関心事を含んだ、アプリケーションの基盤は、設定ファイルや API によって宣言的に組み込みます。大抵の場合、実際には Spring や JBoss のライブラリアスペクトを指定することで、フレームワークが Java プロキシやバイトコードライブラリを使って、それを実現します。中心となるオブジェクトの生成と依存関係の解決をオンデマンドに行う DI コンテナを、宣言によって制御します。

　リスト 11-4 は、Spring V2.5 の構成ファイル、app.xml からの引用です[11]。

リスト 11-4　Spring 2.X の構成ファイル

```
<beans>
  ...
  <bean id="appDataSource"
```

---

[9] プロキシ API 自身および、それを使用した、もっと詳細な例については、たとえば［Goetz］を参照のこと。
[10] こうしたメソッド呼び出しの間に入ってプロキシを通じて「ラップすること」が AOP であると、しばしば誤解されることがあります。しかし真の AOP の価値とは、システムの振る舞いをわかりやすく、モジュール構造を保って指定できることなのです。
[11] http://www.theserverside.com/tt/articles/article.tss?l=IntrotoSpring25 の体裁に合わせました。

```
        class="org.apache.commons.dbcp.BasicDataSource"
        destroy-method="close"
        p:driverClassName="com.mysql.jdbc.Driver"
        p:url="jdbc:mysql://localhost:3306/mydb"
        p:username="me"/>

    <bean id="bankDataAccessObject"
        class="com.example.banking.persistence.BankDataAccessObject"
        p:dataSource-ref="appDataSource"/>

    <bean id="bank"
        class="com.example.banking.model.Bank"
        p:dataAccessObject-ref="bankDataAccessObject"/>
    ...
</beans>
```

それぞれの「bean」は「ロシア人形」の一部分のようです。ドメインオブジェクト Bank は、データアクセスオブジェクト（data accessor object、DAO）にプロキシ化（ラップ）され、そしてそれが JDBC ドライバのデータソースにプロキシ化されるのです（図 11-3）。

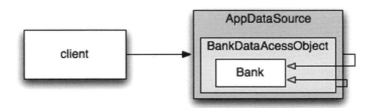

図 11-3　「ロシア人形」的デコレータ

利用者側は Bank オブジェクトの getAccounts() を呼び出していると思っていますが、実際には、デコレータ[12]の一番外側の入れ子オブジェクトを呼び出しており、これが Bank POJO の振る舞いを拡張しています。ここにさらにトランザクション、キャッシュなどといった別のデコレータを追加していくことも可能です。

アプリケーション内には、DI に対して、XML ファイルに指定したシステム内の最上位のオブジェクトを要求する行が、いくらか必要となります。

```
XmlBeanFactory bf =
  new XmlBeanFactory(new ClassPathResource("app.xml", getClass()));
```

12　[GOF]

```
Bank bank = (Bank) bf.getBean("bank");
```

　Springに関係したJavaのコードは非常に少なくて済むので、アプリケーションは**Springからはほぼ完全に切り離されています**。EJB2で見たような強い結び付きがなくなっています。

　XMLは、冗長で読みにくくなる場合もありますが（今回の例は、設定よりも規約（convention over configuration）とJava 5のアノテーションを使うことで、必要となる明示的な「結線」ロジックを減らすことができます）、今回の設定ファイルの「考え方」は、裏にある自動生成される複雑なプロキシとアスペクトのロジックよりも単純になっています。こうしたアーキテクチャは、非常に魅力的なため、SpringのようなフレームワークがEJBの徹底的な見直しをもたらし、それがEJBバージョン3標準へとつながりました。XML構成ファイルと、Java 5のアノテーションを使用した、Springの宣言的モデルによる横断的関心事の実現を、EJB3は継承しています。

　リスト11-5は、EJB3を使って、Bankオブジェクトを書き直したものです（http://www.onjava.com/pub/a/onjava/2006/05/17/standardizing-with-ejb3-java-persistence-api.htmlの体裁に合わせました）。

リスト11-5　EJB3によるBank

```
package com.example.banking.model;
import javax.persistence.*;
import java.util.ArrayList;
import java.util.Collection;

@Entity
@Table(name = "BANKS")
public class Bank implements java.io.Serializable {
  @Id @GeneratedValue(strategy=GenerationType.AUTO)
  private int id;

  @Embeddable // Bank DBの行に「インライン展開」されるオブジェクト
  public class Address {
    protected String streetAddr1;
    protected String streetAddr2;
    protected String city;
    protected String state;
    protected String zipCode;
  }

  @Embedded
  private Address address;

  @OneToMany(cascade = CascadeType.ALL, fetch = FetchType.EAGER,
```

```
                mappedBy="bank")
    private Collection<Account> accounts = new ArrayList<Account>();

    public int getId() {
      return id;
    }

    public void setId(int id) {
      this.id = id;
    }

    public void addAccount(Account account) {
      account.setBank(this);
      accounts.add(account);
    }

    public Collection<Account> getAccounts() {
      return accounts;
    }

    public void setAccounts(Collection<Account> accounts) {
      this.accounts = accounts;
    }
}
```

　このコードは、EJB2 と比べると、はるかにきれいになっています。エンティティの詳細は、依然としてアノテーションとして含まれています。しかし、こうした情報はアノテーションに閉じ込められているため、コードはきれいです。きれいなのでテスト実行も保守等々も容易です。

　永続化に関係するアノテーションのいくつかあるいはすべてを XML の配備記述子に移動することも可能です。これにより完全な POJO となります。永続化のマッピング詳細がひんぱんに変わらないのであれば、多くの開発部隊はアノテーションを選ぶでしょう。それでも EJB2 の侵入的なやり方に比べれば、難点ははるかに少ないでしょう。

AspectJアスペクト

　最後に、AspectJ 言語[13]を取り上げます。これはアスペクトを用いて関心事を分離するためのフル機能のツールで、Java に対してアスペクトをモジュール構造を持った構成で提供することを「非

13　［AspectJ］と［Colyer］を参照のこと。

常にうまく」可能とします。Spring AOP と JBoss AOP が提供する Pure Java のやり方で、アスペクトが必要となるケースの 80〜90 ％は十分でしょう。しかし、AspectJ は、非常に豊富で強力な関心事の分離を実現するツールなのです。AspectJ の欠点は、ツールに慣れる必要がある点と、新しい言語とそのイディオムの使用を学習する必要がある点です。

　慣れが必要な点については、最近導入された、AspectJ の「アノテーション形式」で軽減されました。これは Java 5 のアノテーションを使用して、アスペクトの定義を Pure Java コードで行うものです。Spring フレームワークにはまた、AspectJ の経験に乏しいチームにもずっと簡単にアノテーション形式のアスペクトを利用できるようにする機能が大量に用意されています。

　AspectJ の全機能について述べるのは、本書の範囲を超えています。詳細については、［AspectJ］、［Colyer］、［Spring］を参照してください。

システムアーキテクチャのテスト実行

　アスペクトのようなやり方で関心事を分離することの威力は、いくら強調しても誇張ということはありません。もしもアプリケーションのドメインロジックを POJO で記述できれば、ドメインロジックがアーキテクチャの関心事からコードレベルで分離され、自分が構築したアーキテクチャの**テスト実行**が可能となります。これにより必要に応じて新しい技術に対応することで、単純なものから、より洗練されたものへと進化させていくことが可能となります。**事前の大規模設計**（Big Design Up Front、BDUF[14]）は不要なのです。実際、BDUF は危険がいっぱいです。なぜなら、最初に費やした作業を捨てることへの精神的なためらいのせいで、変化に対応できないからです。そしてまたアーキテクチャの選択が後続の設計の考えに影響を及ぼしてしまうからです。

　建築家には BDUF が必要です。なぜなら物理的な大規模建築がひとたび開始されたら、それを大きく変えることは現実的ではないからです[15]。ソフトウェアには、それ特有の**物理**がありますが[16]、ソフトウェアの構造が関心事を十分に分離できていれば、コスト的に見て、大きな変更を加えることは十分に現実味を帯びています。

　これはソフトウェアの開発プロジェクトを「ばかばかしいほど単純」な状態で開始しつつ、アーキテクチャをうまく分離しておき、動作するユーザーストーリーを素早く提供しながら、規模の拡大とともに、基盤を追加していくということが可能であることを意味しています。世界中の最も大規模なウェブサイトのいくつかは、高い可用性とパフォーマンスを実現していますが、これは洗練されたキャッシュ、セキュリティ、仮想化といったものすべてを柔軟に、効率的に用いることで可能となっています。なぜなら、お互いの依存性が少ない設計というものは、抽象化とスコープの各

14　事前設計（up-front design）という優れたやり方と混同しないようにしてください。BDUF というのは、あらゆるものを、実装する前に設計してしまおうとするのです。
15　それでも、建築が開始された後の、イテレーティブな探査や、詳細の詰めというのは、かなりの量存在します。
16　ソフトウェアの物理という言葉は［Kolence］で初めて述べられました。

レベルが**単純**だからです。

　もちろん、これはプロジェクトを「舵のない」状態に陥れるということではありません。プロジェクトにはシステムの完成型に対する一般的な構造、一般的なスコープ、目的、スケジュールといったものに対する期待というものがあります。しかし、状況の進化に伴ってコースの変更が可能であり続けなければなりません。

　初期のEJBのアーキテクチャは、よく知られたAPIの1つではありましたが、技術に走り過ぎ、関心事の分離に妥協を許してしまいました。よく設計されたAPIでさえ、それが本当に必要なのでなければ、やり過ぎとなってしまうかもしれないのです。よいAPIというのは、ほとんどの場面で**視界の外になければなりません**。それにより開発チームの労力の大部分を、ユーザーストーリーの実装に集中させることが可能となるのです。そうでなければ、アーキテクチャのしばりが、顧客への提供価値を効率よく最大化することを邪魔することになります。

　まとめましょう。

　最適化されたシステムアーキテクチャというのは、モジュール化されたドメインの関心事で構築されます。それぞれはPOJO（Javaに限りませんが）で実装されます。異なるドメインは、アスペクト、あるいはアスペクトのような、非侵入型のツールによって統合されます。このアーキテクチャは、あたかもコードのようにテスト駆動可能です。

意思決定を最適化する

　モジュール化と関心事の分離は、管理と意思決定の分散を可能とします。ソフトウェアの開発プロジェクトであれ、都市の開発プロジェクトであれ、ある程度以上に大きなシステムでは、すべての意思決定を1人で行うことは不可能です。

　資格のある人達に権限を移譲するのが、最善であることを我々は皆知っています。**決定は、それが手遅れとなる直前まで延期することが最善である**ということをよく忘れてしまうことがあります。これは怠惰なのでも無責任なのでもありません。これにより、最善の情報に裏付けられた決断を行うことが可能となるのです。早すぎる決定というのは、最善とはいえない知識のもとで行われます。早すぎる決断を行うと、顧客からのフィードバック、プロジェクトに対する精神的な思い、選択した実装の経験といったものが、ずっと少なくなります。

　POJOで関心事をモジュール化することで機敏さを手にしたシステムは、最新の知識を利用することで最適化され、ジャストインタイムの決断を可能とします。決断の複雑さも減少します。

論証可能な価値を追加する際には、標準を賢く使用する

　建築というものは、見るものを驚嘆させます。新しい建物の建築スピードは（たとえ真冬でも）とても速く、今日利用可能な技術を用いた素晴しいデザインが施されます。建築業は、数世紀に渡ってプレッシャーの下で進化してきた高度に最適化された部品、手法、標準を利用した成熟した産業です。

　EJB2よりも軽量、簡単なデザインで十分な場面でも、多くの開発チームが、EJB2を、それが標準であるがために使用しました。筆者は、さまざまな**誇大広告**付きの標準にとりつかれ、自分自身の顧客にとっての価値を実装することを、ないがしろにしてしまった開発チームを見てきました。

　標準はアイデア、コンポーネントの再利用、経験を持った開発者の求人、アイデアのカプセル化を容易にし、コンポーネントを結び付けることを簡単にします。しかし標準の策定作業に要する時間は、業界にとっては長すぎ、いくつかの標準は、それが使われる場面で必要となる真のニーズと乖離してしまう場合があります。

システムはドメイン特化言語を必要とする

　他のドメインと同様、建築の世界では語彙、イディオム、パターン[17]を持った高機能な言語が発達し、これにより重要な情報を明確にわかりやすく伝えることができます。ソフトウェアの世界では、**ドメイン特化言語**（DSL）の作成が再び脚光を浴びています[18]。これらは、独自の小さなスクリプト言語あるいは標準言語のAPIで、これを利用することで、ドメインの専門家が書くような散文構造のようにコードを読めるようになります。

　アジャイルの実践が、チーム内とプロジェクトのステークホルダとのコミュニケーションを最適化するように、優れたDSLは、ドメインの概念とそれを実装するコードとの間の「コミュニケーションギャップ」を極小化します。ドメインロジックの実装で使う言語に、ドメイン専門家と同じものを使えば、ドメインから実装への翻訳で間違えるリスクが減少します。

　効果的に使用すれば、DSLは抽象レベルをコードのイディオムとデザインパターンよりも上に引き上げることができます。これにより開発者はコードの意図を、適切な抽象レベルに見せることができるようになります。

　ドメイン特化言語を使うことで、高いレベルの方針から、低いレベルの詳細までの、あらゆる抽象レベルと、アプリケーション内のあらゆるドメインをPOJOで表現することが可能になります。

---

[17] とりわけ[Alexander]にみられる作品は、ソフトウェアコミュニティに影響を与えました。
[18] たとえば、[DSL]、[JMock]は、DSLを生成するJava APIのよい例です。

結論

システムもまた、きれいでなければなりません。侵入的なアーキテクチャは、ドメインロジックを飲み込んでしまい、チームの機敏さに影響を与えてしまいます。ドメインロジックがぼんやりしてしまうと品質に悪影響があります。なぜならそこにはバグが潜みやすくなり、ストーリーの実装が困難になるからです。チームの機敏さに妥協してしまうと、生産性に悪影響を及ぼし、TDDの利点が損なわれてしまいます。

すべての抽象レベルにおいて、意図が明確であるべきです。これはPOJOと、アスペクトのような仕組みを利用して、別個の関心事を、非侵入的に結合することによってのみ達成できます。

システムを設計する場合も、個々のモジュールを設計する場合も、動作する最も単純なものを使用することを忘れないでください。

参考文献

[Alexander]	Christopher Alexander, *A Timeless Way of Building*, Oxford University Press, New York, 1979.（邦訳は『時を超えた建設の道』、平田翰那 訳、鹿島出版会刊）
[AOSD]	Aspect-Oriented Software Development port, http://aosd.net
[ASM]	ASM Home Page, http://asm.objectweb.org/（2009年4月時点ではhttp://asm.ow2.org/に転送されます）
[AspectJ]	http://eclipse.org/aspectj
[CGLIB]	Code Generation Library, http://cglib.sourceforge.net/
[Colyer]	Adrian Colyer, Andy Clement, George Hurley, Mathew Webster, *Eclipse AspectJ*, Person Education, Inc., Upper Saddle River, NJ, 2005.
[DSL]	Domain-specific programming language, http://en.wikipedia.org/wiki/Domain-specific_programming_language
[Fowler]	Inversion of Control Containers and the Dependency Injection pattern, http://martinfowler.com/articles/injection.html
[Goetz]	Brian Goetz, *Java Theory and Practice: Decorating with Dynamic Proxies*, http://www.ibm.com/developerworks/java/library/j-jtp08305.html （http://www.ibm.com/developerworks/jp/java/library/j-jtp08305/index.html で日本語訳を参照できます）
[Javassist]	Javassist Home Page, http://www.csg.is.titech.ac.jp/~chiba/javassist/

[JBoss]	JBoss Home Page, http://jboss.org
[JMock]	JMock—A Lightweight Mock Object Library for Java, http://jmock.org
[Kolence]	Kenneth W. Kolence, Software physics and computer performance measurements, *Proceedings of the ACM annual conference-Volume 2*, Boston, Massachusetts, pp. 1024-1040, 1972.
[Spring]	*The Spring Framework*, http://www.springframework.org
[Meszaros07]	*XUnit Test Patterns*, Gerard Meszaros, Addison-Wesley, 2007.
[GOF]	*Design Patterns: Elements of Reusable Object Oriented Software*, Gamma et al., Addison-Wesley, 1996.（邦訳は『オブジェクト指向における再利用のためのデザインパターン（改訂版）』、本位田真一／吉田和樹 監修、ソフトバンククリエイティブ刊）

by Jeff Langr

創発 第12章

創発的設計を通して、洗練する

　優れた設計を生み出すことが可能となる 4 つの単純な規則があるとしたら、いかがですか？ これに従えば、コードの構造と設計に対する洞察が得られ、SRP や DIP のような原則を簡単に適用できるのだとしたら、いかがですか？ この 4 つの規則が、よい設計の**発現**をうながすのだとしたら、いかがですか？

　多くの人々がケント・ベックによる**単純な設計**のための 4 つの規則[1]が優れた設計のソフトウェアの開発において重要な役割を果たすと感じています。

　ケントは、以下の 4 つの規則に従えば設計は「単純」になるとしています。

1　［XPE］

- 全テストを実行する
- 重複がない
- プログラマの意図が表現されている
- クラスとメソッドを最小化する

規則は重要な順に並んでいます。

単純な設計への規則1：全テストを実行する

　何はなくとも設計というのは、意図どおりに動作するシステムを生成しなければなりません。紙の上で完璧な設計となっていても、システムが意図どおりに動作しているのかを簡単に検証できなければ、机上での努力には疑問が残ります。

　包括的にテストがなされ、それらすべてがいつも成功するのであれば、それはテスト可能なシステムです。これは当たり前のようですが、重要なことです。システムがテスト可能でなければ、それは検証可能ではありません。検証できないシステムは、おそらく配備すべきものではありません。

　幸いなことにシステムをテスト可能にすることで、我々設計者は、クラス1つ1つが小さく、それが単一機能を実装しているような設計へと促されることになります。SRPに沿ったクラスというのは、単純にテストが簡単なのです。テストを書けば書くほど、物事をテストが簡単になる方向へと押し進めることになります。システムを完全にテスト可能とすることが、より優れた設計を生み出すことへとつながるのです。

　強い結び付きがあるとテストを書くのは困難になります。このため同様に、テストを書くほど、DIPのような原則や依存性注入のようなツール、インターフェイス、結び付きを最小限とするための抽象化といった技法を活用するようになります。そして設計はさらに改良されていくのです。

　テストが必要であり、それを常に流し続ける必要があるという、単純で明確な規則に従うこと。これがシステムが、OOの第一の目的（ゆるい結合と高い凝集性）に準拠するかどうかに影響を与えることになります。テストを書くことは、よい設計へとつながるのです。

単純な設計への規則2〜4：リファクタリング

　ひとたびテストができあがれば、コード、クラスをきれいにし続けることができるようになります。インクリメンタルにリファクタリングを施していけばよいのです。コードの何行かを加えるごとに、立ち止まり新しい設計のことをよく考えます。デグレードしていないでしょうか？　もしそうなら、きれいにしてからテストを実行して、何も壊していないことを証明します。**テストがあるという事実は、コードをきれいにすることで、間違って壊してしまうかもしれないという恐怖を取り**

除いてくれるのです！

　リファクタリングには、さまざまな優れたソフトウェア設計の知識を総動員することができます。凝集性を高めたり、結合を弱めたり、関心事を分離したり、システムの関心事をモジュール化したり、関数とクラスを小さくしたり、よりよい名前を考えたりなどといったことができるのです。この時点で単純な設計の規則の残り3つである、重複の排除、表現力の保証、クラスとメソッド数の最小化を適用することもできるようになります。

重複の排除

　優れた設計のシステムにおける最大の敵は重複です。余計な作業、余分な危険、そして不必要な複雑さをもたらします。重複はさまざまな形で現われます。まったく同一に見えるコード行はもちろん重複です。似かよった行は、手を加えることで、さらに似たものにすることができることがあり、これによりリファクタリングが簡単にできるようになります。重複はまた、実装の重複といった別の形で現われることもあります。たとえば、コレクションクラスの中には、以下のような2つのメソッドがあるかもしれません。

```java
int size() {}
boolean isEmpty() {}
```

　これらに対して別々の実装を用意することもできます。`isEmpty`はブール値を追跡し、`size`は個数を追跡します。しかし`isEmpty`を、`size`の定義と結び付けることで、重複を排除することが可能です。

```java
boolean isEmpty() {
  return 0 == size();
}
```

　洗練されたシステムを作り上げるためには、重複を排除するという意思が必要です。たった数行のコードも例外ではありません。たとえば以下のコードを見てみてください。

```java
public void scaleToOneDimension(
    float desiredDimension, float imageDimension) {
  if (Math.abs(desiredDimension - imageDimension) < errorThreshold)
    return;
  float scalingFactor = desiredDimension / imageDimension;
  scalingFactor = (float)(Math.floor(scalingFactor * 100) * 0.01f);
```

```
    RenderedOp newImage = ImageUtilities.getScaledImage(
      image, scalingFactor, scalingFactor);
    image.dispose();
    System.gc();
    image = newImage;
}

public synchronized void rotate(int degrees) {
    RenderedOp newImage = ImageUtilities.getRotatedImage(
      image, degrees);
    image.dispose();
    System.gc();
    image = newImage;
}
```

システムをきれいにするためには、scaleToOneDimension メソッドと rotate メソッドの間にある小さな重複も排除すべきです。

```
public void scaleToOneDimension(
    float desiredDimension, float imageDimension) {
  if (Math.abs(desiredDimension - imageDimension) < errorThreshold)
    return;
  float scalingFactor = desiredDimension / imageDimension;
  scalingFactor = (float)(Math.floor(scalingFactor * 100) * 0.01f);
  replaceImage(ImageUtilities.getScaledImage(
    image, scalingFactor, scalingFactor));
}

public synchronized void rotate(int degrees) {
  replaceImage(ImageUtilities.getRotatedImage(image, degrees));
}

private void replaceImage(RenderedOp newImage) {
  image.dispose();
  System.gc();
  image = newImage;
}
```

ごく小さなレベルの共通部分を抽出することが、SRP 違反に気づくきっかけを与えてくれるのです。それは今回分離した新たなメソッドを別のクラスに抽出することにつながるかもしれません。それにより SRP 違反が一層明らかとなります。さらに抽象化を進めていくと、抽出した新たなメ

ソッドが別のコンテキストで再利用できることにチーム内の誰かが気づくかもしれません。この「小さな再利用」が、システムの複雑さを大きく減少させることになるのです。大きな再利用を実現するためには、小さな再利用を理解することが肝要なのです。

テンプレートメソッドパターン[2]は、高いレベルの重複を取り除くためにうってつけの技法です。以下はその例です。

```
public class VacationPolicy {
  public void accrueUSDivisionVacation()    {
    // その日までに働いた時間をもとに、休暇を計算するコード
    // ...
    // アメリカにおける最低休暇日数を満たしているかを検証するコード
    // ...
    // 給与レコードに、休暇を反映するコード
    // ...
  }

  public void accrueEUDivisionVacation()    {
    // その日までに働いた時間をもとに、休暇を計算するコード
    // ...
    // ヨーロッパにおける最低休暇日数を満たしているかを検証するコード
    // ...
    // 給与レコードに、休暇を反映するコード
    // ...
  }
}
```

accrueUSDivisionVacation と accrueEuropeanDivisionVacation の間には、同じ部分が大量にあります（法律上の最低日数を計算する部分以外の部分）。アルゴリズムは、従業員のタイプによって変化します。

この明らかな重複はテンプレートメソッドパターンを適用することで排除できます。

```
abstract public class VacationPolicy {
  public void accrueVacation() {
    calculateBaseVacationHours();
    alterForLegalMinimums();
    applyToPayroll();
  }
  private void calculateBaseVacationHours() { /* ... */ };
  abstract protected void alterForLegalMinimums();
```

[2] [GOF]

```
    private void applyToPayroll() { /* ... */ };
}

public class USVacationPolicy extends VacationPolicy {
  @Override protected void alterForLegalMinimums() {
    // アメリカ特有のロジック
  }
}

public class EUVacationPolicy extends VacationPolicy {
  @Override protected void alterForLegalMinimums() {
    // ヨーロッパ特有のロジック
  }
}
```

サブクラスは、accrueVacation アルゴリズムに開いた穴へ、重複しない箇所の情報を提供して埋めています。

表現に富む

　我々の多くは入り組んだコードに対して作業を行った経験があります。多くの人は自分でそれを生み出してしまった経験があるでしょう。**自分自身**が理解できるコードを書くのはたやすいことです。なぜならその時点では、解く対象の問題について、深く理解しているからです。コードを保守する別の人達にそのような深い理解を期待することはできないでしょう。

　ソフトウェアプロジェクトにおけるコストの大半は、長い期間に渡る保守に費されます。変更を行うときに不具合を混入してしまう可能性を最小化するには、システムの動作を理解可能とすることが重要です。システムが複雑化するにつれ、それを理解するのにより時間が必要となり、誤解が生じる可能性が増大していきます。そのため、コードには、書き手の意図が明快に表現されている必要があります。書き手の意図の表現が明快であればあるほど、別の人がそれを理解するのに必要な時間は減少します。これは不具合を減らし保守コストを低減させます。

　よい命名によって、自分の意図を表現できます。クラス、関数の名前を聞いてから、それらの責務を知ったときに面食らようなことは避けたいものです。

　関数とクラスを小さく保つことでも、自分の意図を表現できます。小さなクラスや関数は、大抵の場合、命名が容易であり、書くのが容易であり、理解が容易なのです。

　標準の用語を用いることでも、自分の意図を表現できます。たとえばデザインパターンは、大まかにいって情報伝達と表現のためにあるのです。コマンドとかビジターといった標準的なパターン名を、そのパターンを使用しているクラス名に使用することで、簡単に自分の設計を他の開発者に

伝えることができます。

　適切に記述された単体テストでも、自分の意図を表現できます。テストの第一の目的は、使用例の文書化にあるのです。テストを見れば、そのクラスがどういうものであるかを、たちどころに理解できます。

　しかし表現豊かであるために最も重要なことは「試す」ことです。大抵は、コードが動くようになった時点で、次の問題へと進んでしまうのです。次に読む人にとってコードがわかりやすくなるように十分な想像力を働かせることなしに。次に読むことになる人というのは、往々にして自分自身であるということは、肝に命じておきましょう。

　自分自身の技量をちょっと見せつけてやりましょう。自分が書いた関数とクラスに、あとちょっとだけ時間を割きましょう。よりよい名前を選び、大きな関数を分割し、広く自分が作成したものを気にかけましょう。注意というのは貴重な資源です。

クラスとメソッドを最小限に

　重複の排除、コードの表現力、SRPといった基本的な概念はいき過ぎてしまう場合もあります。クラスとメソッドを小さくしようとすれば、小さなクラスとメソッドがあまりに多く生成されてしまうかもしれません。そこで、この規則では、関数とクラスの数を少なくしようと提唱しています。

　クラス、メソッド数が多すぎる状況というのは、無益な独断の結果から生じていることが時折あります。たとえばすべてのクラスにインターフェイスの作成を強要するコーディング標準というのを考えてみてください。あるいはフィールドと振る舞いとを、データクラスと振る舞いクラスとに常に分けることを強要する開発者を考えてみてください。こうした独善は拒否し、もっと実際的なやり方に従うべきです。

　我々の目的は、システム全体を小さくしつつ、関数とクラスも小さくするということです。ただし、この規則の優先順位は、単純な設計への規則の中で最も低いということを覚えておきましょう。クラスと関数の数を少なくすることは重要ではありますが、テストを用意すること、重複を排除すること、コードに自分の意図を表現することのほうがより重要なのです。

結論

　経験にとって代わるような、単純な実践手法というのは存在するのでしょうか？ あるわけがありません。一方でこの章で述べた実践手法は、ここ数十年の間、筆者らが経験してきたことの結晶です。単純な設計への実践に従うことで、開発者が優れた原則、パターンに即した作業を行うことを可能とし、また、それを促進するのです。これらは通常なら習得に何年も要するものです。

参考文献

[XPE]　　*Extreme Programming Explained: Embrace Change*, Kent Beck, Addison-Wesley, 1999.（邦訳は『XP エクストリーム・プログラミング入門―変化を受け入れる 第2版』、長瀬嘉秀／テクノロジックアート 訳、ピアソンエデュケーション）

[GOF]　　*Design Patterns: Elements of Reusable Object Oriented Software*, Gamma et al., Addison-Wesley, 1996.（邦訳は『オブジェクト指向における再利用のためのデザインパターン（改訂版）』、本位田真一／吉田和樹 監修、ソフトバンククリエイティブ刊）

by Brett L. Schuchert

第13章 同時並行性

> 「オブジェクトは処理を抽象化する。スレッドはスケジュールを抽象化する」
> ——ジェームス O. コプリエン[1]

　きれいな同時並行プログラムを書くのは困難を極めます。1スレッドで実行されるコードを書くのは非常に簡単です。表面上は正しく動いているようで、裏側では壊れているコードを書くのも簡単です。こうしたコードは、システムに負荷がかかるまでは、問題なく動作します。

　本章では、同時並行プログラムの要件とその難しさについて議論します。こうした難しさに対処するため、またきれいな同時並行プログラムを書くためのいくつかの提言を行います。最後に同時並行プログラムをテストする際の問題点を述べて締め括ります。

　きれいな同時並行性というのは、複雑な話題で、それだけで1冊の本を書くに値します。本書では、全体像の提示と411ページの「同時並行性II」チュートリアルでの詳細の紹介に留めることとします。単に同時並行性に興味があるのであれば、この章だけで十分でしょう。同時並行性を深いレベルまで理解する必要があるなら、チュートリアルも同様に読むべきです。

1　私信。

なぜ同時並行性が必要なのか？

　同時並行性とは、分離のための戦略です。何を実行するのかということと、いつ実行するのかということを分離するのに役立ちます。シングルスレッドのアプリケーションでは、いつ実行するのかということと、何を実行するのかという点が強く結びついているので、アプリケーション全体の状態はスタックトレースで判断することが大抵は可能です。こうしたシステムのデバッグでは、1つ、あるいは一連のブレークポイントをデバッガ上でセットして、どのブレークポイントがヒットしたかを見ることによってシステムの状態を知ることができます。

　「何」を「いつ」から分離することで、アプリケーションの構造とスループットを顕著に改善することが可能となります。構造の観点からは、アプリケーションが、1つの大きなメインループではなく、たくさんの協調する小さなコンピュータの集まりに見えるようになります。これはシステムの理解を簡単にし、関心事の分離を強力に推し進めます。

　たとえばWebアプリケーション構築のための「サーブレット」標準モデルを考えてみてください。これらのシステムは、WebあるいはEJBコンテナの傘の下で動作します。コンテナは、同時並行性の管理の一部を提供します。Webの要求がくると、サーブレットは非同期に実行されます。サーブレットのプログラマは、やってくる要求のすべてを管理する必要はありません。原理上、サーブレットは、それ自身の限られた世界で実行され、他のすべてのサーブレットの実行からは分離されています。

　もちろん、このように簡単な話であれば、この章を用意する必要はありません。実際にはWebコンテナが提供する分離は完全からは程遠いものです。サーブレットのプログラマは細心の注意を払って、同時実行されるプログラムが正しくなるようにしなければならないのです。それでも、サーブレットモデルによる、構造上の利点は大きなものです。

　構造だけが、同時並行性を取り入れる動機ではありません。応答時間とスループットの制約があるシステムがいくつかあり、それらは同時並行性を手で書いて解決しています。たとえばさまざまなWebサイトから情報を集めてそこから1日のまとめ情報を生成するシングルスレッドのプログラムを考えてみてください。システムがシングルスレッドで実装されているので、Webサイトを順番に見ていかなければなりません。次のサイトに移る前には、現在のサイトの処理を完了しなければなりません。1日の処理は24時間未満で完了しなければなりません。しかし、Webサイトがどんどん追加されていくと、すべてのデータを集めるのにかかる時間が24時間を超えてしまうでしょう。1つのスレッドの実行時間に、大量のWebのソケットI/O完了待ち時間が含まれてしまいます。マルチスレッドアルゴリズムを用いて、複数のサイトに同時にアクセスすることで、実行時間を改善することが可能でしょう。

　あるいは、同時に1ユーザーのみを処理するシステムを考えてみてください。その処理は1人あたり1秒で終わるものとします。ユーザー数が数人であれば、このシステムは十分によい応答性を提供するでしょうが、ユーザー数が増えるに従い、システム応答時間は悪化していきます。150人

ものユーザーが並んでいる列の最後に加わりたいと思うユーザーは、誰もいないでしょう！　このシステムの応答時間も、複数ユーザーを同時処理することで改善することができます。

あるいは、大量のデータセットを解釈するシステムを考えてみてください。ただし最終結果は、それらすべてを処理し終わった後にしか得られないものとします。おそらく、それぞれのデータセットの処理を別のコンピュータで実行することで、多くのデータセットの処理を並列に行うことが可能でしょう。

神話と誤解

このように同時並行性に対応する理由はどれも魅力的です。しかしすでに述べたとおり、同時並行性というのは難しいものです。十分に注意しないと、非常にやっかいな状況になってしまいます。以下の神話と誤解について考えてみてください。

- **同時並行性は常にパフォーマンスを改善する**
  同時並行性は時としてパフォーマンスを改善しますが、それは、待ち時間が大量にあり、それを複数のスレッドあるいはプロセッサで共有できる場合だけです。状況もまた単純なものではないのです。
- **同時並行プログラムを書く場合に設計の変更は不要である**
  実際には、同時並行アルゴリズムの設計というのは、シングルスレッドのシステムとは大きく異なることがあります。「何」を「いつ」から分離すると、通常はシステムの構造に多大な影響を与えます。
- **Web、EJB といったコンテナで作業するのであれば、同時並行性の問題を理解することは大して重要ではない**
  実際には、使用しているコンテナが何を行い、どのように同時更新と後で述べるデッドロックの問題に対して対処を行っているかを理解しておくことが望ましいでしょう。

さらに以下に、同時並行処理ソフトウェアを書くことに対する、公平な街の声をいくつか紹介します。

- 同時並行性には余分なコード、**オーバーヘッドがつきまとう**
- 解くべき問題が単純であっても、正しい同時並行性の確保は**複雑となる**
- 同時並行性のバグには、**大抵は再現性**がなく、しばしば純粋な不具合としてとられずに、一過性の問題[2]として片付けられてしまうことがある
- 同時並行性の実現のために、**設計戦略の根幹を変更しなければならない場合がよくある**

2　宇宙線、突発的な異常など。

難問

何が同時並行プログラムを、それほど難しくしているのでしょうか？ 以下の単純なクラスについて考えてみましょう。

```
public class X {
  private int lastIdUsed;

  public int getNextId() {
    return ++lastIdUsed;
  }
}
```

X のインスタンスを生成し、lastIdUsed フィールドに 42 を設定し、その後にこのインスタンスを 2 つのスレッドで共有したとしましょう。ここで、2 つのスレッドが getNextId() を呼び出したとすると、取り得る結果は以下の 3 つです。

- スレッド 1 は値 43 を受けとり、スレッド 2 は値 44 を受けとる。lastUsed の現在値は 44 である
- スレッド 1 は値 44 を受けとり、スレッド 2 は値 43 を受けとる。lastUsed の現在値は 44 である
- スレッド 1 は値 43 を受けとり、スレッド 2 は値 43 を受けとる。lastUsed の現在値は 43 である

3 番目の意外な結果[3]は、2 つのスレッドが同時に動作した際に起こります。これは、この Java の 1 行のコードを、2 つのスレッドがたどるのに、さまざまな通り道（経路）が考えられ、その中のいくつかの経路を通った場合に、間違った結果が生成されるためです。いったいいくつの異なる経路があるのでしょう？ この質問に正しく答えるには、ジャストインタイムコンパイラが、生成されたバイトコードに対してどのような処理を行うのか、そして Java のメモリモデルが何をアトミックなものとして扱うのかを理解する必要があります。

簡単にいえば、生成されたバイトコードの場合、2 つのスレッドが getNextId メソッドを実行する際には、12,870 通りの異なる実行経路[4]が考えられます。もしも lastIdUsed の型を int から long にすると、その数は、2,704,156 に増加します。もちろん、これらの経路の大半は正しい結果を生成します。問題なのは、これらのうちの**正しくない結果をもたらす経路**なのです。

---

[3] 418ページの「さらに深層へ」を参照。
[4] 416ページの「実行経路候補」を参照。

同時並行性防御原則

以下に、システムを同時並行処理コードの問題から守るための原則と技法を示します。

単一責務の原則

SRP[5]によれば、メソッド、クラス、コンポーネントは、変更の原因となるものを1つだけ持つとされています。同時並行処理の設計は複雑なので、それ自体が1つの変更の原因となります。このため、この部分を残りのコードから分離することには価値があります。残念なことに、製品コードの中に直接同時並行処理の実装詳細を埋め込んでしまうというやり方が、とても一般的に行われています。以下に考慮点を示します。

- 同時並行性に関係するコードは、それ自身が開発、変更、チューニングのライフサイクルを持っている
- 同時並行性に関係するコードと同時並行性に関係しないコードの難しさは質が異なり、時としてより困難である
- 書き損じた同時並行ベースのコードが取り得る誤動作は、あまりに多岐に渡るため、それがまわりのアプリケーションコードにとって重荷とならないようにするのは至難の技である

アドバイス：同時並行性に関係するコードを、他のコードから分離すること[6]。

帰結：データのスコープを限定せよ

これまで見たように、2つのスレッドに共有されたオブジェクトの同じフィールドを変更すると、それがお互いに影響し合って予期されない挙動を招きます。解決策の1つは、synchronizedキーワードを使って、コード内で共有オブジェクトを操作するクリティカルセクションを保護することです。こうしたクリティカルセクションの数を抑えることが重要です。共有データが変更される場所が多ければ多いほど、以下のようなことが起きやすくなります。

- 保護すべき場所に保護を入れるのを忘れる。これは、共有データを更新するすべてのコードを簡単に壊してしまうことになる
- すべてがきちんと保護されているかを確認するという努力が繰り返されてしまう（DRY[7]への抵触）

5　［PPP］
6　411ページの「クライアント／サーバーの例」を参照。
7　［PRAG］

- 失敗の原因を見つけるのが難しくなる。失敗しているかどうかもすでにわかりにくくなっている

アドバイス：データのカプセル化を徹底せよ。共有される可能性のあるデータへのアクセスを厳しく制限せよ。

帰結：データのコピーを使用せよ

　データ共有の問題を解決するためのよい方法は、そもそもデータの共有を避けるということです。データをコピーしそれを読み出し専用のものと見なすという方法がとれる場合があります。それ以外のケースでは、オブジェクトをコピーし、複数のスレッドの結果をコピーに集め、1つのスレッドでこれをマージするという方法がとれるかもしれません。

　もしもオブジェクトの共有を避ける簡単な方法があったとしたら、そこから生み出されるコードは、問題を引き起こすコードとは似ても似つかないものとなるでしょう。余計に必要となるオブジェクト生成のコストが気になるかもしれません。実際にそれが問題となり得るのかどうか実験することには価値があります。しかしオブジェクトのコピー生成でコードの同期化と、本質的なロックを避けることができるのであれば、余計な生成とガベージコレクションのオーバーヘッドは十分に見合うものと考えられます。

帰結：スレッドはできるかぎり独立させよ

　すべてのスレッドがそれぞれ独立した空間を持つようなコードを書いていることを想像してみてください。スレッド間でのデータの共有はありません。それぞれのスレッドは、1つのクライアントからの要求を処理し、必要とされるすべてのデータは、共有されていないデータソースから読まれ、ローカル変数に格納されます。この場合、各スレッドは、自分が唯一のスレッドであるかのように振る舞うことができ、同期は不要でしょう。

　たとえば HttpServlet を継承したクラスが、情報をすべて doGet/doPost メソッドに渡されたパラメータから取得する場合、それぞれのサーブレットは、あたかも自分専用の機械があるかのように振る舞うことができます。サーブレットのコードがローカル変数のみを使用している限りは、サーブレットが同期化の問題を引き起こすことはありません。もちろん大抵のサーブレットアプリケーションは、最終的にはデータベース接続のような共有資源を使用することになります。

アドバイス：データを、お互いに依存しないサブセットに分割することを試みよ。これが可能であれば、それらを独立したスレッド、さらには別のプロセッサで処理することが可能となる。

使用しているライブラリを知る

Java 5 には、前のバージョンに比べて、同時並行処理の開発のための改良が大量に施されています。Java 5 において、スレッド化されたコードを書くときには、考慮すべきことがいくつかあります。

- 提供されているスレッドセーフなコレクションを利用する
- お互いに関係しないタスクの実行に、エグゼキュタフレームワークを利用する
- 可能であれば、ブロックしない方法を用いる
- ライブラリのいくつかのクラスはスレッドセーフではない

スレッドセーフなコレクション

まだ Java が若かりしころ、ダグ・リーは「*Concurrent Programming in Java*[8]」という多大な影響力を持つ本を書きました。この本に従って、彼はいくつかのスレッドセーフなコレクションを開発し、後にこれは `java.util.concurrent` パッケージとなって JDK の一部となりました。これらのコレクションは、マルチスレッド環境で安全に使用することができ、高速に動作します。実際、`ConcurrentHashMap` の実装は `HashMap` よりもほぼすべての状況で高速です。さらに同時並行的に読み書きをすることも可能であり、一般的なコンポジット操作（これらは、別々に呼ぶとスレッドセーフになりません）がサポートされています。もしも配備環境で Java 5 が使用できるなら、`ConcurrentHashMap` 使用の検討を開始しましょう。

より高度な同時並行処理設計をサポートするために、何種類かのクラスが追加されています。以下はその一例です。

`ReentrantLock`	あるメソッドで獲得し、別のメソッドで解放可能なロック
`Semaphore`	ロック回数を持った伝統的なセマフォ
`CountDownLatch`	大量のイベントが発生するのを待ち合わせ、その後に待機中のスレッドを解放するロック。ほぼ同じ時刻にすべてのスレッドに公平な実行開始の機会が与えられる

アドバイス：使用可能なクラスを調査せよ。Java なら、`java.util.concurrent`、`java.util.concurrent.atomic`、`java.util.concurrent.locks` を我がものとせよ。

---

[8] ［Lea99］。邦訳は『Java スレッドプログラミング　並列オブジェクト指向プログラミングの設計原理』。

実行モデルを見分ける

同時並行処理アプリケーションで振る舞いを分割するには、いくつかの方法があります。先にいくつかの基本的な定義を理解しておく必要があります。

束縛リソース	同時並行処理環境で使用される、固定長のリソース、あるいは数値。例としてデータベース接続、固定長の読み書き可能バッファが挙げられる
相互排他	同時には、共有リソースに1スレッドしかアクセスできない
飢餓状態	あるスレッド、あるいはスレッドグループが、長期間あるいは永遠に実行機会を与えられないこと。たとえば高速動作するスレッドが、いつも最初に通り抜けてしまい、そのスレッドが永遠に終了しないと、長期間実行されるスレッドが飢餓に陥る
デッドロック	2つ以上のスレッドがお互いの終了を待ち合わせている状態。それぞれのスレッドが1つのリソースを持っていて、そのリソースを別のスレッドが要求し、どのスレッドも、もう一方のリソースを取得するまで終了しないケース
ライブロック	複数のスレッドが足並みを揃えて動作し、処理をしようとしたら、お互いが「邪魔し合って」しまう状態。共鳴により、スレッドは、再試行を繰り返してしまい、処理が長時間あるいは永遠に進まない

名前の定義が終わったので、同時並行処理プログラミングにおける実行モデルについて見ていくことにしましょう。

プロデューサーコンシューマ[9]

1つ以上のプロデューサスレッドが作業を生成してバッファ、あるいはキューに格納します。1つ以上のコンシューマスレッドが、作業をキューから取り出して、完了させます。プロデューサとコンシューマの間にあるキューは**束縛リソース**となります。つまり、プロデューサは書き込み前にキューに空き領域ができるのを待たなければならず、コンシューマはキュー内に取り出す作業が入るまで待たなければならないということです。キューを介したプロデューサとコンシューマの調停には、プロデューサとコンシューマ間でのシグナル通知も含まれます。プロデューサはキューに書き込み、キューがもう空ではないというシグナルを送ります。コンシューマはキューから読み出したら、キューがもういっぱいではないというシグナルを送ります。どちらも処理の継続が可能となったことを知らせる通知を潜在的に待ち合わせることになります。

---

[9] http://en.wikipedia.org/wiki/Producer-consumer

リーダー―ライター[10]

　もしも共有リソースが主に読み込みにのみ使用され、更新はたまにしか起きない場合、スループットが問題となります。スループットを重視すると、飢餓状態と古い情報の集積が起こることがあります。更新を許すとスループットに影響を与えることがあります。リーダーがライターの更新内容を読み込まないようにする、あるいはその逆は、綱渡り的な困難な作業です。ライターは、多くのリーダーを長時間ロックさせてしまいがちで、これがスループットの問題を引き起こします。

　問題は、正しい操作、許容範囲のスループット、飢餓状態の回避を満たしつつリーダーとライターの要件の妥協点を見つけることです。簡単な方法は、リーダーがいなくなるまで、ライターによる更新を待たせるというものです。しかし常にリーダーが存在する状況だと、ライターが飢餓状態になります。一方、ライターが頻繁に登場し、高い優先度を持っていると、スループットが悪化します。これらのバランスをうまく調整して、同時並行更新の問題を回避することが課題なのです。

哲学者の食事[11]

　丸テーブルに、たくさんの哲学者が座っている状況を思い浮かべてください。フォークがそれぞれの哲学者の左に置かれています。テーブルの真ん中には、大きなボウルにスパゲッティが盛られています。哲学者は、空腹にならない限りは、思索にふけります。ひとたび空腹となると、自分の両側にあるフォークをとって食事をとります。哲学者は2つのフォークを手にとるまでは、食事にありつけません。自分の右、あるいは左の哲学者が、自分の両側にあるどちらかのフォークをすでに使用中なら、相手が食事を終えてフォークを戻すまで待たなければなりません。食事が終わればフォークをテーブルに戻し再び空腹となるのを待ちます。

　哲学者をスレッドに、フォークをリソースに置き替えると、これはリソース競合が生じる多くの企業アプリケーションに似ています。注意深く設計されていないと、このようにリソース競合を起こすシステムは、デッドロック、ライブロック、スループット、効率低下といった問題を起こすことになります。

　大抵の同時並行処理の問題というのは、これら3つの問題のバリエーションです。これらのアルゴリズムについて研究し、自分が置かれた状況のための解決方法を書いてみてください。これにより、同時並行処理の問題の遭遇に備えることができます。

アドバイス：これらの基本的なアルゴリズムについて学び、解決策を理解すること。

---

10 http://en.wikipedia.org/wiki/Readers-writers_problem
11 http://en.wikipedia.org/wiki/Dining_philosophers_problem（日本語訳は http://ja.wikipedia.org/wiki/%E5%93%B2%E5%AD%A6%E8%80%85%E3%81%AE%E9%A3%9F%E4%BA%8B）

同期化メソッド間の依存関係に注意

　同期化メソッドの間の依存性が同時並行処理コードで微妙なバグを引き起こすことがあります。Java には、synchronized という考えがあります。これはそれぞれのメソッドを保護します。しかし1つの共有クラスに複数の同期化メソッドがあると、システムが間違って記述されてしまうかもしれません[12]。

アドバイス：共有されるオブジェクトのメソッドを2つ以上使用してはならない。

　共有オブジェクトのメソッドを2つ以上使用しなければならない場合もあるでしょう。この場合、コードを正しくするには次の3つの方法があります。

- クライアントベースロック：クライアント側がサーバーのロックを獲得してから、最初のメソッドを呼び出します。そしてそのロックが最後のメソッド呼び出しまで維持されるようにします
- サーバーベースロック：サーバーをロックするメソッドを、サーバー側に用意し、すべてのメソッドを呼んでからロックを解除します。新しいメソッドは、クライアント側から呼んでもらいます
- サーバー適合：ロックを実行する中間層を作成します。これはサーバーベースロックの1つですが、元のサーバーを変更せずに済みます

同期化セクションを小さくする

　synchronized キーワードはロックを導入します。すべてのセクション内のコードは、同じロックによって保護され、常にただ1つのスレッドのみがそのコードを実行できます。ロックは生成に時間を要し、オーバーヘッドがあるために高くつきます。synchronized 文をコードの中にばらまくようなことは避けたいものです。その一方でクリティカルセクション[13]は保護しなければなりません。つまりなるべくクリティカルセクションを少なくするべきです。

　経験の少ないプログラマは、このクリティカルセクションを巨大にしようとしてしまうことがあります。しかし本来必要なセクションを超えてクリティカルセクションを設定してしまうと、衝突が増えパフォーマンスが悪化します[14]。

アドバイス：同期化セクションは、できる限り小さくする。

12　425ページの「メソッド間の依存性が同時並行コードを破壊する」を参照。
13　プログラムが正しく動作するように、あるセクションのコードが、同時に実行されないようにすること。
14　430ページの「スループットを高める」を参照。

正確な終了処理コードを書くのは難しい

　常駐して永遠に動き続けるシステムを書くのと、一定時間稼動し、きれいに終了するものを書くのとは、異なることです。
　きれいに終了させるということを正確に行うのは困難かもしれません。よくある問題にデッドロックがあります[15]。この場合複数のスレッドが永遠にこないシグナルを待ち続けます。
　たとえば、親スレッドがいくつかの子スレッドを生成し、それらが終了してから、リソースを解放して終了するシステムを思い浮かべてみてください。もしもそのうちの１つのスレッドがデッドロックしたらどうしたらよいでしょう？　親は永遠に待ち続けることになり、システムは永遠に終了しなくなってしまいます。
　あるいは同じようなシステムで終了が要求されたとしましょう。親は自分が生成した子にタスクの中断か終了を指示します。しかし、もしもそのうちの２つが、プロデューサとコンシューマのペアだったらどうでしょう。プロデューサが、親からシグナルを受けてすぐに終了したとしましょう。コンシューマは、プロデューサからのメッセージを期待し、終了シグナルを受信できない状態でブロックされ続けるかもしれません。プロデューサを待ち続けて永遠に終わらないかもしれず、親はやはり終了できません。
　こうした状況はありふれています。もしもきれいに終了する同時並行処理コードを書かなければならないのであれば、正確に終了できるようにすることに、時間がかかることを覚悟しておくべきです。

アドバイス：早い時期に終了処理について考慮を行い、動作するようにしておくこと。これは思った以上に時間を要する。おそらく思っている以上に難しいので、既存のアルゴリズムを再度見直すこと。

スレッド化されたコードのテスト

　コードが正しいことを証明するのは現実的ではありません。テストで正確性を担保することはできません。しかし、優れたテストを実行することで、リスクを低減することはできます。シングルスレッドの場合なら、これは常に真です。2、3のスレッドが同じコードを使用するようになり、共有データを持つようになると、たちどころに状況は顕著に複雑化します。

アドバイス：潜在的問題をあぶり出すテストを書き、それを異なるプログラム構成、システム設定上で頻繁に実行する。テストが失敗したら、失敗の原因を掘り下げる。もう一度テストしたら起き

---

[15] 433ページの「デッドロック」を参照。

なかったからといって失敗を無視してはいけない。

　ここに挙げたことはすべて考慮すべきです。以下は、さらに細かな推奨項目です。

- テストの失敗の仕方が怪しかったら、スレッドの問題だと疑ってかかる
- まずスレッド化されていないコードを先にテストしておく
- スレッド化されたコードは差し替え可能としておく
- スレッド化されたコードをチューニング可能にしておく
- プロセッサの個数以上スレッドを生成して実行する
- 異なるプラットフォームで実行する
- コードに対していろいろなことを試し、強制的にエラーを発生させる

怪しい失敗を、スレッド問題の容疑者として扱う

　スレッド化されたコードは「簡単には起きない」エラーを引き起こします。多くの開発者にとって、マルチスレッドが他のコード（本人が書いたものも含まれます）と、どういった相互作用をするのかという点を直感的に理解することは困難です。スレッド化されたコードでは、千回、百万回に1回しか起きないような現象が現われるかもしれません。再現のために何度も繰り返すのはうんざりする仕事です。このためエラーの原因を宇宙線、突発的な異常、あるいは何らかの「一過性の問題」であると片付けてしまうことがあります。一過性の問題など存在しないと考えるべきです。「一過性の問題」を無視すればするほど、コードは、潜在的な欠陥を持ったやり方に立脚することになります。

アドバイス：システムのエラーを一過性の問題と片付けないこと。

最初にスレッド化されていないコードを完成させる

　これは当然のように見えますが、しかしいくら強調しても強調し過ぎということはありません。コードは、利用されるマルチスレッド環境以外でも動作するようにしてください。一般的には、これはPOJOを作って、自分のスレッドから呼び出すことを意味します。POJOは、マルチスレッドが前提ではないので、マルチスレッド環境でテストする必要がありません。システム内に、このようなPOJOが増えるほど好ましいといえます。

アドバイス：非マルチスレッドにおけるバグと、マルチスレッドにおけるバグとを、同時に追いかけないこと。マルチスレッド環境外でコードが動作するようにすること。

スレッド化されたコードは差し替え可能とする

同時並行性をサポートするコードは、いくつかの構成で実行できるようにしておきます。

- 1スレッド、複数スレッド、これらが実行時に変化する環境
- スレッド化されたコードを、本番にもテスト代役にもなり得るようなものと相互作用させる
- 高速、低速、可変速で動作するテスト代役で実行する
- 何度も繰り返し実行できるようにテストを構成する

アドバイス：スレッド環境下で稼動するコードは、さまざまな構成で実行可能とするため、差し替え可能としておく。

スレッド化されたコードをチューニング可能にしておく

スレッドのバランスをとるには、一般には試行錯誤が必要となります。事前に異なる設定でシステムのパフォーマンスを測定する方法を探しておきます。使用するスレッドの数を簡単に調整できるようにしておきます。それも実行時に変更できるようにすることを検討します。スループット、システム使用率をもとに自分自身をチューニングできるようにすることを検討します。

プロセッサの数よりスレッドの数を多くする

問題は、システムがタスクスイッチするときに起きます。タスクスイッチを促すためには、プロセッサのコアの数よりも多いスレッドを実行します。タスクスイッチが頻繁になればなるほど、クリティカルセクションの不備やデッドロックといった問題を持ったコードが見つかります。

異なるプラットフォームで実行する

2007年の中ごろ、筆者らは同時並行処理プログラミングの教育コースを作成しました。コースの内容は、主にMac OS Xで確認しました。講義はWindows XPをVM上で動かして行いました。OS Xでは失敗するのに、XPの環境では失敗するはずのテストが失敗しないことがよくありました。

すべてのケースで、テストに書かれたコードの内容は問題を持ったものでした。OSがそれぞれ異なるスレッドの実装方法を持っているため、それがコードの実行に影響を与えていたことが原因です。マルチスレッドのコードは環境が異なると、異なる挙動を示します[16]。可能な限り多くの環境でテストを行うべきです。

---

[16] Javaにおけるスレッドモデルは、プリエンプティブなスレッドであることを保証していないことをご存知でしたか？最近のOSはプリエンプティブなスレッドをサポートしているので「ただで」利用できますが、JVM自体は、これを保証しているわけではないのです。

アドバイス：なるべく早い時期に、そして頻繁に、すべての対象プラットフォーム上で、スレッド化されたコードを実行すること。

コードに対していろいろなことを試し、強制的にエラーを発生させる

同時並行処理コードでは、問題が隠れてしまうことが一般的です。単純なテストでは見つけることができません。実際、通常の動作時には見つからないことが多いのです。発生頻度は、数時間、数日、数週間に1回かもしれないのです！

スレッド処理のバグが頻繁に起きず、散発し、再現が難しいのは、問題のあるセクションの数千の取り得る実行経路パスの中で、実際に失敗する、ごく一部の経路を通ったときにだけ発生するからです。このため失敗する経路を通る確率は驚くほど低く、発見、デバッグは極めて困難となります。

こうしたまれな事象を発見する確率はどうやって高めればよいのでしょう？ Object.wait()、Object.sleep()、Object.yield()、Object.priority() のようなメソッドを追加することで、実行の順序を変えることができます。

これらのメソッドは、実行順序に影響を与えるので、問題箇所を発見できる確率が上がります。壊れたコードがエラーを起こすのは、早ければ早いほど、頻繁であれば頻繁であるほど望ましいのです。

こうしたコードの変更を行うには、以下の2つの方法があります。

- 手作業によるもの
- 自動的に行うもの

手作業によるもの

wait()、sleep()、yield()、priority() といったメソッド呼び出しを、手で追加することができます。これは難易度の高いコードをテストするときに用いる方法といえるでしょう。

以下に例を示します。

```java
public synchronized String nextUrlOrNull() {
  if(hasNext()) {
    String url = urlGenerator.next();
    Thread.yield(); // テストのために追加
    updateHasNext();
    return url;
  }
  return null;
}
```

yield() の追加によって、コードがたどる実行パスが変化し、以前は失敗しなかったコードが、失敗するようになるかもしれません。もしもコードが動かなくなったら、それは yield() を追加したからではありません[17]。そうではなく、あなたの書いたコードが壊れていることが、今回の変更で単に明らかになったのです。

　この方法には、以下のような多くの問題があります。

- この方法を施す場所を手作業で見つけなければならない
- どこに入れるべきか、何の呼び出しを追加するのかを、どうやって判断すればよいのか？
- このようなコードが本番環境に残ると、コードの実行速度が低下する
- これは散弾銃のようなやり方であり、問題は見つかることもあれば、見つからないこともある。実際、あまり勝目はない

　このようなやり方はテストのときにだけ行って、本番に入ったらやめる必要があります。実行するごとに、複数の構成を簡単に組み合わせることができるようにして、エラーの発見確率に重畳効果が出るようにする必要があります。

　システムを POJO で構成し、スレッドについて何も知識を持たないクラスと、スレッド処理を制御するクラスとに分けておけば、今回のようなコード変更を行う場所を見つけるのは、簡単になります。さらに POJO を呼び出すテスト経路に sleep、yield などの呼び出しをさまざまな組み合わせで入れることで、多くの異なったタイミングを生成することができるでしょう。

自動的に行うもの

　CGLIB や ASM のようなアスペクト指向フレームワークを使うことで、プログラム的にコードを変更することができます。たとえば、単純なメソッドを持つクラスを使い、

```java
public class ThreadJigglePoint {
  public static void jiggle() {
  }
}
```

コード上のさまざまな場所に、上記のコードへの呼び出しを追加することができます。

```java
public synchronized String nextUrlOrNull() {
  if(hasNext()) {
```

---

17 この記述は厳密には正しくありません。JVM はスレッドがプリエンプティブに動作することを保証しないので、もしかすると、この処理は常に OS 上で実行され続け、別のスレッドに割り込まれないかもしれません。逆もまた同じですが理由は異なります。

```
            ThreadJiglePoint.jiggle();
            String url = urlGenerator.next();
            ThreadJiglePoint.jiggle();
            updateHasNext();
            ThreadJiglePoint.jiggle();
            return url;
        }
        return null;
    }
```

そして、何もしない、スリープする、yieldするということをランダムに選択する単純なアスペクトを使うのです。

あるいは、`ThreadJiglePoint`クラスに2つの実装がある状況を思い浮かべてください。1つの実装は何もしないもので、本番で使用します。もう一方は、乱数を生成して、スリープ、yield、何もしない、のうちのどれかを選ぶものとします。後者を使って、テストを1000回実行すれば、問題を根絶できるかもしれません。少なくともテストが成功したのであれば、相当の配慮をしたといえるでしょう。もっと単純にいえば、この方法は、より洗練されたツールの代替となり得るということです。

ConTest[18]というIBMが開発したツールも同じようなことを行いますが、これをずっと洗練された方法で行います。

重要なのは、コードに、異なる順序、異なるタイミングで揺さぶりをかけるということです。優れたテストと、揺らしテストがあれば、エラーを発見できる確率はずっと高くなるでしょう。

アドバイス：揺らしの手法を用いて問題を外に追い出す。

結論

同時並行処理コードを正しく作成するのは難しいことです。単純に流れるだけのコードが、マルチスレッドで共有データを持つようになると、悪夢と化します。同時並行処理コードを書かなければならない状況に直面したら、厳格なクリーンコードを書く必要があります。さもないと、まれに発生するとらえがたいエラーに悩まされることになります。

最初に、単一責務の原則に従ってください。システムをPOJOに分割し、スレッドを意識するコードと、そうでないコードとを分離します。スレッドを意識するコードをテストする場合、そのコードのみをテストするようにして、他を含めないようにします。これはスレッドを意識するコードを小さく、そして、その目的に集中するように作成する必要があるということです。

---

18 http://www.alphaworks.ibm.com/tech/contest

マルチスレッドでの共有データの操作、あるいは共通のリソースプールといった、同時並行性の問題の原因となり得るものについて理解してください。終了処理をきちんと行う場面、あるいはループの繰り返しの最後などのような境界部分では、とりわけ、状況は困難となります。

ライブラリと基本的なアルゴリズムについて学習してください。基本的なアルゴリズムを理解するのと同じように、ライブラリが提供する機能が、問題解決にどのように役に立つのかについて理解してください。

ロックが必要なコード領域を探し出すための方法、ロックする方法について学習してください。ロックが不要な領域をロックしないようにしてください。ロック中のセクションを別の場所から呼び出さないようにしてください。これは共有されているかどうかということを十分に理解している必要があります。共有されるオブジェクトの数をおさえ、共有されるスコープの範囲をなるべく狭くとってください。利用者側にオブジェクトの共有を管理させるのではなく、利用者側に代わって管理するように設計してください。

問題は突然現われます。最初の頃に現われなかった問題は、たった一度しか起きなかったものとして、なかったことにされることがよくあります。これらは、いわゆる一過性の問題で、負荷の高いときにだけ起きたり、あるいは表面上はいつ起きるか予想できなかったりします。そこで、スレッドに関係したコードは、さまざまな構成で、またさまざまなプラットフォーム上で何度も続けて実行できるようにしておく必要があります。テスト容易性は、TDD の三原則を守ることで得ることができます。テスト容易性には差し替えを可能とすることも含まれており、これはコードをさまざまな構成のもとで実行するために必要となります。

コードにいろいろと手を入れてみることで、エラーを発見する確率をかなり上げることができます。これは手でもできますし、何らかの自動化された方法によっても行えます。最初のうちに考慮しておいてください。スレッドを利用したコードは、本番で使用される前に、できるだけ長い間走らせてみる必要があります。

コードをきれいにするように心がけておけば、正しいものができあがる可能性は大変高くなります。

参考文献

[Lea99]　　*Concurrent Programming in Java: Design Principles and Patterns*, 2d. ed., Doug Lea, Prentice Hall, 1999.（邦訳は『Java スレッドプログラミング　並列オブジェクト指向プログラミングの設計原理』、松野良蔵 訳、翔泳社刊）

[PPP]　　*Agile Software Development: Principles, Patterns, and Practices*, Robert C. Martin, Prentice Hall, 2002.（邦訳は『アジャイルソフトウェア開発の奥義―原則・デザインパターン・プラクティス完全統合』、瀬谷啓介 訳、ソフトバンククリエイティブ刊）

[PRAG]　　　*The Pragmatic Programmer*, Andrew Hunt, Dave Thomas, Addison-Wesley, 2000.（邦訳は『達人プログラマー──システム開発の職人から名匠への道』、村上雅章 訳、ピアソン・エデュケーション刊）

継続的改良
コマンドライン引数のパーサを用いたケーススタディ　第14章

　本章は、継続的な改良のケーススタディになっています。最初のモジュールは、出だしはよかったものの、うまく拡張できません。その後、コードがリファクタリングされ、洗練されていくようすを見ていきます。

　時折、コマンドライン引数をパースしなければならなくなることがあります。手ごろなユーティリティがなければ、main関数に渡された配列の中の文字列を順番に調べていくことになります。いくつかの優れたユーティリティが、さまざまなところから出されていますが、筆者の要望にぴったりと合うものはありません。もちろん、筆者は自分で造ることにしました。これをArgsと呼ぶことにします。

　Argsの使用方法はいたって簡単です。入力引数と書式文字列を渡してArgsを生成し、引数の値をArgsのインスタンスに対して問い合わせます。以下の簡単な例を見てみてください。

リスト14-1　Argsの簡単な使用例

```
  public static void main(String[] args) {
    try {
      Args arg = new Args("l,p# ,d*", args);
      boolean logging = arg.getBoolean('l');
```

```
      int port = arg.getInt('p');
      String directory = arg.getString('d');
      executeApplication(logging, port, directory);
    } catch (ArgsException e) {
      System.out.printf("引数エラー: %s\n", e.errorMessage());
    }
  }
```

とても簡単なことがわかるでしょう。Args クラスのインスタンスを 2 つの引数から生成するだけです。最初の引数は、書式、すなわち**スキーマ文字列**（"l,p#,d*."）です。この指定は 3 つのコマンドライン引数があることを定義しています。最初の -l は boolean 引数です。次の -p は整数引数です。3 番目の -d は文字列引数です。Args コンストラクタの第 2 引数は、main に渡されたコマンドライン引数配列です。

コンストラクタが ArgsException をスローせずに制御を返した場合には、コマンドライン引数のパースに成功しており、Args インスタンスに対して照会が行えます。getBoolean、getInteger、getString といったメソッドで引数の名前を使って、引数の値にアクセスできます。

書式文字列あるいはコマンドライン引数そのものに問題があれば、ArgsException がスローされます。問題の原因を説明する簡便なメッセージを例外の errorMessage メソッドで取得することができます。

Argsの実装

リスト 14-2 は、Args クラスの実装です。十分に注意して読んでみてください。スタイルと構造には随分と気を配ったので、これが見本になるとよいのですが。

リスト 14-2　Args.java

```java
package com.objectmentor.utilities.args;

import static com.objectmentor.utilities.args.ArgsException.ErrorCode.*;
import java.util.*;

public class Args {
  private Map<Character, ArgumentMarshaler> marshalers;
  private Set<Character> argsFound;
  private ListIterator<String> currentArgument;

  public Args(String schema, String[] args) throws ArgsException {
```

```java
    marshalers = new HashMap<Character, ArgumentMarshaler>();
    argsFound = new HashSet<Character>();

    parseSchema(schema);
    parseArgumentStrings(Arrays.asList(args));
  }

  private void parseSchema(String schema) throws ArgsException {
    for (String element : schema.split(","))
      if (element.length() > 0)
        parseSchemaElement(element.trim());
  }

  private void parseSchemaElement(String element) throws ArgsException {
    char elementId = element.charAt(0);
    String elementTail = element.substring(1);
    validateSchemaElementId(elementId);
    if (elementTail.length() == 0)
      marshalers.put(elementId, new BooleanArgumentMarshaler());
    else if (elementTail.equals("*"))
      marshalers.put(elementId, new StringArgumentMarshaler());
    else if (elementTail.equals("# "))
      marshalers.put(elementId, new IntegerArgumentMarshaler());
    else if (elementTail.equals("# # "))
      marshalers.put(elementId, new DoubleArgumentMarshaler());
    else if (elementTail.equals("[*]"))
      marshalers.put(elementId, new StringArrayArgumentMarshaler());
    else
      throw new ArgsException(INVALID_ARGUMENT_FORMAT, elementId, elementTail);
  }

  private void validateSchemaElementId(char elementId) throws ArgsException {
    if (!Character.isLetter(elementId))
      throw new ArgsException(INVALID_ARGUMENT_NAME, elementId, null);
  }

  private void parseArgumentStrings(List<String> argsList) throws ArgsException
  {
    for (currentArgument = argsList.listIterator(); currentArgument.hasNext();)
    {
      String argString = currentArgument.next();
      if (argString.startsWith("-")) {
        parseArgumentCharacters(argString.substring(1));
```

```java
      } else {
        currentArgument.previous();
        break;
      }
    }
  }

  private void parseArgumentCharacters(String argChars) throws ArgsException {
    for (int i = 0; i < argChars.length(); i++)
      parseArgumentCharacter(argChars.charAt(i));
  }

  private void parseArgumentCharacter(char argChar) throws ArgsException {
    ArgumentMarshaler m = marshalers.get(argChar);
    if (m == null) {
      throw new ArgsException(UNEXPECTED_ARGUMENT, argChar, null);
    } else {
      argsFound.add(argChar);
      try {
        m.set(currentArgument);
      } catch (ArgsException e) {
        e.setErrorArgumentId(argChar);
        throw e;
      }
    }
  }

  public boolean has(char arg) {
    return argsFound.contains(arg);
  }

  public int nextArgument() {
    return currentArgument.nextIndex();
  }

  public boolean getBoolean(char arg) {
    return BooleanArgumentMarshaler.getValue(marshalers.get(arg));
  }

  public String getString(char arg) {
    return StringArgumentMarshaler.getValue(marshalers.get(arg));
  }
```

```java
  public int getInt(char arg) {
    return IntegerArgumentMarshaler.getValue(marshalers.get(arg));
  }

  public double getDouble(char arg) {
    return DoubleArgumentMarshaler.getValue(marshalers.get(arg));
  }

  public String[] getStringArray(char arg) {
    return StringArrayArgumentMarshaler.getValue(marshalers.get(arg));
  }
}
```

このコードを読むときに、あちこちまわりを見て回ったり、先に飛んで探したりすることなく、上から下へと読むことができることに気づいたでしょう。ArgumentMarshaler の定義は、先に飛んで探す必要があったものの1つで、これは筆者がわざと掲載しなかったものです。このコードを注意深く読めば、ArgumentMarshaler インターフェイスがどういうもので、その派生クラスが何をするのかが理解できるはずです。ここでそれらのうちのいくつかをお目にかけましょう（**リスト14-3**から**リスト14-6**）。

リスト14-3　ArgumentMarshaler.java

```java
public interface ArgumentMarshaler {
  void set(Iterator<String> currentArgument) throws ArgsException;
}
```

リスト14-4　BooleanArgumentMarshaler.java

```java
public class BooleanArgumentMarshaler implements ArgumentMarshaler {
  private boolean booleanValue = false;

  public void set(Iterator<String> currentArgument) throws ArgsException {
    booleanValue = true;
  }

  public static boolean getValue(ArgumentMarshaler am) {
    if (am != null && am instanceof BooleanArgumentMarshaler)
      return ((BooleanArgumentMarshaler) am).booleanValue;
    else
      return false;
  }
}
```

リスト 14-5　StringArgumentMarshaler.java

```java
import static com.objectmentor.utilities.args.ArgsException.ErrorCode.*;

public class StringArgumentMarshaler implements ArgumentMarshaler {
  private String stringValue = "";

  public void set(Iterator<String> currentArgument) throws ArgsException {
    try {
      stringValue = currentArgument.next();
    } catch (NoSuchElementException e) {
      throw new ArgsException(MISSING_STRING);
    }
  }

  public static String getValue(ArgumentMarshaler am) {
    if (am != null && am instanceof StringArgumentMarshaler)
      return ((StringArgumentMarshaler) am).stringValue;
    else
      return "";
  }
}
```

リスト 14-6　IntegerArgumentMarshaler.java

```java
import static com.objectmentor.utilities.args.ArgsException.ErrorCode.*;

public class IntegerArgumentMarshaler implements ArgumentMarshaler {
  private int intValue = 0;

  public void set(Iterator<String> currentArgument) throws ArgsException {
    String parameter = null;
    try {
      parameter = currentArgument.next();
      intValue = Integer.parseInt(parameter);
    } catch (NoSuchElementException e) {
      throw new ArgsException(MISSING_INTEGER);
    } catch (NumberFormatException e) {
      throw new ArgsException(INVALID_INTEGER, parameter);
    }
  }

  public static int getValue(ArgumentMarshaler am) {
    if (am != null && am instanceof IntegerArgumentMarshaler)
```

```
      return ((IntegerArgumentMarshaler) am).intValue;
    else
      return 0;
  }
}
```

他の ArgumentMarshaler の派生クラスは、このパターンを double と String 配列で置き換えただけで、ページの無駄なので省略しました。練習問題として挑戦してみてください。

もう1つの情報が気になったかもしれません。それはエラーコード定数の定義です。以下にArgsException クラスを示します（**リスト 14-7**）。

リスト 14-7 ArgsException.java

```java
import static com.objectmentor.utilities.args.ArgsException.ErrorCode.*;

public class ArgsException extends Exception {
  private char errorArgumentId = '\0';
  private String errorParameter = null;
  private ErrorCode errorCode = OK;

  public ArgsException() {}

  public ArgsException(String message) {super(message);}

  public ArgsException(ErrorCode errorCode) {
    this.errorCode = errorCode;
  }

  public ArgsException(ErrorCode errorCode, String errorParameter) {
    this.errorCode = errorCode;
    this.errorParameter = errorParameter;
  }

  public ArgsException(ErrorCode errorCode,
                       char errorArgumentId, String errorParameter) {
    this.errorCode = errorCode;
    this.errorParameter = errorParameter;
    this.errorArgumentId = errorArgumentId;
  }

  public char getErrorArgumentId() {
    return errorArgumentId;
```

```java
  }

  public void setErrorArgumentId(char errorArgumentId) {
    this.errorArgumentId = errorArgumentId;
  }

  public String getErrorParameter() {
    return errorParameter;
  }

  public void setErrorParameter(String errorParameter) {
    this.errorParameter = errorParameter;
  }

  public ErrorCode getErrorCode() {
    return errorCode;
  }

  public void setErrorCode(ErrorCode errorCode) {
    this.errorCode = errorCode;
  }

  public String errorMessage() {
    switch (errorCode) {
      case OK:
        return "TILT: ここは実行されないはずです。";

      case UNEXPECTED_ARGUMENT:
        return String.format("引数 -%c は想定外です。", errorArgumentId);

      case MISSING_STRING:
        return String.format(
          "次の引数の文字列パラメータが見つかりません -%c。",
          errorArgumentId);
      case INVALID_INTEGER:
        return String.format(
          "引数 -%c には整数が必要ですが、次の値が指定されました '%s'。",
          errorArgumentId, errorParameter);
      case MISSING_INTEGER:
        return String.format(
          "次の引数の整数パラメータが見つかりません -%c。",
          errorArgumentId);
      case INVALID_DOUBLE:
```

```
      return String.format(
        "引数 -%c にはdoubleが必要ですが、次の値が指定されました '%s'。",
        errorArgumentId, errorParameter);
    case MISSING_DOUBLE:
      return String.format(
        "次の引数のdoubleパラメータが見つかりません -%c。",
        errorArgumentId);
    case INVALID_ARGUMENT_NAME:
      return String.format("'%c' は、不正な引数名です。",
                           errorArgumentId);
    case INVALID_ARGUMENT_FORMAT:
      return String.format("'%s' は不正な引数フォーマットです。",
                           errorParameter);
    }
    return "";
  }

  public enum ErrorCode {
    OK, INVALID_ARGUMENT_FORMAT, UNEXPECTED_ARGUMENT,
    INVALID_ARGUMENT_NAME, MISSING_STRING,
    MISSING_INTEGER, INVALID_INTEGER,
    MISSING_DOUBLE, INVALID_DOUBLE}
}
```

　この簡単な概念の詳細を具体化するために、これほど多くのコードが必要というのには驚きです。1つの理由は、とりわけ冗長な言語を使っているためです。Javaは静的な型付け言語であり、型システムを満足させるために多くの記述が必要です。Ruby、Python、Smalltalkのような言語では、このプログラムはずっと小さくなるでしょう[1]。

　もう一度コードを読んでみてください。特に命名、関数の大きさ、コードの書式化に注意を払ってみてください。もしもあなたが経験を積んだプログラマならば、何か所かにスタイルや構造のこじつけを感じたかもしれません。それでも全体としては、あなたの中で、このプログラムが適切に記述され、きれいな構造を持っていると結論付けられていれば幸いです。

　たとえば、日付や、複雑な数値のような新しい引数タイプを追加するのは簡単なはずです。こうした追加のために必要な作業はわずかでしょう。一言でいえば、`ArgumentMarshaler`のサブクラス、`getXXX`関数、そして`case`文が`parseSchemaElement`関数に必要なだけです。おそらく、`ArgsException.ErrorCode`の追加と、エラーメッセージの追加も必要になるかもしれません。

1　最近、このモジュールをRubyで書き直してみました。結果、1/7の大きさになり、わずかに構造もよくなりました。

筆者は、これをどうやって実現したのか？

　ご安心ください。筆者はいきなりこのようなプログラムを書き上げたわけではありません。さらに重要なことは、筆者は、皆さんにきれいで優雅なプログラムを一本道で書けるようになって欲しいわけではないのです。もしも筆者らがここ数十年の間に何かを学んだのだとしたら、プログラミングとは、科学というよりも工芸であるという点です。クリーンコードを書くためには、まず汚ないコードで始め、**それをきれいにしていくべきです**。

　これは驚くに値しないはずです。小学校でこの真実を学んでいるからです。先生は生徒に作文の下書きを書くように指導します（大抵は徒労に終わりますが）。先生が我々に教えてくれたやり方というのは、まず大雑把に下書きを書き、下書きの第二版を書き、さらに何度か下書きを重ね、最後に最終版を得るというものでした。先生が我々に教えてくれようとした、きれいな作文を書くという方法は継続的改良だったのです。

　多くの新人プログラマは（ほとんどの小学生と同じように）、とりわけこのやり方を無視します。彼らの第一の目的はプログラムを動かすことだと信じています。ひとたび「動くように」なると、次の仕事へと移ってしまい、「動くように」なったプログラムには、それがどんな「動く」状態であろうが見向きもしなくなります。大抵の経験豊かなプログラマは、これがプロとしては自殺行為に等しいということを理解しています。

Argsクラス。大雑把な下書き

　リスト14-8は、Argsクラスの初期バージョンです。動きはするものの、雑然としています。

リスト14-8　Args.java（最初の下書き）

```java
import java.text.ParseException;
import java.util.*;

public class Args {
  private String schema;
  private String[] args;
  private boolean valid = true;
  private Set<Character> unexpectedArguments = new TreeSet<Character>();
  private Map<Character, Boolean> booleanArgs =
    new HashMap<Character, Boolean>();
  private Map<Character, String> stringArgs = new HashMap<Character, String>();
  private Map<Character, Integer> intArgs = new HashMap<Character, Integer>();
  private Set<Character> argsFound = new HashSet<Character>();
```

```
  private int currentArgument;
  private char errorArgumentId = '\0';
  private String errorParameter = "TILT";
  private ErrorCode errorCode = ErrorCode.OK;

  private enum ErrorCode {
    OK, MISSING_STRING, MISSING_INTEGER, INVALID_INTEGER, UNEXPECTED_ARGUMENT}

  public Args(String schema, String[] args) throws ParseException {
    this.schema = schema;
    this.args = args;
    valid = parse();
  }

  private boolean parse() throws ParseException {
    if (schema.length() == 0 && args.length == 0)
      return true;
    parseSchema();
    try {
      parseArguments();
    } catch (ArgsException e) {
    }
    return valid;
  }

  private boolean parseSchema() throws ParseException {
    for (String element : schema.split(",")) {
      if (element.length() > 0) {
        String trimmedElement = element.trim();
        parseSchemaElement(trimmedElement);
      }
    }
    return true;
  }

  private void parseSchemaElement(String element) throws ParseException {
    char elementId = element.charAt(0);
    String elementTail = element.substring(1);
    validateSchemaElementId(elementId);
    if (isBooleanSchemaElement(elementTail))
      parseBooleanSchemaElement(elementId);
    else if (isStringSchemaElement(elementTail))
      parseStringSchemaElement(elementId);
```

```
      else if (isIntegerSchemaElement(elementTail)) {
        parseIntegerSchemaElement(elementId);
      } else {
        throw new ParseException(
          String.format("引数: %c の書式が不正です: %s.",
                        elementId, elementTail), 0);
      }
    }

    private void validateSchemaElementId(char elementId) throws ParseException {
      if (!Character.isLetter(elementId)) {
        throw new ParseException(
          "不正な文字:" + elementId + "が、次の書式に含まれています: " +
          schema, 0);
      }
    }

    private void parseBooleanSchemaElement(char elementId) {
      booleanArgs.put(elementId, false);
    }

    private void parseIntegerSchemaElement(char elementId) {
      intArgs.put(elementId, 0);
    }

    private void parseStringSchemaElement(char elementId) {
      stringArgs.put(elementId, "");
    }

    private boolean isStringSchemaElement(String elementTail) {
      return elementTail.equals("*");
    }

    private boolean isBooleanSchemaElement(String elementTail) {
      return elementTail.length() == 0;
    }

    private boolean isIntegerSchemaElement(String elementTail) {
      return elementTail.equals("# ");
    }

    private boolean parseArguments() throws ArgsException {
      for (currentArgument = 0; currentArgument < args.length; currentArgument++)
```

```java
    {
      String arg = args[currentArgument];
      parseArgument(arg);
    }
    return true;
  }

  private void parseArgument(String arg) throws ArgsException {
    if (arg.startsWith("-"))
      parseElements(arg);
  }

  private void parseElements(String arg) throws ArgsException {
    for (int i = 1; i < arg.length(); i++)
      parseElement(arg.charAt(i));
  }

  private void parseElement(char argChar) throws ArgsException {
    if (setArgument(argChar))
      argsFound.add(argChar);
    else {
      unexpectedArguments.add(argChar);
      errorCode = ErrorCode.UNEXPECTED_ARGUMENT;
      valid = false;
    }
  }

  private boolean setArgument(char argChar) throws ArgsException {
    if (isBooleanArg(argChar))
      setBooleanArg(argChar, true);
    else if (isStringArg(argChar))
      setStringArg(argChar);
    else if (isIntArg(argChar))
      setIntArg(argChar);
    else
      return false;
    return true;
  }

  private boolean isIntArg(char argChar) {return intArgs.containsKey(argChar);}

  private void setIntArg(char argChar) throws ArgsException {
    currentArgument++;
```

```java
      String parameter = null;
      try {
        parameter = args[currentArgument];
        intArgs.put(argChar, new Integer(parameter));
      } catch (ArrayIndexOutOfBoundsException e) {
        valid = false;
        errorArgumentId = argChar;
        errorCode = ErrorCode.MISSING_INTEGER;
        throw new ArgsException();
      } catch (NumberFormatException e) {
        valid = false;
        errorArgumentId = argChar;
        errorParameter = parameter;
        errorCode = ErrorCode.INVALID_INTEGER;
        throw new ArgsException();
      }
    }

    private void setStringArg(char argChar) throws ArgsException {
      currentArgument++;
      try {
        stringArgs.put(argChar, args[currentArgument]);
      } catch (ArrayIndexOutOfBoundsException e) {
        valid = false;
        errorArgumentId = argChar;
        errorCode = ErrorCode.MISSING_STRING;
        throw new ArgsException();
      }
    }

    private boolean isStringArg(char argChar) {
      return stringArgs.containsKey(argChar);
    }

    private void setBooleanArg(char argChar, boolean value) {
      booleanArgs.put(argChar, value);
    }

    private boolean isBooleanArg(char argChar) {
      return booleanArgs.containsKey(argChar);
    }

    public int cardinality() {
```

```java
      return argsFound.size();
}

public String usage() {
  if (schema.length() > 0)
    return "[" + schema + "]";
  else
    return "";
}

public String errorMessage() throws Exception {
  switch (errorCode) {
    case OK:
      throw new Exception("TILT: ここは実行されないはずです。");
    case UNEXPECTED_ARGUMENT:
      return unexpectedArgumentMessage();
    case MISSING_STRING:
      return String.format(
        "次の引数のための文字列引数が見つかりません -%c。",
        errorArgumentId);
    case INVALID_INTEGER:
      return String.format(
        "引数 -%c には整数が指定されるべきですが、'%s'が指定されました。",
        errorArgumentId, errorParameter);
    case MISSING_INTEGER:
      return String.format(
        "次のパラメータの整数引数が見つかりません -%c。", errorArgumentId);
  }
  return "";
}

private String unexpectedArgumentMessage() {
  StringBuffer message = new StringBuffer("引数 -");
  for (char c : unexpectedArguments) {
    message.append(c);
  }
  message.append(" は、想定外です。");
  return message.toString();
}

private boolean falseIfNull(Boolean b) {
  return b != null && b;
}
```

```
  private int zeroIfNull(Integer i) {
    return i == null ? 0 : i;
  }

  private String blankIfNull(String s) {
    return s == null ? "" : s;
  }

  public String getString(char arg) {
    return blankIfNull(stringArgs.get(arg));
  }

  public int getInt(char arg) {
    return zeroIfNull(intArgs.get(arg));
  }

  public boolean getBoolean(char arg) {
    return falseIfNull(booleanArgs.get(arg));
  }

  public boolean has(char arg) {
    return argsFound.contains(arg);
  }

  public boolean isValid() {
    return valid;
  }

  private class ArgsException extends Exception {
  }
}
```

　この雑然としたコードに対する最初の感想が「こんな状態のままにされなくて、本当によかった！」であって欲しいと思います。もしも、このように感じるのであれば、あなたが最初の下書き状態で放り出してしまったコードに対して、他の人も同じように感じるのだということを肝に命じておいてください。

　実際、このコードに対して「大雑把な下書き」というのは、最も控えめな言い方でしょう。まだ作業途中なのが明らかです。純粋なインスタンス変数の数が、恐ろしい量になっています。「TILT」のような奇妙な文字列、`HashSet`、`TreeSet`、`try-catch`ブロックがうんざりするほどの山となっています。

　もちろん、こうしたうんざりするような山を書くことを目指したわけではありません。きちんと

構成されたものを書きかったのです。そのことは、関数、変数名の選び方や、プログラムの中に構造が荒削りなところがあるという事実から窺い知れるのではないでしょうか。にもかかわらず明らかに問題から逃げていたのです。

　コードというのは、徐々に雑然としていきます。初期のバージョンは、これほどきたないものではなかったのです。たとえば**リスト 14-9** に示すのはもっと前のバージョンで、boolean 引数のみを対象としていたものです。

リスト 14-9　Args.java（Boolean のみ）

```java
package com.objectmentor.utilities.getopts;

import java.util.*;

public class Args {
  private String schema;
  private String[] args;
  private boolean valid;
  private Set<Character> unexpectedArguments = new TreeSet<Character>();
  private Map<Character, Boolean> booleanArgs =
    new HashMap<Character, Boolean>();
  private int numberOfArguments = 0;

  public Args(String schema, String[] args) {
    this.schema = schema;
    this.args = args;
    valid = parse();
  }

  public boolean isValid() {
    return valid;
  }

  private boolean parse() {
    if (schema.length() == 0 && args.length == 0)
      return true;
    parseSchema();
    parseArguments();
    return unexpectedArguments.size() == 0;
  }

  private boolean parseSchema() {
    for (String element : schema.split(",")) {
      parseSchemaElement(element);
```

```
    }
    return true;
}

private void parseSchemaElement(String element) {
  if (element.length() == 1) {
    parseBooleanSchemaElement(element);
  }
}

private void parseBooleanSchemaElement(String element) {
  char c = element.charAt(0);
  if (Character.isLetter(c)) {
    booleanArgs.put(c, false);
  }
}

private boolean parseArguments() {
  for (String arg : args)
    parseArgument(arg);
  return true;
}

private void parseArgument(String arg) {
  if (arg.startsWith("-"))
    parseElements(arg);
}

private void parseElements(String arg) {
  for (int i = 1; i < arg.length(); i++)
    parseElement(arg.charAt(i));
}

private void parseElement(char argChar) {
  if (isBoolean(argChar)) {
    numberOfArguments++;
    setBooleanArg(argChar, true);
  } else
    unexpectedArguments.add(argChar);
}

private void setBooleanArg(char argChar, boolean value) {
  booleanArgs.put(argChar, value);
```

```java
  }

  private boolean isBoolean(char argChar) {
    return booleanArgs.containsKey(argChar);
  }

  public int cardinality() {
    return numberOfArguments;
  }

  public String usage() {
    if (schema.length() > 0)
      return "-["+schema+"]";
    else
      return "";
  }

  public String errorMessage() {
    if (unexpectedArguments.size() > 0) {
      return unexpectedArgumentMessage();
    } else
      return "";
  }

  private String unexpectedArgumentMessage() {
    StringBuffer message = new StringBuffer("引数 -");
    for (char c : unexpectedArguments) {
      message.append(c);
    }
    message.append(" は、想定外です。");
    return message.toString();
  }

  public boolean getBoolean(char arg) {
    return booleanArgs.get(arg);
  }
}
```

このコードに対して不満はいろいろとあるでしょうが、それほどひどいわけではありません。サイズは小さく、単純で理解も容易です。しかし、このコードには、将来、うんざりする山と化す種が容易に見てとれます。将来コードが混乱した状態へと成長してしまうさまが目に浮かぶようです。

上のコードに2つの引数タイプ、文字列と整数を追加しただけで、後期の混乱した状態となって

しまいました。2つの引数タイプを追加するだけで、大きな負の影響をコードに与えてしまったのです。比較的保守性のよかったものが、バグと欠点で悩まされそうなものになってしまったのです。

　筆者は、2つの引数タイプをインクリメンタルに追加しました。まず文字列引数を追加したのが、以下です。

リスト 14-10　Args.java（Boolean と文字列）

```java
package com.objectmentor.utilities.getopts;

import java.text.ParseException;
import java.util.*;

public class Args {
  private String schema;
  private String[] args;
  private boolean valid = true;
  private Set<Character> unexpectedArguments = new TreeSet<Character>();
  private Map<Character, Boolean> booleanArgs =
    new HashMap<Character, Boolean>();
  private Map<Character, String> stringArgs =
    new HashMap<Character, String>();
  private Set<Character> argsFound = new HashSet<Character>();
  private int currentArgument;
  private char errorArgument = '\0';

  enum ErrorCode {
    OK, MISSING_STRING}

  private ErrorCode errorCode = ErrorCode.OK;

  public Args(String schema, String[] args) throws ParseException {
    this.schema = schema;
    this.args = args;
    valid = parse();
  }

  private boolean parse() throws ParseException {
    if (schema.length() == 0 && args.length == 0)
      return true;
    parseSchema();
    parseArguments();
    return valid;
  }
```

```java
  private boolean parseSchema() throws ParseException {
    for (String element : schema.split(",")) {
      if (element.length() > 0) {
        String trimmedElement = element.trim();
        parseSchemaElement(trimmedElement);
      }
    }
    return true;
  }

  private void parseSchemaElement(String element) throws ParseException {
    char elementId = element.charAt(0);
    String elementTail = element.substring(1);
    validateSchemaElementId(elementId);
    if (isBooleanSchemaElement(elementTail))
      parseBooleanSchemaElement(elementId);
    else if (isStringSchemaElement(elementTail))
      parseStringSchemaElement(elementId);
  }

  private void validateSchemaElementId(char elementId) throws ParseException {
    if (!Character.isLetter(elementId)) {
      throw new ParseException(
        "不正な文字:" + elementId + "が、次の書式に含まれています: " +
        schema, 0);
    }
  }

  private void parseStringSchemaElement(char elementId) {
    stringArgs.put(elementId, "");
  }

  private boolean isStringSchemaElement(String elementTail) {
    return elementTail.equals("*");
  }

  private boolean isBooleanSchemaElement(String elementTail) {
    return elementTail.length() == 0;
  }

  private void parseBooleanSchemaElement(char elementId) {
    booleanArgs.put(elementId, false);
  }
```

```java
  private boolean parseArguments() {
    for (currentArgument = 0; currentArgument < args.length; currentArgument++)
    {
      String arg = args[currentArgument];
      parseArgument(arg);
    }
    return true;
  }

  private void parseArgument(String arg) {
    if (arg.startsWith("-"))
      parseElements(arg);
  }

  private void parseElements(String arg) {
    for (int i = 1; i < arg.length(); i++)
      parseElement(arg.charAt(i));
  }

  private void parseElement(char argChar) {
    if (setArgument(argChar))
      argsFound.add(argChar);
    else {
      unexpectedArguments.add(argChar);
      valid = false;
    }
  }

  private boolean setArgument(char argChar) {
    boolean set = true;
    if (isBoolean(argChar))
      setBooleanArg(argChar, true);
    else if (isString(argChar))
      setStringArg(argChar, "");
    else
      set = false;
    return set;
  }

  private void setStringArg(char argChar, String s) {
    currentArgument++;
    try {
      stringArgs.put(argChar, args[currentArgument]);
```

```java
      } catch (ArrayIndexOutOfBoundsException e) {
        valid = false;
        errorArgument = argChar;
        errorCode = ErrorCode.MISSING_STRING;
      }
    }

    private boolean isString(char argChar) {
      return stringArgs.containsKey(argChar);
    }

    private void setBooleanArg(char argChar, boolean value) {
      booleanArgs.put(argChar, value);
    }

    private boolean isBoolean(char argChar) {
      return booleanArgs.containsKey(argChar);
    }

    public int cardinality() {
      return argsFound.size();
    }

    public String usage() {
      if (schema.length() > 0)
        return "-[" + schema + "]";
      else
        return "";
    }

    public String errorMessage() throws Exception {
      if (unexpectedArguments.size() > 0) {
        return unexpectedArgumentMessage();
      } else
        switch (errorCode) {
          case MISSING_STRING:
            return String.format(
              "次の引数の文字列パラメータが見つかりません -%c。",
              errorArgument);
          case OK:
            throw new Exception("TILT: ここは実行されないはずです。");
        }
      return "";
```

```java
  }

  private String unexpectedArgumentMessage() {
    StringBuffer message = new StringBuffer("引数 -");
    for (char c : unexpectedArguments) {
      message.append(c);
    }
    message.append(" は想定外です。");
    return message.toString();
  }

  public boolean getBoolean(char arg) {
    return falseIfNull(booleanArgs.get(arg));
  }

  private boolean falseIfNull(Boolean b) {
    return b == null ? false : b;
  }

  public String getString(char arg) {
    return blankIfNull(stringArgs.get(arg));
  }

  private String blankIfNull(String s) {
    return s == null ? "" : s;
  }

  public boolean has(char arg) {
    return argsFound.contains(arg);
  }

  public boolean isValid() {
    return valid;
  }
}
```

手に負えなくなりつつあるのがわかると思います。まだそれほどひどくはありませんが、しかし混乱は確かに大きくなりつつあります。山ができつつありますが、まだうんざりするほどではありません。整数引数タイプが追加されることでこの山は腐敗し、うんざりするものと化すことになります。

そこで中断した

　最低でも2つの引数タイプを追加しなければなりませんでしたが、それにより状況は極端に悪化することがわかっていました。このまま強引に進むこともできたでしょうが、面倒を先送りにしてしまい、やがて大きくなり過ぎて修正できなくなってしまったことでしょう。コードの構造を、将来にわたって保守可能なものとするために、修正を入れる時期がやってきたのです。

　そこで機能の追加をやめ、リファクタリングを開始しました。文字列と整数の引数だけを追加してみて、それぞれの引数タイプが3つの場所に新しいコードを必要とすることがわかりました。まず、引数タイプに応じた`HashMap`の取り出しを行うため、スキーマ要素をパースする何らかの方法が必要です。次に、それぞれの引数タイプは、コマンドライン文字列をパースして、本来の型に変換する必要があります。最後に、それぞれの引数タイプごとに、呼び出し元に本来の型で値を返すための`getXXX`メソッドが必要です。

　多くの異なる引数タイプに対して、同じようなメソッド。これはクラスだと筆者は直感しました。`ArgumentMarshaler`という概念の登場です。

インクリメンタル主義で

　コードをダメにする最良の方法は、改善の名のもとで、その構造に大量の変更を入れることです。こうした「改善」を行うと、いくつかのプログラムは二度と回復できなくなります。問題は「改善」前と同じように動作させるのが非常に困難だという点にあります。

　これを避けるために、筆者はテスト駆動開発（Test-Driven Development、TDD）を用います。このアプローチの中心となっている教義の中の1つは、システムを常に動かし続けるということです。言葉を変えれば、TDDを用いる以上、システムを壊してしまうような変更は許されないということです。変更の際には、常にシステムが以前と同じ動作をすることが義務づけられます。

　これを実現するためには、いつでも好きなときに実行してシステムの振る舞いが変化していないこと確認するための、自動化されたテストが一揃い必要となります（テストスイート）。Argsクラスの場合、うんざりする山を造りながらも、単体／受け入れテストは作成していました。単体テストはJavaで記述し、JUnitで管理しました。受け入れテストは、FitNesseのwikiページに記述しました。これらのテストを、筆者はいつでも好きなときに実行することができ、テストが成功すれば、システムが規定したとおりに動作していることを確信できました。

　その上で、大量の細かな変更を進めていきました。それぞれの変更により、システムの構造は`ArgumentMarshaler`という概念へと歩みを進めていったのです。そして、これらの変更は、以前と同様にシステムが動作し続けるようにしながら進められました。最初に筆者が行った変更は、`ArgumentMarshaller`のスケルトンを、うんざりする山の最後に追加することでした（**リスト14-11**）。

リスト 14-11　ArgumentMarshaller を Args.java に追加する

```java
private class ArgumentMarshaler {
  private boolean booleanValue = false;

  public void setBoolean(boolean value) {
    booleanValue = value;
  }

  public boolean getBoolean() {return booleanValue;}
}

private class BooleanArgumentMarshaler extends ArgumentMarshaler {
}

private class StringArgumentMarshaler extends ArgumentMarshaler {
}

private class IntegerArgumentMarshaler extends ArgumentMarshaler {
}
```

これが何も壊さないことは明らかです。そこで、システムを壊したとしてもそれが最小限となるような、最大限に単純な変更を加えました。Boolean 引数用の HashMap を、ArgumentMarshaler を保持するように変更したのです。

```java
private Map<Character, ArgumentMarshaler> booleanArgs =
  new HashMap<Character, ArgumentMarshaler>();
```

これにより、いくつかの文が壊れたので、早速修正しました。

```java
...
   private void parseBooleanSchemaElement(char elementId) {
     booleanArgs.put(elementId, new BooleanArgumentMarshaler());
   }
...
   private void setBooleanArg(char argChar, boolean value) {
     booleanArgs.get(argChar).setBoolean(value);
   }
...
   public boolean getBoolean(char arg) {
     return falseIfNull(booleanArgs.get(arg).getBoolean());
   }
```

これらの変更が、前述した領域とぴったりと重なることがわかるでしょう。パースと、その引数タイプ用の設定と読み出しです。残念なことに、この小さな変更で、いくつかのテストが失敗するようになりました。getBoolean を注意深く見ると、引数に 'y' を指定して呼ばれたときに引数 y が存在しないと、booleanArgs.get('y') は null を返し、これにより関数が NullPointerException を送出することがわかるでしょう。falseIfNull 関数はこれを防ぐためのものですが、この変更が関数を間違ったものにしてしまいました。

インクリメンタル主義を貫くためには、他の変更に進む前に、この部分が動作するように素早く修正する必要がありました。実際、修正は大して難しいものではありませんでした。null チェックを移動してやればよかったのです。null チェックが必要なのは、boolean のほうではなく、ArgumentMarshaller のほうだったのです。

まず、falseIfNull 呼び出しを getBoolean 関数から削除しました。もはや不要となったので、falseIfNull 関数自体も削除しました。テストはまだ、同じところで失敗し続けていることから、新たなミスを犯していないことが確認できました。

```
public boolean getBoolean(char arg) {
  return booleanArgs.get(arg).getBoolean();
}
```

次に、関数を 2 行に分け、ArgumentMarshaller を argumentMarshaller という名前の変数に代入しました。筆者は長い変数名を気にしませんでしたが、これは冗長な上、関数を雑然とさせてしまうので、am という名前に変更しました［N5］。

```
public boolean getBoolean(char arg) {
  Args.ArgumentMarshaler am = booleanArgs.get(arg);
  return am.getBoolean();
}
```

さらに null の検出ロジックを追加しました。

```
public boolean getBoolean(char arg) {
  Args.ArgumentMarshaler am = booleanArgs.get(arg);
  return am != null && am.getBoolean();
}
```

文字列引数

文字列引数の追加は、boolean 引数の追加とほとんど同じです。HashMap を変更し、parse、set、get 関数が動くように修正する必要がありました。以下のコードで特筆すべき点は、マーシャリングのための実装を、ArgumentMarshaller の継承クラスに置くのではなく、ベースクラス側に置いたという点くらいでしょう。

```java
  private Map<Character, ArgumentMarshaler> stringArgs =
    new HashMap<Character, ArgumentMarshaler>();
...
  private void parseStringSchemaElement(char elementId) {
    stringArgs.put(elementId, new StringArgumentMarshaler());
  }
...
  private void setStringArg(char argChar) throws ArgsException {
    currentArgument++;
    try {
      stringArgs.get(argChar).setString(args[currentArgument]);
    } catch (ArrayIndexOutOfBoundsException e) {
      valid = false;
      errorArgumentId = argChar;
      errorCode = ErrorCode.MISSING_STRING;
      throw new ArgsException();
    }
  }
...
  public String getString(char arg) {
    Args.ArgumentMarshaler am = stringArgs.get(arg);
    return am == null ? "" : am.getString();
  }
...
  private class ArgumentMarshaler {
    private boolean booleanValue = false;
    private String stringValue;

    public void setBoolean(boolean value) {
      booleanValue = value;
    }

    public boolean getBoolean() {
      return booleanValue;
```

```
  }

  public void setString(String s) {
    stringValue = s;
  }

  public String getString() {
    return stringValue == null ? "" : stringValue;
  }
}
```

ここでも、変更は一度に行い、テストの成功を通して進めました。テストが壊れたら、次の変更に進む前に、まず修正しました。

ここまで筆者の意図は伝わっていることと思います。まず ArgumentMarshaler の中に、現在のすべてのマーシャリングの振る舞いを作成してから、それを継承クラスに落としこんでいくのです。これにより常に実行する状態を保ったまま、プログラムの形を徐々に変えていくことができるわけです。

次のステップは、もちろん整数引数機能を ArgumentMarshaler に移動することです。ここでも特筆すべきことはありません。

```
  private Map<Character, ArgumentMarshaler> intArgs =
    new HashMap<Character, ArgumentMarshaler>();
  ...
  private void parseIntegerSchemaElement(char elementId) {
    intArgs.put(elementId, new IntegerArgumentMarshaler());
  }
  ...
  private void setIntArg(char argChar) throws ArgsException {
    currentArgument++;
    String parameter = null;
    try {
      parameter = args[currentArgument];
      intArgs.get(argChar).setInteger(Integer.parseInt(parameter));
    } catch (ArrayIndexOutOfBoundsException e) {
      valid = false;
      errorArgumentId = argChar;
      errorCode = ErrorCode.MISSING_INTEGER;
      throw new ArgsException();
    } catch (NumberFormatException e) {
      valid = false;
      errorArgumentId = argChar;
```

```
      errorParameter = parameter;
      errorCode = ErrorCode.INVALID_INTEGER;
      throw new ArgsException();
    }
  }
  ...
  public int getInt(char arg) {
    Args.ArgumentMarshaler am = intArgs.get(arg);
    return am == null ? 0 : am.getInteger();
  }
  ...
  private class ArgumentMarshaler {
    private boolean booleanValue = false;
    private String stringValue;
    private int integerValue;

    public void setBoolean(boolean value) {
      booleanValue = value;
    }

    public boolean getBoolean() {
      return booleanValue;
    }

    public void setString(String s) {
      stringValue = s;
    }

    public String getString() {
      return stringValue == null ? "" : stringValue;
    }

    public void setInteger(int i) {
      integerValue = i;
    }

    public int getInteger() {
      return integerValue;
    }
  }
```

 すべてのマーシャリングを ArgumentMarshaler に移したら、次に継承クラスに機能を移動していきます。最初のステップは、setBoolean 関数を BooleanArgumentMarshaller に移して、それが正

しく呼ばれることを確認することでした。そこで set 抽象メソッドを作成しました。

```java
private abstract class ArgumentMarshaler {
  protected boolean booleanValue = false;
  private String stringValue;
  private int integerValue;

  public void setBoolean(boolean value) {
    booleanValue = value;
  }

  public boolean getBoolean() {
    return booleanValue;
  }

  public void setString(String s) {
    stringValue = s;
  }

  public String getString() {
    return stringValue == null ? "" : stringValue;
  }

  public void setInteger(int i) {
    integerValue = i;
  }

  public int getInteger() {
    return integerValue;
  }

  public abstract void set(String s);
}
```

そして、BooleanArgumentMarshaller で set メソッドを実装しました。

```java
private class BooleanArgumentMarshaler extends ArgumentMarshaler {
  public void set(String s) {
    booleanValue = true;
  }
}
```

最後に、setBoolean 呼び出しを set 呼び出しに置き代えました。

```
private void setBooleanArg(char argChar, boolean value) {
  booleanArgs.get(argChar).set("true");
}
```

依然として、テストはすべて成功していました。今回の変更で、set が BooleanArgumentMarshaler に配置されたので、ArgumentMarshaler ベースクラスから setBoolean メソッドを取り除きました。

　set 抽象関数が文字列引数をとっていながら、BooleanArgumentMarshaller の実装では、それを使用していないことがわかるでしょう。この引数を用意したのは、StringArgumentMarshaller と IntegerArgumentMarshaller で使用されるだろうことがわかっていたからです。

　次に get メソッドを BooleanArgumentMarshaler に配置する必要がありました。get 関数は、戻り値の型が Object であり、美しくありません。この場合には、Boolean へのキャストが必要です。

```
public boolean getBoolean(char arg) {
  Args.ArgumentMarshaler am = booleanArgs.get(arg);
  return am != null && (Boolean)am.get();
}
```

コンパイルのみを通すため、ArgumentMarshaler に get 関数を追加しました。

```
private abstract class ArgumentMarshaler {
  ...
  public Object get() {
    return null;
  }
}
```

これでコンパイルは通るようになりましたが、もちろんテストは失敗しました。テストを再び成功させるには、単に get を abstract にして、BooleanAgumentMarshaler 側で実装するだけです。

```
private abstract class ArgumentMarshaler {
  protected boolean booleanValue = false;
  ...
  public abstract Object get();
}

private class BooleanArgumentMarshaler extends ArgumentMarshaler {
  public void set(String s) {
```

```
      booleanValue = true;
    }

    public Object get() {
      return booleanValue;
    }
  }
```

テストは再び通るようになりました。そして set と get が BooleanArgumentMarshaler 側に配置されたのです！ これで、ArgumentMarshaler から getBoolean を削除できるようになり、booleanValue 変数を BooleanArgumentMarshaler に移動できるようになり、そしてこれを private とすることができました。

これと同じことを、文字列引数に対しても行いました。set と get を配置し、不要となった関数を削除し、変数を移動しました。

```
  private void setStringArg(char argChar) throws ArgsException {
    currentArgument++;
    try {
      stringArgs.get(argChar).set(args[currentArgument]);
    } catch (ArrayIndexOutOfBoundsException e) {
      valid = false;
      errorArgumentId = argChar;
      errorCode = ErrorCode.MISSING_STRING;
      throw new ArgsException();
    }
  }
...
  public String getString(char arg) {
    Args.ArgumentMarshaler am = stringArgs.get(arg);
    return am == null ? "" : (String) am.get();
  }
...
  private abstract class ArgumentMarshaler {
    private int integerValue;

    public void setInteger(int i) {
      integerValue = i;
    }

    public int getInteger() {
      return integerValue;
    }
```

```java
    public abstract void set(String s);

    public abstract Object get();
  }

  private class BooleanArgumentMarshaler extends ArgumentMarshaler {
    private boolean booleanValue = false;

    public void set(String s) {
      booleanValue = true;
    }

    public Object get() {
      return booleanValue;
    }
  }

  private class StringArgumentMarshaler extends ArgumentMarshaler {
    private String stringValue = "";

    public void set(String s) {
      stringValue = s;
    }

    public Object get() {
      return stringValue;
    }
  }

  private class IntegerArgumentMarshaler extends ArgumentMarshaler {

    public void set(String s) {

    }

    public Object get() {
      return null;
    }
  }
}
```

最後に、同じことを整数引数に対して繰り返しました。整数の場合はパースが必要で、これは例外をスローする場合もあるため、少々やっかいです。しかし、NumberFormatException の概念は

IntegerArgumentMarshaler の中に閉じ込めたので、結果的にはうまくいきました。

```java
    private boolean isIntArg(char argChar) {return intArgs.containsKey(argChar);}

    private void setIntArg(char argChar) throws ArgsException {
      currentArgument++;
      String parameter = null;
      try {
        parameter = args[currentArgument];
        intArgs.get(argChar).set(parameter);
      } catch (ArrayIndexOutOfBoundsException e) {
        valid = false;
        errorArgumentId = argChar;
        errorCode = ErrorCode.MISSING_INTEGER;
        throw new ArgsException();
      } catch (ArgsException e) {
        valid = false;
        errorArgumentId = argChar;
        errorParameter = parameter;
        errorCode = ErrorCode.INVALID_INTEGER;
        throw e;
      }
    }
...
    private void setBooleanArg(char argChar) {
      try {
        booleanArgs.get(argChar).set("true");
      } catch (ArgsException e) {
      }
    }
...
    public int getInt(char arg) {
      Args.ArgumentMarshaler am = intArgs.get(arg);
      return am == null ? 0 : (Integer) am.get();
    }
...
    private abstract class ArgumentMarshaler {
      public abstract void set(String s) throws ArgsException;
      public abstract Object get();
    }
...
    private class IntegerArgumentMarshaler extends ArgumentMarshaler {
      private int intValue = 0;
```

```java
  public void set(String s) throws ArgsException {
    try {
      intValue = Integer.parseInt(s);
    } catch (NumberFormatException e) {
      throw new ArgsException();
    }
  }

  public Object get() {
    return intValue;
  }
}
```

もちろんテストはパスし続けていました。次に、アルゴリズムの一番上にある、3つの異なるマップを片付けることにしました。これにより、システム全体をずっと汎用的なものにできます。しかし単純な削除は、システムを壊してしまうので、実行するわけにはいきません。かわりに`ArgumentMarshaler`に新しいマップを追加し、メソッドで使用するマップを元のマップから、新しいマップへと1つ1つ順番に変更していきました。

```java
public class Args {
...
  private Map<Character, ArgumentMarshaler> booleanArgs =
    new HashMap<Character, ArgumentMarshaler>();
  private Map<Character, ArgumentMarshaler> stringArgs =
    new HashMap<Character, ArgumentMarshaler>();
  private Map<Character, ArgumentMarshaler> intArgs =
    new HashMap<Character, ArgumentMarshaler>();
  private Map<Character, ArgumentMarshaler> marshalers =
    new HashMap<Character, ArgumentMarshaler>();
...
  private void parseBooleanSchemaElement(char elementId) {
    ArgumentMarshaler m = new BooleanArgumentMarshaler();
    booleanArgs.put(elementId, m);
    marshalers.put(elementId, m);
  }

  private void parseIntegerSchemaElement(char elementId) {
    ArgumentMarshaler m = new IntegerArgumentMarshaler();
    intArgs.put(elementId, m);
    marshalers.put(elementId, m);
  }
```

```
  private void parseStringSchemaElement(char elementId) {
    ArgumentMarshaler m = new StringArgumentMarshaler();
    stringArgs.put(elementId, m);
    marshalers.put(elementId, m);
  }
```

もちろんすべてのテストは成功しました。次に isBooleanArg を、以下から、

```
  private boolean isBooleanArg(char argChar) {
    return booleanArgs.containsKey(argChar);
  }
```

以下へと変更しました。

```
  private boolean isBooleanArg(char argChar) {
    ArgumentMarshaler m = marshalers.get(argChar);
    return m instanceof BooleanArgumentMarshaler;
  }
```

テストは依然として成功し続けていました。そこで同じ変更を、isIntArg と isStringArg に行いました。

```
  private boolean isIntArg(char argChar) {
    ArgumentMarshaler m = marshalers.get(argChar);
    return m instanceof IntegerArgumentMarshaler;
  }

  private boolean isStringArg(char argChar) {
    ArgumentMarshaler m = marshalers.get(argChar);
    return m instanceof StringArgumentMarshaler;
  }
```

テストは、依然として成功し続けていました。そこで marshalers.get 呼び出しの重複を以下のように削除しました。

```
  private boolean setArgument(char argChar) throws ArgsException {
    ArgumentMarshaler m = marshalers.get(argChar);
    if (isBooleanArg(m))
      setBooleanArg(argChar);
    else if (isStringArg(m))
```

```
      setStringArg(argChar);
    else if (isIntArg(m))
      setIntArg(argChar);
    else
      return false;

    return true;
  }

  private boolean isIntArg(ArgumentMarshaler m) {
    return m instanceof IntegerArgumentMarshaler;
  }

  private boolean isStringArg(ArgumentMarshaler m) {
    return m instanceof StringArgumentMarshaler;
  }

  private boolean isBooleanArg(ArgumentMarshaler m) {
    return m instanceof BooleanArgumentMarshaler;
  }
```

isXXXArgメソッドを残しておくことに、正当な理由が思い浮かばなかったので、インライン化しました。

```
  private boolean setArgument(char argChar) throws ArgsException {
    ArgumentMarshaler m = marshalers.get(argChar);
    if (m instanceof BooleanArgumentMarshaler)
      setBooleanArg(argChar);
    else if (m instanceof StringArgumentMarshaler)
      setStringArg(argChar);
    else if (m instanceof IntegerArgumentMarshaler)
      setIntArg(argChar);
    else
      return false;

    return true;
  }
```

次に、set関数の中で、マーシャラのMapを使うようにして、他の3つのMapから切り離す作業を開始しました。まずBoolean引数から。

```
  private boolean setArgument(char argChar) throws ArgsException {
    ArgumentMarshaler m = marshalers.get(argChar);
    if (m instanceof BooleanArgumentMarshaler)
      setBooleanArg(m);
    else if (m instanceof StringArgumentMarshaler)
      setStringArg(argChar);
    else if (m instanceof IntegerArgumentMarshaler)
      setIntArg(argChar);
    else
      return false;

    return true;
  }
...
  private void setBooleanArg(ArgumentMarshaler m) {
    try {
      m.set("true"); // 元は: booleanArgs.get(argChar).set("true");
    } catch (ArgsException e) {
    }
  }
```

テストは依然として成功し続けているので、同じことを文字列引数と整数引数に対して行いました。これによって、不恰好な例外処理を setArgument 関数の中に移動することが可能となりました。

```
  private boolean setArgument(char argChar) throws ArgsException {
    ArgumentMarshaler m = marshalers.get(argChar);
    try {
      if (m instanceof BooleanArgumentMarshaler)
        setBooleanArg(m);
      else if (m instanceof StringArgumentMarshaler)
        setStringArg(m);
      else if (m instanceof IntegerArgumentMarshaler)
        setIntArg(m);
      else
        return false;
    } catch (ArgsException e) {
      valid = false;
      errorArgumentId = argChar;
      throw e;
    }
    return true;
  }
```

```
  private void setIntArg(ArgumentMarshaler m) throws ArgsException {
    currentArgument++;
    String parameter = null;
    try {
      parameter = args[currentArgument];
      m.set(parameter);
    } catch (ArrayIndexOutOfBoundsException e) {
      errorCode = ErrorCode.MISSING_INTEGER;
      throw new ArgsException();
    } catch (ArgsException e) {
      errorParameter = parameter;
      errorCode = ErrorCode.INVALID_INTEGER;
      throw e;
    }
  }

  private void setStringArg(ArgumentMarshaler m) throws ArgsException {
    currentArgument++;
    try {
      m.set(args[currentArgument]);
    } catch (ArrayIndexOutOfBoundsException e) {
      errorCode = ErrorCode.MISSING_STRING;
      throw new ArgsException();
    }
  }
```

あともう少しで、古い3つの Map を削除できるところまできました。最初に、getBoolean 関数を以下から、

```
public boolean getBoolean(char arg) {
  Args.ArgumentMarshaler am = booleanArgs.get(arg);
  return am != null && (Boolean) am.get();
}
```

以下のように変更する必要がありました。

```
public boolean getBoolean(char arg) {
  Args.ArgumentMarshaler am = marshalers.get(arg);
  boolean b = false;
  try {
    b = am != null && (Boolean) am.get();
  } catch (ClassCastException e) {
```

```
      b = false;
    }
    return b;
  }
```

この最後の変更は、不思議に感じられたかもしれません。なぜ突然 `ClassCastException` を扱うことになったのでしょう？ これは単体テストとは別に、FitNesse で書かれた受け入れテストが存在していたことが原因です。FitNesse のテストでは、getBoolean を Boolean でない引数で呼び出した場合、`false` が返ることを想定していることがわかりました。単体テストでは、そのようなことはテストしていませんでした。ここまでは、単体テストのみを実行していたのです[2]。

最後の変更で、もう1つの Boolean マップの使用も取り除くことができました。

```
  private void parseBooleanSchemaElement(char elementId) {
    ArgumentMarshaler m = new BooleanArgumentMarshaler();
    booleanArgs.put(elementId, m);
    marshalers.put(elementId, m);
  }
```

そしてようやく Boolean の Map を削除することができました。

```
public class Args {
...
  private Map<Character, ArgumentMarshaler> booleanArgs =
  new HashMap<Character, ArgumentMarshaler>();
  private Map<Character, ArgumentMarshaler> stringArgs =
  new HashMap<Character, ArgumentMarshaler>();
  private Map<Character, ArgumentMarshaler> intArgs =
  new HashMap<Character, ArgumentMarshaler>();
  private Map<Character, ArgumentMarshaler> marshalers =
  new HashMap<Character, ArgumentMarshaler>();
...
```

次に、文字列引数と整数引数に同じやり方で変更を加え、Boolean 引数のコードを、きれいにする作業を、いくらか行いました。

```
  private void parseBooleanSchemaElement(char elementId) {
    marshalers.put(elementId, new BooleanArgumentMarshaler());
  }
```

---

2 今後、このようなことが起きないように、FitNesse のテストを起動する単体テストを追加しました。

```
  private void parseIntegerSchemaElement(char elementId) {
    marshalers.put(elementId, new IntegerArgumentMarshaler());
  }

  private void parseStringSchemaElement(char elementId) {
    marshalers.put(elementId, new StringArgumentMarshaler());
  }
  ...
  public String getString(char arg) {
    Args.ArgumentMarshaler am = marshalers.get(arg);
    try {
      return am == null ? "" : (String) am.get();
    } catch (ClassCastException e) {
      return "";
    }
  }

  public int getInt(char arg) {
    Args.ArgumentMarshaler am = marshalers.get(arg);
    try {
      return am == null ? 0 : (Integer) am.get();
    } catch (Exception e) {
      return 0;
    }
  }
...
public class Args {
...
  private Map<Character, ArgumentMarshaler> stringArgs =
    new HashMap<Character, ArgumentMarshaler>();
  private Map<Character, ArgumentMarshaler> intArgs =
    new HashMap<Character, ArgumentMarshaler>();
  private Map<Character, ArgumentMarshaler> marshalers =
    new HashMap<Character, ArgumentMarshaler>();
...
```

次に、もはや大したことを行っていない、3つのパースメソッドをインライン化しました。

```
private void parseSchemaElement(String element) throws ParseException {
  char elementId = element.charAt(0);
  String elementTail = element.substring(1);
  validateSchemaElementId(elementId);
  if (isBooleanSchemaElement(elementTail))
```

```java
    marshalers.put(elementId, new BooleanArgumentMarshaler());
  else if (isStringSchemaElement(elementTail))
    marshalers.put(elementId, new StringArgumentMarshaler());
  else if (isIntegerSchemaElement(elementTail)) {
    marshalers.put(elementId, new IntegerArgumentMarshaler());
  } else {
    throw new ParseException(String.format(
      "引数: %c の書式が不正です: %s.", elementId, elementTail), 0);
  }
}
```

それでは、ここでもう一度、全体像を見てみましょう。リスト 14-12 に、現在の Args クラスを示します。

リスト 14-12 Args.java（最初のリファクタリング後）

```java
package com.objectmentor.utilities.getopts;

import java.text.ParseException;
import java.util.*;

public class Args {
  private String schema;
  private String[] args;
  private boolean valid = true;
  private Set<Character> unexpectedArguments = new TreeSet<Character>();
  private Map<Character, ArgumentMarshaler> marshalers =
    new HashMap<Character, ArgumentMarshaler>();
  private Set<Character> argsFound = new HashSet<Character>();
  private int currentArgument;
  private char errorArgumentId = '\0';
  private String errorParameter = "TILT";
  private ErrorCode errorCode = ErrorCode.OK;

  private enum ErrorCode {
    OK, MISSING_STRING, MISSING_INTEGER, INVALID_INTEGER, UNEXPECTED_ARGUMENT}

  public Args(String schema, String[] args) throws ParseException {
    this.schema = schema;
    this.args = args;
    valid = parse();
  }
```

```java
  private boolean parse() throws ParseException {
    if (schema.length() == 0 && args.length == 0)
      return true;
    parseSchema();
    try {
      parseArguments();
    } catch (ArgsException e) {
    }
    return valid;
  }

  private boolean parseSchema() throws ParseException {
    for (String element : schema.split(",")) {
      if (element.length() > 0) {
        String trimmedElement = element.trim();
        parseSchemaElement(trimmedElement);
      }
    }
    return true;
  }

  private void parseSchemaElement(String element) throws ParseException {
    char elementId = element.charAt(0);
    String elementTail = element.substring(1);
    validateSchemaElementId(elementId);
    if (isBooleanSchemaElement(elementTail))
      marshalers.put(elementId, new BooleanArgumentMarshaler());
    else if (isStringSchemaElement(elementTail))
      marshalers.put(elementId, new StringArgumentMarshaler());
    else if (isIntegerSchemaElement(elementTail)) {
      marshalers.put(elementId, new IntegerArgumentMarshaler());
    } else {
      throw new ParseException(String.format(
        "引数: %c の書式が不正です: %s.", elementId, elementTail), 0);
    }
  }

  private void validateSchemaElementId(char elementId) throws ParseException {
    if (!Character.isLetter(elementId)) {
      throw new ParseException(
        "不正な文字:" + elementId + "が、次の書式に含まれています: " + schema, 0);
    }
  }
```

```java
  private boolean isStringSchemaElement(String elementTail) {
    return elementTail.equals("*");
  }

  private boolean isBooleanSchemaElement(String elementTail) {
    return elementTail.length() == 0;
  }

  private boolean isIntegerSchemaElement(String elementTail) {
    return elementTail.equals("# ");
  }

  private boolean parseArguments() throws ArgsException {
    for (currentArgument=0; currentArgument<args.length; currentArgument++) {
      String arg = args[currentArgument];
      parseArgument(arg);
    }
    return true;
  }

  private void parseArgument(String arg) throws ArgsException {
    if (arg.startsWith("-"))
      parseElements(arg);
  }

  private void parseElements(String arg) throws ArgsException {
    for (int i = 1; i < arg.length(); i++)
      parseElement(arg.charAt(i));
  }

  private void parseElement(char argChar) throws ArgsException {
    if (setArgument(argChar))
      argsFound.add(argChar);
    else {
      unexpectedArguments.add(argChar);
      errorCode = ErrorCode.UNEXPECTED_ARGUMENT;
      valid = false;
    }
  }

  private boolean setArgument(char argChar) throws ArgsException {
    ArgumentMarshaler m = marshalers.get(argChar);
    try {
```

```
        if (m instanceof BooleanArgumentMarshaler)
          setBooleanArg(m);
        else if (m instanceof StringArgumentMarshaler)
          setStringArg(m);
        else if (m instanceof IntegerArgumentMarshaler)
          setIntArg(m);
        else
          return false;
      } catch (ArgsException e) {
        valid = false;
        errorArgumentId = argChar;
        throw e;
      }
      return true;
    }

    private void setIntArg(ArgumentMarshaler m) throws ArgsException {
      currentArgument++;
      String parameter = null;
      try {
        parameter = args[currentArgument];
        m.set(parameter);
      } catch (ArrayIndexOutOfBoundsException e) {
        errorCode = ErrorCode.MISSING_INTEGER;
        throw new ArgsException();
      } catch (ArgsException e) {
        errorParameter = parameter;
        errorCode = ErrorCode.INVALID_INTEGER;
        throw e;
      }
    }

    private void setStringArg(ArgumentMarshaler m) throws ArgsException {
      currentArgument++;
      try {
        m.set(args[currentArgument]);
      } catch (ArrayIndexOutOfBoundsException e) {
        errorCode = ErrorCode.MISSING_STRING;
        throw new ArgsException();
      }
    }

    private void setBooleanArg(ArgumentMarshaler m) {
      try {
```

```java
      m.set("true");
    } catch (ArgsException e) {
    }
  }

  public int cardinality() {
    return argsFound.size();
  }

  public String usage() {
    if (schema.length() > 0)
      return "-[" + schema + "]";
    else
      return "";
  }

  public String errorMessage() throws Exception {
    switch (errorCode) {
      case OK:
        throw new Exception("TILT: ここは実行されないはずです。");
      case UNEXPECTED_ARGUMENT:
        return unexpectedArgumentMessage();
      case MISSING_STRING:
        return String.format(
          "次の引数の文字列パラメータが見つかりません -%c。",
          errorArgumentId);
      case INVALID_INTEGER:
        return String.format(
          "引数 -%c には整数が必要ですが、次の値が指定されました '%s'。",
          errorArgumentId, errorParameter);
      case MISSING_INTEGER:
        return String.format(
          "次の引数の整数パラメータが見つかりません -%c。", errorArgumentId);
    }
    return "";
  }

  private String unexpectedArgumentMessage() {
    StringBuffer message = new StringBuffer("Argument(s) -");
    for (char c : unexpectedArguments) {
      message.append(c);
    }
    message.append(" unexpected.");
```

```java
    return message.toString();
  }

  public boolean getBoolean(char arg) {
    Args.ArgumentMarshaler am = marshalers.get(arg);
    boolean b = false;
    try {
      b = am != null && (Boolean) am.get();
    } catch (ClassCastException e) {
      b = false;
    }
    return b;
  }

  public String getString(char arg) {
    Args.ArgumentMarshaler am = marshalers.get(arg);
    try {
      return am == null ? "" : (String) am.get();
    } catch (ClassCastException e) {
      return "";
    }
  }

  public int getInt(char arg) {
    Args.ArgumentMarshaler am = marshalers.get(arg);
    try {
      return am == null ? 0 : (Integer) am.get();
    } catch (Exception e) {
      return 0;
    }
  }

  public boolean has(char arg) {
    return argsFound.contains(arg);
  }

  public boolean isValid() {
    return valid;
  }

  private class ArgsException extends Exception {
  }
```

```java
  private abstract class ArgumentMarshaler {
    public abstract void set(String s) throws ArgsException;
    public abstract Object get();
  }

  private class BooleanArgumentMarshaler extends ArgumentMarshaler {
    private boolean booleanValue = false;
    public void set(String s) {
      booleanValue = true;
    }

    public Object get() {
      return booleanValue;
    }
  }

  private class StringArgumentMarshaler extends ArgumentMarshaler {
    private String stringValue = "";
    public void set(String s) {
      stringValue = s;
    }

    public Object get() {
      return stringValue;
    }
  }

  private class IntegerArgumentMarshaler extends ArgumentMarshaler {
    private int intValue = 0;
    public void set(String s) throws ArgsException {
      try {
        intValue = Integer.parseInt(s);
      } catch (NumberFormatException e) {
        throw new ArgsException();
      }
    }

    public Object get() {
      return intValue;
    }
  }
}
```

ここまで作業を行いましたが、少々残念なことがあります。構造は確かによくなりましたが、変数はすべてが最初の部分に集まっています。setArgument での型の比較は依然としておぞましいものです。すべての set 関数はまったくもって美しくありません。エラー処理についての解説は後回しにします。まだまだ多くのやるべきことが残っています。

setArgument の型の比較は、なんとしても取り除きたいところです［G23］。setArgument でやりたいのは、ArgumentMarshaler.set を一回呼び出すだけのことです。つまり setIntArg、setStringArg、setBooleanArg を、ArgumentMarshaler の適切な継承クラス側に落とし込んでやればよいのです。しかしそれには問題があります。

setIntArg をよく見ると、args と currentArg という 2 つのインスタンス変数が使用されていることがわかります。setIntArg を、BooleanArgumentMarshaler に持っていくには、args と currentArgs の両方を関数の引数として渡す必要があります。これは美しくありません［F1］。引数は 2 つではなく 1 つにしたいところです。幸いなことに簡単な解決策があります。配列 args を list に変換し、Iterator を set 関数に渡すのです。以下は、各ステップでテストを通しつつ、10 回のステップをかけて変更していったコードです。ここでは最終結果のみを示します。最も小さなステップが何であったかは想像がつくでしょう。

```java
public class Args {
  private String schema;
  private String[] args;
  private boolean valid = true;
  private Set<Character> unexpectedArguments = new TreeSet<Character>();
  private Map<Character, ArgumentMarshaler> marshalers =
    new HashMap<Character, ArgumentMarshaler>();
  private Set<Character> argsFound = new HashSet<Character>();
  private Iterator<String> currentArgument;
  private char errorArgumentId = '\0';
  private String errorParameter = "TILT";
  private ErrorCode errorCode = ErrorCode.OK;
  private List<String> argsList;

  private enum ErrorCode {
    OK, MISSING_STRING, MISSING_INTEGER, INVALID_INTEGER, UNEXPECTED_ARGUMENT}

  public Args(String schema, String[] args) throws ParseException {
    this.schema = schema;
    argsList = Arrays.asList(args);
    valid = parse();
  }
```

```java
  private boolean parse() throws ParseException {
    if (schema.length() == 0 && argsList.size() == 0)
      return true;
    parseSchema();
    try {
      parseArguments();
    } catch (ArgsException e) {
    }
    return valid;
  }
---
  private boolean parseArguments() throws ArgsException {
    for (currentArgument = argsList.iterator(); currentArgument.hasNext();) {
      String arg = currentArgument.next();
      parseArgument(arg);
    }

    return true;
  }
---
  private void setIntArg(ArgumentMarshaler m) throws ArgsException {
    String parameter = null;
    try {
      parameter = currentArgument.next();
      m.set(parameter);
    } catch (NoSuchElementException e) {
      errorCode = ErrorCode.MISSING_INTEGER;
      throw new ArgsException();
    } catch (ArgsException e) {
      errorParameter = parameter;
      errorCode = ErrorCode.INVALID_INTEGER;
      throw e;
    }
  }

  private void setStringArg(ArgumentMarshaler m) throws ArgsException {
    try {
      m.set(currentArgument.next());
    } catch (NoSuchElementException e) {
      errorCode = ErrorCode.MISSING_STRING;
      throw new ArgsException();
    }
  }
```

各ステップは簡単な変更で、テストがそのまま通りました。いよいよ set 関数を適切な継承クラスに移すことにします。まず setArgument に以下のような変更を入れる必要があります。

```
private boolean setArgument(char argChar) throws ArgsException {
  ArgumentMarshaler m = marshalers.get(argChar);
  if (m == null)
    return false;
  try {
    if (m instanceof BooleanArgumentMarshaler)
      setBooleanArg(m);
    else if (m instanceof StringArgumentMarshaler)
      setStringArg(m);
    else if (m instanceof IntegerArgumentMarshaler)
      setIntArg(m);
    else
      return false;
  } catch (ArgsException e) {
    valid = false;
    errorArgumentId = argChar;
    throw e;
  }
  return true;
}
```

この変更は欠かせません。一連の if-else を完全に削除したかったからです。このためエラー発生時の条件を外に出す必要があったのです。

それでは set 関数の移動を開始しましょう。setBooleanArg 関数の変更が簡単なので、まずこれから始めましょう。目標は setBooleanArg 関数の処理を BooleanArgumentMarshaler 側に転送することです。

```
  private boolean setArgument(char argChar) throws ArgsException {
    ArgumentMarshaler m = marshalers.get(argChar);
    if (m == null)
      return false;
    try {
      if (m instanceof BooleanArgumentMarshaler)
        setBooleanArg(m, currentArgument);
      else if (m instanceof StringArgumentMarshaler)
        setStringArg(m);
      else if (m instanceof IntegerArgumentMarshaler)
        setIntArg(m);
```

```
      } catch (ArgsException e) {
        valid = false;
        errorArgumentId = argChar;
        throw e;
      }
      return true;
    }
---
    private void setBooleanArg(ArgumentMarshaler m,
                               Iterator<String> currentArgument)
                               throws ArgsException {
      try {
          m.set("true");
      } catch (ArgsException e) {
      }
    }
```

この例外処理は以前に追加したものでしたね？ 追加したり、再び削除したりということは、リファクタリングの過程でよく起こります。各ステップの小ささと、テストが常に通るようにするということは、コードを何度も移動して回るということを意味します。リファクタリングは、ルービックキューブを解くようなものです。大きな目標のためには、多くの小さなステップが必要となります。各ステップが次へとつながっていくのです。

setBooleanArg に、今のところ必要もないのにイテレータを渡しているのはなぜでしょうか？ setIntArg と setStringArg には必要だからです！ そしてこれら3つの関数を ArgumentMarshaller の抽象メソッドを通して実装したいので、setBooleanArg にも渡す必要があるのです。

もはや setBooleanArg は不要となりました。もしも ArgumentMarshaler に set 関数があれば、それを直接呼ぶことが可能です。この set 関数を作成するときがきました！ 最初に、ArgumentMarshaler に抽象メソッドを追加します。

```
  private abstract class ArgumentMarshaler {
    public abstract void set(Iterator<String> currentArgument)
                             throws ArgsException;
    public abstract void set(String s) throws ArgsException;
    public abstract Object get();
  }
```

もちろん、これによってすべてのサブクラスが壊れてしまいます。そこでこれらを順に実装していきましょう。

```java
private class BooleanArgumentMarshaler extends ArgumentMarshaler {
  private boolean booleanValue = false;

  public void set(Iterator<String> currentArgument) throws ArgsException {
    booleanValue = true;
  }

  public void set(String s) {
    booleanValue = true;
  }

  public Object get() {
    return booleanValue;
  }
}

private class StringArgumentMarshaler extends ArgumentMarshaler {
  private String stringValue = "";

  public void set(Iterator<String> currentArgument) throws ArgsException {
  }

  public void set(String s) {
    stringValue = s;
  }

  public Object get() {
    return stringValue;
  }
}

private class IntegerArgumentMarshaler extends ArgumentMarshaler {
  private int intValue = 0;

  public void set(Iterator<String> currentArgument) throws ArgsException {
  }

  public void set(String s) throws ArgsException {
    try {
      intValue = Integer.parseInt(s);
    } catch (NumberFormatException e) {
      throw new ArgsException();
    }
  }
```

```
  }

  public Object get() {
    return intValue;
  }
}
```

いよいよ setBooleanArg を削除することができます！

```
private boolean setArgument(char argChar) throws ArgsException {
  ArgumentMarshaler m = marshalers.get(argChar);
  if (m == null)
    return false;
  try {
    if (m instanceof BooleanArgumentMarshaler)
      m.set(currentArgument);
    else if (m instanceof StringArgumentMarshaler)
      setStringArg(m);
    else if (m instanceof IntegerArgumentMarshaler)
      setIntArg(m);
  } catch (ArgsException e) {
    valid = false;
    errorArgumentId = argChar;
    throw e;
  }
  return true;
}
```

テストはすべて成功し、set 関数は、BooleanArgumentMarshaler に配置されています！ 同じことを文字列引数と整数引数に対しても行うことが可能です。

```
    private boolean setArgument(char argChar) throws ArgsException {
      ArgumentMarshaler m = marshalers.get(argChar);
      if (m == null)
        return false;
      try {
        if (m instanceof BooleanArgumentMarshaler)
          m.set(currentArgument);
        else if (m instanceof StringArgumentMarshaler)
          m.set(currentArgument);
        else if (m instanceof IntegerArgumentMarshaler)
          m.set(currentArgument);
```

```java
      } catch (ArgsException e) {
        valid = false;
        errorArgumentId = argChar;
        throw e;
      }
      return true;
    }
---
    private class StringArgumentMarshaler extends ArgumentMarshaler {
      private String stringValue = "";

      public void set(Iterator<String> currentArgument) throws ArgsException {
        try {
          stringValue = currentArgument.next();
        } catch (NoSuchElementException e) {
          errorCode = ErrorCode.MISSING_STRING;
          throw new ArgsException();
        }
      }

      public void set(String s) {
      }

      public Object get() {
        return stringValue;
      }
    }

    private class IntegerArgumentMarshaler extends ArgumentMarshaler {
      private int intValue = 0;

      public void set(Iterator<String> currentArgument) throws ArgsException {
        String parameter = null;
        try {
          parameter = currentArgument.next();
          set(parameter);
        } catch (NoSuchElementException e) {
          errorCode = ErrorCode.MISSING_INTEGER;
          throw new ArgsException();
        } catch (ArgsException e) {
          errorParameter = parameter;
          errorCode = ErrorCode.INVALID_INTEGER;
          throw e;
```

```
      }
    }

    public void set(String s) throws ArgsException {
      try {
        intValue = Integer.parseInt(s);
      } catch (NumberFormatException e) {
        throw new ArgsException();
      }
    }

    public Object get() {
      return intValue;
    }
  }
```

とどめの一撃で、型チェックの羅列を削除します！ 一本！

```
  private boolean setArgument(char argChar) throws ArgsException {
    ArgumentMarshaler m = marshalers.get(argChar);
    if (m == null)
      return false;
    try {
      m.set(currentArgument);
      return true;
    } catch (ArgsException e) {
      valid = false;
      errorArgumentId = argChar;
      throw e;
    }
  }
```

これで、IntegerArgumentMarshaler のトリッキーなコードを削除し、いくらかきれいにすることができます。

```
  private class IntegerArgumentMarshaler extends ArgumentMarshaler {
    private int intValue = 0;

    public void set(Iterator<String> currentArgument) throws ArgsException {
      String parameter = null;
      try {
        parameter = currentArgument.next();
```

```
        intValue = Integer.parseInt(parameter);
      } catch (NoSuchElementException e) {
        errorCode = ErrorCode.MISSING_INTEGER;
        throw new ArgsException();
      } catch (NumberFormatException e) {
        errorParameter = parameter;
        errorCode = ErrorCode.INVALID_INTEGER;
        throw new ArgsException();
      }
    }

    public Object get() {
      return intValue;
    }
  }
```

ArgumentMarshalerをインターフェイスにすることも可能になります。

```
private interface ArgumentMarshaler {
  void set(Iterator<String> currentArgument) throws ArgsException;
  Object get();
}
```

それでは、この構造で、新しい引数を追加することがどのくらい簡単になったのかを見てみましょう。その変更量はとても小さなものであるべきであり、また独立しているべきです。まずdouble引数タイプが正しく動作するかを確認するためのテストを新たに追加します。

```
public void testSimpleDoublePresent() throws Exception {
  Args args = new Args("x# # ", new String[] {"-x","42.3"});
  assertTrue(args.isValid());
  assertEquals(1, args.cardinality());
  assertTrue(args.has('x'));
  assertEquals(42.3, args.getDouble('x'), .001);
}
```

これで、スキーマのパースをするコードをきれいにして、double引数タイプの ## 検知処理を追加することができます。

```
private void parseSchemaElement(String element) throws ParseException {
  char elementId = element.charAt(0);
```

```
    String elementTail = element.substring(1);
    validateSchemaElementId(elementId);
    if (elementTail.length() == 0)
      marshalers.put(elementId, new BooleanArgumentMarshaler());
    else if (elementTail.equals("*"))
      marshalers.put(elementId, new StringArgumentMarshaler());
    else if (elementTail.equals("#"))
      marshalers.put(elementId, new IntegerArgumentMarshaler());
    else if (elementTail.equals("##"))
      marshalers.put(elementId, new DoubleArgumentMarshaler());
    else
      throw new ParseException(String.format(
        "引数: %c の書式が不正です: %s.", elementId, elementTail), 0);
}
```

次に、DoubleArgumentMarshaler クラスを書きます。

```
private class DoubleArgumentMarshaler implements ArgumentMarshaler {
  private double doubleValue = 0;

  public void set(Iterator<String> currentArgument) throws ArgsException {
    String parameter = null;
    try {
      parameter = currentArgument.next();
      doubleValue = Double.parseDouble(parameter);
    } catch (NoSuchElementException e) {
      errorCode = ErrorCode.MISSING_DOUBLE;
      throw new ArgsException();
    } catch (NumberFormatException e) {
      errorParameter = parameter;
      errorCode = ErrorCode.INVALID_DOUBLE;
      throw new ArgsException();
    }
  }

  public Object get() {
    return doubleValue;
  }
}
```

この変更で、新たな ErrorCode の追加が必要になります。

```java
private enum ErrorCode {
  OK, MISSING_STRING, MISSING_INTEGER, INVALID_INTEGER, UNEXPECTED_ARGUMENT,
  MISSING_DOUBLE, INVALID_DOUBLE}
```

また getDouble 関数が必要となります。

```java
public double getDouble(char arg) {
  Args.ArgumentMarshaler am = marshalers.get(arg);
  try {
    return am == null ? 0 : (Double) am.get();
  } catch (Exception e) {
    return 0.0;
  }
}
```

そしてすべてのテストが通りました！ あまり痛みを伴わずに行うことができました。それでは、すべてのエラー処理が正しく動作するかを、検証していきましょう。以下のテストケースは、## 引数にパース不可能な文字列が指定されたときに、エラーが報告されることを調べるものです。

```java
public void testInvalidDouble() throws Exception {
  Args args = new Args("x# # ", new String[] {"-x","Forty two"});
  assertFalse(args.isValid());
  assertEquals(0, args.cardinality());
  assertFalse(args.has('x'));
  assertEquals(0, args.getInt('x'));
  assertEquals(
    "引数 -x にはdoubleが必要ですが、次の値が指定されました 'Forty two'。",
    args.errorMessage());
}
---
  public String errorMessage() throws Exception {
    switch (errorCode) {
      case OK:
        throw new Exception("TILT: ここは実行されないはずです。");
      case UNEXPECTED_ARGUMENT:
        return unexpectedArgumentMessage();
      case MISSING_STRING:
        return String.format(
          "次の引数の文字列パラメータが見つかりません -%c。",
          errorArgumentId);
      case INVALID_INTEGER:
```

```
        return String.format(
          "引数 -%c には整数が必要ですが、次の値が指定されました '%s'。",
          errorArgumentId, errorParameter);
      case MISSING_INTEGER:
        return String.format(
          "次の引数の整数パラメータが見つかりません -%c。",
          errorArgumentId);
      case INVALID_DOUBLE:
        return String.format(
          "引数 -%c には double が必要ですが、次の値が指定されました '%s'。",
          errorArgumentId, errorParameter);
      case MISSING_DOUBLE:
        return String.format(
          "次の引数に、double パラメータが見つかりません -%c。",
          errorArgumentId);
    }
    return "";
  }
```

テストは成功しました。次のテストは、double 引数のパラメータが抜けていることをチェックするためのものです。

```
  public void testMissingDouble() throws Exception {
    Args args = new Args("x##", new String[]{"-x"});
    assertFalse(args.isValid());
    assertEquals(0, args.cardinality());
    assertFalse(args.has('x'));
    assertEquals(0.0, args.getDouble('x'), 0.01);
    assertEquals("次の引数に、double パラメータが見つかりません -x。",
                 args.errorMessage());
  }
```

予想どおりテストは成功します。このテストは、単純に完全性の追求のために作成しました。

例外コードはあまり美しくなく、実際のところ Args クラスに属しているとはいえません。送出している ParseException も、我々のコードに属しているものではありません。そこでこれらを ArgsException クラスにまとめ、1 つの独立したモジュールとすることにしましょう。

```
  public class ArgsException extends Exception {
    private char errorArgumentId = '\0';
    private String errorParameter = "TILT";
    private ErrorCode errorCode = ErrorCode.OK;
```

```java
    public ArgsException() {}

    public ArgsException(String message) {super(message);}

    public enum ErrorCode {
      OK, MISSING_STRING, MISSING_INTEGER, INVALID_INTEGER,
      UNEXPECTED_ARGUMENT, MISSING_DOUBLE, INVALID_DOUBLE}
  }
---
  public class Args {
    ...
    private char errorArgumentId = '\0';
    private String errorParameter = "TILT";
    private ArgsException.ErrorCode errorCode = ArgsException.ErrorCode.OK;
    private List<String> argsList;

    public Args(String schema, String[] args) throws ArgsException {
      this.schema = schema;
      argsList = Arrays.asList(args);
      valid = parse();
    }

    private boolean parse() throws ArgsException {
      if (schema.length() == 0 && argsList.size() == 0)
        return true;
      parseSchema();
      try {
        parseArguments();
      } catch (ArgsException e) {
      }
      return valid;
    }

    private boolean parseSchema() throws ArgsException {
      ...
    }

    private void parseSchemaElement(String element) throws ArgsException {
      ...
      else
        throw new ArgsException(
          String.format("引数: %c の書式が不正です: %s.",
                        elementId,elementTail));
```

```java
  }

  private void validateSchemaElementId(char elementId) throws ArgsException {
    if (!Character.isLetter(elementId)) {
      throw new ArgsException(
        "不正な文字:" + elementId + "が、次の書式に含まれています: " + schema);
    }
  }

...

  private void parseElement(char argChar) throws ArgsException {
    if (setArgument(argChar))
      argsFound.add(argChar);
    else {
      unexpectedArguments.add(argChar);
      errorCode = ArgsException.ErrorCode.UNEXPECTED_ARGUMENT;
      valid = false;
    }
  }

...

  private class StringArgumentMarshaler implements ArgumentMarshaler {
    private String stringValue = "";

    public void set(Iterator<String> currentArgument) throws ArgsException {
      try {
        stringValue = currentArgument.next();
      } catch (NoSuchElementException e) {
        errorCode = ArgsException.ErrorCode.MISSING_STRING;
        throw new ArgsException();
      }
    }

    public Object get() {
      return stringValue;
    }
  }

  private class IntegerArgumentMarshaler implements ArgumentMarshaler {
    private int intValue = 0;
```

```java
    public void set(Iterator<String> currentArgument) throws ArgsException {
      String parameter = null;
      try {
        parameter = currentArgument.next();
        intValue = Integer.parseInt(parameter);
      } catch (NoSuchElementException e) {
        errorCode = ArgsException.ErrorCode.MISSING_INTEGER;
        throw new ArgsException();
      } catch (NumberFormatException e) {
        errorParameter = parameter;
        errorCode = ArgsException.ErrorCode.INVALID_INTEGER;
        throw new ArgsException();
      }
    }

    public Object get() {
      return intValue;
    }
  }

  private class DoubleArgumentMarshaler implements ArgumentMarshaler {
    private double doubleValue = 0;

    public void set(Iterator<String> currentArgument) throws ArgsException {
      String parameter = null;
      try {
        parameter = currentArgument.next();
        doubleValue = Double.parseDouble(parameter);
      } catch (NoSuchElementException e) {
        errorCode = ArgsException.ErrorCode.MISSING_DOUBLE;
        throw new ArgsException();
      } catch (NumberFormatException e) {
        errorParameter = parameter;
        errorCode = ArgsException.ErrorCode.INVALID_DOUBLE;
        throw new ArgsException();
      }
    }

    public Object get() {
      return doubleValue;
    }
  }
}
```

なかなかよい感じです。これで Args がスローするのは ArgsException だけになりました。ArgsException を独立させるということは、エラー処理をサポートするコードを Args モジュールから取り除いて、ArgsException 側に移動できるということです。このことは、自然でわかりやすい位置にコードを収めることを可能とし、Args モジュールをさらにきれいにするのに大変役立ちます。

Args モジュールから、例外とエラーに関するコードが完全に分離されました（**リスト 14-13** から**リスト 14-16** を参照）。これは 30 ほどの簡単なステップを、テストを通しながら行うことによって実現されました。

リスト 14-13　ArgsTest.java

```java
package com.objectmentor.utilities.args;

import junit.framework.TestCase;

public class ArgsTest extends TestCase {
  public void testCreateWithNoSchemaOrArguments() throws Exception {
    Args args = new Args("", new String[0]);
    assertEquals(0, args.cardinality());
  }

  public void testWithNoSchemaButWithOneArgument() throws Exception {
    try {
      new Args("", new String[]{"-x"});
      fail();
    } catch (ArgsException e) {
      assertEquals(ArgsException.ErrorCode.UNEXPECTED_ARGUMENT,
                   e.getErrorCode());
      assertEquals('x', e.getErrorArgumentId());
    }
  }

  public void testWithNoSchemaButWithMultipleArguments() throws Exception {
    try {
      new Args("", new String[]{"-x", "-y"});
      fail();
    } catch (ArgsException e) {
      assertEquals(ArgsException.ErrorCode.UNEXPECTED_ARGUMENT,
                   e.getErrorCode());
      assertEquals('x', e.getErrorArgumentId());
    }
  }
```

```java
  public void testNonLetterSchema() throws Exception {
    try {
      new Args("*", new String[]{});
      fail("Args constructor should have thrown exception");
    } catch (ArgsException e) {
      assertEquals(ArgsException.ErrorCode.INVALID_ARGUMENT_NAME,
                   e.getErrorCode());
      assertEquals('*', e.getErrorArgumentId());
    }
  }

  public void testInvalidArgumentFormat() throws Exception {
    try {
      new Args("f~", new String[]{});
      fail("Argsのコンストラクタは、例外をスローすべきです");
    } catch (ArgsException e) {
      assertEquals(ArgsException.ErrorCode.INVALID_FORMAT, e.getErrorCode());
      assertEquals('f', e.getErrorArgumentId());
    }
  }

  public void testSimpleBooleanPresent() throws Exception {
    Args args = new Args("x", new String[]{"-x"});
    assertEquals(1, args.cardinality());
    assertEquals(true, args.getBoolean('x'));
  }

  public void testSimpleStringPresent() throws Exception {
    Args args = new Args("x*", new String[]{"-x", "param"});
    assertEquals(1, args.cardinality());
    assertTrue(args.has('x'));
    assertEquals("param", args.getString('x'));
  }

  public void testMissingStringArgument() throws Exception {
    try {
      new Args("x*", new String[]{"-x"});
      fail();
    } catch (ArgsException e) {
      assertEquals(ArgsException.ErrorCode.MISSING_STRING, e.getErrorCode());
      assertEquals('x', e.getErrorArgumentId());
    }
  }
```

```java
public void testSpacesInFormat() throws Exception {
  Args args = new Args("x, y", new String[]{"-xy"});
  assertEquals(2, args.cardinality());
  assertTrue(args.has('x'));
  assertTrue(args.has('y'));
}

public void testSimpleIntPresent() throws Exception {
  Args args = new Args("x# ", new String[]{"-x", "42"});
  assertEquals(1, args.cardinality());
  assertTrue(args.has('x'));
  assertEquals(42, args.getInt('x'));
}

public void testInvalidInteger() throws Exception {
  try {
    new Args("x# ", new String[]{"-x", "Forty two"});
    fail();
  } catch (ArgsException e) {
    assertEquals(ArgsException.ErrorCode.INVALID_INTEGER, e.getErrorCode());
    assertEquals('x', e.getErrorArgumentId());
    assertEquals("Forty two", e.getErrorParameter());
  }
}

public void testMissingInteger() throws Exception {
  try {
    new Args("x# ", new String[]{"-x"});
    fail();
  } catch (ArgsException e) {
    assertEquals(ArgsException.ErrorCode.MISSING_INTEGER, e.getErrorCode());
    assertEquals('x', e.getErrorArgumentId());
  }
}

public void testSimpleDoublePresent() throws Exception {
  Args args = new Args("x# # ", new String[]{"-x", "42.3"});
  assertEquals(1, args.cardinality());
  assertTrue(args.has('x'));
  assertEquals(42.3, args.getDouble('x'), .001);
}
```

```java
  public void testInvalidDouble() throws Exception {
    try {
      new Args("x# # ", new String[]{"-x", "Forty two"});
      fail();
    } catch (ArgsException e) {
      assertEquals(ArgsException.ErrorCode.INVALID_DOUBLE, e.getErrorCode());
      assertEquals('x', e.getErrorArgumentId());
      assertEquals("Forty two", e.getErrorParameter());
    }
  }

  public void testMissingDouble() throws Exception {
    try {
      new Args("x# # ", new String[]{"-x"});
      fail();
    } catch (ArgsException e) {
      assertEquals(ArgsException.ErrorCode.MISSING_DOUBLE, e.getErrorCode());
      assertEquals('x', e.getErrorArgumentId());
    }
  }
}
```

リスト 14-14　ArgsExceptionTest.java

```java
public class ArgsExceptionTest extends TestCase {
  public void testUnexpectedMessage() throws Exception {
    ArgsException e =
      new ArgsException(ArgsException.ErrorCode.UNEXPECTED_ARGUMENT,
                        'x', null);
    assertEquals("引数 -x は想定外です。", e.errorMessage());
  }

  public void testMissingStringMessage() throws Exception {
    ArgsException e = new ArgsException(ArgsException.ErrorCode.MISSING_STRING,
                                        'x', null);
    assertEquals(
      "次の引数の文字列パラメータが見つかりません -x。", e.errorMessage());
  }

  public void testInvalidIntegerMessage() throws Exception {
    ArgsException e =
      new ArgsException(ArgsException.ErrorCode.INVALID_INTEGER,
                        'x', "Forty two");
```

```
    assertEquals(
      "引数 -x には整数が必要ですが、次の値が指定されました 'Forty two'.",
      e.errorMessage());
  }

  public void testMissingIntegerMessage() throws Exception {
    ArgsException e =
      new ArgsException(ArgsException.ErrorCode.MISSING_INTEGER, 'x', null);
    assertEquals(
      "次の引数の整数パラメータが見つかりません -x。", e.errorMessage());
  }

  public void testInvalidDoubleMessage() throws Exception {
    ArgsException e = new ArgsException(ArgsException.ErrorCode.INVALID_DOUBLE,
                                        'x', "Forty two");
    assertEquals(
      "引数 -x にはdoubleが必要ですが、次の値が指定されました 'Forty two'.",
      e.errorMessage());
  }

  public void testMissingDoubleMessage() throws Exception {
    ArgsException e = new ArgsException(ArgsException.ErrorCode.MISSING_DOUBLE,
                                        'x', null);
    assertEquals(
      "次の引数のdoubleパラメータが見つかりません -x。", e.errorMessage());
  }
}
```

リスト 14-15　ArgsException.java

```
public class ArgsException extends Exception {
  private char errorArgumentId = '\0';
  private String errorParameter = "TILT";
  private ErrorCode errorCode = ErrorCode.OK;

  public ArgsException() {}
  public ArgsException(String message) {super(message);}
  public ArgsException(ErrorCode errorCode) {
    this.errorCode = errorCode;
  }

  public ArgsException(ErrorCode errorCode, String errorParameter) {
    this.errorCode = errorCode;
```

```java
      this.errorParameter = errorParameter;
    }

    public ArgsException(ErrorCode errorCode, char errorArgumentId,
                         String errorParameter) {
      this.errorCode = errorCode;
      this.errorParameter = errorParameter;
      this.errorArgumentId = errorArgumentId;
    }

    public char getErrorArgumentId() {
      return errorArgumentId;
    }

    public void setErrorArgumentId(char errorArgumentId) {
      this.errorArgumentId = errorArgumentId;
    }

    public String getErrorParameter() {
      return errorParameter;
    }

    public void setErrorParameter(String errorParameter) {
      this.errorParameter = errorParameter;
    }

    public ErrorCode getErrorCode() {
      return errorCode;
    }

    public void setErrorCode(ErrorCode errorCode) {
      this.errorCode = errorCode;
    }

    public String errorMessage() throws Exception {
      switch (errorCode) {
        case OK:
          throw new Exception("TILT: ここは実行されないはずです。");
        case UNEXPECTED_ARGUMENT:
          return String.format("引数 -%c は想定外です。", errorArgumentId);
        case MISSING_STRING:
          return String.format(
            "次の引数の文字列パラメータが見つかりません -%c。",
```

```
          errorArgumentId);
      case INVALID_INTEGER:
        return String.format(
          "引数 -%c には整数が必要ですが、次の値が指定されました '%s'。",
          errorArgumentId, errorParameter);
      case MISSING_INTEGER:
        return String.format(
          "次の引数の整数パラメータが見つかりません -%c。", errorArgumentId);
      case INVALID_DOUBLE:
        return String.format(
          "引数 -%c にはdoubleが必要ですが、次の値が指定されました '%s'。",
          errorArgumentId, errorParameter);
      case MISSING_DOUBLE:
        return String.format(
          "次の引数のdoubleパラメータが見つかりません -%c。", errorArgumentId);
    }
    return "";
  }

  public enum ErrorCode {
    OK, INVALID_FORMAT, UNEXPECTED_ARGUMENT, INVALID_ARGUMENT_NAME,
    MISSING_STRING,
    MISSING_INTEGER, INVALID_INTEGER,
    MISSING_DOUBLE, INVALID_DOUBLE}
}
```

リスト14-16 Args.java

```
public class Args {
  private String schema;
  private Map<Character, ArgumentMarshaler> marshalers =
    new HashMap<Character, ArgumentMarshaler>();
  private Set<Character> argsFound = new HashSet<Character>();
  private Iterator<String> currentArgument;
  private List<String> argsList;

  public Args(String schema, String[] args) throws ArgsException {
    this.schema = schema;
    argsList = Arrays.asList(args);
    parse();
  }

  private void parse() throws ArgsException {
```

```
    parseSchema();
    parseArguments();
  }

  private boolean parseSchema() throws ArgsException {
    for (String element : schema.split(",")) {
      if (element.length() > 0) {
        parseSchemaElement(element.trim());
      }
    }
    return true;
  }

  private void parseSchemaElement(String element) throws ArgsException {
    char elementId = element.charAt(0);
    String elementTail = element.substring(1);
    validateSchemaElementId(elementId);
    if (elementTail.length() == 0)
      marshalers.put(elementId, new BooleanArgumentMarshaler());
    else if (elementTail.equals("*"))
      marshalers.put(elementId, new StringArgumentMarshaler());
    else if (elementTail.equals("# "))
      marshalers.put(elementId, new IntegerArgumentMarshaler());
    else if (elementTail.equals("# # "))
      marshalers.put(elementId, new DoubleArgumentMarshaler());
    else
      throw new ArgsException(ArgsException.ErrorCode.INVALID_FORMAT,
                              elementId, elementTail);
  }

  private void validateSchemaElementId(char elementId) throws ArgsException {
    if (!Character.isLetter(elementId)) {
      throw new ArgsException(ArgsException.ErrorCode.INVALID_ARGUMENT_NAME,
                              elementId, null);
    }
  }

  private void parseArguments() throws ArgsException {
    for (currentArgument = argsList.iterator(); currentArgument.hasNext();) {
      String arg = currentArgument.next();
      parseArgument(arg);
    }
  }
```

```
   private void parseArgument(String arg) throws ArgsException {
     if (arg.startsWith("-"))
       parseElements(arg);
   }

   private void parseElements(String arg) throws ArgsException {
     for (int i = 1; i < arg.length(); i++)
       parseElement(arg.charAt(i));
   }

   private void parseElement(char argChar) throws ArgsException {
     if (setArgument(argChar))
       argsFound.add(argChar);
     else {
       throw new ArgsException(ArgsException.ErrorCode.UNEXPECTED_ARGUMENT,
                               argChar, null);
     }
   }

   private boolean setArgument(char argChar) throws ArgsException {
     ArgumentMarshaler m = marshalers.get(argChar);
     if (m == null)
       return false;
     try {
       m.set(currentArgument);
       return true;
     } catch (ArgsException e) {
       e.setErrorArgumentId(argChar);
       throw e;
     }
   }

   public int cardinality() {
     return argsFound.size();
   }

   public String usage() {
     if (schema.length() > 0)
       return "-[" + schema + "]";
     else
       return "";
   }
```

```java
  public boolean getBoolean(char arg) {
    ArgumentMarshaler am = marshalers.get(arg);
    boolean b = false;
    try {
      b = am != null && (Boolean) am.get();
    } catch (ClassCastException e) {
      b = false;
    }
    return b;
  }

  public String getString(char arg) {
    ArgumentMarshaler am = marshalers.get(arg);
    try {
      return am == null ? "" : (String) am.get();
    } catch (ClassCastException e) {
      return "";
    }
  }

  public int getInt(char arg) {
    ArgumentMarshaler am = marshalers.get(arg);
    try {
      return am == null ? 0 : (Integer) am.get();
    } catch (Exception e) {
      return 0;
    }
  }

  public double getDouble(char arg) {
    ArgumentMarshaler am = marshalers.get(arg);
    try {
      return am == null ? 0 : (Double) am.get();
    } catch (Exception e) {
      return 0.0;
    }
  }

  public boolean has(char arg) {
    return argsFound.contains(arg);
  }
}
```

`Args`クラスに対する変更の大半は削除です。大量のコードが、`Args`から`ArgsException`に抜き出されました。なかなかよい感じです。そしてすべての`ArgumentMarshaller`も、それぞれのファイルに移動されました。素晴しいですね！

　多くの優れたソフトウェア設計というのは、分割に関することを扱っています。これは適切な場所を用意し、種類の異なるコードを異なる場所に分けて入れることです。この関心事の分離は、コードをとても単純にし、理解と保守を容易にします。

　特に興味深いのは、`ArgsException`の`errorMessage`メソッドです。`Args`にエラーメッセージの書式化を入れるのは明確なSRP違反です。`Args`は引数の処理に専念すべきで、エラーメッセージの書式化に手を出すべきではありません。しかし、エラーメッセージの書式化を`ArgsException`に移すのは、果たして理にかなったことといえるのでしょうか？

　正直にいえば、これは妥協です。エラーメッセージが`ArgsException`から提供されることをよしとしない場合は、自分で書かなければなりません。それでも既成のエラーメッセージが予め用意されているという便利さは、捨てたものでもありません。

　ここまでの作業で、最初にお見せした解に非常に近づいたことがわかるでしょう。残りの変更は、練習問題として残しておくことにします。

結論

　コードは動くだけでは不十分です。動作するコードでも、時として、ひどく壊れている場合があります。単にコードが動くようになった時点で満足してしまうプログラマというのは、プロ失格といえます。コードの構造と設計を改善するのに十分な時間が割けないという不安を抱えているのかもしれませんが、それについては筆者は反対です。ダメなコードが開発プロジェクトに与える、深刻で長期間に渡る品質への悪影響ほどひどいものはありません。スケジュールのマズさはやり直せます。要件のマズさは再定義できます。チームのバランスの悪さは修復できます。しかしダメなコードは腐敗、発酵し、容赦のない重荷となってチームにのしかかります。筆者は幾度となく、先を急ぐあまり、それ以降、永遠にチームの運命を支配することになる有害なコードの沼を作成してしまい、のたうち回っているチームを見てきました。

　ダメなコードは、もちろんきれいにできます。しかしそれには大変手がかかります。コードが腐るにつれ、モジュールは、互いを侵食し、多くの隠れた入り組んだ依存性を形成します。時間が経過した依存性を断ち切るのは、長く困難な作業となります。一方、コードをきれいに保つことは、比較的容易です。朝、モジュールの中に混乱を持ちこんでしまっても、午後には解消することが簡単にできます。5分前に入れてしまった間違いなら、とても簡単に、今すぐきれいにすることができます。

　つまり解は、コードを常に、できるかぎりきれいで単純に保つということです。腐り始めることを許してはなりません。

JUnitの内部　第15章

　JUnit は、あらゆる Java のフレームワークの中でも最も有名なものの 1 つです。フレームワークが一般にそうであるように、JUnit は概念が単純で、定義が正確で、実装がエレガントにできています。しかしコードはどうなのでしょう？　本章では、JUnit フレームワークから実際のコードを引用し、その批評を行うことにします。

JUnitフレームワーク

　JUnit の作者は大勢いますが、最初の開発はケント・ベックとエリック・ガンマがアトランタへ向かう飛行機の中で開始されました。ケントは、Java を学習することを望み、エリックはケントの Smalltalk のテスト用フレームワークを学習することを望んでいました。「狭いキャビンの中の 2 人にとって、ノート PC を出してコーディングを始めること以上に自然なやり方などあるでしょうか？[1]」上空での 3 時間の作業の末に、彼らは JUnit の基礎を書き上げたのです。

　この後、紹介するコードは文字列の比較エラーを検出するための巧妙なコードです。このモジュー

1　*JUnit Pocket Guide*, Kent Beck, O'Reilly, 2004, 43 ページ。

ルは、ComparisonCompactor と呼ばれています。ABCDE と ABXDE のような異なる文字列を与えると、<...B[X]D...> のような文字列を生成して、異なる部分を明らかにします。

このまま解説を続けることもできますが、テストケースをお見せするのがもっとうまいやり方でしょう。**リスト 15-1** を見てください。これを見れば、このモジュールの要件がかなり深いところまでわかります。見る際には批評家の目でテストの構造を見てください。これらのコードをさらに単純でわかりやすいものとする余地はあるでしょうか？

リスト 15-1　ComparisonCompactorTest.java

```java
package junit.tests.framework;

import junit.framework.ComparisonCompactor;
import junit.framework.TestCase;

public class ComparisonCompactorTest extends TestCase {
  public void testMessage() {
    String failure= new ComparisonCompactor(0, "b", "c").compact("a");
    assertTrue("a expected:<[b]> but was:<[c]>".equals(failure));
  }

  public void testStartSame() {
    String failure= new ComparisonCompactor(1, "ba", "bc").compact(null);
    assertEquals("expected:<b[a]> but was:<b[c]>", failure);
  }

  public void testEndSame() {
    String failure= new ComparisonCompactor(1, "ab", "cb").compact(null);
    assertEquals("expected:<[a]b> but was:<[c]b>", failure);
  }

  public void testSame() {
    String failure= new ComparisonCompactor(1, "ab", "ab").compact(null);
    assertEquals("expected:<ab> but was:<ab>", failure);
  }

  public void testNoContextStartAndEndSame() {
    String failure= new ComparisonCompactor(0, "abc", "adc").compact(null);
    assertEquals("expected:<...[b]...> but was:<...[d]...>", failure);
  }

  public void testStartAndEndContext() {
    String failure= new ComparisonCompactor(1, "abc", "adc").compact(null);
```

```
    assertEquals("expected:<a[b]c> but was:<a[d]c>", failure);
}

public void testStartAndEndContextWithEllipses() {
  String failure=
    new ComparisonCompactor(1, "abcde", "abfde").compact(null);
  assertEquals("expected:<...b[c]d...> but was:<...b[f]d...>", failure);
}

public void testComparisonErrorStartSameComplete() {
  String failure= new ComparisonCompactor(2, "ab", "abc").compact(null);
  assertEquals("expected:<ab[]> but was:<ab[c]>", failure);
}

public void testComparisonErrorEndSameComplete() {
  String failure= new ComparisonCompactor(0, "bc", "abc").compact(null);
  assertEquals("expected:<[]...> but was:<[a]...>", failure);
}

public void testComparisonErrorEndSameCompleteContext() {
  String failure= new ComparisonCompactor(2, "bc", "abc").compact(null);
  assertEquals("expected:<[]bc> but was:<[a]bc>", failure);
}

public void testComparisonErrorOverlapingMatches() {
  String failure= new ComparisonCompactor(0, "abc", "abbc").compact(null);
  assertEquals("expected:<...[]...> but was:<...[b]...>", failure);
}

public void testComparisonErrorOverlapingMatchesContext() {
  String failure= new ComparisonCompactor(2, "abc", "abbc").compact(null);
  assertEquals("expected:<ab[]c> but was:<ab[b]c>", failure);
}

public void testComparisonErrorOverlapingMatches2() {
  String failure= new ComparisonCompactor(0, "abcdde",
    "abcde").compact(null);
  assertEquals("expected:<...[d]...> but was:<...[]...>", failure);
}

public void testComparisonErrorOverlapingMatches2Context() {
  String failure=
    new ComparisonCompactor(2, "abcdde", "abcde").compact(null);
```

```java
    assertEquals("expected:<...cd[d]e> but was:<...cd[]e>", failure);
  }

  public void testComparisonErrorWithActualNull() {
    String failure= new ComparisonCompactor(0, "a", null).compact(null);
    assertEquals("expected:<a> but was:<null>", failure);
  }

  public void testComparisonErrorWithActualNullContext() {
    String failure= new ComparisonCompactor(2, "a", null).compact(null);
    assertEquals("expected:<a> but was:<null>", failure);
  }

  public void testComparisonErrorWithExpectedNull() {
    String failure= new ComparisonCompactor(0, null, "a").compact(null);
    assertEquals("expected:<null> but was:<a>", failure);
  }

  public void testComparisonErrorWithExpectedNullContext() {
    String failure= new ComparisonCompactor(2, null, "a").compact(null);
    assertEquals("expected:<null> but was:<a>", failure);
  }

  public void testBug609972() {
    String failure= new ComparisonCompactor(10, "S&P500", "0").compact(null);
    assertEquals("expected:<[S&P50]0> but was:<[]0>", failure);
  }
}
```

　テストケースを使って、ComparisonCompactorのコードカバレッジを調べてみたところ、100％カバーされていました。すべての行、if文、ループがテストによって実行されていました。この事実は、コードが動作するものであるという強い確信と、作者の技能への高い敬意とを筆者にもたらしました。

　ComparisonCompactorのコードを**リスト15-2**に示します。しばらくこのコードを目を通してみてください。うまく分割され、表現豊かで、構造が単純であることに気がつくと思います。見終わったら、一緒に細かいところを見ていきましょう。

リスト 15-2　ComparisonCompactor.java（オリジナル）

```java
package junit.framework;

public class ComparisonCompactor {

  private static final String ELLIPSIS = "...";
  private static final String DELTA_END = "]";
  private static final String DELTA_START = "[";

  private int fContextLength;
  private String fExpected;
  private String fActual;
  private int fPrefix;
  private int fSuffix;

  public ComparisonCompactor(int contextLength,
                             String expected,
                             String actual) {
    fContextLength = contextLength;
    fExpected = expected;
    fActual = actual;
  }

  public String compact(String message) {
    if (fExpected == null || fActual == null || areStringsEqual())
      return Assert.format(message, fExpected, fActual);

    findCommonPrefix();
    findCommonSuffix();
    String expected = compactString(fExpected);
    String actual = compactString(fActual);
    return Assert.format(message, expected, actual);
  }

  private String compactString(String source) {
    String result = DELTA_START +
          source.substring(fPrefix, source.length() -
                           fSuffix + 1) + DELTA_END;
    if (fPrefix > 0)
      result = computeCommonPrefix() + result;
    if (fSuffix > 0)
      result = result + computeCommonSuffix();
    return result;
```

```java
    }

    private void findCommonPrefix() {
      fPrefix = 0;
      int end = Math.min(fExpected.length(), fActual.length());
      for (; fPrefix < end; fPrefix++) {
        if (fExpected.charAt(fPrefix) != fActual.charAt(fPrefix))
          break;
      }
    }

    private void findCommonSuffix() {
      int expectedSuffix = fExpected.length() - 1;
      int actualSuffix = fActual.length() - 1;
      for (;
           actualSuffix >= fPrefix && expectedSuffix >= fPrefix;
             actualSuffix--, expectedSuffix--) {
        if (fExpected.charAt(expectedSuffix) != fActual.charAt(actualSuffix))
          break;
      }
      fSuffix = fExpected.length() - expectedSuffix;
    }

    private String computeCommonPrefix() {
      return (fPrefix > fContextLength ? ELLIPSIS : "") +
              fExpected.substring(Math.max(0, fPrefix - fContextLength),
                                  fPrefix);
    }

    private String computeCommonSuffix() {
      int end = Math.min(fExpected.length() - fSuffix + 1 + fContextLength,
                         fExpected.length());
      return fExpected.substring(fExpected.length() - fSuffix + 1, end) +
             (fExpected.length() - fSuffix + 1 < fExpected.length() -
              fContextLength ? ELLIPSIS : "");
    }

    private boolean areStringsEqual() {
      return fExpected.equals(fActual);
    }
  }
}
```

このモジュールには納得のできない部分がいくつか見つかるかもしれません。長い式、いくつかのよくわからない +1 といったものです。しかし、全体として見れば、このモジュールは、なかなかよいものといえるでしょう。さて、このコードは、以前は**リスト 15-3** のようなものだったかもしれません。

リスト 15-3　ComparisonCompator.java（逆リファクタリング後）

```java
package junit.framework;

public class ComparisonCompactor {
  private int ctxt;
  private String s1;
  private String s2;
  private int pfx;
  private int sfx;

  public ComparisonCompactor(int ctxt, String s1, String s2) {
    this.ctxt = ctxt;
    this.s1 = s1;
    this.s2 = s2;
  }

  public String compact(String msg) {
    if (s1 == null || s2 == null || s1.equals(s2))
      return Assert.format(msg, s1, s2);

    pfx = 0;
    for (; pfx < Math.min(s1.length(), s2.length()); pfx++) {
      if (s1.charAt(pfx) != s2.charAt(pfx))
        break;
    }
    int sfx1 = s1.length() - 1;
    int sfx2 = s2.length() - 1;
    for (; sfx2 >= pfx && sfx1 >= pfx; sfx2--, sfx1--) {
      if (s1.charAt(sfx1) != s2.charAt(sfx2))
        break;
    }
    sfx = s1.length() - sfx1;
    String cmp1 = compactString(s1);
    String cmp2 = compactString(s2);
    return Assert.format(msg, cmp1, cmp2);
  }
```

```java
  private String compactString(String s) {
    String result =
      "[" + s.substring(pfx, s.length() - sfx + 1) + "]";
    if (pfx > 0)
      result = (pfx > ctxt ? "..." : "") +
        s1.substring(Math.max(0, pfx - ctxt), pfx) + result;
    if (sfx > 0) {
      int end = Math.min(s1.length() - sfx + 1 + ctxt, s1.length());
      result = result + (s1.substring(s1.length() - sfx + 1, end) +
        (s1.length() - sfx + 1 < s1.length() - ctxt ? "..." : ""));
    }
    return result;
  }
}
```

開発者は、依然としてこのモジュールをとてもよい形態に保っていますが、**ボーイスカウトの規則**[2]によれば、発見したときよりもきれいにしなければなりません。リスト 15-2 の元のコードに対して、どのような改良が可能でしょう？

筆者が配慮をしていなかったものの 1 つがメンバー変数の f プレフィクス［N6］です。今日の開発環境では、この手のスコープエンコーディングは冗長です。f を削除しましょう。

```java
private int contextLength;
private String expected;
private String actual;
private int prefix;
private int suffix;
```

次に、compact 関数の最初にあるカプセル化されていない条件があげられます［G28］。

```java
public String compact(String message) {
  if (expected == null || actual == null || areStringsEqual())
    return Assert.format(message, expected, actual);
  findCommonPrefix();
  findCommonSuffix();
  String expected = compactString(this.expected);
  String actual = compactString(this.actual);
  return Assert.format(message, expected, actual);
}
```

---

2 41ページの「ボーイスカウトの規則」を参照。

この条件は、我々の意図を明確とするためにカプセル化すべきです。メソッドを抽出して、意図を明確にしましょう。

```java
public String compact(String message) {
  if (shouldNotCompact())
    return Assert.format(message, expected, actual);
  findCommonPrefix();
  findCommonSuffix();
  String expected = compactString(this.expected);
  String actual = compactString(this.actual);
  return Assert.format(message, expected, actual);
}

private boolean shouldNotCompact() {
  return expected == null || actual == null || areStringsEqual();
}
```

筆者は、compact 関数における、this.expect、this.actual という書き方はあまり気にしません。これは、fExpected を expected に名前変更したときに発生したものです。これらの変数は、なぜメンバー変数と同じ名前にしたのでしょう？ 別のものにできないでしょうか [N4] ？ あいまいな名前を使うのをやめるべきです。

```java
String compactExpected = compactString(expected);
String compactActual = compactString(actual);
```

否定表現は、肯定表現よりも若干わかりにくいです [G29]。先頭の if 文の条件を反転しましょう。

```java
public String compact(String message) {
  if (canBeCompacted()) {
    findCommonPrefix();
    findCommonSuffix();
    String compactExpected = compactString(expected);
    String compactActual = compactString(actual);
    return Assert.format(message, compactExpected, compactActual);
  } else {
    return Assert.format(message, expected, actual);
  }
}

private boolean canBeCompacted() {
  return expected != null && actual != null && !areStringsEqual();
}
```

この関数名は奇妙です[N7]。確かにやっていることは文字列の圧縮ですが、実際には`canBeCompacted`が`false`を返すときには圧縮は行われません。この関数に`compact`という名前を付けると、エラーチェックの副作用を隠してしまうことになります。また、戻り値は、圧縮された文字列そのものではなく、書式化されたメッセージです。つまり関数名は本来は`formatCompactedComparison`であるべきでしょう。これは、関数引数を伴うと、ずっとわかりやすくなります。

```
public String formatCompactedComparison(String message) {
```

`if`文の本体部分で、予想結果文字列と実際の結果文字列の圧縮が行われます。これは`compactExpectedAndActual`という名前のメソッドに抜き出すべきです。しかし、`formatCompactedComparison`の関数の中ですべての書式化を行いたいところです。`compactXXX`という関数は、圧縮以外のことを行うべきではありません[G30]。以下のように分割しましょう。

```
...
  private String compactExpected;
  private String compactActual;
...

  public String formatCompactedComparison(String message) {
    if (canBeCompacted()) {
      compactExpectedAndActual();
      return Assert.format(message, compactExpected, compactActual);
    } else {
      return Assert.format(message, expected, actual);
    }
  }

  private void compactExpectedAndActual() {
    findCommonPrefix();
    findCommonSuffix();
    compactExpected = compactString(expected);
    compactActual = compactString(actual);
  }
```

このためには`compactExpected`と`compactActual`をメンバー変数に昇格する必要があることがわかります。`compactExpectedAndActual`の最初の2行が、戻り値を返していないのに、最後の2行は戻り値を返しています。こういうやり方は筆者は好きではありません。これは整合性のとれた規約ではありません[G11]。そこで、`findCommonPrefix`と`findCommonSuffix`も戻り値として`prefix`と`suffix`を返すようにします。

```java
private void compactExpectedAndActual() {
  prefixIndex = findCommonPrefix();
  suffixIndex = findCommonSuffix();
  compactExpected = compactString(expected);
  compactActual = compactString(actual);
}

private int findCommonPrefix() {
  int prefixIndex = 0;
  int end = Math.min(expected.length(), actual.length());
  for (; prefixIndex < end; prefixIndex++) {
    if (expected.charAt(prefixIndex) != actual.charAt(prefixIndex))
      break;
  }
  return prefixIndex;
}

private int findCommonSuffix() {
  int expectedSuffix = expected.length() - 1;
  int actualSuffix = actual.length() - 1;
  for (; actualSuffix >= prefixIndex && expectedSuffix >= prefixIndex;
       actualSuffix--, expectedSuffix--) {
    if (expected.charAt(expectedSuffix) != actual.charAt(actualSuffix))
      break;
  }
  return expected.length() - expectedSuffix;
}
```

メンバー変数も、もう少し正確なものにすべきでしょう［N1］。結局のところ、これらはインデックスなのです。

findCommonSuffix を注意深く見ると、**隠れた時系列上の関連**が見つかります［G31］。これは prefixIndex が findCommonPrefix で計算されるという事実に依存しています。もしもこの関数が正しい順序で呼び出されないと、デバッグ困難な状況に陥るでしょう。この一時的な結合を外から見えるようにするため、findCommonSuffix に prefixIndex を引数として渡すようにしましょう。

```java
private void compactExpectedAndActual() {
  prefixIndex = findCommonPrefix();
  suffixIndex = findCommonSuffix(prefixIndex);
  compactExpected = compactString(expected);
  compactActual = compactString(actual);
}
```

```
private int findCommonSuffix(int prefixIndex) {
  int expectedSuffix = expected.length() - 1;
  int actualSuffix = actual.length() - 1;
  for (; actualSuffix >= prefixIndex && expectedSuffix >= prefixIndex;
      actualSuffix--, expectedSuffix--) {
    if (expected.charAt(expectedSuffix) != actual.charAt(actualSuffix))
      break;
  }
  return expected.length() - expectedSuffix;
}
```

筆者は、このコードにはあまり満足できません。prefixIndex を引数として渡すのは、少々、付け焼き刃的です [G32]。呼び出し順序を示してはいますが、なぜその呼び出し順序でなければならないのかが説明されていません。引数の必要性が示されていないため、別のプログラマがコードを元に戻してしまうかもしれません。別の方法にしましょう。

```
private void compactExpectedAndActual() {
  findCommonPrefixAndSuffix();
  compactExpected = compactString(expected);
  compactActual = compactString(actual);
}

private void findCommonPrefixAndSuffix() {
  findCommonPrefix();
  int expectedSuffix = expected.length() - 1;
  int actualSuffix = actual.length() - 1;
  for (;
      actualSuffix >= prefixIndex && expectedSuffix >= prefixIndex;
      actualSuffix--, expectedSuffix--
  ) {
    if (expected.charAt(expectedSuffix) != actual.charAt(actualSuffix))
      break;
  }
  suffixIndex = expected.length() - expectedSuffix;
}

private void findCommonPrefix() {
  prefixIndex = 0;
  int end = Math.min(expected.length(), actual.length());
  for (; prefixIndex < end; prefixIndex++)
    if (expected.charAt(prefixIndex) != actual.charAt(prefixIndex))
      break;
}
```

findCommonPrefix と findCommonSuffix を元に戻し、findCommonSuffix を findCommonPrefixAndSuffix という名前に変更し、最初に findCommonPrefix を呼ぶようにしました。これにより 2 つの関数の時間軸上の関係が、これまでのものよりもずっとよくわかるようになっています。この改良によって、findCommonPrefixAndSuffix の汚なさが目立つようになってきています。ここできれいにしておきましょう。

```java
private void findCommonPrefixAndSuffix() {
  findCommonPrefix();
  int suffixLength = 1;
  for (; !suffixOverlapsPrefix(suffixLength); suffixLength++) {
    if (charFromEnd(expected, suffixLength) !=
        charFromEnd(actual, suffixLength))
      break;
  }
  suffixIndex = suffixLength;
}

private char charFromEnd(String s, int i) {
  return s.charAt(s.length()-i);}

private boolean suffixOverlapsPrefix(int suffixLength) {
  return actual.length() - suffixLength < prefixLength ||
    expected.length() - suffixLength < prefixLength;
}
```

このほうがずっとよいでしょう。suffixIndex は suffix の長さであるのに、そのことがきちんと示される名前になっていないことがわかります。これは prefixIndex も同様ですが、ここでは「index」と「length」が同義語となっています。問題は、suffixIndex 変数が 0 で始まっていないことです。1 から開始するため、真の長さではないのです。これが、computeCommonSuffix のすべての場所に +1 が必要になっている原因です［G33］。ここで修正しておきましょう。結果をリスト 15-4 に示します。

リスト 15-4　ComparisonCompactor.java（途中）

```java
public class ComparisonCompactor {
...
  private int suffixLength;
...
  private void findCommonPrefixAndSuffix() {
    findCommonPrefix();
    suffixLength = 0;
```

```
      for (; !suffixOverlapsPrefix(suffixLength); suffixLength++) {
        if (charFromEnd(expected, suffixLength) !=
            charFromEnd(actual, suffixLength))
          break;
      }
    }

    private char charFromEnd(String s, int i) {
      return s.charAt(s.length() - i - 1);
    }

    private boolean suffixOverlapsPrefix(int suffixLength) {
      return actual.length() - suffixLength <= prefixLength ||
        expected.length() - suffixLength <= prefixLength;
    }
...
    private String compactString(String source) {
      String result =
        DELTA_START +
        source.substring(prefixLength, source.length() - **suffixLength**) +
        DELTA_END;
      if (prefixLength > 0)
        result = computeCommonPrefix() + result;
      if (**suffixLength** > 0)
        result = result + computeCommonSuffix();
      return result;
    }
...
    private String computeCommonSuffix() {
      int end = Math.min(expected.length() - **suffixLength** +
        contextLength, expected.length()
      );
      return
        expected.substring(expected.length() - **suffixLength**, end) +
        (expected.length() - **suffixLength** <
          expected.length() - contextLength ?
          ELLIPSIS : "");
    }
```

computeCommonSuffix に +1 を書く代わりに、charFromEnd に -1 を書くようにすることで、筋の通ったものとなりました。suffixOverlapsPrefix における、2か所の <= 演算子の使用も非常に道理にかなったものです。これで suffixIndex という名前を suffixLength に変えることが可能と

なり、コードの読みやすさが大幅に向上しました。

まだ問題はあります。+1 を削除する中で、`compactString` の以下の行が目にとまりました。

```
if (suffixLength > 0)
```

リスト 15-4 を見てください。本来なら `suffixLength` の内容が、これまでよりも 1 小さくなっていますから、`>` 演算子を `>=` 演算子に変えなければなりません。しかし、これはおかしいでしょう。**そのとおりです！** つまりこれは、元々おかしくて、おそらくはバグだったのです。いえ完全なバグではありません。さらに調べてみると、最新のコードでは、`if` 文によって長さ 0 の `suffix` が追加されることがなくなっていることがわかりました。変更前は、`suffixIndex` が 1 よりも小さくなることがなかったため、`if` 文は機能していなかったのです！

これは `compactString` にある**両方**の `if` の存在に疑問を投げかけることになります！ これらは両方とも削除してもよいように見えます。コメントアウトしてテストを流してみましょう。通りました！ 無意味な `if` 文を削除して、`compactString` を再構成し、この関数をずっと単純なものにしましょう [G9]。

```java
  private String compactString(String source) {
    return
      computeCommonPrefix() +
      DELTA_START +
      source.substring(prefixLength, source.length() - suffixLength) +
      DELTA_END +
      computeCommonSuffix();
  }
```

ずっとよくなりました！ `compactString` 関数は、単に文字列の断片をつなぎ合わせているだけだということがわかります。さらに洗練することも可能でしょう。実際、この後、細かい洗練を数多く行うことが可能でした。ここではその変更内容をお見せするのではなく、現在の状態を**リスト 15-5** に示すだけにします。

リスト 15-5　ComparisonCompactor.java（最終版）

```java
  package junit.framework;

  public class ComparisonCompactor {
    private static final String ELLIPSIS = "...";
    private static final String DELTA_END = "]";
    private static final String DELTA_START = "[";
    private  int contextLength;
```

```
  private String expected;
  private String actual;
  private int prefixLength;
  private int suffixLength;

  public ComparisonCompactor(
    int contextLength, String expected, String actual
  ) {
    this.contextLength = contextLength;
    this.expected = expected;
    this.actual = actual;
  }

  public String formatCompactedComparison(String message) {
    String compactExpected = expected;
    String compactActual = actual;
    if (shouldBeCompacted()) {
      findCommonPrefixAndSuffix();
      compactExpected = compact(expected);
      compactActual = compact(actual);
    }
    return Assert.format(message, compactExpected, compactActual);
  }

  private boolean shouldBeCompacted() {
    return !shouldNotBeCompacted();
  }

  private boolean shouldNotBeCompacted() {
    return expected == null ||
           actual == null ||
           expected.equals(actual);
  }

  private void findCommonPrefixAndSuffix() {
    findCommonPrefix();
    suffixLength = 0;
    for (; !suffixOverlapsPrefix(); suffixLength++) {
      if (charFromEnd(expected, suffixLength) !=
          charFromEnd(actual, suffixLength)
      )
        break;
    }
```

```
  }

  private char charFromEnd(String s, int i) {
    return s.charAt(s.length() - i - 1);
  }

  private boolean suffixOverlapsPrefix() {
    return actual.length() - suffixLength <= prefixLength ||
      expected.length() - suffixLength <= prefixLength;
  }

  private void findCommonPrefix() {
    prefixLength = 0;
    int end = Math.min(expected.length(), actual.length());
    for (; prefixLength < end; prefixLength++)
      if (expected.charAt(prefixLength) != actual.charAt(prefixLength))
        break;
  }

  private String compact(String s) {
    return new StringBuilder()
      .append(startingEllipsis())
      .append(startingContext())
      .append(DELTA_START)
      .append(delta(s))
      .append(DELTA_END)
      .append(endingContext())
      .append(endingEllipsis())
      .toString();
  }

  private String startingEllipsis() {
    return prefixLength > contextLength ? ELLIPSIS : "";
  }

  private String startingContext() {
    int contextStart = Math.max(0, prefixLength - contextLength);
    int contextEnd = prefixLength;
    return expected.substring(contextStart, contextEnd);
  }

  private String delta(String s) {
    int deltaStart = prefixLength;
```

```
      int deltaEnd = s.length() - suffixLength;
      return s.substring(deltaStart, deltaEnd);
    }

    private String endingContext() {
      int contextStart = expected.length() - suffixLength;
      int contextEnd =
        Math.min(contextStart + contextLength, expected.length());
      return expected.substring(contextStart, contextEnd);
    }

    private String endingEllipsis() {
      return (suffixLength > contextLength ? ELLIPSIS : "");
    }
  }
```

とてもよい感じです。モジュールは、いくつかの解析関数、それらを統合する関数に分割されています。関数は使用場所のすぐ後で定義が行われるように並べられています。解析関数が最初に現れ、それらを統合する関数は、すべて最後に現れます。

注意深く見ると、これまで本章で行ったいくつかの変更が元に戻っていることがわかるでしょう。たとえば、抽出したメソッドのいくつかを `formatCompactedComparison` の中に戻したり、`shouldNotBeCompacted` という表現に戻したりしています。これはよくあることです。あるリファクタリングを行う際に、すでに行った別のリファクタリングを取り消すことはよくあります。リファクタリングは、トライアンドエラーの繰り返しであり、プロとしてふさわしい価値が感じられる状態へと必然的に収束していきます。

結論

ボーイスカウトの規則を満たすことができました。モジュールを元の状態よりも、よりきれいなものとしたのです。最初の状態がきれいでなかったといっているのではありません。このモジュールの開発者は素晴らしい仕事をしました。しかし、どんなモジュールにも改善の余地はあるものです。そして我々には皆、コードを初めて見つけたときよりも、よりよい状態にする責任があるのです。

SerialDateのリファクタリング

　http://www.jfree.org/jcommon/にJCommonというライブラリがあります。このライブラリの奥にorg.jfree.dateというパッケージがあり、この中にSerialDateというクラスがあります。このクラスを調べてみることにしましょう。

　SerialDateの作者はデビッド・ギルバートです。デビッドは、明らかに経験を積んだ優秀なプログラマです。この後、見ていきますが、彼は非常に高いレベルのプロフェッショナル精神と規律とをコードの中に見せています。どこから見ても、これは「優れたコード」です。これから筆者は、これを細かく分解していきます。

　この作業に悪意はありません。筆者がデビッドよりもずっと優れているから彼のコードを批評する権利があるといっているわけでもありません。実際、皆さんが私のコードを見たら、あなたが納得できない部分が大量に見つかるはずなのです。

　この作業は、意地悪でも傲慢でもありません。これからしようとしていることは、プロとしてのレビュー以外の何ものでもなく、我々が気楽に実施できるものである必要があり、そこから得られる結果は歓迎されるべきものである必要があります。これから学ぶことは、批評を通してしか得られないのです。医者も、パイロットも、弁護士もこうしたことを行うのです。我々プログラマも、そのやり方を学習する必要があります。

　デビッド・ギルバートについて、もう1点補足します。デビッドは優れたプログラマであるだけ

ではありません。彼は、自分のコードを広くコミュニティに寄贈する勇気と善意をもった人です。コードを広く公開して使ってもらうこと、中を見てもらうことを望んでいます。これはとても立派なことです！

　`SerialDate`（リスト B-1、447 ページ）は、Java における日付の表現を行うクラスです。Java にはすでに `java.util.Date` と `java.util.Calendar` を始めとするさまざまなクラスがあるのに、なぜまた作るのでしょう？ 筆者がよく感じる苦痛と同じものが、この作者を衝き動かし、このクラスを書くことになったのです。これは Javadoc の最初（67 行目）によく表われています。彼の意図に対して、ここであら探しをすることもできますが、この問題についてはいずれにせよ取り上げることになります。このクラスが時刻ではなく日付を扱っていたことに感謝することにしましょう。

まずは、動作するようにする

　`SerialDateTests` というクラスにはいくつかの単体テストがあります（リスト B-2、468 ページ）。テストはすべて成功します。ざっと見てみると、残念ながらテストはすべてを網羅しているわけではありません。たとえば「使用部分」検索機能を使って `MonthCodeToQuarter` メソッド（356 行目）を調べてみると、これが使用されていないことがわかります［F4］。つまり単体テストは、このメソッドをテストしていません。

　そこで Clover[1] を使い、単体テストがカバーしていない部分を見てみました。Clover は、単体テストが `SerialDate` の 185 行の実行可能行のうち、91 行（〜50%）しか実行していないことを報告しました［T2］。カバレッジマップは、パッチワークのキルトのようで、非実行行のかたまりがクラス全体に散らばっていました。

　このクラスを完全に理解し、リファクタリングすることが目標でしたがテストカバレッジが十分でなければ、これを行うことは不可能です。そこでまったく独自に単体テストを書きました（リスト B-4、477 ページ）。

　これらのテストを眺めてみると、その多くがコメントアウトされていることに気づくでしょう。これらのテストは通らなかったのです。これらは、`SerialDate` の本来の挙動であると筆者が考えたものです。そこで `SerialDate` をリファクタリングする際、これらのテストも通るようにすることにしました。

　いくつかのテストがコメントアウトされているとはいえ、Clover の報告によれば、新しい単体テストは、185 行のうちの 170 行（92%）をカバーしています。これは割とよい状態です。またこの数値は、さらに上げることができると考えています。

　23 行目から 63 行目までのコメントアウトされているテストは、私の独断で入れたものです。このプログラムは、このテストが通るようには作られていませんが、このような結果が得られたほう

---

[1] 訳注：コードカバレッジ測定ツール。

がわかりやすいと筆者は考えました [G2]。そもそも、なぜ testWeekdayCodeToString メソッドが書かれたのかわからないのですが、書くのであれば、大文字小文字を区別しないほうがわかりやすいように思います。これらのテストを書くのは造作もないことでした [T3]。これらのテストを通るようにすることは、さらに容易なことでした。259、263 行目を equalsIgnoreCase を使用するように変更しただけです。

"tues"、"thurs" という省略形をサポートすべきかどうかわからなかったので、32、45 行目はコメントアウトしたままにしました。

テストの 153、154 行目は通りません。これが通るべきであることは明らかです [G2]。これは簡単に修正できます。163 行目から 213 行目も、以下のような変更を stringToMonthCode 関数に行うことで通るようにできます。

```
457             if ((result < 1) || (result > 12)) {
                    result = -1;
458                 for (int i = 0; i < monthNames.length; i++) {
459                     if (s.equalsIgnoreCase(shortMonthNames[i])) {
460                         result = i + 1;
461                         break;
462                     }
463                     if (s.equalsIgnoreCase(monthNames[i])) {
464                         result = i + 1;
465                         break;
466                     }
467                 }
468             }
```

コメントアウトされた、テストの 318 行目は、getFollowingDayOfWeek（672 行目）のバグを明らかにしています。2004/12/25 は土曜日でした。その次の土曜日は 2005/1/1 でした。しかし、このテストを流すと、getFollowingDayOfWeek は 12/25 の次の土曜日が 12/25 と返すことがわかります。明らかにこれは間違いです [G3]、[T1]。問題は、685 行目に見つかります。これは典型的な境界値の扱いミスです [T5]。これは以下のように記述すべきです。

```
685             if (baseDOW >= targetWeekday) {
```

おもしろいことに、この関数は以前修正されていることがわかります。更新履歴（43 行目）で、getPreviousDayOfWeek、getFollowingDayOfWeek、getNearestDayOfWeek のバグが修正されたと記載されています [T6]。

getNearestDayOfWeek メソッド（705 行目）の単体テスト testGetNearestDayOfWeek（329 行目）は、今ほどに長いものでも網羅的なものでもありませんでした。最初に書いた単体テストに通らな

いものがあったので、筆者が大量のテストケースを追加したのです［T6］。コメントアウトされたテストケースを見ると、失敗のパターンがわかるでしょう。このパターンは啓発的です［T7］。このアルゴリズムは、最も近い日が未来日付の場合に失敗することがわかります。明らかに何らかの境界条件のミスがあることがわかります［T5］。

Clover によるテストカバレッジレポートのパターンも興味深いものになっています［T8］。719 行目がまったく実行されていないのです！ つまり 718 行目の if 文の条件は常に false なのです。コードを見てみると、思ったとおりでした。変数 adjust は、常に負であり 4 以上になるわけがありません。つまりこのアルゴリズムは純粋に間違いなのです。

正しいアルゴリズムを以下に示します。

```
int delta = targetDOW - base.getDayOfWeek();
int positiveDelta = delta + 7;
int adjust = positiveDelta % 7;
if (adjust > 3)
    adjust -= 7;
return SerialDate.addDays(adjust, base);
```

テストの 417、429 行目で、以前は weekInMonthToString と relativeToString が間違った文字列を返していましたが、最終的に、IllegalArgumentException をスローするようになったのでテストが成功するようになりました。

こうした変更を行うことで、すべての単体テストは成功するようになり、これによって SerialDate が動くようになったことを筆者は確信するに到りました。次は「正しく」する番です。

そして正しく直した

これから SerialDate を最初から最後まで、改善を施しながら見ていきます。議論の中では触れませんが、コードを変更するごとに、私が改善した SerialDate の単体テストを含めた、すべての JCommon 単体テストを実行します。つまりこの後の変更を行っても、JCommon のすべてが動作することが保証されているということです。

1 行目から、大量のライセンス情報、著作権、作者、更新履歴を含んだコメントが続きます。法務上の要請から、著作権やライセンスの情報については、ここに置かざるを得ないものとして、そのままにすることにします。しかし更新履歴は 1960 年台の遺物です。現在はソースコード管理ツールが、この仕事をやってくれます。この更新履歴は削除すべきです［C1］。

61 行目から始まる、import 文は、java.text.* と java.util.* を用いることで短くできるでしょう［J1］。

67 行目の Javadoc 内の HTML 書式には、眉をひそめざるを得ません。1 つのソースファイル中に、2 つ以上の言語が混在すると問題を招きます。このコメントには 4 つの言語が混在しています。Java、英語、Javadoc、そして HTML です [G1]。このように大量の言語が使用されていると、すっきりと記述することが困難になります。たとえば、71、72 行目のような桁合わせは、生成された Javadoc では失なわれてしまいますし、ソースコード内に、`<ul>` や `<li>` が存在することを望む人などいないでしょう。全体を `<pre>` で囲んでしまい。ソース内での書式が Javadoc になったときにも保たれるようにしたほうがよいでしょう[2]。

86 行目はクラス宣言です。なぜ、このクラスには `SerialDate` という名前が付いているのでしょう？「serial」の意味は何なのでしょう？ `Serializable` を継承しているからなのでしょうか？ そうではなさそうです。

答をお教えしましょう。筆者は「serial」がどういう意味で使用されているかを知っています（少なくとも筆者は、そう思っています）。手がかりは、98 行目と 101 行目の、`SERIAL_LOWER_BOUND` と `SERIAL_UPPER_BOUND` という定数にあります。もっと有効な手がかりが 830 行目からのコメントに書いてあります。このクラスは、1899/12/30 からの経過日数である、通し番号「serial number」を用いて実装されているので、`SerialDate` という名前が付けられているのです。

この点には 2 つの問題があります。まず通し番号「serial number」という言葉は不正確です。この表現はあいまいです。実際は通し番号というよりも相対オフセットというべきものでしょう。大抵は、通し番号という言葉は日付ではなく、製品の識別に用いられます。つまり、筆者には、この名前はあまり表現豊かとは感じられません [N1]。より好ましいのは、「ordinal」などではないでしょうか。

2 つ目の問題は、より深刻です。`SerialDate` という名前は内部実装を表しています。このクラスは抽象クラスです。実装に関する情報を暗示する必要はまったくありません。実際、実装を隠蔽することには、それ相応の理由があるのです！ つまり筆者は、この名前から抽象レベルの間違いを感じます [N2]。筆者の考えでは、このクラスの名前は単に `Date` とすべきと思います。

残念ながら、Java のライブラリにはすでに、同じ名前のクラスがいくつもあるので、この名前は最善とはいえないでしょう。このクラスは、日のみを扱い時刻は扱わないため、`Day` という名前にすることも検討しましたが、この名前は、他で大変よく使われるものです。最終的に、`DayDate` という名前で妥協することにしました。

以後、`DayDate` という言葉を使用することにします。リストは `SerialDate` のものなので、忘れないようにここに書き残しておきます。

`DayDate` が `Comparable` と `Serializable` を継承していることは理解できます。しかし `MonthConstants` を継承しているのはなぜなのでしょう？ `MonthConstants`（リスト B-3、474 ページ）は単に、月を表す `static final` な定数を持ったクラスに過ぎません。定数を宣言したクラスを継承するというトリックは、`MonthConstants.January` のような表現を避けるために、昔 Java のプログラマの

---

[2] もっとよいのは、Javadoc がすべてのコメントを、すでに書式化済みのものとして扱い、コード上でもドキュメント上でも同じように表示されるようになっていることだったでしょう。

間で流行ったことがありましたが、これは不適切なやり方です[J2]。`MonthConstants`は`enum`とすべきでしょう。

```java
public abstract class DayDate implements Comparable,
                                         Serializable {
  public static enum Month {
    JANUARY(1),
    FEBRUARY(2),
    MARCH(3),
    APRIL(4),
    MAY(5),
    JUNE(6),
    JULY(7),
    AUGUST(8),
    SEPTEMBER(9),
    OCTOBER(10),
    NOVEMBER(11),
    DECEMBER(12);
    Month(int index) {
      this.index = index;
    }

    public static Month make(int monthIndex) {
      for (Month m : Month.values()) {
        if (m.index == monthIndex)
          return m;
      }
      throw new IllegalArgumentException("Invalid month index " + monthIndex);
    }
    public final int index;
  }
```

`MonthConstants`をこのように`enum`に変更することで、`DayDate`クラスを、何か所か変更しなければならなくなります。それは`MonthConstants`の利用者側のコードです。これらの変更は1時間もあれば終わるものでした。しかし、今まで`int`で月を受け取っていた関数は、`Month`の`enum`を受けとることになります。これは、`isValidMonthCode`メソッド（326行目）が不要となり、`monthCodeToQuarter`（356行目）に見られるような、すべての月のエラーチェックが不要となるということを意味しています[G5]。

91行目には、`serialVersionUID`があります。この変数は、直列化の制御のために使われます。もしもこの値を変更すると、これまでに書き込まれた、`DayDate`の状態は、`InvalidClassException`のスローを招き、二度と読み出せなくなります。もしも`serialVersionUID`変数を宣言しないと、

コンパイラは自動的に値を生成するので、モジュールを変更するたびに変化してしまいます。あらゆる資料が、この変数を手で管理することを推奨していることは筆者も知っていますが、筆者には、自動制御に任せたほうがずっと安全なように感じられます［G4］。serialVersionUID の更新を忘れたがために生じるおかしな挙動よりも、InvalidClassException をデバッグするほうが筆者にはマシだという結論に達しました。当面は、この変数は削除することにしました[3]。

93 行目に、冗長なコメントが見つかりました。冗長なコメントのあるところには、嘘と偽の情報が集まります［C2］。こうしたコメントと、それに類するものを取り除くことにしましょう。

97 行目と 100 行目は、以前に議論した通し番号のことについてコメントしています［C1］。これらの変数は、DayDate が表現可能な最も過去の日付と、最も未来の日付を表しています。これは、もう少しきれいに記述できます［N1］。

```
public static final int EARLIEST_DATE_ORDINAL = 2;       // 1/1/1900
public static final int LATEST_DATE_ORDINAL = 2958465;   // 12/31/9999
```

EARLIEST_DATE_ORDINAL がなぜ 0 ではなく 2 なのかが不明確です。ヒントは、829 行目のコメントにあります。この値が、マイクロソフトの Excel での日付の表現方法と関係があることを示唆しています。DayDate の継承クラスである SpreadsheetDate クラス（リスト B-5、486ページ）には、とても深い事実が存在します。71 行目のコメントがそれをうまく説明しています。

今回の問題は、この内容は SpreadsheetDate の実装に関係することであり、DayDate とは無関係だということです。筆者は EARLIEST_DATE_ORDINAL と LATEST_DATE_ORDINAL は DayDate に属するべきではなく、SpreadsheetDate に移動すべきものであると結論付けました［G6］。

実際、これらの変数が使用されているコードを探してみると、それらは SpreadsheetDate だけでした。DayDate でも、JCommon フレームワーク内の他のクラスでも使用されていませんでした。このため、SpreadsheetDate に移動することにしたのです。

次の変数は MINIMUM_YEAR_SUPPORTED、MAXIMUM_YEAR_SUPPORTED です（104、107 行目）。これらにはジレンマがあります。DayDate が抽象クラスで、実装を示すようなものを提供しないのであれば、年の最小、最大値を提供すべきではないでしょう。繰り返しになりますが、筆者は、これらの変数を SpreadsheetDate に移動しようとしています［G6］。しかし、今回の変数を探してみると、RelativeDayOfWeekRule という別のクラス（リスト B-6、496ページ）で使用されていることがわかりました。使用されている getDate 関数の 177、178 行目を見ると、getDate への引数が、正しい年であるかをチェックするのに使用されています。ジレンマとは、抽象クラスの利用者が、実装に関する情報を必要とすることです。

---

[3] 本書をレビューしてくれた人達の何人かは、この判断には反対しました。彼らの主張は、オープンソースフレームワークでは、シリアル ID を手で管理しないと、ソフトウェアに対する、ちょっとした変更で、古い直列化データが読めなくなってしまうからというものでした。これは真っ当な意見です。しかしこのエラーは、それが不便だとしても、少なくとも原因ははっきりとしています。これに対し、作者が ID の更新を忘れると、失敗の仕方は未定義であり、静かに失敗するかもしれません。筆者の、この点に関する判断は、そもそもバージョンをまたがって、直列化復元を行おうと考えるべきではないというものです。

必要なのは、DayDate を汚すことなしに、この情報を提供することです。通常は実装に関する情報は継承クラスのインスタンスから取得します。しかし、getDate 関数には DayDate のインスタンスは渡されません。ところが、DayDate のインスタンスを返すのです。つまりどこかで DayDate を生成しているということになります。リスト B-6 の 187 行目から 205 行目までがヒントです。DayDate インスタンスは、getPreviousDayOfWeek、getNearestDayOfWeek、getFollowingDayOfWeek のいずれかの関数で生成されています。DayDate のリストに戻ると、これらの関数（638〜724 行）は、addDays（571 行目）で生成されたものを返しており、これは createInstance（808 行）を呼び出し、そこで SpreadsheetDate を生成しているのです！　［G7］

　ベースクラスが継承クラスについての知識を持つというのは、一般にはよくありません。これを修正するには、抽象ファクトリ[4]パターンを用いて、DayDateFactory を作成します。このファクトリは、日付の最大、最小のような実装詳細を知っており、必要となる DayDate のインスタンスを生成します。

```
public abstract class DayDateFactory {
  private static DayDateFactory factory = new SpreadsheetDateFactory();
  public static void setInstance(DayDateFactory factory) {
    DayDateFactory.factory = factory;
  }

  protected   abstract   DayDate _makeDate(int ordinal);
  protected   abstract   DayDate _makeDate(int day,
                                           DayDate.Month month, int year);
  protected   abstract   DayDate _makeDate(int day, int month, int year);
  protected   abstract   DayDate _makeDate(java.util.Date date);
  protected   abstract   int     _getMinimumYear();
  protected   abstract   int     _getMaximumYear();

  public static DayDate makeDate(int ordinal) {
    return factory._makeDate(ordinal);
  }

  public static DayDate makeDate(int day, DayDate.Month month, int year) {
    return factory._makeDate(day, month, year);
  }

  public static DayDate makeDate(int day, int month, int year) {
    return factory._makeDate(day, month, year);
  }
```

4　［GOF］

```java
  public static DayDate makeDate(java.util.Date date) {
    return factory._makeDate(date);
  }

  public static int getMinimumYear() {
    return factory._getMinimumYear();
  }

  public static int getMaximumYear() {
    return factory._getMaximumYear();
  }
}
```

このファクトリクラスは、createInstance メソッドを makeDate メソッドに置き替えています。これにより、名前付けが大きく改善されています [N1]。デフォルトは SpreadsheetDateFactory ですが、別のファクトリにいつでも変更できます。抽象メソッドへの移譲を行うスタティックメソッドは、シングルトン[5]、デコレータ[6]、抽象ファクトリパターンの組み合わせになっており、筆者は、このやり方が有用であると考えています。

SpreadsheetDateFactory は以下のようになります。

```java
public class SpreadsheetDateFactory extends DayDateFactory {
  public DayDate _makeDate(int ordinal) {
    return new SpreadsheetDate(ordinal);
  }

  public DayDate _makeDate(int day, DayDate.Month month, int year) {
    return new SpreadsheetDate(day, month, year);
  }

  public DayDate _makeDate(int day, int month, int year) {
    return new SpreadsheetDate(day, month, year);
  }

  public DayDate _makeDate(Date date) {
    final GregorianCalendar calendar = new GregorianCalendar();
    calendar.setTime(date);
    return new SpreadsheetDate(
      calendar.get(Calendar.DATE),
```

---

5 [GOF]
6 [GOF]

```
            DayDate.Month.make(calendar.get(Calendar.MONTH) + 1),
            calendar.get(Calendar.YEAR));
  }

  protected int _getMinimumYear() {
    return SpreadsheetDate.MINIMUM_YEAR_SUPPORTED;
  }

  protected int _getMaximumYear() {
    return SpreadsheetDate.MAXIMUM_YEAR_SUPPORTED;
  }
}
```

これを見るとわかるように、筆者はすでに MINIMUM_YEAR_SUPPORTED と MAXIMUM_YEAR_SUPPORTED を SpreadsheetDate に移動済みです［G6］。

DayDate の次の問題は 109 行から始まる定数です。これらは別の enum とすべきです［J3］。このパターンは以前のものと同じなので、同じことを繰り返します。修正した結果については最後のリストで確認してください。140 行目から、LAST_DAY_OF_MONTH に始まるテーブルがいくつか見つかります。最初に気づくのは、これらのコメントが冗長であるという点です［C3］。名前だけで十分なのです。そこでコメントを削除することにします。

これらのテーブルが private でないことに正当な理由が見つかりません［G8］。なぜなら、スタティック関数 lastDayOfMonth が同じデータを提供しているからです。

次の AGGREGATE_DAYS_TO_END_OF_MONTH テーブルはさらに奇妙です。なぜなら、JCommon フレームワーク内では一切使用されていないからです［G9］。これは削除することにします。

LEAP_YEAR_AGGREGATE_DAYS_TO_END_OF_MONTH も同様です。

AGGREGATE_DAYS_TO_END_OF_PRECEDING_MONTH は SpreadsheetDate でのみ使用されています（434、473 行目）。これは SpreadsheetDate に移動すべきではないかという疑問を投げかけます。移動すべきでない理由は、このテーブルが特定の実装に関連していないことです［G6］。一方で、現時点では SpreadsheetDate しか実装クラスは存在せず、このテーブルは使用される場所の近くに移動すべきともいえます［G10］。

ここで私が従った意見は、整合性を追求すべき［G11］というものです。つまりテーブルは private とし、julianDateOfLastDayOfMonth のような関数によって公開すべきという意見です。今のところ、この関数は必要とされていません。さらに、新たな実装クラスに、テーブルが必要となったら、いつでも DayDate に簡単に戻せます。そこで今回は移動することにしました。

LEAP_YEAR_AGGREGATE_DAYS_TO_END_OF_MONTH も同様です。

次に、enum に変換可能な 3 つの定数が見つかりました（162～205 行）。最初の 3 つは月の中の週を選択します。これは、WeekInMonth という名前の enum に変更しました。

```
public enum WeekInMonth {
  FIRST(1), SECOND(2), THIRD(3), FOURTH(4), LAST(0);
  public final int index;

  WeekInMonth(int index) {
    this.index = index;
  }
}
```

次の定数のセット（177〜187行）は少々不明瞭です。INCLUDE_NONE、INCLUDE_FIRST、INCLUDE_SECOND、INCLUDE_BOTH は、日付の終了点を範囲に含むかどうかを示すのに使用しています。数学的には、これらは「開空間（open interval）」、「半開空間（half-open interval）」、「閉空間（closed interval）」と表現されます。数学用語を使用したほうが明瞭であるように思われます［N3］。そこで、DateInterval という名前の enum を作成し、そこに CLOSED、CLOSED_LEFT、CLOSED_RIGHT、OPEN を定義しました。

3つ目の定数セット（193〜205行目）は、ある曜日を探すときに、過去に探しにいくか、未来に探しにいくか、それとも最も近いものを探しにいくかを指定するものです。これの呼び名を決めるのはなかなかやっかいです。結局 WeekdayRange を作成し、LAST、NEXT、NEAREST を定義しました。

筆者が付けた名前には異論もあるかもしれません。筆者にとって納得できるものであっても、読者の皆さんには納得のいかないものかもしれません。重要なのは、今や名前の変更は簡単にできるようになっているという点です［J3］。これらは整数で渡されるのではありません。シンボルとして渡されるのです。IDE で「名前の変更」機能を使い、名前や型を確実に変更できます。コードの中で -1 や 2 を探しまわって、修正漏れを心配したり、きちんと記述されていない int 引数の宣言について心配する必要はないのです。

208行目の description フィールドはもう使用されていないようです。アクセサ、ミューテータと共に削除しました［G9］。

213行目にある無駄なデフォルトコンストラクタも削除しました［G12］。これはコンパイラが自動生成してくれます。

Day タイプセーフ enum を作ったときに削除済みなので、isValidWeekdayCode（216〜238行目）は飛ばします。

次は、stringToWeekdayCode メソッド（242〜270行）です。この Javadoc は、メソッドシグネチャ以上のことはほとんど書かれておらずゴミ同然です［C3］、［G12］。この Javadoc に意味があるとすれば、戻り値 -1 の解説でしょう。しかし Day enum に変更したため、このコメントはすでに間違いで［C2］、今のこのメソッドは IllegalArgumentException をスローするでしょう。そこで Javadoc は削除しました。

引数と変数宣言の final キーワードもすべて削除しました。私の知る限り、これらには何の価値

もなく、単にじゃまなだけです［G12］。finalの削除は、伝統的な見識の一部に反するところもあります。たとえばロバート・シモン[7]は、「……finalを、コード内のあらゆる場所に」と強く勧めています。筆者は、この意見にはまったくくみしません。たとえば定数など、finalの使用が望ましい場合もありますが、それ以外の場合、finalキーワードには、ほとんど価値はなく、目障りです。筆者がこのように感じるのは、finalで防止できるエラーというのは、筆者の場合、単体テストですでに捕捉されているからでしょう。

　forループ（259、263行目）の中のif文の重複については、気にしていませんでした［G5］。そこで || 演算子を用いてif文を1つに連結しました。また、Day enumを用いて、forループを調整しいくつかの化粧直しを施しました。

　この結果、このメソッドはDayDateに所属するものではなくなりました。これはDayのパース機能なのです。そこでDay enumに移動しました。しかし、これにより、Day enumが少々大きくなり過ぎてしまいました。Dayの概念というものは、DayDateからは独立しているので、Day enumをDayDateクラスの外に分離し、別のソースファイルにしました［G13］。

　次のweekdayCodeToString関数（272～286行）もDay enumに移動し、toStringという名前にしました。

```
public enum Day {
  MONDAY(Calendar.MONDAY),
  TUESDAY(Calendar.TUESDAY),
  WEDNESDAY(Calendar.WEDNESDAY),s
  THURSDAY(Calendar.THURSDAY),
  FRIDAY(Calendar.FRIDAY),
  SATURDAY(Calendar.SATURDAY),
  SUNDAY(Calendar.SUNDAY);

  public final int index;
  private static DateFormatSymbols dateSymbols = new DateFormatSymbols();

  Day(int day) {
    index = day;
  }

  public static Day make(int index) throws IllegalArgumentException {
    for (Day d : Day.values())
      if (d.index == index)
        return d;
    throw new IllegalArgumentException(
```

---

[7] ［Simmons04］、73ページ。

```
      String.format("Illegal day index: %d.", index));
  }

  public static Day parse(String s) throws IllegalArgumentException {
    String[] shortWeekdayNames =
      dateSymbols.getShortWeekdays();
    String[] weekDayNames =
      dateSymbols.getWeekdays();
    s = s.trim();
    for (Day day : Day.values()) {
      if (s.equalsIgnoreCase(shortWeekdayNames[day.index]) ||
         s.equalsIgnoreCase(weekDayNames[day.index])) {
        return day;
      }
    }
    throw new IllegalArgumentException(
      String.format("%s is not a valid weekday string", s));
  }

  public String toString() {
    return dateSymbols.getWeekdays()[index];
  }
}
```

getMonths 関数は2つ存在します（288〜316行）。最初の関数が、次の関数を呼び出しています。後者は、それ以外のところからは呼び出されていません。そこでこれらの関数を1つにまとめて、ずっと単純なものとしました［G9］、［G12］、［F4］。最後に、名前をもう少し表現豊かなものに変更しました［N1］。

```
public static String[] getMonthNames() {
  return dateFormatSymbols.getMonths();
}
```

isValidMonthCode 関数（326〜346行）は Month enum の影響で無意味となってしまったので削除しました［G9］。

monthCodeToQuarter 関数（356〜375行）は、機能の羨望[8]のにおいがします［G14］。おそらくは Month enum に quarter というメソッド名で属するものです。そこで置き換えを行いました。

```
public int quarter() {
  return 1 + (index-1)/3;
}
```

これにより、Month enum も大きくなり過ぎたので、別クラスに分離しました。Day enum 同様、DayDate の外に出しました［G11］、［G13］。

次のメソッドは monthCodeToString（377〜426 行）です。ここでも、flag を持った双子メソッドの呼び出しパターンが見られます。flag を関数引数で持ち回るのは、大抵の場合、よくありません［G15］。特にそのフラグが単に出力形式を選択するためのものでしかないならばなおさらです。これらの関数は、名前を変更し、単純化し、そして再構成し直して、Month enum に移動しました［N1］、［N3］、［C3］、［G14］。

```
public String toString() {
  return dateFormatSymbols.getMonths()[index - 1];
}
public String toShortString() {
  return dateFormatSymbols.getShortMonths()[index - 1];
}
```

次のメソッドは stringToMonthCode（428〜472 行）です。これは名前を変更し、単純化した後、Month enum に移動しました［N1］、［N3］、［C3］、［G14］、［G12］。

```
public static Month parse(String s) {
  s = s.trim();
  for (Month m : Month.values())
    if (m.matches(s))
      return m;

  try {
    return make(Integer.parseInt(s));
  }
  catch (NumberFormatException e) {}
  throw new IllegalArgumentException("Invalid month " + s);
}

private boolean matches(String s) {
  return s.equalsIgnoreCase(toString()) ||
         s.equalsIgnoreCase(toShortString());
}
```

`isLeapYear`メソッド（495〜517行）はもう少し表現豊かにできます［G16］。

```
public static boolean isLeapYear(int year) {
  boolean fourth = year % 4 == 0;
  boolean hundredth = year % 100 == 0;
  boolean fourHundredth = year % 400 == 0;
  return fourth && (!hundredth || fourHundredth);
}
```

次の`leapYearCount`関数（519〜536行）は実際のところ`DayDate`に所属するものではありません。`SpreadsheetDate`の2つのメソッド以外からは呼ばれていません。そこでプッシュダウン[9]しました［G6］。

`lastDayOfMonth`関数（538〜560行）は`LAST_DAY_OF_MONTH`配列を使用しています。この配列は、まさに`Month enum`に属するものなので［G17］、移動しました。また関数を単純化して、表現豊かなものとしました［G16］。

```
public static int lastDayOfMonth(Month month, int year) {
  if (month == Month.FEBRUARY && isLeapYear(year))
    return month.lastDay() + 1;
  else
    return month.lastDay();
}
```

だんだん面白くなってきました。次は`addDays`関数（562〜576行）です。まず、この関数は`DayDate`の変数を操作するので、`static`とすべきではありません［G18］。そこでインスタンスメソッドに変更しました。次に、`toSerial`関数を呼び出していますが、この関数の名前は`toOrdinal`に変更すべきです［N1］、最後に、メソッドはもっと単純にすべきです。

```
public DayDate addDays(int days) {
  return DayDateFactory.makeDate(toOrdinal() + days);
}
```

`addMonths`（578〜602行）も同様です。これはインスタンスメソッドにすべきです［G18］。アルゴリズムは少々複雑なので「一時変数の解説」[10]を行って［G19］、透過的になるようにしました。また、`getYYY`関数の名前は`getYear`に変更しました［N1］。

---

9 訳注：サブクラス側にメンバーを移動するリファクタリング。
10 ［Beck97］

```
public DayDate addMonths(int months) {
  int thisMonthAsOrdinal = 12 * getYear() + getMonth().index - 1;
  int resultMonthAsOrdinal = thisMonthAsOrdinal + months;
  int resultYear = resultMonthAsOrdinal / 12;
  Month resultMonth = Month.make(resultMonthAsOrdinal % 12 + 1);

  int lastDayOfResultMonth = lastDayOfMonth(resultMonth, resultYear);
  int resultDay = Math.min(getDayOfMonth(), lastDayOfResultMonth);
  return DayDateFactory.makeDate(resultDay, resultMonth, resultYear);
}
```

addYears関数（604〜626行）には、他と比べて、特筆すべきところはありません。

```
public DayDate plusYears(int years) {
  int resultYear = getYear() + years;
  int lastDayOfMonthInResultYear = lastDayOfMonth(getMonth(), resultYear);
  int resultDay = Math.min(getDayOfMonth(), lastDayOfMonthInResultYear);
  return DayDateFactory.makeDate(resultDay, getMonth(), resultYear);
}
```

メソッドをstaticからインスタンスメソッドとするにあたっては、ちょっと引っかかっていることがあります。date.addDays(5)には、dateオブジェクト自身を更新するのではなく、新たなDayDateインスタンスを生成して返すということが明確に表現されているでしょうか？　それとも、dateオブジェクト自身に5日加算するという間違った意味を示してしまっているでしょうか？　これは大した問題ではないと思うかもしれませんが、以下のように見えるコードというのは、詐欺に等しいといえます［G20］。

```
DayDate date = DateFactory.makeDate(5, Month.DECEMBER, 1952);
date.addDays(7); // 1週間進める
```

これを読んだ人の何人かは、addDaysがdateオブジェクトを変更するものだと受け取ることでしょう。この曖昧さを解消する名前を付ける必要があります［N4］。そこで名前を、plusDays、plusMonthsとしました。これなら以下のようにメソッドの意図がうまく伝わりそうです。

```
DayDate date = oldDate.plusDays(5);
```

一方、以下は、読み手がdateオブジェクトが変更されると、早合点してしまうことを防げそうです。

```
date.plusDays(5);
```

アルゴリズムの内容はさらに興味深いものとなってきています。getPreviousDayOfWeek（628〜660行）は動作はしますが少々複雑です。処理内容を吟味した結果［G21］、単純化することができました。また「一時変数の解説」を使ってわかりやすいものにしています［G19］。さらにstaticメソッドからインスタンスメソッドに変更し［G18］、インスタンスメソッドの重複を取り除いています［G5］（997〜1008行）。

```
public DayDate getPreviousDayOfWeek(Day targetDayOfWeek) {
  int offsetToTarget = targetDayOfWeek.index - getDayOfWeek().index;
  if (offsetToTarget >= 0)
    offsetToTarget -= 7;
  return plusDays(offsetToTarget);
}
```

getFollowingDayOfWeek（662〜693行）にも、まったく同じことを行いました。

```
public DayDate getFollowingDayOfWeek(Day targetDayOfWeek) {
  int offsetToTarget = targetDayOfWeek.index - getDayOfWeek().index;
  if (offsetToTarget <= 0)
    offsetToTarget += 7;
  return plusDays(offsetToTarget);
}
```

次は、getNearestDayOfWeek関数（695〜726行）です。これは352ページでの修正を元に戻したものです。しかし最後の2つの関数のパターンとは、整合性が取れなくなってしまっています［G11］。そこで整合性が取れるように修正し「一時変数の解説」によってアルゴリズムを明確化しています［G19］。

```
public DayDate getNearestDayOfWeek(final Day targetDay) {
  int offsetToThisWeeksTarget = targetDay.index - getDayOfWeek().index;
  int offsetToFutureTarget = (offsetToThisWeeksTarget + 7) % 7;
  int offsetToPreviousTarget = offsetToFutureTarget - 7;
  if (offsetToFutureTarget > 3)
    return plusDays(offsetToPreviousTarget);
  else
    return plusDays(offsetToFutureTarget);
}
```

`getEndOfCurrentMonth` メソッド（728～740 行）は少々奇妙です。インスタンスメソッドなのに、引数に `DayDate` をとることで、自身のクラスを羨望しています［G14］。そこで真の意味でのインスタンスメソッドに修正し、名前の明確化を行いました。

```
public DayDate getEndOfMonth() {
  Month month = getMonth();
  int year = getYear();
  int lastDay = lastDayOfMonth(month, year);
  return DayDateFactory.makeDate(lastDay, month, year);
}
```

　`weekInMonthToString`（742～763 行）のリファクタリングは、結果としてとても興味深いものでした。IDE のリファクタリングツールを用い、まずメソッドを、358ページで作成した `WeekInMonth` enum に移動しました。それからこのメソッドの名前を `toString` に変更しました。次にこれを static メソッドからインスタンスメソッドに変更しました。テストはすべて成功しました（筆者が何をしようとしているのかわかりますか？）。

　次に、メソッドをすべて削除しました！ 5 つの assert 文（477 ページからのリスト B-4 の 411～415 行目）が失敗しました。これらの行を、enum のメンバー（FIRST、SECOND、…）を使用するように変更しました。すべてのテストは成功しました。なぜだかわかりますか？ このステップが必要だった理由はわかりますか？ リファクタリングツールによって、`weekInMonthToString` の呼び出し元は、すべて `WeekInMonth` enum の `toString` を呼び出すように変更され、すべての enum の実装の `toString` は、単に名前を返すので……。

　すみません、ちょっと巧妙にやり過ぎました。リファクタリングの連鎖も華麗でしたが、その中で、この関数の呼び出し元がテストだけであったことにも気づくこともできました。そこで、このテストは削除してしまいました。

　一度だまされたら、だましたものの恥、二度だまされたら、だまされたものの恥といいます！[11] `relativeToString`（765～781 行）は、テスト以外からは 呼ばれていないので、テストともども削除しました。

　最後にこの抽象クラスに抽象メソッドを作成しました。最初の `toSerial`（829～836 行）は順当でした。363 ページでは名前を `toOrdinal` に変更しましたが、ここで見直し、結局 `getOrdinalDay` に変更することにしました。

　次の抽象メソッドは `toDate` です（838～844 行）。これは `DayDate` を `java.util.Date` に変換します。なぜこのメソッドは abstract なのでしょう？ `SpreadsheetDate`（486 ページからのリスト B-5 の 198～207 行）の実装を見ると、このクラスの実装には特に依存していないようです［G6］。そこで、このメソッドはプッシュアップ[12]しました。

---

11 訳注：Fool me once, shame on you. Fool me twice, shame on me!
12 訳注：ベースクラス側にメンバーを移動するリファクタリング（プルアップともいう）。

getYYYY、getMonth、getDayOfMonth メソッドはうまく抽象化されています。しかし getDayOfWeek は別です。これは SpreadSheetDate からプルアップすべきです。なぜなら DayDate の中で参照可能なもののみにしか依存していないからです［G6］。

486ページからのリスト B-5 の 247 行目をよく見ると、アルゴリズムが、日の開始値（言い方を変えれば、日 0 の曜日）に暗黙的に依存していることがわかります。従ってこの関数が物理的に依存していないとしても、DayDate 側に移動することはできません。論理的にサブクラス側に依存しているのです。

このような論理的な依存は悩みの種です［G22］。もしも実装に論理的に依存しているなら、物理的にも依存しているということです。筆者には、このアルゴリズムは、もっと一般化して実装への依存を弱めることができるように思われます［G6］。

そこで getDayOfWeekForOrdinalZero という名前の抽象メソッドを DayDate に作成し、SpreadsheetDate で Day.SATURDAY を返すように実装しました。そして getDayOfWeek メソッドを DayDate に移動して、getOrdinalDay と getDayOfWeekForOrdinalZero を呼ぶように変更しました。

```
public Day getDayOfWeek() {
  Day startingDay = getDayOfWeekForOrdinalZero();
  int startingOffset = startingDay.index - Day.SUNDAY.index;
  return Day.make((getOrdinalDay() + startingOffset) % 7 + 1);
}
```

ところで、895〜899 行までのコメントを注意深く読んでみてください。こうした重複は本当に必要なのでしょうか？ 他と同様に、このコメントは削除しました。

次のメソッドは compare です（902〜913 行）。繰り返しになりますが、このメソッドを abstract とするのは不適切です［G6］。DayDate 側にプルアップしました。命名もよくありません［N1］。このメソッドは実際には、引数の日との差を返します。そこで名前を daysSince に変更しました。このメソッドのテストがないことに気づいたので、作成しました。

次の 6 つの関数（915〜980 行）は、すべて抽象メソッドですが DayDate で実装すべきものです。そこで SpreadsheetDate からプルアップしました。

最後の関数は isInRange ですが（982〜995 行）、これもプルアップしてリファクタリングすべきです。この switch 文は見苦しいので［G23］、DateInterval enum に移動しました。

```
public enum DateInterval {
  OPEN {
    public boolean isIn(int d, int left, int right) {
      return d > left && d < right;
    }
  },
```

```
    CLOSED_LEFT {
      public boolean isIn(int d, int left, int right) {
        return d >= left && d < right;
      }
    },
    CLOSED_RIGHT {
      public boolean isIn(int d, int left, int right) {
        return d > left && d <= right;
      }
    },
    CLOSED {
      public boolean isIn(int d, int left, int right) {
        return d >= left && d <= right;
      }
    };

    public abstract boolean isIn(int d, int left, int right);
  }

  public boolean isInRange(DayDate d1, DayDate d2, DateInterval interval) {
    int left = Math.min(d1.getOrdinalDay(), d2.getOrdinalDay());
    int right = Math.max(d1.getOrdinalDay(), d2.getOrdinalDay());
    return interval.isIn(getOrdinalDay(), left, right);
  }
```

これで DayDate を見終わりました。それではもう一度全体を見て、流れに問題がないか見てみましょう。

まず最初のコメントは古くなっているので、改良して短くしました［C2］。

次に、残りのすべての enum を別のファイルに分離しました［G12］。

次に、static 変数(dateFormatSymbols)と、3 つの static メソッド(getMonthNames、isLeapYear、lastDayOfMonth) を DateUtil という名前の別のクラスに移動しました［G6］。

抽象メソッドは、それぞれが所属するところへと移動しました［G24］。

Month.make を Month.fromInt にし［N1］、同じことを、すべての enum に対して行いました。すべての enum に対し toInt() アクセサを作成し、index フィールドは private としました。

plusYears と plusMonths には興味深い重複が見られます［G5］。これは correctLastDayOfMonth メソッドを抽出することで、解消することが可能で、これにより 3 つのメソッドは、ずっとわかりやすくなりました。

マジックナンバーである 1 ［G25］は Month.JANUARY.toInt()、Day.SUNDAY.toInt() に置き換えることで適切なものとすることができました。SpreadsheetDate にも時間を割いて、アルゴリズムを幾らか改善しました。結果をリスト B-7（501 ページ）からリスト B-16（510 ページ）に示します。

面白いことに、DayDateのカバレッジは84.9%に**減少**しました！ これはテスト済みの関数が減ったということを意味しているのではありません。そうではなく、クラスの長さが短かくなったので、カバーされていない行の割合が相対的に増えただけなのです。DayDateの53行の実行可能行のうち45行がテストでカバーされています。カバーされていない行は取るに足らないもので、テストする意味はないでしょう。

結論

　ボーイスカウトの規則を再度おさらいしました。元のコードよりも、より洗練されたものをチェックインしました。大して時間はかけませんでしたが、そこには価値がありました。テストのカバレッジは向上し、バグは修正され、コードは短縮されてわかりやすいものとなりました。このコードを見た人にとって、おそらくは以前のものよりも、より扱いやすくなっていることでしょう。その人が、さらにコードを洗練することもまた可能なはずです。

参考文献

[GOF]	*Design Patterns: Elements of Reusable Object Oriented Software*, Gamma et al., Addison-Wesley, 1996. （邦訳は『オブジェクト指向における再利用のためのデザインパターン（改訂版）』、本位田真一／吉田和樹　監修、ソフトバンククリエイティブ刊）
[Simmons04]	*Hardcore Java*, Robert Simmons, Jr., O'Reilly, 2004. （邦訳は『Java魂――プログラミングを極める匠の技』、佐藤直生／木下哲也／石井史子　監訳、有限会社福龍興業　訳、オライリー・ジャパン刊）
[Refactoring]	*Refactoring: Improving the Design of Existing Code*, Martin Fowler et al., Addison-Wesley, 1999. （邦訳は『リファクタリング―プログラムの体質改善テクニック』、児玉公信／友野晶夫／平澤章／梅澤真史　訳、ピアソン・エデュケーション刊）
[Beck97]	*Smalltalk Best Practice Patterns*, Kent Beck, Prentice Hall, 1997. （邦訳は『ケント・ベックのSmalltalkベストプラクティス・パターン――シンプル・デザインへの宝石集』、梅澤真史／小黒直樹／皆川誠／森島みどり　訳、ピアソン・エデュケーション刊）

においと経験則 第17章

　マーチン・ファウラーは、彼の**リファクタリング**に関する素晴しい本[1]の中で、さまざまな「コードのにおい」を明らかにしています。この後に出てくるリストは、マーチンが特定したにおいも多く含まれており、それに筆者のものを追加したものです。さらに筆者が仕事の中で培ってきた、珠玉の知恵と経験則も含まれています。

　筆者は、このリストを使って、さまざまなプログラムをウォークスルーし、リファクタリングしました。それぞれの修正を行う際には、**なぜ**その変更を行うのかを自問自答し、その理由を書いてみるようにしました。その結果、筆者がコードを読むときに感じるよくないにおいを集めた長いリストとなりました。

　このリストは、最初から最後まで読み通すことを想定しており、また参照用としても意図されています。それぞれの経験則のクロスリファレンスもあります。これにより、その経験則が本書のどこから参照されているのかが、515ページの付録Cを見ることでわかるようになっています。

コメント

C1: 不適切な情報

　別の種類のシステム、たとえば、ソースコード管理システム、バグトラッキングシステムや、その他の記録を保持するシステムに保持したほうがよいような情報を、コメントに含めるのは不適切です。たとえば、更新履歴は、大量の更新経緯とつまらない文章でソースを埋めつくしてしまいます。一般に、作者、最終更新日、SPR[2]番号といったものは、コメントに入れるべきではありません。コメントは、コードと設計に関する技術的な注意書きのために用いるべきです。

C2: 退化コメント

　古くなったコメント、不適切なコメント、そして間違ったコメントは退化コメントです。コメントはあっという間に陳腐化します。退化するコメントは書かないにこしたことはありません。退化コメントを発見したら、ただちに最新化するか取り除いてください。コメントとソースコードとの乖離は、書かれた時点から始まっています。これらはコードの中に浮かぶ、見当違いと誤解をしむける島となるのです。

C3: 冗長なコメント

　何かそれ自体を正確に記述しているコメントというのは、冗長なコメントです。以下に例を示します。

```
i++; // iを1増やす
```

　別の例として、関数のシグネチャ以下の（場合によっては、未満の）ことしか記述されていないJavadoc が挙げられます。

```
/**
 * @param sellRequest
 * @return
 * @throws ManagedComponentException
 */
public SellResponse beginSellItem(SellRequest sellRequest)
    throws ManagedComponentException
```

2　訳注：Software Problem Report。

コメントは、コードで表現できないことに対して使用すべきです。

C4: 記述不足のコメント

コメントを書くからには、十分に記述されていなければ価値がありません。コメントを書く際には、十分に時間をかけて最善のコメントを残すように心がけてください。単語を慎重に選んでください。正確な文法、句読点の付け方を心がけてください。とりとめもなく書かないでください。あたりまえのことを記述しないでください。簡潔な文章を心がけてください。

C5: コメントアウトされたコード

コメントアウトされたコードが、延々と続いているとイライラします。いったいどのくらい前にコメントアウトされたのか、誰も知らないのではないでしょうか？　これにどんな意味があるのか、誰にもわからないのではないでしょうか？　それでも誰も削除しようとしません。なぜなら皆が、誰かが必要としている、あるいは将来削除する予定があると思っているからです。

コードはそこに居座り続け、腐敗していきます。日を追うごとに、少しずつそこに存在することが不適切になっていきます。そこには、もはや存在しない関数への呼び出しが存在します。そこで使われている変数は、すでに名前が変わっています。そこで使用されている規約は、過去のものです。モジュールを汚染し、コードを読むものの前に立ちふさがります。コメントアウトされたコードは、呪われています。

コメントアウトされたコードを見つけたら、**削除してください！**　気にすることはありません。ソースコード管理システムが、ちゃんと覚えておいてくれます。もしも誰かが実際に必要になったとしても、古いバージョンをチェックアウトして元に戻すことができます。コメントアウトされたコードを残して苦しむのはもうやめにしてください。

環境

E1: ビルドに複数のステップを要する

プロジェクトのビルドは、単一の簡単な操作でなければなりません。ソースコード管理システムから、細々としたものをいくつもチェックアウトすることを要するような手順は避けるべきです。個々の構成要素をビルドするのに、秘密の奥義や、特定の環境に依存したスクリプトが必要となるような状況は避けるべきです。追加のJARファイル、XMLファイル、その他、システムが必要とする成果物を、あちこち探し回らなければならないような状況は避けるべきです。1つのコマンド

でシステムをチェックアウトし、もう1つのコマンドによってビルドできるようにすべきです[3]。

```
svn get mySystem
cd mySystem
ant all
```

E2: テストに複数のステップを要する

　コマンド一発ですべての単体テストが実行できるようにしておくべきです。IDE上の1つのボタンを押しさえすれば、すべてのテストが行われるのがベストです。最低でもシェルで1つのコマンドを叩けば実行できるようにしましょう。すべてのテストを実行するということは、あまりに基本的なことであり、大変重要なことなので、素早く、簡単に、わかりやすい方法で行える必要があります。

関数

F1: 多すぎる引数

　関数の引数は少なくすべきです。引数がないのがベストです。それに1つ、2つ、そして3つが続きます。3つを超えるというのは、はなはだ疑問が残ります。使用は制限すべきです（71ページの「関数の引数」を参照）。

F2: 出力引数

　出力引数は直感的ではありません。読み手は引数を入力だと見なします。出力だとは思いません。もしも関数が何かの状態を変更するなら、呼び出しているオブジェクトの状態を変更するようにしてください（76ページの「出力引数」を参照）。

F3: フラグ引数

　Boolean引数は関数が2つ以上のことを行っていることを声高に宣言します。これは混乱を招くのでやめるべきです（73ページの「フラグ引数」を参照）。

3　訳注：`svn get` は `export` か `checkout` の間違いだと思われます。

F4: 死んだ関数

どこからも呼び出されないメソッドは削除すべきです。デッドコードをそのままにしておいても無駄です。関数を削除することに躊躇しないでください。ソースコード管理システムが覚えておいてくれるのですから。

一般

G1: 1つのソースファイルに複数の言語を使用する

今日使用可能な最新のプログラミング環境では、1つのソースファイルに複数の言語を混在させることが可能です。たとえば、Javaのソースファイルは、XML、HTML、YAML、Javadoc、英語、JavaScriptといった言語の断片を含むかもしれません。あるいは、別の例を上げるとすれば、JSPファイルは、HTMLに加えて、Java、タグライブラリの文法、英語のコメント、Javadoc、XML、JavaScriptといったものを含むかもしれません。これはひいき目に見ても混乱を招く元であり、最悪の場合、不注意でいいかげんな存在といえるでしょう。

理想的なのは、ただ1つの言語のみでソースファイルが構成されることです。現実的には2つ以上の言語を使うことになります。たとえ苦労をしてでも、ソースファイルの中で使用する余計な言語の数と量を最小化すべきです。

G2: あって当然の振る舞いが実装されていない

「驚き最小の原則（The Principle of Least Surprise）[4]」に従い、プログラマが当然と期待する振る舞いをあらゆる関数、クラスが行うようにすべきです。たとえば、日の名前から日を表現するenumに変換する関数を考えてみます。

```
Day day = DayDate.StringToDay(String dayName);
```

「Monday」はDay.MONDAYに変換されるものと予想するでしょう。一般的な省略形も変換されると期待するでしょうし、大文字小文字は区別されないと期待するでしょう。

当然の振る舞いが実装されないと、コードの読み手と利用者は、関数名から直感的に判断することができなくなります。元の開発者を信用できなくなり、コードの詳細を読まなければならなくなります。

---

4 あるいは「驚き最小の原則（The Principle of Least Astonishment）」：http://en.wikipedia.org/wiki/Principle_of_least_astonishment

G3: 境界値に対する不正確な振る舞い

コードが正しく振る舞うのは、当然のことのように思われます。問題は、その正確な振る舞いが、複雑な場合があることです。開発者は、動作すると思って関数を書き、自分の直感を信じてしまいます。そのことを証明するために、境界条件を含んだテストを隅々まで行う努力をすることなしに。

デューデリジェンス[5]の代替はありません。あらゆる境界条件、さまざまな特殊なケース、偶然、例外的な条件が、華麗で直感的なアルゴリズムを躓かせることがあります。**直感に頼らないでください**。あらゆる境界条件を見つけ出しテストを書いてください。

G4: 安全軽視

チェルノブイリのメルトダウンは、プラントの管理者が１つ１つの安全機構を軽視したことから起こりました。安全機構は、実験を不便なものにします。結果として実験ができなくなり、世界に、最初の民間核施設の大災害を見せつけることになりました。

安全軽視は危険です。`serialVersionUID`を手で管理することは必要なことかもしれません。しかしこれは常に危険を伴います。コンパイラのある種の（あるいは、すべての！）警告を無視することで、ビルドは成功するかもしれませんが、永遠に終わらないデバッグに悩まされる危険があります。失敗するテストを無視して、後で通るようにしようと自分にいい聞かせることは、自分のクレジットカードがタダでお金を生み出すものだと思い込むような間違った考えです。

G5: 重複

これは、本書の中でも最も重要なルールの１つで、とても真剣に取り組む必要があります。ソフトウェア設計の著者のほとんどすべてがこのルールに言及しています。デイブ・トーマス、アンディ・ハントは、これを DRY (Don't Repeat Yourself)[6] と呼んでいます。ケント・ベックはエクストリームプログラミングの中心原則と位置付け「一度、ただ一度だけ (Once, and only once)」と呼んでいます。ロン・ジェフリーズは、このルールをすべてのテストが成功することというルールの次に据えています。

重複コードが存在するところでは、抽象化の機会が失なわれています。重複部分は、明らかにサブルーチンか別のクラスにできたでしょう。重複をこのように抽象化することで、自身の設計の中での語彙を増やすことができます。別のプログラマがその抽象化機構を使用することができます。あなたが抽象化レベルを上げることで、コーディングを素早く行うことができるようになり、エラーも起きにくくなります。

---

5 訳注：債券の適正価格を判定すること（企業価値をさまざまな観点から精査すること）。
6 ［PRAG］

まるでどこかのプログラマが必死になってマウスを使って同じコードを何度もコピペしたかのような、まったく同じコード片の繰り返しが、最も簡単な重複の例です。これは単にメソッドに置きかえるべきです。

　もっと微妙な例は、さまざまなモジュールに現われる、同じ条件を扱う switch/case あるいは if/else の連鎖です。これは多態に置き替えることができます。

　さらに微妙な例として、ソースコードの行は異なるものの、似たようなアルゴリズムを持ったモジュールが挙げられます。これらはテンプレートメソッド[7]、ストラテジ[8]パターンによって対処すべきです。

　実際、ここ 15 年のあいだに現われた設計パターンは、重複の排除を行うための単純でよく知られた方法なのです。コッドの正規形はデータベーススキーマにおける重複の排除のための手法です。OO はモジュールを構成するための手法であり、重複を排除するものです。構造化プログラミングも同じであることは驚くに値しません。

　重要点についてはこれでいい尽くしたと思います。あらゆる場所の重複を発見し排除してください。

G6: 抽象レベルが正しくないコード

　抽象化を行うことは重要なことです。抽象化とは、高いレベルの概念と低いレベルの詳細な概念とを分離することです。抽象クラスに高いレベルの概念を持たせ、その継承クラスに低いレベルの概念を持たせることで、抽象化を実現することがあります。このとき、分離がきちんと行われているか確認する必要があります。低いレベルの概念は継承クラス**のみ**に含まれ、高いレベルの概念はベースクラス**のみ**に含まれるようにする必要があります。

　たとえば、実装詳細にのみ関係する、定数、変数、ユーティリティ関数は、ベースクラスに置くべきではありません。ベースクラスは、こうした知識を持つべきではないのです。

　このルールは、ソースファイル、コンポーネント、モジュールにも適用されます。優れたソフトウェア設計においては、概念が複数のレベルに分離され、それらは異なる入れ物に格納されるのです。この入れ物はベースクラスと継承クラスであったり、ソースファイル、モジュール、コンポーネントであったりします。いずれにせよ分離はきちんと行われている必要があります。低いレベル、高いレベルの概念が一緒になっているべきではありません。

　以下のコードを見てください。

```
public interface Stack {
  Object pop() throws EmptyException;
  void push(Object o) throws FullException;
```

7　[GOF]
8　[GOF]

```
    double percentFull();
    class EmptyException extends Exception {}
    class FullException extends Exception {}
}
```

　`percentFull`関数は、異なる抽象レベルにあります。容量が**どの程度使用されているか**という考えがあてはまるスタックの実装は数多くありますが、一方で、そうした概念を**持たない**実装もあります。そのため、この関数は、`BoundedStack`のような継承インターフェイスに置くほうが望ましいでしょう。

　もしかしたら、容量の概念がない場合には0を返してはどうかと思われる方がいるかもしれません。この方法の問題は、完全に無制限にデータを格納できるスタックの実装は存在しないという点にあります。以下のようなチェックをしても、`OutOfMemoryException`のスローを防ぐことができなくなります。

```
stack.percentFull() < 50.0.
```

　この関数が0を返す実装は、偽の情報を返しているということになります。

　重要なのは、抽象化の場所が間違っているのを、偽の情報や見せかけの方法で取り繕うことはできないということです。抽象層の分離は、ソフトウェア開発者が直面する、最も困難な仕事の1つであり、ひとたび間違えてしまうと、簡単には修正できないのです。

G7: 継承クラスに依存したベースクラス

　一般にベースクラスと継承クラスに概念を分離する理由は、ベースクラスの高いレベルの概念を、継承クラスの低いレベルの概念から独立させることにあります。もしもベースクラスが、継承クラスの名前を知っていたとしたら、何らかの問題があることを疑ったほうがよいでしょう。一般にはベースクラスは継承クラスの知識を持ちません。

　もちろん、このルールには例外があります。継承クラスの数を厳格に固定したい場合があり、この場合はベースクラスのコードで継承クラスを選択する場合があります。これは有限ステート機械の実装でよく見かけます。ただし、この場合にはベースクラスとその継承クラスとは強く結び付いており、同一のjarファイルに格納されて、常に同時に配備されます。一般には、ベースクラスとその継承クラスは別のjarファイルで配備できるようにする必要があります。

　ベースクラスとその継承クラスを別のjarファイルとし、ベースクラスのjarファイルが継承クラスのjarファイルに関して何も知識を持たないようにすることで、システムを分離独立したコンポーネントとして扱うことができるようになります。もしも継承クラスのコンポーネントが変更されたとしても、ベースのコンポーネントを配備し直すことなく、継承クラスのコンポーネントのみ

を再配備するだけで済みます。これは変更の影響が、非常に小さくできるということを意味しており、現場でのシステム保守がずっと楽になるということを意味しています。

G8: 情報過多

　うまく定義されたモジュールは、とても狭いインターフェイスを持ちながら、多くのことをこなします。不完全に定義されたモジュールは、広く深いインターフェイスを持ち、単純なことを行うにも、さまざまな指定を必要とします。うまく定義されたインターフェイスは、依存する関数の数がそれほど多くないので、結合度も低くなります。不完全に定義されたインターフェイスは、呼び出さなければならない関数が大量にあるため、結合度も高くなります。

　優れたソフトウェア開発者は、クラス、モジュールの外部インターフェイスへの公開を最低限に抑える術を会得しています。クラスが持つメソッドは少なければ少ないほどよいのです。関数が知っている変数は少なければ少ないほどよいのです。クラスのインスタンス変数は少なければ少ないほどよいのです。

　データを隠してください。ユーティリティ関数を隠してください。定数と一時的な構成物を隠してください。大量のメソッド、インスタンス変数を持つクラスを作成しないでください。サブクラスのために、大量の protected 変数、関数を作成しないでください。密度の高い、狭いインターフェイスを心がけてください。情報を制限して、結合度を弱めてください。

G9: デッドコード

　デッドコードとは、実行されることのないコードのことです。決して成立することのない条件を持った if 文の本体はデッドコードです。例外をスローしない try の catch ブロックは、デッドコードです。決して呼ばれることのないユーティリティメソッドや、決して成立しない switch/case 条件もデッドコードです。

　デッドコードの問題は、しばらくすると悪臭を放ち始める点にあります。古ければ古いほど、においはきつく、鼻をつくようになります。これは、設計の変更の際に、デッドコードがきちんと更新されないからです。**コンパイル**は通ったとしても、新しい規約やルールには準拠しません。それはシステムが今とは**違っていた**ときに書かれたものです。デッドコードを見つけたら、正しい行動を起こしましょう。立派な葬式を出し、システムから消えてもらいましょう。

G10: 垂直分離

　変数と関数は、それが使用される場所の近くで定義すべきです。ローカル変数は、それが使用される場所の直前で宣言すべきで、縦方向のスコープを最低限に限定すべきです。ローカル変数の宣言と使用場所とが、何百行も離れたりしないようにする必要があります。

private 関数は使用される場所のすぐ下で定義すべきです。private 関数のスコープは、そのクラス全体に及びますが、それでも呼び出し場所と、定義場所との縦方向の距離を最小限にしたいものです。private 関数は、その使用場所のすぐ下を見ていけば見つかるようにすべきです。

G11: 不整合

　何かを行うときに、ある方法を使用するなら、それに類することはすべて同じ方法で行えるべきです。これは驚き最小の原則にも通じます。規約の選択は慎重に行い、一度決めたら、一貫して使用し続けてください。

　もしもある関数の中で、HttpServletResponse を保持する変数に response という名前を付けたのなら、別の HttpServletResponse オブジェクトを使用する関数でも同じ変数名を一貫して使用してください。processVerificationRequest という名前をメソッドに付けたのであれば、別の種類のリクエストを処理するメソッドには、processDeletionRequest といった同様の名前を使用してください。

　こうした単純な整合性が的確に適用されていれば、コードを読むこと、変更することがとても容易になります。

G12: 雑然

　何の実装も持たない、デフォルトコンストラクタは何の役に立つのでしょう？　これは単に、コードを無意味な造作物で取り散らかすだけです。未使用変数、呼ばれることのない関数、何の情報も提供しないコメント、すべて同じことです。これらはゴミでしかなく削除すべきです。ソースファイルは常に清潔に、きちんと整理された状態にし、散らかさないようにしましょう。

G13: 人為的な結合

　お互いに依存関係のないものを人為的に結合させてはいけません。たとえば一般用途で使われる enum を特定のクラスの中に含めると、アプリケーション全体がその enum が含まれているクラスに関する知識を持つことになってしまいます。一般的な用途の関数を特定のクラスに宣言しても同じことになります。

　一般に、人為的な結合とは、2つのモジュール間の直接の意図のない結合をいいます。これは、変数、定数、関数を、そこが不適切な場所にもかかわらず、単に一時的に便利だからという理由で入れてしまうことによって起こります。怠惰で、いいかげんな行為です。

　関数、定数、変数をどこに宣言すべきか、時間をかけてよく考えてください。手近で便利なところに、投げこんでそのままにしないでください。

G14: 機能の羨望

これはマーチン・ファウラーが述べているコードのにおいの1つです[9]。クラスのメソッドは、自分が属するクラスの変数、関数にのみ関心を持つべきで、別のクラスの変数、関数に関心を持つべきではありません。あるメソッドが、何か別のオブジェクトのアクセサ、ミューテータを使ってデータにアクセスしている場合、そのメソッドは別のオブジェクトのスコープを**羨望**しています。あたかもその別のクラスの内部にあって、直接変数にアクセスできることを羨望しているのです。以下はその例です。

```java
public class HourlyPayCalculator {
  public Money calculateWeeklyPay(HourlyEmployee e) {
    int tenthRate = e.getTenthRate().getPennies();
    int tenthsWorked = e.getTenthsWorked();
    int straightTime = Math.min(400, tenthsWorked);
    int overTime = Math.max(0, tenthsWorked - straightTime);
    int straightPay = straightTime * tenthRate;
    int overtimePay = (int)Math.round(overTime*tenthRate*1.5);
    return new Money(straightPay + overtimePay);
  }
}
```

calculateWeeklyPay メソッドは HourlyEmployee オブジェクトからデータを取得して処理を行っています。calculateWeeklyPay メソッドは HourlyEmployee のスコープを羨望しています。このメソッドは、HourlyEmployee の中にあることを「望んで」いるのです。

他に特別な理由がない限り、機能の羨望はなくすべきです。なぜならあるクラスの内部を、別のクラスに曝してしまうからです。ただし、時として機能の羨望は必要悪です。以下を見てください。

```java
public class HourlyEmployeeReport {
  private HourlyEmployee employee ;
  public HourlyEmployeeReport(HourlyEmployee e) {
    this.employee = e;
  }

  String reportHours() {
    return String.format(
      "Name: %s\tHours:%d.%1d\n",
      employee.getName(),
      employee.getTenthsWorked()/10,
```

[9] [Refactoring]

```
        employee.getTenthsWorked()%10);
  }
}
```

明らかにreportHoursメソッドはHourlyEmployeeクラスを羨望しています。一方、HourlyEmployeeにレポートの書式という知識を持たせたくはありません。書式化文字列をHourlyEmployeeクラスに移動すると、オブジェクト指向設計の原則のいくつかに抵触することになります[10]。これは、HourlyEmployeeとレポートの書式とを結び付けることになり、書式を変更する際にHourlyEmployeeに影響を及ぼすことになります。

G15: セレクタ引数

関数呼び出しの最後にfalseがぶら下がっていることほど不愉快なものはありません。これはどういう意味でしょう？ trueだったらどうなのでしょう？ セレクタ引数は、その目的を覚えるのが困難なだけでなく、多くの関数を一緒くたにしてしまいます。セレクタ引数は、大きな関数を小さな関数に分割するのを避けるための怠惰なやり方です。

```java
public int calculateWeeklyPay(boolean overtime) {
  int tenthRate = getTenthRate();
  int tenthsWorked = getTenthsWorked();
  int straightTime = Math.min(400, tenthsWorked);
  int overTime = Math.max(0, tenthsWorked - straightTime);
  int straightPay = straightTime * tenthRate;
  double overtimeRate = overtime ? 1.5 : 1.0 * tenthRate;
  int overtimePay = (int)Math.round(overTime*overtimeRate);
  return straightPay + overtimePay;
}
```

残業の際に時間の1.5倍分の手当を払うならtrueを渡し、時間どおりの手当を払うならfalseを渡します。calculateWeeklyPay(false)に出くわすたびに、その意味を思い出さなければならない点だけでも十分忌しいものですが、こうした関数の真の問題は作者が以下のように書くのを妨げてしまうことです。

```java
public int straightPay() {
  return getTenthsWorked() * getTenthRate();
}
```

---

[10] とりわけ、単一責務の原則、開放／閉鎖原則、閉鎖性共通原則に抵触します。詳細は［PPP］を参照してください。

```
public int overTimePay() {
  int overTimeTenths = Math.max(0, getTenthsWorked() - 400);
  int overTimePay = overTimeBonus(overTimeTenths);
  return straightPay() + overTimePay;
}

private int overTimeBonus(int overTimeTenths) {
  double bonus = 0.5 * getTenthRate() * overTimeTenths;
  return (int) Math.round(bonus);
}
```

もちろんセレクタは boolean に限りません。enum、整数、その他関数の振る舞いを選択する引数なら何にでもあてはまります。一般に、1つの関数に振る舞いを選択するコードを入れるより、別々の関数に分けるほうが優れています。

G16: 不明瞭な意図

コードはできる限り表現豊かにする必要があります。長々と続く式 (Run-on expressions)、ハンガリアン記法、マジックナンバーはいずれも作者の意図を不明瞭にします。たとえば、overTimePay 関数は以下のように書くこともできたかもしれません。

```
public int m_otCalc() {
  return iThsWkd * iThsRte +
    (int) Math.round(0.5 * iThsRte *
      Math.max(0, iThsWkd - 400)
    );
}
```

小さく密度の高いものになっていますが、中身が難解になってしまっていることもまた事実です。コードの読み手にコードの意図がわかるように時間をかけることは、無駄ではありません。

G17: 責務を持たせる場所の間違い

どこにコードを置くかは、ソフトウェア開発者にとって、最も重要な判断の1つです。たとえば、PI 定数は、どこに置くべきでしょう？ Math クラスに置くべきなのでしょうか？ Trigonometry クラスではないでしょうか？ いや、もしかしたら Circle クラスかもしれませんね？

驚き最小の原則がここでも活躍します。コードは、読み手が当然と思う位置に置くべきです。PI 定数は、三角法の関数が存在するところに宣言すべきでしょう。OVERTIME_RATE 定数は HourlyPayCalcula tor クラスに宣言すべきでしょう。

　時としてある機能の置き場所を決めるときに「手際よく」やってしまう場合があります。自分達にとって便利ではあるけど、読み手にとっては直感的ではない場所に置いてしまうのです。たとえば従業員が働いた時間の合計を出力する必要があるかもしれません。この時間を、レポートを出力するコードに置くかもしれませんし、合計値の途中経過を、タイムカードを受け付けるコードの中に置くかもしれません。

　1つの判断基準は、関数の名前にあります。レポート印刷モジュールに getTotalHours という関数があったとしましょう。タイムカードを受け付けるモジュールに saveTimeCard 関数があったとしましょう。これらの名前から見て、どちらの関数が合計を計算する意味を含んでいると感じられますか？　答は明らかです。

　パフォーマンス上の観点から、合計額をレポート印刷のときではなく、タイムカードの受け付けの際に行わなければならない場合もあり得ることは明らかです。それは問題ありませんが、関数名は、その内容を反映したものにすべきです。たとえば、computeRunningTotalOfHours という名前の関数をタイムカードモジュールの中に用意すべきです。

G18: 不適切なstatic

　Math.max(double a, double b) は static メソッドとして望ましいものです。このメソッドは、1つのインスタンスを扱うものではありません。実際、new Math().max(a,b) とか、a.max(b) などと書かせるのはどうかしています。max が使用するすべてのデータは2つの引数のみで、データを「保持する」オブジェクトはほかには存在しません。もう1点重要なのは、まず Math.max を多態的に扱いたいとは考えないということです。

　しかし、時として static にすべきでない関数を static にしてしまう場合があります。たとえば、以下を見てください。

HourlyPayCalculator.calculatePay(employee, overtimeRate).

　繰り返しになりますが、この static 関数は一見まっとうに見えます。すべてのデータは引数からのみ受け取っており、特定のオブジェクトに対する操作ではありません。しかし、この関数を多態的に扱いたくなるケースは、十分にあり得るでしょう。時給の計算を、いくつかの別のアルゴリズムで実装したくなるかもしれません。たとえば、OvertimeHourlyPayCalculator、StraightTimeHourlyPayCalculator のように。こういう場合は、関数を static にしてはいけません。今回のケースは Employee の非 static なメンバー関数とすべきです。

　一般には、static メソッドよりも非 static を好むべきです。迷ったら、非 static 関数としてください。どうしても static にしたいと感じたときは、多態的な振る舞いが必要になることがあり得ないかどうか、よく確認してください。

G19: 説明的変数

ケント・ベックは、これについて、彼の素晴らしい本である『*Smalltalk Best Practice Patterns*[11]』に記しています。これと同じくらい素晴らしい本である『*Implementation Patterns*[12]』の中でも触れています。プログラムを読みやすくするための強力な手法の1つは、計算の途中結果を変数に格納し、その変数に説明的な名前を付けるというものです。

以下のFitNesseから引用したコードを見てみてください。

```
Matcher match = headerPattern.matcher(line);
if(match.find())
{
  String key = match.group(1);
  String value = match.group(2);
  headers.put(key.toLowerCase(), value);
}
```

説明的変数の使用により、最初にマッチしたグループがキーであり、次にマッチしたグループが値であることが明らかとなっています。

これはいくらやってもやり過ぎということはありません。説明的な変数は少ないよりも多いほうが一般には望ましいのです。計算過程を分けて、途中の値に適切な名前を付けることで、不透明だったモジュールが突然透明になるさまは注目に値します。

G20: 関数名は体を表すべき

以下のコードを見てください。

```
Date newDate = date.add(5);
```

これはdateに5を足すものだと思いますか？　それとも週でしょうか、あるいは時間でしょうか？　dateインスタンスは変化するのでしょうか、それともこの関数は元のインスタンスを変更せずに、新しいDateインスタンスを返すのでしょうか？　**この呼び出しからは、関数が何を行うのかがわかりません。**

もしもこの関数が5日を加算し、dateを変更するならば、addDaysToとかincreaseByDaysのような名前にすべきです。一方、関数が元のdateインスタンスを変更せず、新たに5日進めたdateインスタンスを生成して返すのであれば、daysLaterとかdaysSinceという名前とすべきです。

---

[11] [Beck97]、108ページ。編注：邦訳は『ケント・ベックのSmalltalkベストプラクティス・パターン』。
[12] [Beck07]。編注：邦訳は『実装パターン』。

関数が何を行うのかを知るために、実装（あるいはドキュメント）を見なければならないようなら、もっとよい名前を探すか、提供する機能を整理して、もっとよい名前を持った複数の関数に分けるべきです。

G21：アルゴリズムを理解する

アルゴリズムをきちんと理解していないことから、大量のおかしなコードが生まれます。何か処理を行うとき、何を行おうとしているのかを立ち止まって深く考えることをせずに、大量のif文とフラグを投入してしまうのです。

プログラミングとは、しばしば探検です。何かを行うとき、自分は正しいアルゴリズムを知っていると**思いつつ**、しかし結局は、それが「動くようになる」まで、もて遊んでいるだけであり、つつきまわしているだけなのです。どうやって「動くようになった」ことに気づくのでしょう？ 考えつくテストケースの成功によって知るのです。

このやり方に間違っている点はありません。実際、関数の動作を自分が考えているとおりのものにするには、この方法しかない場合もしばしばあります。しかし「動く」の回りに疑問符を付けておけば、それで許されるというものではありません。

関数が完成したと判断する前に、その動作を確認してください。テストがすべて通るというだけでは不十分です。解が正しいかどうかを**見分ける**べきです[13]。

こうした知識と理解とを得る最善の方法は、大抵は関数をリファクタリングして、きれいで表現豊かなものとし、中で何が行われているのかを**自明なもの**とすることです。

G22：論理的な依存性を物理的なものとする

あるモジュールが別のモジュールに依存しているなら、その依存性は論理的なものではなく、物理的なもののはずです。依存している側のモジュールは、依存対象に対して何らかの前提（言い方を変えれば、論理的依存）を設けるべきではありません。そうではなく、依存先のモジュールのどの情報に依存しているのかを明らかにすべきです。

たとえば、従業員の勤務時間レポートをプレーンテキストで印刷する関数を書いているとしましょう。`HourlyReporter`という名前のクラスが、データを扱いやすい形式に集め、それを`HourlyReportFormatter`に渡して印刷するものとします（**リスト17-1**）。

---

[13] コードがどのように動作しているかを知ることと、アルゴリズムが処理要件を満たしているかを見分けることとは違います。アルゴリズムが適切であるかどうかがよくわからないということは、人生ではよくあることですが、自分のコードの動作がわからないというのは単に怠けているだけです。

リスト 17-1　HourlyReporter.java

```java
public class HourlyReporter {
  private HourlyReportFormatter formatter;
  private List<LineItem> page;
  private final int PAGE_SIZE = 55;

  public HourlyReporter(HourlyReportFormatter formatter) {
    this.formatter = formatter;
    page = new ArrayList<LineItem>();
  }

  public void generateReport(List<HourlyEmployee> employees) {
    for (HourlyEmployee e : employees) {
      addLineItemToPage(e);
      if (page.size() == PAGE_SIZE)
        printAndClearItemList();
    }
    if (page.size() > 0)
      printAndClearItemList();
  }

  private void printAndClearItemList() {
    formatter.format(page);
    page.clear();
  }

  private void addLineItemToPage(HourlyEmployee e) {
    LineItem item = new LineItem();
    item.name = e.getName();
    item.hours = e.getTenthsWorked() / 10;
    item.tenths = e.getTenthsWorked() % 10;
    page.add(item);
  }

  public class LineItem {
    public String name;
    public int hours;
    public int tenths;
  }
}
```

このコードには、目に見えない論理的な依存があります。どこかわかりますか？ それは PAGE_SIZE 定数です。なぜ HourlyReporter がページの長さを知っている必要があるのでしょう？ ページサイズは、HourlyReportFormatter の責務のはずです。

PAGE_SIZE が HourlyReporter に宣言されているという事実は、責務の配置ミス［G17］を示しており、これは HourlyReporter が、ページサイズを知らなければならないという前提を与えてしまっています。こうした前提は、論理的依存性です。HourlyReporter は、HourlyReportFormatter がページサイズ 55 として扱うという事実に依存してしまっています。このサイズをうまく扱えない HourlyReportFormatter 実装があったら、エラーとなってしまうでしょう。

この依存性は、HourlyReportFormatter に getMaxPageSize() という名前のメソッドを用意することで可視化できます。HourlyReporter は PAGE_SIZE 定数を使う代わりに、この関数を呼び出すのです。

G23: if/else や switch/case よりも多態を好む

第 6 章の後で、このように述べるのは、奇妙に感じられるかもしれません。第 6 章では、型を追加するよりも機能を追加したほうがよい場合には、switch 文はおそらく適切であると述べました。

第一に、大抵の開発者は switch 文をそれが適切であるからという理由からではなく、明らかに強引なやり方として使用します。そこで、ここでは switch を使う前に多態を検討することを、再度啓蒙することにします。

第二に、機能は型よりも移ろいやすいものです。このため、あらゆる switch 文は疑ってかかるべきです。

筆者は、次のような「1 つの switch」ルールに従っています。つまり、「ある型の選択において、switch 文は 1 つまでにすること。この switch 文は多態的にオブジェクトを生成し、システムの残りの部分では、代わりにこれを利用します。」

G24: 標準の規約に従う

業界で一般的なコーディング標準に従うべきです。これは、どこにインスタンス変数を宣言すべきか、クラス、メソッド、変数の命名はどうすべきか、カッコはどこに置くかといったことです。これは文書で用意する必要はありません。コードそのものが例になるからです。

チームメンバーは、こうした規約に従う必要があります。つまり各チームメンバーが、チーム全員が合意していれば、カッコをどこに置くかにはこだわらないような大人である必要があります。

もしも、筆者がどういう規約を使用しているのかを知りたい場合は、リファクタリングされたリスト B-7～リスト B-14 を参照してください（500 ページ以降）。

G25: マジックナンバーを名前付けした定数に置きかえる

　これは、おそらくはソフトウェア開発における、最も古いルールの1つです。筆者は、60年代後半にCOBOL、FORTRAN、PL/1のマニュアルでこれを見かけたことがあります。一般に数字をそのままコードの中に置くのは望ましくありません。これらは適切に名前付けされた定数の中に隠すべきです。

　たとえば、86,400という数値は `SECONDS_PER_DAY` という定数の中に隠すべきです。1ページ55行で印刷するなら、55は `LINES_PER_PAGE` という定数に隠すべきです。

　いくつかの定数は、とても簡単に認識できるので、一目瞭然のコードであれば、名前付けした定数に隠す必要は必ずしもありません。たとえば、以下のようなコードがあったとします。

```
double milesWalked = feetWalked/5280.0;
int dailyPay = hourlyRate * 8;
double circumference = radius * Math.PI * 2;
```

　`FEET_PER_MILE`、`WORK_HOURS_PER_DAY`、`TWO` といった定数は、必要でしょうか？ 最後の例は、ばかげています。定数をそのまま生の数値にしておいたほうがよい式もあるのです。法律や規則が変わるかもしれないので、`WORK_HOURS_PER_DAY` の例は、こじつけに見えるかもしれません。しかし一方で、この式は8ならばとても簡単に読めるので、17個の文字を加えて読み手の重荷を増やすのには抵抗があります。`FEET_PER_MILE` のケースでは5280はとてもよく知られた特有の値なので、たとえ回りに何の文脈なしに存在したとしても、読み手には理解できることでしょう[14]。

　3.141592653589793のような定数もまた、とてもよく知られた値なので簡単に認識できます。しかし、生の数値のままだと、書き間違えの危険が高すぎます。

　3.1415927535890793を見るたびに、それが円周率であると一目でわかるので、目を凝らして見たりはしないでしょう（数字が1桁違っているのに気づきましたか？）。また、3.14、3.14159、3.142といった値を同時に使用するのも望ましくありません。このため、`Math.PI` がすでに定義されているということは、喜ばしいことなのです。

　「マジックナンバー」は、数字だけに限りません。それ自身では値の意味も表現できないものすべてにあてはまります。たとえば、

```
assertEquals(7777, Employee.find("John Doe").employeeNumber());
```

　この assert 文には2つのマジックナンバーがあります。最初はもちろん7777ですが、これは値の意味が不明確です。2番目のマジックナンバーは、"John Doe" で、これもまた意図が不明確です。チームで作成した、いつものテストデータベースの中では、"John Doe" は社員番号 #7777 の社

---

14 訳注：これはマイルを使用している国の人にしか通用しそうにありません。

員の名前であることがわかりました。このデータベースに接続したときには、何人かの社員のおなじみの値、属性がすでに格納されていることをチームの誰もが知っているのです。また、この "John Doe" が、テストデータベースの中では、唯一の時間給の社員であることもわかりました。このためテストは、実際は、以下のように読みかえなければなりません。

```
assertEquals(
  HOURLY_EMPLOYEE_ID,
  Employee.find(HOURLY_EMPLOYEE_NAME).employeeNumber());
```

G26: 正確であれ

　最初に見つかったものが、質問に対する**唯一**の解であると考えるのはあさはかでしょう。通貨を扱うのに浮動小数点数を使うのは、ほとんど犯罪に等しいといえます。同時更新がそんなに起きないからと、ロックとトランザクションの両方、あるいはそのどちらかを使わないのは、ひいき目に見ても怠惰のそしりは免れないでしょう。`List` のほうが望ましいところに `ArrayList` の変数を宣言するのは、必要以上に制限をかけることになります。すべての変数をデフォルトで `protected` にするのは、規律ある状態とはいえないでしょう。

　自分のコードに対し何か決断を行うときには、**正確**に行うことを心がけてください。なぜその決断を行うのか、例外的なケースには、どのように対処するのかを考慮してください。決断の精度に無頓着にならないでください。`null` を返すかもしれない関数を呼ぶのであれば、戻り値の `null` チェックを忘れないでください。結果が一件しか返ってこないだろうと思っているデータベース照会を行う際にも、他のレコードが返ってきていないかチェックしてください。通貨を扱うのであれば、整数を使い丸めを適切に行ってください[15]。同時更新の可能性があるなら、何らかのロック機構を実装してください。

　コードのあいまいさ、不正確さは、不調和あるいは怠惰につながります。いずれも取り除くべきです。

G27: 規約より構造

　設計を強制するには、規約よりも構造を優先してください。命名規約もよいですが、構造による強制よりは弱いものです。たとえば、うまく名前付けされた `enum` を使った `switch/case` よりも、抽象メソッドを持ったベースクラスのほうが強いのです。いつも同じ `switch/case` 文を書くように強制できるわけではありません。しかしベースクラスなら、具象クラス側はメソッドの実装が強制されます。

---

[15] より望ましいのは、整数で実装した `Money` クラスを使うことです。

G28: 条件をカプセル化せよ

ブール論理の理解は、それが if や while 文の中にあるとき以外は容易ではありません。条件の意図を説明する関数を抽出してください。

たとえば、

    if (shouldBeDeleted(timer))

は、

    if (timer.hasExpired() && !timer.isRecurrent())

よりも優れています。

G29: 条件の否定形を避ける

否定形の条件は、肯定形の条件よりもわかりにくいものです。できるだけ条件は肯定形で表現するようにしてください。たとえば、

    if (buffer.shouldCompact())

は、

    if (!buffer.shouldNotCompact())

よりも優れています。

G30: 関数では1つのことを行うべき

複数のセクションで構成され、いくつかの処理を連続して行う関数が、しばしば作成されそうになります。こうした関数は**複数のことを行う**ことになります。これは1つのことを行う関数に分解すべきです。

以下に例を示します。

```
public void pay() {
  for (Employee e : employees) {
    if (e.isPayday()) {
      Money pay = e.calculatePay();
      e.deliverPay(pay);
    }
  }
}
```

この小さなコードは、3つのことを行っています。すべての社員に対しループを行い、それぞれの社員に支払いをすべきかを確認し、そして支払いを行っています。このコードは、以下のように改善できます。

```
public void pay() {
  for (Employee e : employees)
    payIfNecessary(e);
}

private void payIfNecessary(Employee e) {
  if (e.isPayday())
    calculateAndDeliverPay(e);
}

private void calculateAndDeliverPay(Employee e) {
  Money pay = e.calculatePay();
  e.deliverPay(pay);
}
```

これらの関数はどれも1つのことしか行っていません（65ページの「1つのことを行う」を参照）。

G31：隠れた時間軸上の結合

時間軸上の結合が必要な場合もありますが、その場合は結合を隠してはいけません。関数の引数をうまく構成し、呼び出すべき順序が明確になるようにします。以下を見てください。

```
public class MoogDiver {
  Gradient gradient;
  List<Spline> splines;
  public void dive(String reason) {
    saturateGradient();
```

```
      reticulateSplines();
      diveForMoog(reason);
    }
    ...
}
```

3つの関数の呼び出し順序は重要です。まず、スプラインを網状にする前に、傾斜を飽和させ、その上でやっとムーグに飛びこむことができるのです[16]。残念なことに、このコードでは、この時間軸上の結合を強制していません。別のプログラムは、saturateGradient を呼ぶ前に、reticulateSpline を呼び出してしまって、UnsaturatedGradientException のスローを招くかもしれません。よりうまい方法は、以下のようなものです。

```
public class MoogDiver {
  Gradient gradient;
  List<Spline> splines;
  public void dive(String reason) {
    Gradient gradient = saturateGradient();
    List<Spline> splines = reticulateSplines(gradient);
    diveForMoog(splines, reason);
  }
  ...
}
```

ここではバケツリレーを作って時間軸上の結合を表に出しています。それぞれの関数が、後続の関数が必要とする引数を生成するので、真っ当には、間違った順序で呼ぶことができなくなっています。

結果的に関数が複雑になっていると反論があるかもしれません。それは正しいでしょう。しかしその文法上の複雑さが、状況の時間的な真の複雑さを表に見えるようにしているのです。

インスタンス変数をそのままにしていることに注意してください。筆者は、これらが、このクラスの private メソッドで使用されるものだと仮定しています。それでも、時間的な結合を明らかにするため、筆者にとっては、引数として渡すことが必要だったのです。

G32: いいかげんにならないこと

コードを構成するときは根拠を持ってください。そしてその根拠とコードの構造との間に矛盾がないようにしてください。構造がいいかげんだと、それを見た人に、構造の変更を動機付けてしまいます。システム全体を通して整合性がとれた構造になっていれば、それを見た人は、それをその

---

16 訳注：これらは全部無意味な言葉遊び（non-sensical words）です。

まま利用し、規約を遵守するでしょう。たとえば、最近、筆者はFitNesseの変更をマージするときに、我々のコミッタの1人が以下のようなことをしているのに気づきました。

```
public class AliasLinkWidget extends ParentWidget
{
  public static class VariableExpandingWidgetRoot {
    ...
    ...
}
```

　これの問題は、VariableExpandingWidgetRoot を AliasLinkWidget のスコープ内に置く必要性がないという点にあります。これらのクラスは AliasLinkWidget についての知識は不要です。
　おそらく、このプログラマは、VariableExpandingWidgetRoot を便利だからと AliasWidget[17]の中に投げ入れたか、あるいは、おそらく AliasWidget[18]のスコープ内に入れることが、真に必要だと考えたのでしょう。どんな理由にせよ、結果は独断的なものです。ユーティリティとなるクラスでないなら、ある public クラスを別のクラスのスコープの中に入れるべきではありません。それぞれのパッケージのトップレベルの public クラスとすべきです。

G33: 境界条件はカプセル化する

　境界条件を常に追うのは大変です。この処理は、1つの場所にまとめておきましょう。コードのあちこちに撒き散らしてはいけません。+1 と -1 の群れが、あちこちにあるのは望ましくありません。FIT から引用した、以下のコードを見てみてください。

```
if(level + 1 < tags.length)
{
  parts = new Parse(body, tags, level + 1, offset + endTag);
  body = null;
}
```

level + 1 が2回現われているのがわかります。これは境界条件であり、nextLevel のような名前の変数にカプセル化すべきです。

```
int nextLevel = level + 1;
if(nextLevel < tags.length)
{
```

---

17 訳注：おそらく、AliasLinkWidget の間違い。
18 訳注：おそらく、AliasLinkWidget の間違い。

```
    parts = new Parse(body, tags, nextLevel, offset + endTag);
    body = null;
}
```

G34: 関数は1つの抽象レベルを担うべき

1つの関数の中の文は同じ抽象レベルで書かれるべきで、それらは関数の名前で表現された操作の1つ下のレベルとなるべきです。この発見的な手法を解釈し、それに従うことは極めて難しいことかもしれません。考え方は簡単ですが、これは人にとってはとても得意なものとはいえず、さまざまな抽象レベルのものを混在させてしまうのです。たとえば、以下のFitNesseから引用したコードを見てください。

```
public String render() throws Exception
{
  StringBuffer html = new StringBuffer("<hr");
  if(size > 0)
    html.append(" size=\"").append(size + 1).append("\"");
  html.append(">");

  return html.toString();
}
```

ちょっと調べれば、何をしようとしているのかわかるでしょう。この関数は、ページを横切る罫線を書くHTMLを組み立てています。罫線の高さはsize変数で指定されています。

もう一度見てみましょう。このメソッドには2つの抽象レベルが混在しています。1つは罫線が幅を持つということ。もう1つはHRタグの文法です。このコードは、FitNesseのHRuleWidgetモジュールにあったものです。このモジュールは、ダッシュ（―）の連続を発見し、それを適切なHRタグに変換します。ダッシュが多いほど、sizeは大きな値になります。

以下のようにリファクタリングしてみました。sizeフィールドの名前を、真の目的が反映されたものに変更している点に注意してください。これは追加のダッシュの数を保持しているのです。

```
public String render() throws Exception
{
  HtmlTag hr = new HtmlTag("hr");
  if (extraDashes > 0)
    hr.addAttribute("size", hrSize(extraDashes));
  return hr.html();
}
```

```
  private String hrSize(int height)
  {
    int hrSize = height + 1;
    return String.format("%d", hrSize);
  }
```

この変更で、抽象レベルがうまく分離されていることがわかります。render 関数は、単に HR タグを、その HTML 文法を気にすることなく組み立てています。HtmlTag モジュールが面倒な文法に関することを扱ってくれています。

実際、この変更をしてみたら、1つの微妙な問題が見つかりました。元のコードは、HR の終了タグに、スラッシュを入れていません。XHTML 標準では、これは必要なものです（言い方を変えれば、このコードは、`<hr/>` の代わりに `<hr>` を出力します）。HtmlTag モジュールは、ずっと昔に XHTML に準拠するように変更されていたのです。

抽象レベルの分離はリファクタリングの最も重要な機能の1つであると同時に、正しく行うことが最も困難な作業の1つです。以下を例として見てみてください。これは HruleWidget.render メソッドの抽象レベルの分離の最初の試行結果です。

```
public String render() throws Exception
{
  HtmlTag hr = new HtmlTag("hr");
  if (size > 0) {
    hr.addAttribute("size", ""+(size+1));
  }
  return hr.html();
}
```

この時点での筆者の目標は、必要な分離を行ってテストを通すことでした。この目標は、簡単に実現できましたが、でき上がった関数には、複数の抽象レベルが依然として混在していました。この場合の混在している抽象レベルとは、HR タグの生成と、size 変数の解釈、書式化です。このように関数内の抽象レベルの境界に沿って関数を分割すると、これまでの構造では見えていなかった、新たな抽象レベルの境界が見えてくることがよくあります。

G35: 設定可能なデータは高いレベルに置く

高い抽象レベルで使用される定数、デフォルト値などがあるなら、それを低レベルの関数の中に埋め込まないでください。高いレベルの関数から、低いレベルの関数を呼び出すときの引数として、明示してください。FitNesse から引用した以下のコードを見てみてください。

```
public static void main(String[] args) throws Exception
{
  Arguments arguments = parseCommandLine(args);
  ...
}

public class Arguments
{
  public static final String DEFAULT_PATH = ".";
  public static final String DEFAULT_ROOT = "FitNesseRoot";
  public static final int DEFAULT_PORT = 80;
  public static final int DEFAULT_VERSION_DAYS = 14;
  ...
}
```

コマンドライン引数は、FitNesseの先頭の実行可能行でパースされています。これらのデフォルト値は、Argumentクラスの先頭で指定されています。以下のような文があった場合、システムの低レベルの層を探し回る必要はありません。

```
if (arguments.port == 0) // デフォルトではポート80を使用する
```

設定用の定数は、非常に高いレベルに位置しており、容易に変更できます。これらは、アプリケーションの低いレベルのコードに渡されるのです。低いレベルのアプリケーションコードに、これらの定数値が置かれることはありません。

G36: 推移的なナビゲーションを避ける

　一般に、ある1つのモジュールに、協調動作する他のモジュールについての知識をあまり持たせたくはありません。もっと直接的にいうなら、AがBと協調動作し、BがCと協調動作する場合に、Aを使用するモジュールには、Cについての知識を持たせたくありません（たとえば、a.getB().getC().doSomething();という呼び出しは行いたくありません）。

　これはデメテルの法則と呼ばれることがあります。実用主義のプログラマは、これを「恥ずかしがりやのコード[19]」と呼ぶことがあります。いずれにせよ、モジュールは協調動作する直接の相手についてのみの知識を持つべきで、システム全体図を知るべきではないという点にいきつきます。

　もし多くのモジュールが、a.getB().getC()のような形式の文を使用しているなら、BとCの間にQをはさみ込むような、設計やアーキテクチャの変更は困難になります。a.getB().getC()を探し出し、a.getB().getQ().getC()に変換しなければならなくなります。これはアーキテクチャの

19　[PRAG]、138ページ。

硬直化を示しています。あまりに多くのモジュールがアーキテクチャを知り過ぎているのです。

そうではなく、協調動作をする直接の相手が、自分が必要とするすべてのサービスを提供する必要があります。システムのオブジェクトグラフを歩き回り、呼び出すべきメソッドの狩りをすべきではありません。単に次のようにいえば済むようにすべきです。

```
myCollaborator.doSomething()
```

Java

J1: ワイルドカードを使って、長いimportのリストを避ける

もしもあるパッケージのクラスを 2 つ以上使用するなら、パッケージ全体を以下のように import します。

```
import package.*;
```

import のリストが長いと、読み手の気力が削れてしまいます。モジュールの先頭を 80 行もある import 文で散らかすのは避けるべきです。そうではなく、import は、共同して仕事をするパッケージに関する簡潔な記述である必要があります。

ワイルドカードの import とは異なり、import の直接指定は、強い依存を生みます。特定のクラスを指定して import すると、そのクラスは**必ず存在しなければなりません**。しかしワイルドカードを使ってパッケージを import すれば、特定のクラスが存在する必要はなくなります。このタイプの import 文は、名前を探すときのサーチパスにパッケージを追加するだけです。こうした import は、真の依存性を作り出すことはありません。これによりモジュールの結合度を弱めることができます。

特定の型を指定する import の長いリストが便利な場合もあります。昔のコードと格闘していて、どのクラスのモック、スタブが必要なのかを探す必要がある場合、import リストを上から下へと見ていけば、正しい完全修飾クラス名を見つけることができ、スタブを適切な場所に置くことができるでしょう。しかし、このような import の使用場面はほとんどありません。さらに、いまどきの IDE はワイルドカードを指定した import を、特定の型を指定する import に一発で変換できます。つまり、昔のコードの場合でもワイルドカードを使ったほうがよいのです。

ワイルドカード import は、時として、衝突やあいまいさを生むことがあります。同じ名前を持ったクラスが複数のパッケージに存在している場合、クラス名を特定して import するか、最低でも使うときに完全修飾する必要があるでしょう。これはやっかいですが、やはり滅多にあることではないので、一般には、ワイルドカードを使うほうが型を特定する import よりも優れています。

J2: 定数を継承しない

筆者は、これを何度か目にしたことがあり、そのたびに顔をゆがめることになりました。定数をインターフェイスに置き、これらの定数にアクセスするために、このインターフェイスを継承するのです。以下のコードを見てみてください。

```java
public class HourlyEmployee extends Employee {
  private int tenthsWorked;
  private double hourlyRate;

  public Money calculatePay() {
    int straightTime = Math.min(tenthsWorked, TENTHS_PER_WEEK);
    int overTime = tenthsWorked - straightTime;
    return new Money(
      hourlyRate * (tenthsWorked + OVERTIME_RATE * overTime)
    );
  }
  ...
}
```

定数 TENTHS_PER_WEEK と OVERTIME_RATE は、いったいどこからきたのでしょう？ これらは Employee クラスからきたのかもしれません。見てみましょう。

```java
public abstract class Employee implements PayrollConstants {
  public abstract boolean isPayday();
  public abstract Money calculatePay();
  public abstract void deliverPay(Money pay);
}
```

ありませんね。ではどこなのでしょう？ Employee クラスをよく見てみます。PayrollConstants を実装しています。

```java
public interface PayrollConstants {
  public static final int TENTHS_PER_WEEK = 400;
  public static final double OVERTIME_RATE = 1.5;
}
```

これぞ、身の毛もよだつような慣習です！ 定数が継承階層の再上位に隠れています。吐き気がします！ 言語のスコーピングルールをだますために、継承を悪用してはいけません。static import を使いましょう。

```
import static PayrollConstants.*;

public class HourlyEmployee extends Employee {
  private int tenthsWorked;
  private double hourlyRate;

  public Money calculatePay() {
    int straightTime = Math.min(tenthsWorked, TENTHS_PER_WEEK);
    int overTime = tenthsWorked - straightTime;
    return new Money(
      hourlyRate * (tenthsWorked + OVERTIME_RATE * overTime)
    );
  }
  ...
}
```

J3: 定数とenum

　言語仕様に（Java 5から）追加された enum を使いましょう！ 昔の public static final int を使った小細工はもうやめましょう。int だと意味が失われてしまうかもしれません。enum ならそんなことは起きません。なぜなら enum メンバーは名前付けされているからです。

　さらに、enum の文法を注意深く学習しておきましょう。enum にはメソッドやフィールドを持たせることができます。このため、int よりもずっと多くの表現力と柔軟性を持った強力なツールとなります。給与明細のためのコードの、以下の変形を見てみてください。

```
public class HourlyEmployee extends Employee {
  private int tenthsWorked;
  HourlyPayGrade grade;

  public Money calculatePay() {
    int straightTime = Math.min(tenthsWorked, TENTHS_PER_WEEK);
    int overTime = tenthsWorked - straightTime;
    return new Money(
      grade.rate() * (tenthsWorked + OVERTIME_RATE * overTime)
    );
  }
  ...
}
```

```java
public enum HourlyPayGrade {
  APPRENTICE {
    public double rate() {
      return 1.0;
    }
  },
  LEUTENANT_JOURNEYMAN {
    public double rate() {
      return 1.2;
    }
  },
  JOURNEYMAN {
    public double rate() {
      return 1.5;
    }
  },
  MASTER {
    public double rate() {
      return 2.0;
    }
  };

  public abstract double rate();
}
```

名前

N1：記述的な名前を選ぶ

　名前を付けるときに急ぎ過ぎてはいけません。名前は記述的となるようにしてください。ソフトウェアの進化に伴い、意味合いは変化する傾向にあります。選んだ名前の適切さを頻繁にチェックしてください。

　これは単に「心地よさ」を勧めているのではありません。名前はソフトウェアの読みやすさを9割がた支配しているのです。名前の選択が賢明となるよう時間を費し、またそれがずっと適切であるように維持する必要があるのです。名前は大変重要なので、うかつに扱うことは許されません。

　以下のコードを見てみてください。何をしているのでしょう？　適切な名前を選んでいれば、すぐに合点がいくはずなのです。しかし、この例のような状態では記号とマジックナンバーがごちゃごちゃに混ざったものでしかありません。

```
public int x() {
  int q = 0;
  int z = 0;
  for (int kk = 0; kk < 10; kk++) {
    if (l[z] == 10)
    {
      q += 10 + (l[z + 1] + l[z + 2]);
      z += 1;
    }
    else if (l[z] + l[z + 1] == 10)
    {
      q += 10 + l[z + 2];
      z += 2;
    } else {
      q += l[z] + l[z + 1];
      z += 2;
    }
  }
  return q;
}
```

以下に、本来あるべき状態に書き直したものを示します。このコードは実際のところ、完成度そのものは上のものより低いでしょう。しかし、何をしているのかは、すぐにわかるでしょうし、そこから読み取れた内容を元に、欠けている機能を書くこともできるでしょう。マジックナンバーは、もはや不思議なものではなく、アルゴリズムの構造も有無をいわせないほどに記述的です。

```
public int score() {
  int score = 0;
  int frame = 0;
  for (int frameNumber = 0; frameNumber < 10; frameNumber++) {
    if (isStrike(frame)) {
      score += 10 + nextTwoBallsForStrike(frame);
      frame += 1;
    } else if (isSpare(frame)) {
      score += 10 + nextBallForSpare(frame);
      frame += 2;
    } else {
      score += twoBallsInFrame(frame);
      frame += 2;
    }
  }
  return score;
}
```

名前を注意深く選択することの力は、コードの構造の上に説明を積み上げることができる点にあります。これにより、モジュール内の他の関数の処理内容を読み手が的確に予想できるようにします。上のコードを見れば、isStrike() の実装を予想することができるでしょう。そして isStrike メソッドを読んでみると、それは「あなたの予想を上回るもの」になっています[20]。

```
private boolean isStrike(int frame) {
   return rolls[frame] == 10;
}
```

N2: 抽象レベルに適切な名前を選ぶ

　実装をそのまま表すような名前を付けないでください。今、作業しているクラス、関数の抽象レベルを反映した名前を選んでください。これは簡単なことではありません。繰り返しになりますが、人は、さまざまな抽象レベルのものを混在させてしまいがちなのです。コードの流れを追うたびに、抽象レベルの低過ぎる名前が見つかることでしょう。そうした名前を見つけたら、適切な名前に変えるべきです。コードの読みやすさのためには、継続的な改善が必要なのです。以下のモデムインターフェイスを見てみてください。

```
public interface Modem {
   boolean dial(String phoneNumber);
   boolean disconnect();
   boolean send(char c);
   char recv();
   String getConnectedPhoneNumber();
}
```

　当初、これは問題ないものでした。関数は適切に見えます。実際、多くのアプリケーションにとって適切なものです。しかし、ここで、接続するのにダイヤルという操作を行わないモデムを使用するアプリケーションを考えてみてください。直接固定した相手につなぎ続けるのです（多くの家庭で一般的になったインターネット接続用のケーブルモデムを思い浮かべてみてください）おそらく、こうした機器のいくつかは、USB の接続を通して、ポート番号をスイッチに送ることで接続します。明らかに、電話番号では抽象レベルが不適切です。より優れた名前付けの方策は、以下のようになります。

---

[20] 37ページのワード・カニンガムの言葉。

```
public interface Modem {
  boolean connect(String connectionLocator);
  boolean disconnect();
  boolean send(char c);
  char recv();
  String getConnectedLocator();
}
```

これで、それぞれの名前は電話番号と関係なくなりました。依然として電話番号も使用できますし、別の接続方法の場合にも使用できます。

N3: 可能な限り標準の用語を使用する

既存の規約、あるいは利用に基づいた名前は理解が容易です。たとえばデコレータパターンを使用する場合、デコレータクラスの名前に Decorator という単語を含めるべきです。たとえば、AutoHangupModemDecorator というクラス名を持ったクラスは、セッション終了時に自動的に接続を切る機能をモデムに追加します。

パターンは、標準の1つに過ぎません。Java の場合、たとえばオブジェクトを文字列表現に変換する関数は、よく toString と命名されます。独自のものを考えるよりも、こうした規約に従うほうがよいでしょう。

開発チームで、ある特定のプロジェクトの名前体系標準を定義することがあります。エリック・エバンズは、これをプロジェクトのための**ユビキタス言語**と呼んでいます[21]。コードでは、この用語を広く採用すべきです。つまり、そのプロジェクトのための特別の意味を担った名前を使えば使うほど、読み手は、コードが何をしようとしているのか容易に理解できるようになるのです。

N4: はっきりした名前

関数や変数の働きを的確に表す名前を選びましょう。以下の FitNesse から引用した例を見てみてください。

```
private String doRename() throws Exception
{
  if(refactorReferences)
    renameReferences();
  renamePage();

  pathToRename.removeNameFromEnd();
```

---

21 ［DDD］

```
    pathToRename.addNameToEnd(newName);
    return PathParser.render(pathToRename);
}
```

　この関数名は、関数の処理内容について、広いあいまいなことしか語っていません。これは、doRename という関数の中に renamePage という名前の関数呼び出しが存在するということが、それを物語っています。この2つの関数にどういった違いがあるのでしょう？　ありませんね。

　この関数の名前は、renamePageAndOptionallyAllReferences としたほうがよいでしょう。この名前は長いと感じるかもしれませんし、実際そうですが、モジュールの1か所からしか呼ばれないのですから、説明が付加されるというメリットのほうが名前が長いという欠点を上回ります。

N5: 広いスコープには長い名前を

　名前の長さは、スコープの広さに対応させるべきです。小さなスコープで使用する変数名は短いもので構いません。しかし、大きなスコープで使用するものには、長い名前を与えるべきです。

　i とか j という名前は、5行までのスコープにふさわしいものです。昔、はやった「ボーリングゲーム」から引用した以下のコードを見てみてください。

```
private void rollMany(int n, int pins)
{
  for (int i=0; i<n; i++)
    g.roll(pins);
}
```

　このコードは、非常に明白であり、もしも変数の i を rollCount のような、うるさい名前に変えると、かえってわかりにくくなります。一方、変数や関数に短い名前を付けると、遠く離れた場所からは意味がわからなくなってしまいます。つまりスコープが広ければ広いほど、名前は長く正確なものでなければならないのです。

N6: エンコーディングを避ける

　名前の中に型やスコープの情報を埋め込んではいけません。m_ とか f を頭に付けるのは、今日の環境では無意味です。またプロジェクト、サブシステム名を vis_（visual imaging system）のように埋め込むのも冗長であり、避けるべきです。繰り返しになりますが、今日の環境では、名前に埋め込まなくても、こうした情報を提供できるのです。名前をハンガリアン汚染から守りましょう。

N7: 名前で副作用を示すべき

関数、変数、クラスが何であり、何をするのかを名前で表現すべきです。副作用を名前の下に隠してはいけません。関数に1つの動詞を名前として付けたら、その関数の名前に書かれたこと以上のことを処理させるのは避けてください。たとえば、TestNG から引用した以下のコードを見てください。

```
public ObjectOutputStream getOos() throws IOException {
  if (m_oos == null) {
    m_oos = new ObjectOutputStream(m_socket.getOutputStream());
  }
  return m_oos;
}
```

この関数は、単に "oos" を取得する以上のことをしています。"oos" がすでに生成されていなければ生成しています。従って、より好ましい名前は、`createOrReturnOos` でしょう。

テスト

T1: 不十分なテスト

1つのテストスイートには、いくつのテストが必要なのでしょう？ 残念なことに多くのプログラマが採用している指標は「それで十分そうなら」です。テストスイートは、壊れる可能性のあるところすべてに対して行うべきです。網羅されていない条件、検証されていない計算処理があるなら、テストは十分とはいえません。

T2: カバレッジツールを使用する！

カバレッジツールは、テストのやり方の中に存在する、ずれを報告してくれます。これを用いることで、テストが不十分なモジュール、クラス、関数を簡単に見つけることができます。多くの IDE は、これを視覚的に示してくれます。テストでカバーされた行を緑で、そうでない行を赤で示してくれます。これによりカバレッジの確認を素早く行うことができ、チェックされていない `if`、`catch` 文の本体を簡単に見つけることができます。

T3: ささいなテストを省略しない

　テストがささいなものなら、書くことも簡単でしょう。それに書くことのコストを上回るドキュメントとしての価値が、そこにはあるのです。

T4: 無視することを指定されたテストは、あいまいさへの問いかけである

　時として振る舞いの詳細がよくわからないことがあります。これは要件が不明確だからです。要件に対する疑問点を、テストで示し、それをコメントアウトして残しておくことができます。あるいはテストに `@Ignore` を付けるのもよいでしょう。これはあいまいさを示したコードがコンパイル可能かどうかで決めるとよいでしょう。

T5: 境界条件テスト

　とりわけ境界条件のテストには注意を払ってください。アルゴリズムの中心部は正しくても、境界条件で間違えていることがよくあります。

T6: バグの周辺は徹底的にテストを

　虫（バグ）には群を作る習性があります。もしもある関数にバグを発見したら、その関数を徹底的にテストするのが賢い判断です。おそらくほかにもバグが見つかることでしょう。

T7: 失敗パターンは何かを語る

　テストケースの失敗パターンから問題を診断できることがあります。これは、テストをなるべく完璧に行うべきであるという主張を裏付ける、もう1つの根拠でもあります。合理的な整然とした完璧なテストケースはパターンを明らかにします。

　簡単な例を挙げてみましょう。すべてのテストが、5文字を超える入力に対して失敗することに、気づいたとしたらどうでしょう？ 関数の第2引数に負の数値を与えると、どのテストもことごとく失敗するとしたらどうでしょう？ 時としてテストレポートの赤と緑のパターンを見るだけで「あっ！」と問題の解決策がひらめくこともあります。第16章の `SerialDate` の興味深い例を見直してみてください。

T8: テストカバレッジのパターンは何かを語る

　成功したテストにおいて、実行された行と実行されなかった行とを見ることが、失敗したテストの原因のヒントになることがあります。

T9: テストは高速に実行できるべき

　遅いテストは、結局実行されません。状況が逼迫していれば、実行に時間がかかるテストはテストスイートから削除されてしまいます。**高速なテストコードを書いてください。**

結論

　この経験則と、においのリストを完璧に語り尽くすのは難しいことです。実際、このリストが完璧なものなのかどうかは自信がありません。しかし、おそらくは完璧さは目標ではありません。なぜなら、このリストが目指すところは、価値体系を意味しているからです。

　実際、その価値体系こそが目標であり、この本のテーマだったのです。クリーンコードは、ルールに則ってコードを書くことではありません。経験則のリストを学んだからといって、ソフトウェア職人になれるわけではありません。プロ意識と職人魂は、専門分野を衝き動かす価値から生まれるのです。

参考文献

[Refactoring]　　*Refactoring: Improving the Design of Existing Code*, Martin Fowler et al., Addison-Wesley, 1999.（邦訳は『リファクタリング—プログラムの体質改善テクニック』、児玉公信／友野晶夫／平澤章／梅澤真史　訳、ピアソン・エデュケーション刊）

[PRAG]　　*The Pragmatic Programmer*, Andrew Hunt, Dave Thomas, Addison-Wesley, 2000.（邦訳は『達人プログラマー—システム開発の職人から名匠への道』、村上雅章　訳、ピアソン・エデュケーション刊）

[GOF]　　*Design Patterns: Elements of Reusable Object Oriented Software*, Gamma et al., Addison-Wesley, 1996.（邦訳は『オブジェクト指向における再利用のためのデザインパターン（改訂版）』、本位田真一／吉田和樹　監修、ソフトバンククリエイティブ刊）

[Beck97]	*Smalltalk Best Practice Patterns*, Kent Beck, Prentice Hall, 1997.（邦訳は『ケント・ベックのSmalltalkベストプラクティス・パターン――シンプル・デザインへの宝石集』、梅澤真史／小黒直樹／皆川誠／森島みどり 訳、ピアソン・エデュケーション刊）
[Beck07]	*Implementation Patterns*, Kent Beck, Addison-Wesley, 2007.（邦訳は『実装パターン』、長瀬嘉秀／永田渉 監訳、株式会社テクノロジックアート 訳、ピアソン・エデュケーション刊）
[PPP]	Robert C. Martin, *Agile Software Development: Principles, Patterns, and Practices*, Prentice Hall, 2002.（邦訳は『アジャイルソフトウェア開発の奥義―原則・デザインパターン・プラクティス完全統合』、瀬谷啓介 訳、ソフトバンククリエイティブ刊）
[DDD]	*Domain Driven Design*, Eric Evans, Addison-Wesley, 2003.

by Brett L. Schuchert

同時並行性II 付録A

本章は、237ページの同時並行性の章を補足し、さらに詳説するものです。一連のトピックは、独立しているので、どんな順序で読んでも構いません。こうした読み方ができるように、各セクションは一部内容が重複しています。

クライアント／サーバーの例

単純な、クライアント／サーバーアプリケーションを考えてみましょう。サーバーはソケット上でクライアントの接続を待ち受け、クライアントは要求をサーバーに送ります。

サーバー

以下に単純化したサーバーアプリケーションを示します。完全なソースは442ページの「スレッド化されていないクライアント／サーバー」を参照してください。

```
ServerSocket serverSocket = new ServerSocket(8009);
while (keepProcessing) {
  try {
    Socket socket = serverSocket.accept();
    process(socket);
  } catch (Exception e) {
    handle(e);
  }
}
```

この簡単なアプリケーションは、接続を待ち合わせ、送られてきたメッセージを処理し、再度次のクライアントからの要求が送られてくるのを待ち合わせます。このサーバーに接続するクライアントのコードを以下に示します。

```
private void connectSendReceive(int i) {
  try {
    Socket socket = new Socket("localhost", PORT);
    MessageUtils.sendMessage(socket, Integer.toString(i));
```

```
      MessageUtils.getMessage(socket);
      socket.close();
    } catch (Exception e) {
      e.printStackTrace();
    }
  }
}
```

このクライアントとサーバーの組み合わせは、どのくらい適切に処理を行えるのでしょう？　このパフォーマンスを正式な形で表現するには、どのようにすればよいでしょう？　以下に、パフォーマンスが「許容範囲であること」を確認するテストを示します。

```
@Test(timeout = 10000)
public void shouldRunInUnder10Seconds() throws Exception {
  Thread[] threads = createThreads();
  startAllThreadsw(threads);
  waitForAllThreadsToFinish(threads);
}
```

環境準備のためのコードは、例を単純にするために除いてあります（444ページの`ClientTest.java`を参照）。このテストは、処理が 10,000 ミリ秒で完了することを確認しています。

このやり方はシステムのスループットを検証する古典的な方法です。このシステムは、一連のクライアントの要求を 10 秒以内に完了しなければなりません。サーバーが、それぞれの要求を時間内に処理できれば、テストは成功するでしょう。

テストが失敗したら、どうなるのでしょう？　ある種のイベント監視ループを開発しない限り、シングルスレッドではこのコードを高速化する余地はほとんどありません。マルチスレッド化すれば、この問題は解決できるのでしょうか？　おそらくそうでしょうが、まずどこで時間がかかっているのかを知る必要があります。2つの可能性があります。

- I/O：ソケットアクセス、データベースへの接続、仮想メモリのスワッピング待ちなど
- プロセッサ：数値計算、正規表現の処理、ガベージコレクションなど

システム全体では両方が関係していても、ある特定の処理では、どちらかが支配的となります。もしもコードがプロセッサ依存であれば、処理装置の増強によりスループットは改善され、テストは成功するようになるでしょう。しかし、CPU 資源のみが潤沢な状況でスレッドを増やしても、プロセッサ依存の処理は速くはなりません。

これに対し、処理が I/O 依存なら、同時並行性は効率を向上させます。システムのある部分が I/O 待ちのとき、別の部分は、その間に他の処理ができます。これにより CPU を効率的に利用することができます。

スレッドを追加する

パフォーマンステストが失敗したとしましょう。このテストが通るようにスループットを改善するには、どうすればよいのでしょう？ もしもサーバーサイドの process メソッドが I/O 依存なら、以下のようにサーバーでスレッドを使用するようにするのが 1 つの方法です（process を変更しただけです）。

```java
void process(final Socket socket) {
  if (socket == null)
    return;
  Runnable clientHandler = new Runnable() {
    public void run() {
      try {
        String message = MessageUtils.getMessage(socket);
        MessageUtils.sendMessage(socket, "Processed: " + message);
        closeIgnoringException(socket);
      } catch (Exception e) {
        e.printStackTrace();
      }
    }
  };

  Thread clientConnection = new Thread(clientHandler);
  clientConnection.start();
}
```

この変更でテストが成功したとしましょう[1]。これでコードは完成でしょうか？

サーバーの所見

改良されたサーバーはテストをたったの 1 秒で処理しました。しかしながら、このやり方は少々稚拙であり、いくつかの新たな問題を持ち込んでしまいます。

いったいいくつのスレッドがサーバーで生成されることになるでしょう？ コード上は何の制限もしていないので、Java 仮想マシン（JVM）上の制限にひっかかりそうです。多くの簡単なシステムなら、これでも十分です。しかし公開されたネットワークにつながれ、多くのユーザーが使用するシステムではどうでしょう？ あまりに多くのユーザーが同時に接続すると、システムは、きしみ音をたてて停止することでしょう。

---

[1] 変更前と後のコードを使って、自分で試してみることが可能です。442 ページの「スレッド化されていないクライアント／サーバー」を参照してください。

さて、動作上の問題はひとまず置くとしましょう。このコードには、きれいさと構造とに問題を孕んでいます。このサーバーコードの責務はいったいいくつあるのでしょう?

- ソケットの接続管理
- クライアントの処理
- スレッド処理のやり方
- サーバー停止のやり方

残念ながら、これらすべての責務が`process`関数に存在しています。さらに、コードはさまざまな抽象レベルにまたがってしまっています。このため、`process`関数は小さいとはいえ、さらなる分割が必要です。

サーバーには変更の原因となり得るものが、いくつもあります。つまり単一責務の原則に違反しています。同時並行システムをきれいに保つためには、スレッドの管理は、適切に管理された場所に格納すべきです。さらに、スレッドを管理するコードはそれ以外の処理をすべきではありません。なぜでしょう? 単に同時並行性の問題と、その他の問題が同居すると、問題の解析が困難となるからです。

上記の、スレッド管理を含めた各責務のために、別々のクラスを作成すれば、スレッド管理のやり方を変更しても、全体のコードへの影響は小さくでき、他の責務への汚染を防ぐことができます。これはまた、他の責務のテストがスレッドにわずらわされることなく行えるので、ずっと簡単になるということも意味しています。以下に、変更したバージョンを示します。

```java
public void run() {
  while (keepProcessing) {
    try {
      ClientConnection clientConnection = connectionManager.awaitClient();
      ClientRequestProcessor requestProcessor
          = new ClientRequestProcessor(clientConnection);
      clientScheduler.schedule(requestProcessor);
    } catch (Exception e) {
      e.printStackTrace();
    }
  }

  connectionManager.shutdown();
}
```

ここではスレッドに関係した内容を`ClientScheduler`に集めています。同時並行性の問題があったら、見るべき場所は1つです。

```
public interface ClientScheduler {
  void schedule(ClientRequestProcessor requestProcessor);
}
```

現在のやり方は、簡単に実装できます。

```
public class ThreadPerRequestScheduler implements ClientScheduler {
  public void schedule(final ClientRequestProcessor requestProcessor) {
    Runnable runnable = new Runnable() {
      public void run() {
        requestProcessor.process();
      }
    };

    Thread thread = new Thread(runnable);
    thread.start();
  }
}
```

スレッドに関係するコードを1か所にまとめたので、スレッド管理を変更するのが、とても簡単になっています。たとえば、新たなクラスを Java 5 のエグゼキュタフレームワークを使って作成し組み込んだのが**リスト A-1** です。

リスト A-1　ExecutorClientScheduler.java

```
import java.util.concurrent.Executor;
import java.util.concurrent.Executors;

public class ExecutorClientScheduler implements ClientScheduler {
  Executor executor;

  public ExecutorClientScheduler(int availableThreads) {
    executor = Executors.newFixedThreadPool(availableThreads);
  }

  public void schedule(final ClientRequestProcessor requestProcessor) {
    Runnable runnable = new Runnable() {
      public void run() {
        requestProcessor.process();
      }
    };
    executor.execute(runnable);
  }
}
```

結論

同時並行性をサンプルのアプリケーションに導入し、システムのスループットを改善する方法をお見せしました。またスループットをテストフレームワークを通して検証する方法もお見せしました。同時並行性のためのコードを少数のクラスに集めることは、単一責務の原則適用の1つの例です。同時並行プログラミングは複雑なので、これはとても重要なことです。

実行経路候補

以下の `incrementValue` メソッドを見てください。1行のJavaのメソッドでループも分岐もありません。

```java
public class IdGenerator {
  int lastIdUsed;

  public int incrementValue() {
    return ++lastIdUsed;
  }
}
```

`int` のオーバーフローはここでは無視し、ただ1つのスレッドが `IdGenerator` の1つのインスタンスにアクセスするものとします。この場合、実行経路は1つで、1つの保証された結果が得られます。

- 戻り値は `lastIdUsed` の値と等しく、メソッドを呼ぶ前の値に1を加えたものである

この状態のまま、もしも2つのスレッドで使用すると何が起きるでしょう？ 各スレッドが1回ずつ `incrementValue` を呼んだ場合、結果としてはどのようなものが考えられるでしょう？ 実行可能パスはいくつあるのでしょう？ 最初に実行結果です（`lastIdUsed` の最初の値は93であったとします）。

- スレッド1は94を受け取り、スレッド2は95を受け取り、`lastIdUsed` の現在値は95
- スレッド1は95を受け取り、スレッド2は94を受け取り、`lastIdUsed` の現在値は95
- スレッド1は94を受け取り、スレッド2は94を受け取り、`lastIdUsed` の現在値は94

驚くべきことですが、最後のような結果となる可能性もあります。このような異なる結果が起こり得る原因を知るためには、実行可能パスの数と、Java 仮想マシンが、それをどのように実行するのかについて理解する必要があります。

経路の数

実行経路の数を数えるためには、まず生成されたバイトコードを調べることから始めることになります。Java での 1 行（`return ++lastIdUsed;`）は、8 つのバイトコードの命令となります。2 つのスレッドは、これらの 8 つの命令の実行を、トランプのディーラがカードをきるとき[2]のようにはさみ込むことが可能です。両手にそれぞれ 8 枚しかカードがなくても、それをきった場合の組み合わせは途方もない数になります。

この単純なループも条件分岐もない、N 個の命令の連続と T 個のスレッドの場合、実行可能パスの数は、

$$\frac{(NT)!}{N!^T}$$

となります。

あり得る順番が何通りあるか計算する

以下は、アンクルボブからブレットに送った手紙からの引用です。

N ステップと T スレッドのケースでは、全部で、T * N 個のステップとなります。それぞれのステップの直前には、スレッド間のコンテキストスイッチがあります。このため、各パスはコンテキストスイッチを表した、ひと続きの数字で表現できます。ステップが A と B で、スレッドが 1 と 2 なら、1122、1212、1221、2112、2121、2211 となります。あるいはステップの観点で見れば、A1B1A2B2、A1A2B1B2、A1A2B2B1、A2A1B1B2、A2A1B2B1、A2B2A1B1 となります。スレッドが 3 つの場合は、112233、112323、113223、113232、112233、121233、121323、121332、123132、123123、… となります。

この文字列の 1 つの特徴は、各 T に対して N 個のインスタンスが常に存在することです。つまり 111111 は 1 のインスタンスが 6 つ、2、3 のインスタンスが 1 つもないため不当です。

N 個から 1 個、N 個から 2 個、…、N 個から T 個の順列を計算する必要があります。これは、N * T 個のものから、N * T 個を同時に取り出す順列の数であり、(N * T)! となります。ただし重複は除く必要があります。つまり、重複分は (N * T)! から引かなければなりません。

2 つのステップと、2 つのスレッドの場合、重複はいくつでしょう？ それぞれの 4 桁の文字列は、2 つの 1 と 2 つの 2 が含まれています。これらは、文字列の意味を変えずに入れ換えることができます。1、2 あるいはその両方、もしくはまったく入れ換えないことができます。つまり 4 つの同形のものが、

---

[2] これは、少々簡略化しています。しかし、今回の議論の場合、この簡略化されたモデルを利用することが可能です。

> それぞれの文字列に存在するので、3つの重複が存在することになります。4つのうちの3つは重複というわけです。言い方を変えれば、4つの順列の中の1つが重複でないといえます。4! * 0.25 = 6。この考え方でよさそうです。
>
> 重複は、どのくらいあるのでしょう？ N = 2, T = 2 の場合、1を入れ換えるケース、2を入れ換えるケース、両方を入れ換えるケースがあります。N = 2, T = 3 の場合、1、2、3をそれぞれ単独で入れ換えるケース、1と2、1と3、2と3を入れ換えるケースがあります。入れ換えはちょうどNの順列です。Nの順列がP通りある場合、これらの順列の並べ替えの数は、P**T 通りとなります。
>
> つまり同形のものの数は、N!**T となります。このためパスの数は、(T*N)!/(N!**T) になります。繰り返しになりますが、T = 2, N = 2 なら6（24/4）となります。
>
> N = 2, T = 3 ならば、720/8 = 90
> N = 3, T = 3 ならば、9!/6^3 = 1680

　今回の単純なJavaのコードの場合、8行のバイトコードがあり2つのスレッドで実行されます。取り得る実行経路の数は12,870となります。もしも `lastIdUsed` が `long` だと、1つのバイトコードで済んでいた読み書きの操作は、2つのバイトコードが必要となり、取り得る経路は 2,704,156 となります。

　ある1つの変更をメソッドに加えるとどうなるでしょう？

```
public synchronized void incrementValue() {
  ++lastIdUsed;
}
```

　取り得る実行経路の数は2スレッドなら2通りになり、一般に N スレッドでは N! 通りとなります。

さらに深層へ

　2つのスレッドが同時にメソッドを1回（synchronizedを付加する前のもの）呼び出し、2つとも同じ値を取得する、驚くべきケースはどうなっているのでしょう？ どうしてこんなことが起きるのでしょう？ 重要なことから先に解説しましょう。

　アトミックな操作とは何でしょう？ アトミックな操作とは、途中で割り込まれない操作と定義されます。たとえば、以下のコードの5行目で0が `lastid` に代入されますが、これはJavaのメモリモデルではアトミックです。32ビットの値の代入は、途中で割り込まれることがありません。

```
01: public class Example {
02:   int lastId;
03:
04:   public void resetId() {
05:     value = 0; // 訳注:おそらくlastIdの間違い
06:   }
07:
08:   public int getNextId() {
09:     ++value; // 訳注:おそらくlastIdの間違い
10:   }
11: }
```

もしも`lastId`の型を`int`から`long`にすると何が起きるでしょう？ 5行目は依然としてアトミックなのでしょうか？ JVMの仕様によれば、そうではありません。特定のプロセッサではアトミックかもしれませんが、JVMの仕様上は64ビットの値の代入は、2つの32ビット代入操作が必要です。これは最初の32ビット代入と、次の32ビット代入との間に、別のスレッドが割り込んで、どちらかの値を変更できるということです。

9行目の前置インクリメント演算子 `++` はどうでしょう？ 前置インクリメント演算子は割り込まれる可能性があり、アトミックではありません。理解のため、これらのメソッドのバイトコードを詳細に見てみましょう。

先に進む前に、この後、重要となる3つの定義を述べておきます。

- フレーム：それぞれのメソッド呼び出しにはフレームが必要です。フレームには、戻り先アドレス、メソッドに渡されたパラメータ、メソッド内で定義されたローカル変数が含まれます。これはコールスタックを定義するための一般的な手法です。コールスタックは、関数、メソッドの基本的な呼び出し、再帰呼び出しを、最近の言語で可能とするために使用されます
- ローカル変数：メソッドのスコープ内で定義される変数。あらゆる非`static`なメソッドは最低でも1つの変数、`this`を持ちます。これは、現在のオブジェクト、つまり、（現在のスレッドで）今のメソッド呼び出しの引き金となったメッセージを受けとったオブジェクトです
- オペランドスタック：多くのJVMの命令はパラメータをとります。オペランドスタックは、こうしたパラメータが格納されるところです。スタックは、標準的な後入れ先出しのデータ構造です

以下は、`resetId()`から生成されたバイトコードです。

ニモニック	解説	実行後のオペランドスタックの状態
ALOAD 0	0番目の変数をオペランドスタックにロードします。0番目の変数とは何でしょう？ それは this、つまり現在のオブジェクトのことです。メソッドが呼び出されると、メソッド呼び出しに際して生成されたフレームのローカル変数配列に Example のインスタンス（メッセージの受け手）が積まれます。これは、常にインスタンスメソッドにおける、最初の変数となります	this
ICONST_0	定数 0 をオペランドスタックに積みます	this, 0
PUTFIELD lastId	スタックトップの値（つまり0）を、スタックの次に積まれている値、つまり this が参照するオブジェクトのフィールドの値として格納します	<empty>

　これらの3命令はアトミックであることが保証されています。これらを実行するスレッドは各命令の後で割り込まれるかもしれませんが、PUTFIELD 命令で使われる情報（スタックトップの定数 0 と、その下の参照 this、そしてフィールドの値）は、他のスレッドにはさわられないのです。このため代入が起きるとき、値 0 がフィールドの値として格納されることが保証されます。操作はアトミックなのです。オペランドは、すべてこのメソッドにローカルな情報を扱っており、スレッド間での影響はありません。

　このため、もしもこれら3つの命令が、10個のスレッドで実行された場合、4.38679733629e + 24 通りの実行順序があり得ますが、結果は1通りのみで、実行順序とは無関係です。同じ結果が保証されるという点では、long の場合も同様です。なぜでしょうか？ 10個のスレッドはすべて、定数を代入するのです。これらのスレッドがお互いに割り込みあったとしても、結果は同じなのです。

　getNextId メソッドの ++ 演算子の場合は問題が生じます。メソッドの最初で lastId が 42 だったとしましょう。このメソッドのバイトコードは以下のようになります。

ニモニック	解説	実行後のオペランドスタックの状態
ALOAD 0	this をオペランドスタックにロードします	this
DUP	スタックトップをコピーします。オペランドスタックに2つの this が積まれることになります	this, this
GETFIELD lastId	lastId フィールドの値をスタックトップ（this）で参照されたオブジェクトから取り出し、それをスタックに積みます	this, 42
ICONST_1	整数定数 1 をスタックに積みます	this, 42, 1
IADD	オペランドスタックから2つの整数値を取り出し、加算した後、結果をスタックに積みます	this, 43
DUP_X1	43 を複製し、それを this の前に積みます	43, this, 43
PUTFIELD value	オペランドスタックトップの値（43）を、オペランドスタックの次に積まれた値である this の field の値として格納します	43
IRETURN	スタックトップの値（スタック上の唯一の値）を返します	<empty>

最初のスレッドが、最初の3つの命令、GETFIELD（GETFIELD自体を含む）までを実行し終わったところで割り込まれたとしましょう。2番目のスレッドが、メソッド全体を実行し、lastIdを1増やし、43を返したとしましょう。そして最初のスレッドが中断していたところから再開します。依然として42がオペランドスタックに乗っています。この値はlastIdの過去の値をGETFIELDで取り出したものです。これに1を加えて43を得て、結果として格納します。最初のスレッドもやはり43を返します。結果としてインクリメントが一回分失なわれます。これは最初のスレッドが、2番目のスレッドに割り込まれた状態で、踏み越えられてしまうからです。

getNextId()を同期化メソッドとすることで、この問題は解決できます。

結論

スレッドが、お互いに踏み越えあってしまう状況を理解するのに、バイトコードの深い知識は必ずしも必要ありません。複数のスレッドが、踏み越えあってしまう可能性が生じる、ある1つの例を理解すれば、それで十分です。

それはそれとして、今回の簡単な例は、何が安全であり安全でないかを知るためには、メモリモデルの十分な理解が必要であることを示しています。++（前置、後置インクリメント）演算子がアトミックであるという誤解はよく見かけますが、明らかな間違いです。このことは、以下の点について理解しておくことが必要であるということを物語っています。

- 共用されるオブジェクト、値がどこにあるのか
- 同時並行読み出し、更新の問題を引き起こすコード
- こうした同時並行性の問題が起きることを防ぐ方法

ライブラリを知る

エグゼキュタフレームワーク

415ページのExecutorClientScheduler.javaで見たように、Java 5から導入された、エグゼキュタフレームワークを使うと、スレッドプールを用いた処理を洗練された形で記述することができます。このクラスはjava.util.concurrentパッケージに含まれています。

もしもスレッドプールを使わないでスレッドを生成している、**あるいは**スレッドプールを自分で実装しているのなら、エグゼキュタを検討してみるべきです。これによってコードはきれいで追いやすいものとなり、かつ短かいものになるでしょう。

エグゼキュタフレームワークは、スレッドをプールし、自動的にリサイズし、必要であればスレッ

ドの再生成を行います。このフレームワークはまた、**フューチャ**という同時並行プログラミングで一般的な概念もサポートしています。エグゼキュタフレームワークでは、`Runnable`を実装したクラス、`Callable`を実装したクラスを使用します。`Callable`は`Runnable`に似ていますが、結果を返すことができます。これはマルチスレッドの処理ではよく必要となるものです。

複数の独立した処理があって、それらがお互いにその完了を待ち合わせる場合、**フューチャ**は便利な概念です。

```java
public String processRequest(String message) throws Exception {
  Callable<String> makeExternalCall = new Callable<String>() {
    public String call() throws Exception {
      String result = "";
      // 外部への要求を行う
      return result;
    }
  };

  Future<String> result = executorService.submit(makeExternalCall);
  String partialResult = doSomeLocalProcessing();
  return result.get() + partialResult;
}
```

この例の中で、メソッドは`makeExternalCall`オブジェクトの実行を開始し、そのまま別の処理を続けます。最後の行で`result.get()`を呼び出しますが、ここでフューチャの完了を待ち合わせることになります。

ノンブロッキングなやり方

Java 5のVMは、最近のプロセッサの設計をうまく活用し、堅牢でノンブロッキングな更新をサポートします。ある値をスレッドセーフに更新するために、同期化を使用する(つまりブロックする)クラスの例を考えてみてください。

```java
public class ObjectWithValue {
  private int value;
  public void synchronized incrementValue() { ++value; }
  public int getValue() { return value; }
}
```

Java 5は、こうした状況のためにいくつかの新しいクラスを提供しています。たとえば、`AtomicBoolean`、`AtomicInteger`、`AtomicReference`がそうです(これら以外にもいくつかあります)。上記の

コードはノンブロッキングな手法を使って、以下のように書き換えることができます。

```
public class ObjectWithValue {
  private AtomicInteger value = new AtomicInteger(0);

  public void incrementValue() {
    value.incrementAndGet();
  }
  public int getValue() {
    return value.get();
  }
}
```

このコードは、プリミティブの代わりにオブジェクトを使用し、++ の代わりに incrementAndGet() のようなメッセージ送信を行いますが、実行効率は、ほとんどの場合に前者を上回ります。速度のメリットがわずかしかない場合もありますが、逆に遅くなるというケースは事実上ありません。

どうしてそんなことが可能なのでしょう？ 最近のプロセッサは、一般に**コンペアアンドスワップ**（Compare and Swap、CAS）と呼ばれる操作をサポートしています。この操作は、データベースの楽観ロックに似ています。一方で同期化版は悲観ロックに似ています。

synchronized キーワードを指定すると、2番目のスレッドが同じ値を更新したいわけでなくても、常にロックが獲得されます。ロックそれ自体の実行効率はバージョンを経るごとに改善されていますが、それでも依然として高価なものです。

ノンブロッキング版は、一般には複数のスレッドが同じ値を更新して、問題を引き起こすことは、あまりないという前提に立っています。代わりに、もしもそういう状況が起きたら、それを検知して、成功するまでリトライします。この検知処理は、ほぼすべての場合で、ロックの獲得よりも、コストがかかりません。これは競合状況が中から高の場合にもいえます。

仮想マシンは、どうやってこれを実現しているのでしょう？ CAS 操作はアトミックです。論理的には CAS 操作は、以下のような感じになります。

```
int variableBeingSet;

void simulateNonBlockingSet(int newValue) {
  int currentValue;
  do {
    currentValue = variableBeingSet
  } while(currentValue != compareAndSwap(currentValue, newValue));
}

int synchronized compareAndSwap(int currentValue, int newValue) {
```

```
  if(variableBeingSet == currentValue) {
    variableBeingSet = newValue;
    return currentValue;
  }
  return variableBeingSet;
}
```

共有変数を更新する場合、CAS操作は、変数に設定しようとしている値が、最新の値であるかを確認します。もしもそうであれば、変数は変更されます。そうでなければ、別のスレッドに割り込まれたということなので、変数は設定されません。(CAS操作を使って) 値を変更しようとしたメソッドは、更新が行われなかった場合には再試行します。

スレッドセーフでないクラス

いくつかのクラスは本質的にスレッドセーフではありません。以下に例をいくつか挙げます。

- `SimpleDateFormat`
- データベース接続
- `java.util`内のコンテナクラス
- サーブレット

コレクションクラスの中には、個々のメソッドがスレッドセーフになっているものもありますが、複数のメソッドを呼び出す操作は、スレッドセーフにはなりません。たとえば、`HashTable`の既存の要素を置き替える場合、以下のようなコードを書くでしょう。

```
if(!hashTable.containsKey(someKey)) {
  hashTable.put(someKey, new SomeValue());
}
```

個々のメソッドはスレッドセーフです。しかし別のスレッドが`containsKey`と`put`呼び出しの間で値を追加するかもしれません。この問題を解決するには、いくつかの選択肢があります。

- `HashTable`を最初にロックします。そしてすべての`HashTable`のユーザーが同じ手法を一貫して使用します：クライアントベースのロック

  ```
  synchronized(map) {
      if(!map.conainsKey(key))
         map.put(key,value);
  }
  ```

- HashTable をラップし、アダプタパターンを使って、別の API を使用します：サーバーベースのロック

    ```
    public class WrappedHashtable<K, V> {
      private Map<K, V> map = new Hashtable<K, V>();
      public synchronized void putIfAbsent(K key, V value) {
        if (map.containsKey(key))
          map.put(key, value);
      }
    }
    ```

- スレッドセーフコレクションを使用します

    ```
    ConcurrentHashMap<Integer, String> map = new ConcurrentHashMap<Integer, String>();
    map.putIfAbsent(key, value);
    ```

java.util.concurrent に含まれるコレクションは、putIfAbsent() のような今回の目的に合った操作を提供しています。

メソッド間の依存性が同時並行コードを破壊する

以下は、メソッド間に依存性がある例です。

```
public class IntegerIterator implements Iterator<Integer>
  private Integer nextValue = 0;

  public synchronized boolean hasNext() {
    return nextValue < 100000;
  }

  public synchronized Integer next() {
    if (nextValue == 100000)
      throw new IteratorPastEndException();
    return nextValue++;
  }

  public synchronized Integer getNextValue() {
    return nextValue;
  }
}
```

以下は、この IntegerIterator を使用するコードです。

```
IntegerIterator iterator = new IntegerIterator();

while(iterator.hasNext()) {
  int nextValue = iterator.next();
  // nextValueを使用する
}
```

1つのスレッドのみがこのコードを実行するのであれば問題はありません。しかし2つのスレッドが、1つの IngeterIterator インスタンスを共用し、各スレッドが取り出した値を処理することで、リスト内のすべての要素を1回ずつ処理したい場合はどうでしょう？ 大抵の場合は問題は起きないでしょう。2つのスレッドは、うまくリストを共用し、イテレータを通して要素を処理し、イテレータが完了したところで、処理を終えるでしょう。しかし、走査の終了点で、2つのスレッドがお互いに干渉し、1つのスレッドがイテレータの終端を越えてしまい、例外を送出してしまう可能性が小さいながら存在します。

問題が起きるのは、次のような場合です。スレッド1が hasNext() を呼び出します。これは true を返します。スレッド1が割り込まれスレッド2が、同じ問い合わせをし、やはり true が返ります。スレッド2は next() を呼び出し、期待どおりの値が返りますが、この副作用で hasNext() が false を返すようになります。スレッド1が実行再開します。hasNext() は true だと思っており、next() を呼び出します。個々のメソッドは同期化されていますが、呼び出し側は2つのメソッドを使っています。

これは同時並行コードが突然おかしな動作をする一例で、これこそが真の問題なのです。この問題が起きる唯一のタイミングは、イテレータの最後の走査なので、特定の状況では、この問題はとりわけ捕らえにくいものです。スレッドが歩調を乱してしまい、1つのスレッドが、イテレータの終端を越えてしまいます。この種のバグはシステムが実運用に入って長い時間が経過してから現れることがあり、解析は困難です。

この問題の解決には、3つの選択肢があります。

- 障害を受け入れる
- クライアント側を変更する（クライアントベースロック）
- サーバー側を変更し、それに伴ってクライアント側も変更する（サーバーベースロック）

障害を受け入れる

　障害が起きても、それにうまく対処して、結果として問題がないように繕うことができる場合があります。たとえば、上記のクライアントで例外をキャッチし、後処理をすることも可能でしょう。率直にいって、これは少々いいかげんなやり方ではあります。メモリリークに対処するために、毎夜リブートするようなものです。

クライアントベースロック

　IntegerIterator が複数のスレッドから使用されても、正しく動作するようにするため、今回の（すべての）クライアント側を以下のように変更します。

```
IntegerIterator iterator = new IntegerIterator();

while (true) {
  int nextValue;
  synchronized (iterator) {
    if (!iterator.hasNext())
      break;
    nextValue = iterator.next();
  }
  doSomethingWith(nextValue);
}
```

　各クライアントは synchronized キーワードでロックを行います。この重複は DRY 原則に反していますが、スレッドセーフでない、サードパーティのツールを使用する場合には必要なものでしょう。

　このやり方には危険があります。なぜなら、このサーバーを使用するすべてのプログラマが、使用に先立ってロックを行い、最後に解放しなければならないということを覚えていなければならないからです。結構前（それも、かなり前です！）に、共用資源をクライアントベースロックを使って使用しているシステムで作業をしたことがあります。この資源は、コードの何百という異なる場所から使用されていました。1 人のかわいそうなプログラマがその中の 1 か所で資源をロックするのを忘れてしまいました。

　このシステムは、複数端末のタイムシェアリングシステムで、会計ソフトウェアを「Local 705」というトラック運転手の組合のために動かしていました[3]。コンピュータは、Local 705 本部の 80 キロ北にある、環境制御された高床式の部屋にありました。本部には、数十の打ち込み要員がいて、端末に対して組合費を送っていました。端末は、専用の電話線を使い、600bps の半二重モデムで接

3　訳注：http://www.teamsterslocal705.org/

続していました（この話は、とてもとても昔の話なのです）。

　約1日に1回、端末の1つが「ハング」しました。特にこれといったタイミングも、理由も見当たりませんでした。ハングは、特定の端末や時間帯に関係せず発生しました。まるで誰かがサイコロをふって、ハングさせる端末と時刻を決めているようでした。何度か、2台以上の端末がハングしたことがありました。まったくハングが起きない日もありました。

　当初の唯一の解決策はリブートすることでした。しかしリブートは調整がやっかいです。本部に電話をして、端末への作業のすべてを終了してもらい、ようやくシャットダウンと再起動を行うことができます。もしも誰かが、1〜2時間を要する重要な仕事をしていると、その間ハングしてしまった端末は、そのままになってしまいました。

　何週間かのデバッグの後、リングバッファのカウンタとポインタが同期していないことが原因であることを突き止めました。このバッファは、端末への出力を制御していました。ポインタの値はバッファが空であることを示していましたが、カウンタはバッファがいっぱいであることを示していました。空なので何も表示されず、いっぱいなのでスクリーンに送る表示データが何も追加されませんでした。

　端末がハングする直接の原因はわかりましたが、なぜリングバッファの同期がとれなくなってしまうのかがわかりませんでした。そこで問題を回避するためのハックを追加しました。当時のコンピュータはフロントパネルにスイッチが付いていて、その値を読み出すことができました（この話は、とてもとてもとても昔の話なのです）。スイッチの1つが操作されたら、空であり、かついっぱいであるリングバッファを探すトラップコードを仕掛けました。もしも見つかれば、バッファを空にします。**ご覧のとおり！**　これでハングしていた端末は表示できるようになりました。

　これで端末がハングした際にシステムをリブートする必要はなくなりました。組合は、単に我々に電話で端末がハングしたことを連絡し、我々はコンピュータルームに行って、スイッチを操作すればよくなりました。

　もちろん、組合員は、我々が働いていない、週末にも働いていることがありました。そこで、スケジューラに対して関数を登録し、1分に1回、すべてのリングバッファを調べて、空であり、かついっぱいであるリングバッファをリセットするようにしました。これによって、組合が電話をするまでもなく、表示の障害を取り除くことも可能となりました。

　犯人を探し出すまでに、さらに何週間か、一枚岩のアセンブリコードを何ページにもわたって眺め続けることとなりました。計算の結果、ハングの周期はリングバッファへのアクセスが1か所だけ同期化されていないことを物語っていました。あとはその間違った使い方をしている場所を探すだけでした。残念なことに、この話はとても前のことなので、我々にはそれを探すツールや、クロスリファレンス、その他の自動化手法は使用できませんでした。単純にリストを追うしかなかったのです。

　こうして1971年のシカゴでの冬に、1つの貴重な教訓を学んだわけです。クライアントベースロックはまったくもってひどいものだと。

サーバーベースロック

`IntegerIterator` に以下の変更を加えることで、重複を取り除くことができます。

```
public class IntegerIteratorServerLocked {
  private Integer nextValue = 0;
  public synchronized Integer getNextOrNull() {
    if (nextValue < 100000)
      return nextValue++;
    else
      return null;
  }
}
```

そして同様に呼び出し側を以下のように変更します。

```
while (true) {
  Integer nextValue = iterator.getNextOrNull();
  if (next == null)   // 訳注：nextValueの間違いと思われます
    break;
  // nextValueで何か作業を行う
}
```

この例では、APIを実際に変更して、マルチスレッド対応のものにしています[4]。呼び出し側は、`hasNext()` の結果を調べる代わりに、`null` チェックを行う必要があります。

以下の理由から、一般にはサーバーベースロックのほうを選択すべきです。

- **コードの重複を抑えられる**：クライアントベースロックでは、各クライアントがサーバーを適切にロックする必要があります。ロックに関するコードをサーバー側に移動することで、クライアントは自由にオブジェクトを利用できるようになり、ロックのためのコードでわずらわされることがなくなります
- **パフォーマンスに優れる**：シングルスレッドでよいのであれば、スレッドセーフ版サーバーの代わりに、非スレッドセーフ版サーバーに置き替えてしまうことが可能です。これによりオーバーヘッドを回避することができます
- **エラーを低減できる**：適切なロックを忘れずに行うことを、1人のプログラマが気をつけさえすればよいのです

---

[4] 実際、`Iterator` インターフェイスは、本質的にスレッドセーフとはいえません。もともとマルチスレッドでの使用を意図して設計されたわけではないので、これは驚くに値しません。

- ロック制御ポリシーが1か所に集中する：ロック制御ポリシーが1か所（サーバー）に集中します。クライアントベースでは、複数箇所（それぞれのクライアント）になってしまいます
- 共有変数のスコープを狭められる：クライアント側は、サーバー側でロックが行われているのか、どのようにロックされているのかについて関知しません。これらはすべてサーバーサイドに隠されています。問題が起きたときに、見なければならない場所は限定されています

しかし、サーバー側のコードの所有権を持っていなかったらどうすればよいでしょう？

- アダプタパターンを用いてAPIを変更し、ロック機構を追加する

    ```
    public class ThreadSafeIntegerIterator {
      private IntegerIterator iterator = new IntegerIterator();

      public synchronized Integer getNextOrNull() {
        if(iterator.hasNext())
          return iterator.next();
        return null;
      }
    }
    ```

- あるいは、もっとよいのは、スレッドセーフなコレクションを用い、拡張されたインターフェイスを使用することです

スループットを高める

ネットの世界に出掛けて、URLのリストで示されたページのセットを読みたいとしましょう。それぞれのページが読まれるたびに、それを解析して、統計情報を収集します。すべてのページが読まれた時点で、サマリレポートを表示するものとします。

以下のクラスは、与えられたURLから、ページの内容を返します。

```
public class PageReader {
  // ...
  public String getPageFor(String url) {
    HttpMethod method = new GetMethod(url);

    try {
      httpClient.executeMethod(method);
      String response = method.getResponseBodyAsString();
```

```
      return response;
    } catch (Exception e) {
      handle(e);
    } finally {
      method.releaseConnection();
    }
  }
}
```

次のクラスは、URL を走査するイテレータを使用して、複数のページコンテンツを提供するイテレータです。

```
public class PageIterator {
  private PageReader reader;
  private URLIterator urls;

  public PageIterator(PageReader reader, URLIterator urls) {
    this.urls = urls;
    this.reader = reader;
  }

  public synchronized String getNextPageOrNull() {
    if (urls.hasNext())
      getPageFor(urls.next());
    else
      return null;
  }

  public String getPageFor(String url) {
    return reader.getPageFor(url);
  }
}
```

PageIterator のインスタンスは多くのスレッドで共用できます。各スレッドは、このイテレータから取得したページを読み込んでパースするのに専用の PageReader インスタンスを使用します。

同期化ブロックを非常に狭い範囲にとどめていることに注意してください。PageIterator のクリティカルセクションのみを含んでいます。同期化は、できる限り多くの場所で行うべきなのに対し、その範囲はなるべく狭くすべきです。

シングルスレッドの計算処理のスループット

さて、ここで簡単な計算をしてみましょう。この後の議論のため、以下の前提を置きます。

- 1ページ取得に要する（平均）I/O 時間：1 秒
- 1ページの平均パース時間：0.5 秒
- I/O 処理では CPU は 0 ％、計算処理は 100 ％使用されるものとする

N 個のページを 1 つのスレッドで処理する場合、全体の実行時間は、1.5 秒 * N となります。図 A-1 は、13 ページの処理（つまりは約 19.5 秒の処理）のスナップショットです。

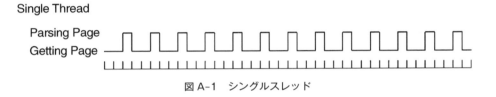

図 A-1　シングルスレッド

マルチスレッドによる計算のスループット

ページの取得の順番が任意で、各ページが独立して処理できるのであれば、複数のスレッドを使用することでスループットを上げることができます。もしも 3 スレッド使用したら、どうなるでしょうか？ いくつのページが同時に取得可能でしょうか？

図 A-2 を見るとわかるように、マルチスレッドを使うと、プロセッサ依存の処理を、I/O 依存の処理に重ね合わせることができます。これは、理想的な環境ではプロセッサの使用率が 100 ％となることを意味します。1 秒かかるページの読み込み処理は、2 つのページのパース処理に重ね合わせることができます。このため、1 秒に 2 ページを処理することができ、シングルスレッド版の 3 倍のスループットを弾き出すことになります。

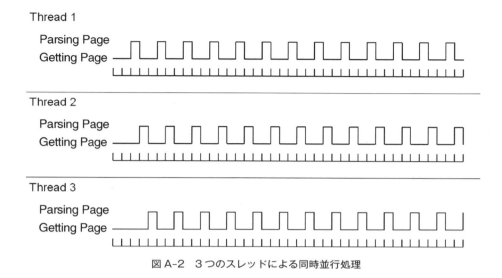

図A-2　3つのスレッドによる同時並行処理

デッドロック

2つの有限サイズの共用資源のプールを持ったWebアプリケーションを考えてみましょう。

- ローカルでの途中処理のための記憶域として使用するデータベース接続のプール
- マスターレポジトリへの、MQ接続のプール

このアプリケーションには、作成と更新という2つの処理があるとしましょう。

- 作成：マスターレポジトリ、次にデータベース接続を獲得します。マスターレポジトリのサービスと対話を行って、作業データをローカルの途中処理用データベースに格納します
- 更新：データベース、次にマスターレポジトリの接続を獲得します。データベースの途中処理データを読み取って、マスターレポジトリに送信します

プールサイズよりも多くのユーザーが存在すると、どうなるでしょう？ 各プールの大きさが10であるとしましょう。

- 10人のユーザーが作成処理を行おうとし、10個のデータベース接続が獲得され、次にマスターレポジトリの接続を獲得しようとした時点で割り込まれます

- 10 人のユーザーが更新処理を行おうとし、10 個のマスターレポジトリ接続が獲得され、次にデータベース接続を獲得しようとした時点で割り込まれます
- この時点で、10 個の「作成」スレッドは、マスターレポジトリへの接続の獲得待ちとなり、「更新」スレッドは、データベース接続の獲得待ちとなります
- デッドロックです。システムは、二度と回復できません

これは実際にはあり得そうにない状況に聞こえるかもしれませんが、1 週間おきにハングするシステムなど、誰が使いたいと思うでしょう？ 再現困難な症状を持ったシステムのデバッグなど、誰がやりたいと思うでしょう？ この問題は、現場で発生する類の問題であり、解決には数週間を要します。

典型的な「解決策」は、何が起きているのかを見極めるためのデバッグ文を追加することです。もちろん、デバッグ文の追加によって、コードには変更が入ることになり、これによってデッドロックが別の状況で起きるようになり、それは数か月後に起きることになるかもしれません[5]。

デッドロックの問題をきちんと解決するには、何が原因なのかを、理解する必要があります。デッドロックが発生する条件は 4 つあります。

- 相互排他（mutual exclusion）
- ロックと待機
- 割り込み不可（no preemption）
- 循環待機（circular wait）

相互排他（mutual exclusion）

複数のスレッドが同じ資源を使用する必要があり、その資源が以下のようなものである時に、相互排他が発生します。

- 同時には複数のスレッドでアクセスすることができない
- 数が限られている

こうした資源の代表としてデータベース接続、書き込みオープンされたファイル、レコードロック、セマフォなどが挙げられます。

---

[5] たとえば、誰かがデバッグ文を入れたことで問題が「起きなくなり」ます。デバッグ用のコードが問題を「解消」したので、問題は、そのままシステムに残り続けてしまいます。

ロックと待機

あるスレッドが資源を獲得したら、他に作業に必要となるすべての資源を獲得し、作業が完了するまで、解放しません。

割り込み不可（no preemption）

スレッドは、別のスレッドから資源を取り上げることはできません。あるスレッドが保有している資源を、別のスレッドが獲得するためには、現在保有しているスレッドが、資源を解放する必要があります。

循環待機（circular wait）

死の抱擁（deadly embrace）とも呼ばれます。T1とT2という2つのスレッドと、R1とR2という2つの資源があるとしましょう。T1がR1を、T2がR2を所有しています。T1はさらにR2を、T2はさらにR1を要求します。これは図A-3のように表現できます。

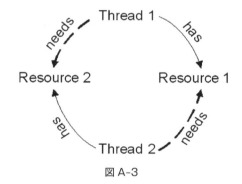

図A-3

これら4つの条件がすべて揃うと、デッドロックが起きる可能性があります。これらの条件のどれか1つでも成立しなければ、デッドロックは起きません。

相互排他を取り除く

デッドロックを回避する方法の1つは、相互排他を回避することです。これは以下のようにすることで可能になります。

- 資源を同時にアクセスできるようにする（例：`AtomicInteger`）
- 競合状態にあるスレッドの数と等しいあるいは、それを超える数の資源を用意する
- 資源を獲得するときは、最初にまずこれから使おうとしている資源が1つも獲得されていないことを確認する

残念なことに大抵の資源は数が限られており、同時アクセスを許していません。また、1つ目の資源での作業結果によって、2番目に獲得する資源のIDが決まるのが一般的です。しかし条件はまだ3つ残っています。悲観することはありません。

ロックと待機を取り除く

待機しないようにすることでもデッドロックを回避できます。資源を獲得する際に獲得済みかチェックします。もしもその中の1つでもすでに獲得済みであれば、すべての資源を一旦解放してから、再度獲得を試みます。

このやり方は、潜在的に以下のような問題を孕んでいます。

- 飢餓状態：（必要とするすべての資源が同時に利用可能になることがほとんどないような場合）スレッドが、ずっと資源を獲得できなくなることがあります
- ライブロック：いくつかのスレッドが足並みを揃えて、1つの資源を獲得、そして解放という動作を繰り返してしまいます。これは簡単なCPUのスケジューリングのアルゴリズムで、特によく見られます（組み込み機器や、単純な手書きのスレッド調停コードを思い浮かべてみてください）

どちらもスループットはとても低いものになります。最初の場合にはCPUの使用率が低くなり、2番目の場合にはCPUが無意味に浪費されます。

この方法は非効率に見えますが、それでもまったく処理されないよりはマシです。この方法は、他の方法がダメでも、大抵の場合は利用可能である点が利点といえます。

割り込みできるようにする

　資源を別のスレッドから取り上げることができるようにすることが、デッドロックを回避するもう1つの方法です。これは通常、簡単な要求機構を通して実現できます。スレッドが資源が使用中であると気づいたら、所有者に解放を要求します。もしも所有者側が、別の資源をやはり待っているのであれば、現在所有中の資源をすべて解放して、最初からやり直します。

　これは前の方法と同様のやり方ですが、スレッドが資源の待機をすることが可能である点が利点です。ただし、こうした要求をうまく調整するのは、面倒なものになる可能性がある点には注意してください。

循環待機を取り除く

　この方法はデッドロックを回避するための最も一般的な手法です。大抵のシステムでは、参画会社の間で、1つの簡単な規約を守るだけで済む話です。

　上記の、スレッド1が資源1、2の両方を、スレッド2が資源2、1の両方を待機する例では、両方のスレッドで資源の確保の順番を揃えることで、循環待機を回避できます。

　さらに一般には、すべてのスレッドが資源確保の順番を決めて、それに従うようにすれば、デッドロックは回避できます。他の手法同様、このやり方も以下のような問題を孕んでいます。

- 獲得順と使用順とは一致しない場合があります。このため獲得されても結局最後まで使われないこともあります。これは必要以上に長期間に渡って資源をロックすることになります
- 資源の獲得順を強制することができないことがあります。2番目の資源のIDが、最初の資源を使用する処理で決定するような場合、特定の獲得順を維持することは不可能です

　デッドロックを回避する方法にはいろいろなものがあることを見てきました。飢餓状態になる可能性のあるものもあれば、CPU使用率を上げてしまって応答性を損うものもあります。世の中、うまい話などないのです！[6]

　プログラムの中からスレッドに関係する部分を分離し、その部分のみをチューニング、実験できるようにすることで、さまざまな洞察を得ることが可能となり、最良の手法を選択することが可能となります。

---

[6] 無料のランチのようなものなどないのです。

マルチスレッドコードをテストする

以下のコードが壊れているということは、どうやったらテストで検証できるのでしょうか？

```
01: public class ClassWithThreadingProblem {
02:   int nextId;
03:
04:   public int takeNextId() {
05:     return nextId++;
06:   }
07: }
```

以下に、このコードが壊れていることを証明するテストの内容を示します。

- 現在の `nextId` の値を記録する
- 2つのスレッドを生成し、両方が同時に `takeNextId()` を呼び出すようにする
- `nextId` が、最初よりも2つ増加していることを検証する
- `nextId` が1しか増えない結果が得られるまで、これを繰り返す

リスト A-2 は、こうしたテストの例です。

リスト A-2　ClassWithThreadingProblemTest.java

```
01: package example;
02:
03: import static org.junit.Assert.fail;
04:
05: import org.junit.Test;
06:
07: public class ClassWithThreadingProblemTest {
08:   @Test
09:   public void twoThreadsShouldFailEventually() throws Exception {
10:     final ClassWithThreadingProblem classWithThreadingProblem
            = new ClassWithThreadingProblem();
11:
12:     Runnable runnable = new Runnable() {
13:       public void run() {
14:         classWithThreadingProblem.takeNextId();
15:       }
16:     };
17:
18:     for (int i = 0; i < 50000; ++i) {
```

```
19:        int startingId = classWithThreadingProblem.lastId;
20:        int expectedResult = 2 + startingId;
21:
22:        Thread t1 = new Thread(runnable);
23:        Thread t2 = new Thread(runnable);
24:        t1.start();
25:        t2.start();
26:        t1.join();
27:        t2.join();
28:
29:        int endingId = classWithThreadingProblem.lastId;
30:
31:        if (endingId != expectedResult)
32:          return;
33:     }
34:
35:     fail("Should have exposed a threading issue but it did not.");
36:   }
37: }
```

行	解説
10	ClassWithThreadingProblem のインスタンスを 1 つ生成します。匿名インナークラスで使用するため、final キーワードが必要である点に注意してください
12〜16	1 つの ClassWithThreadingProblem インスタンスを使用する匿名インナークラスを生成します
18	このコードを「十分な」回数繰り返して、失敗することを証明しますが、テストが「長期間かかる」ことは避けます。これには調整が必要です。失敗することの証明に、あまり時間をかけたくはありません。この数値を選択することは難しいですが、後で、この数値をずっと小さなものにする方法をお見せします
19	初期値を記録します。テストの目的は、ClassWithThreadingProblem が壊れていることを証明することです。このテストが成功したのであれば、コードが壊れていることが証明できたことになります。テストが失敗したのであれば、コードが壊れていることをテストで証明できなかったことになります
20	期待値は現在値よりも 2 大きな値です
22〜23	12〜16 行目で生成したオブジェクトを使用する 2 つのスレッドを生成します。これによって ClassWithThreadingProblem の 1 つのインスタンスを、2 つのスレッドが使用し、お互いに干渉が起きる可能性を作り出します
24〜25	スレッドを起動します
26〜27	結果を確認する前に、2 つのスレッドが完了するのを待ち合わせます
29	最終結果を記録します
31〜32	endingId は想定結果と異なっているでしょうか？ もしそうならテストを終了して戻ります（コードが壊れていることが証明できました）。もしもそうでないなら、再度実行します
35	ここに達したのであれば、このテストでは、製品コードが壊れていることを「それなり」の時間では証明できなかったということです。テストは失敗です。コードがそもそも壊れていないか、失敗が起きる条件を再現するために十分なだけの回数のテストを実行しなかったかのどちらかです

このテストは、確かに同時更新の問題を引き起こすためのお膳立てを行っています。しかし、問題が起きる確率がとても低いので、このテストでは大抵は問題を検知できません。

　実際、真に問題を検知するためには、繰り返し回数を100万回を超えるものにする必要があるでしょう。仮にループ回数を1,000,000にしたとしても、問題が起きるのは、10回に1回ほどです。つまり、繰り返し回数を100万よりも十分に大きな値にしてやらないと、失敗を確実に検知することはできないということです。いったいどれほどの時間がかかるのでしょう？

　ある機械で、失敗を確実に検知できるようにチューニングしたとしても、別の機械、OS、別のバージョンのJVMで失敗することを証明するためには、値の再調整が必要になります。

　これは**単純**な問題です。このような単純なコードが壊れていることも、うまく証明できないのであれば、より複雑な実際の問題など、どうやって検知できるというのでしょうか？

　では、どんなやり方をすれば、この単純な失敗を証明できるでしょうか？　もっと重要なこととして、さらに複雑なコードの失敗を証明するテストは、どのように書けばよいのでしょうか？　どの場所を見ればよいのかわかっていない状態で、コードが失敗するのかどうか調べることは可能なのでしょうか？

　以下にいくつかのアイデアを示します。

- **モンテカルロテスト**。テストをもっと柔軟なものにして、調整が可能なようにしておきます。そしてテストを、テスト用サーバーのようなところで、何度も、値の調整をランダムに行いながら繰り返します。もしもテストが失敗すれば、コードは壊れているということです。こうしたテストをなるべく早い時期に書き始めるようにし、継続的に統合テストを行うサーバーで早い時期から実行するようにします。テストが失敗したときの条件を、丁寧にログに書き残すように気をつけてください
- テストを、配備先プラットフォームすべてで実行します。何度も継続して実行します。テストがより長期間に渡って失敗しなければ、以下のことがより確実にいえるでしょ う

    ○ 製品コードが正しい、あるいは、
    ○ テストが的確でなく、問題をあぶりだすことができなかった

- さまざまな負荷を与えつつ、テストを行う。可能であれば、製品コードを動かす環境と同じような負荷を与えます

　しかし、これらをすべて行ったとしても、自分のコードのスレッドの問題が発見できる確率はあまりよいものとはならないでしょう。最も油断ならないのは、1億回に1回しか起きないような、ある特定の小さな断面に依存しているような問題です。こうした問題は、複雑なシステムの脅威となります。

マルチスレッドコードのテストのツールによるサポート

IBM は ConTest[7]というツールを開発しました。このツールは、スレッドセーフでないコードであれば失敗するような変更をクラスに対して入れます（インスツルメント）。

筆者らは、IBM とも、ConTest の開発チームとも、直接の関係はありません。筆者らの同僚の1人がこのツールのことを教えてくれました。このツールを何分か使ってみることで、筆者らのスレッドの問題の検知能力を、大きく改善することができることがわかりました。

以下に ConTest を使用する方法の概要を示します。

- まず、テスト、製品コードを書く。このときのテストは、上で述べたように、複数ユーザー、さまざまな負荷をシミュレートするように設計する
- テストと製品コードに対し ConTest で変更を加える（インスツルメント）
- テストを実行する

コードに対して、ConTest で変更を加えると、約 1000 万回に 1 回しか検知できなかった失敗が、約 30 回に 1 回起きるようになります。コード変更を加えた後の、テストにおけるループカウンタの値は、以下のようになりました。13、23、0、54、16、14、6、69、107、49、2。明らかに、変更されたクラスを使うことで、失敗をずっと簡単、確実に検知できることがわかります。

結論

本章では、広大で危険な、同時並行プログラミングの領地に短期間、逗留しました。これは表面をかすっただけに過ぎません。本章で強調しておきたいことは、同時並行コードをきれいに保つための規則についてですが、同時並行システムを書く際には、これ以外にも多くのことを学ぶ必要があります。ダグ・リーの『*Concurrent Programming in Java: Design Principles and Patterns*[8]』を推奨しておきます。

本章では、同時更新の問題について述べました。そして、これを防ぐための、洗練された同期化とロックの規則について述べました。スレッドを用いることで、I/O 依存のシステムのスループットがいかに改善できるか、そしてこうした改善を行うための、洗練された手法について解説しました。デッドロック、そしてこれを防ぐための洗練された手法について解説しました。最後に、同時並行の問題をあぶり出すための、インスツルメントというやり方について解説しました。

---

[7] http://www.haifa.ibm.com/projects/verification/contest/index.html
[8] 253ページの［Lea99］を参照。

チュートリアル：コードサンプルの全体

スレッド化されていないクライアント／サーバー

リスト A-3　Server.java

```java
package com.objectmentor.clientserver.nonthreaded;

import java.io.IOException;
import java.net.ServerSocket;
import java.net.Socket;
import java.net.SocketException;

import common.MessageUtils;

public class Server implements Runnable {
  ServerSocket serverSocket;
  volatile boolean keepProcessing = true;

  public Server(int port, int millisecondsTimeout) throws IOException {
    serverSocket = new ServerSocket(port);
    serverSocket.setSoTimeout(millisecondsTimeout);
  }

  public void run() {
    System.out.printf("Server Starting\n");

    while (keepProcessing) {
      try {
        System.out.printf("accepting client\n");
        Socket socket = serverSocket.accept();
        System.out.printf("got client\n");
        process(socket);
      } catch (Exception e) {
        handle(e);
      }
    }
  }

  private void handle(Exception e) {
    if (!(e instanceof SocketException))
      e.printStackTrace();
  }

  public void stopProcessing() {
```

```java
      keepProcessing = false;
      closeIgnoringException(serverSocket);
  }

  void process(final Socket socket) {
    if (socket == null)
      return;

    try {
      System.out.printf("Server: getting message\n");
      String message = MessageUtils.getMessage(socket);
      System.out.printf("Server: got message: %s\n", message);
      Thread.sleep(1000);
      System.out.printf("Server: sending reply: %s\n", message);
      MessageUtils.sendMessage(socket, "Processed: " + message);
      System.out.printf("Server: sent\n");
      closeIgnoringException(socket);
    } catch (Exception e) {
      e.printStackTrace();
    }
  }

  private void closeIgnoringException(Socket socket) {
    try {
      if (socket != null) {
          socket.close();
      }
    } catch (IOException ignore) {
    }
  }

  private void closeIgnoringException(ServerSocket serverSocket) {
    try {
      if (serverSocket != null) {
          serverSocket.close();
      }
    } catch (IOException ignore) {
    }
  }
}
```

リスト A-4　ClientTest.java

```java
package com.objectmentor.clientserver.nonthreaded;

import java.io.IOException;
import java.net.Socket;

import org.junit.After;
import org.junit.Before;
import org.junit.Test;

import common.MessageUtils;

public class ClientTest {
  private static final int PORT = 8009;
  private static final int TIMEOUT = 2000;

  Server server;
  Thread serverThread;

  @Before
  public void createServer() throws Exception {
    try {
      server = new Server(PORT, TIMEOUT);
      serverThread = new Thread(server);
      serverThread.start();
    } catch (Exception e) {
      e.printStackTrace(System.err);
      throw e;
    }
  }

  @After
  public void shutdownServer() throws InterruptedException {
    if (server != null) {
      server.stopProcessing();
      serverThread.join();
    }
  }

  class TrivialClient implements Runnable {
    int clientNumber;

    TrivialClient(int clientNumber) {
      this.clientNumber = clientNumber;
    }

    public void run() {
      try {
```

```java
          connectSendReceive(clientNumber);
        } catch (IOException e) {
          e.printStackTrace();
        }

    }
  }

  @Test(timeout = 10000)
  public void shouldRunInUnder10Seconds() throws Exception {
    Thread[] threads = new Thread[10];
    for (int i = 0; i < threads.length; ++i) {
      threads[i] = new Thread(new TrivialClient(i));
      threads[i].start();
    }

    for (int i = 0; i < threads.length; ++i) {
      threads[i].join();
    }
  }

  private void connectSendReceive(int i) throws IOException {
    System.out.printf("Client %2d: connecting\n", i);
    Socket socket = new Socket("localhost", PORT);
    System.out.printf("Client %2d: sending message\n", i);
    MessageUtils.sendMessage(socket, Integer.toString(i));
    System.out.printf("Client %2d: getting reply\n", i);
    MessageUtils.getMessage(socket);
    System.out.printf("Client %2d: finished\n", i);
    socket.close();
  }
}
```

リスト A-5　MessageUtils.java

```java
package common;

import java.io.IOException;
import java.io.InputStream;
import java.io.ObjectInputStream;
import java.io.ObjectOutputStream;
import java.io.OutputStream;
import java.net.Socket;

public class MessageUtils {
  public static void sendMessage(Socket socket, String message)
        throws IOException {
    OutputStream stream = socket.getOutputStream();
```

```
    ObjectOutputStream oos = new ObjectOutputStream(stream);
    oos.writeUTF(message);
    oos.flush();
  }

  public static String getMessage(Socket socket) throws IOException {
    InputStream stream = socket.getInputStream();
    ObjectInputStream ois = new ObjectInputStream(stream);
    return ois.readUTF();
  }
}
```

スレッドを利用したクライアント／サーバー

サーバーでスレッドを使用するようにするには、単純にメッセージ処理を変更するだけです（変更部分は太字にしてあります）。

```
void process(final Socket socket) {
  if (socket == null)
    return;

  Runnable clientHandler = new Runnable() {
    public void run() {
      try {
        System.out.printf("Server: getting message\n");
        String message = MessageUtils.getMessage(socket);
        System.out.printf("Server: got message: %s\n", message);
        Thread.sleep(1000);
        System.out.printf("Server: sending reply: %s\n", message);
        MessageUtils.sendMessage(socket, "Processed: " + message);
        System.out.printf("Server: sent\n");
        closeIgnoringException(socket);
      } catch (Exception e) {
        e.printStackTrace();
      }
    }
  };

  Thread clientConnection = new Thread(clientHandler);
  clientConnection.start();
}
```

org.jfree.date.SerialDate

リスト B-1　SerialDate.java

```
 1  /* ========================================================================
 2   * JCommon : a free general purpose class library for the Java(tm) platform
 3   * ========================================================================
 4   *
 5   * (C) Copyright 2000-2005, by Object Refinery Limited and Contributors.
 6   *
 7   * Project Info:  http://www.jfree.org/jcommon/index.html
 8   *
 9   * This library is free software; you can redistribute it and/or modify it
10   * under the terms of the GNU Lesser General Public License as published by
11   * the Free Software Foundation; either version 2.1 of the License, or
12   * (at your option) any later version.
13   *
14   * This library is distributed in the hope that it will be useful, but
15   * WITHOUT ANY WARRANTY; without even the implied warranty of MERCHANTABILITY
16   * or FITNESS FOR A PARTICULAR PURPOSE.  See the GNU Lesser General Public
17   * License for more details.
18   *
19   * You should have received a copy of the GNU Lesser General Public
20   * License along with this library; if not, write to the Free Software
21   * Foundation, Inc., 51 Franklin Street, Fifth Floor, Boston, MA 02110-1301,
22   * USA.
23   *
24   * [Java is a trademark or registered trademark of Sun Microsystems, Inc.
25   * in the United States and other countries.]
26   *
27   * ---------------
28   * SerialDate.java
29   * ---------------
30   * (C) Copyright 2001-2005, by Object Refinery Limited.
31   *
32   * Original Author:  David Gilbert (for Object Refinery Limited);
33   * Contributor(s):   -;
34   *
35   * $Id: SerialDate.java,v 1.7 2005/11/03 09:25:17 mungady Exp $
36   *
37   * Changes (from 11-Oct-2001)
38   * --------------------------
```

```
39  *  11-Oct-2001 : Re-organised the class and moved it to new package
40  *                com.jrefinery.date (DG);
41  *  05-Nov-2001 : Added a getDescription() method, and eliminated NotableDate
42  *                class (DG);
43  *  12-Nov-2001 : IBD requires setDescription() method, now that NotableDate
44  *                class is gone (DG); Changed getPreviousDayOfWeek(),
45  *                getFollowingDayOfWeek() and getNearestDayOfWeek() to correct
46  *                bugs (DG);
47  *  05-Dec-2001 : Fixed bug in SpreadsheetDate class (DG);
48  *  29-May-2002 : Moved the month constants into a separate interface
49  *                (MonthConstants) (DG);
50  *  27-Aug-2002 : Fixed bug in addMonths() method, thanks to N???levka Petr (DG);
51  *  03-Oct-2002 : Fixed errors reported by Checkstyle (DG);
52  *  13-Mar-2003 : Implemented Serializable (DG);
53  *  29-May-2003 : Fixed bug in addMonths method (DG);
54  *  04-Sep-2003 : Implemented Comparable. Updated the isInRange javadocs (DG);
55  *  05-Jan-2005 : Fixed bug in addYears() method (1096282) (DG);
56  *
57  */
58
59 package org.jfree.date;
60
61 import java.io.Serializable;
62 import java.text.DateFormatSymbols;
63 import java.text.SimpleDateFormat;
64 import java.util.Calendar;
65 import java.util.GregorianCalendar;
66
67 /**
68  * An abstract class that defines our requirements for manipulating dates,
69  * without tying down a particular implementation.
70  * <P>
71  * Requirement 1 : match at least what Excel does for dates;
72  * Requirement 2 : class is immutable;
73  * <P>
74  * Why not just use java.util.Date? We will, when it makes sense. At times,
75  * java.util.Date can be *too* precise - it represents an instant in time,
76  * accurate to 1/1000th of a second (with the date itself depending on the
77  * time-zone). Sometimes we just want to represent a particular day (e.g. 21
78  * January 2015) without concerning ourselves about the time of day, or the
79  * time-zone, or anything else. That's what we've defined SerialDate for.
80  * <P>
81  * You can call getInstance() to get a concrete subclass of SerialDate,
82  * without worrying about the exact implementation.
83  *
84  * @author David Gilbert
85  */
86 public abstract class SerialDate implements Comparable,
87                                             Serializable,
```

```
 88                                MonthConstants {
 89
 90     /** For serialization. */
 91     private static final long serialVersionUID = -293716040467423637L;
 92
 93     /** Date format symbols. */
 94     public static final DateFormatSymbols
 95         DATE_FORMAT_SYMBOLS = new SimpleDateFormat().getDateFormatSymbols();
 96
 97     /** 1990/1/1のシリアル番号 */
 98     public static final int SERIAL_LOWER_BOUND = 2;
 99
100     /** 9999/12/31のシリアル番号 */
101     public static final int SERIAL_UPPER_BOUND = 2958465;
102
103     /** The lowest year value supported by this date format. */
104     public static final int MINIMUM_YEAR_SUPPORTED = 1900;
105
106     /** The highest year value supported by this date format. */
107     public static final int MAXIMUM_YEAR_SUPPORTED = 9999;
108
109     /** Useful constant for Monday. Equivalent to java.util.Calendar.MONDAY. */
110     public static final int MONDAY = Calendar.MONDAY;
111
112     /**
113      * Useful constant for Tuesday. Equivalent to java.util.Calendar.TUESDAY.
114      */
115     public static final int TUESDAY = Calendar.TUESDAY;
116
117     /**
118      * Useful constant for Wednesday. Equivalent to
119      * java.util.Calendar.WEDNESDAY.
120      */
121     public static final int WEDNESDAY = Calendar.WEDNESDAY;
122
123     /**
124      * Useful constant for Thrusday. Equivalent to java.util.Calendar.THURSDAY.
125      */
126     public static final int THURSDAY = Calendar.THURSDAY;
127
128     /** Useful constant for Friday. Equivalent to java.util.Calendar.FRIDAY. */
129     public static final int FRIDAY = Calendar.FRIDAY;
130
131     /**
132      * Useful constant for Saturday. Equivalent to java.util.Calendar.SATURDAY.
133      */
134     public static final int SATURDAY = Calendar.SATURDAY;
135
136     /** Useful constant for Sunday. Equivalent to java.util.Calendar.SUNDAY. */
```

```
137    public static final int SUNDAY = Calendar.SUNDAY;
138
139    /** The number of days in each month in non leap years. */
140    static final int[] LAST_DAY_OF_MONTH =
141        {0, 31, 28, 31, 30, 31, 30, 31, 31, 30, 31, 30, 31};
142
143    /** The number of days in a (non-leap) year up to the end of each month. */
144    static final int[] AGGREGATE_DAYS_TO_END_OF_MONTH =
145        {0, 31, 59, 90, 120, 151, 181, 212, 243, 273, 304, 334, 365};
146
147    /** The number of days in a year up to the end of the preceding month. */
148    static final int[] AGGREGATE_DAYS_TO_END_OF_PRECEDING_MONTH =
149        {0, 0, 31, 59, 90, 120, 151, 181, 212, 243, 273, 304, 334, 365};
150
151    /** The number of days in a leap year up to the end of each month. */
152    static final int[] LEAP_YEAR_AGGREGATE_DAYS_TO_END_OF_MONTH =
153        {0, 31, 60, 91, 121, 152, 182, 213, 244, 274, 305, 335, 366};
154
155    /**
156     * The number of days in a leap year up to the end of the preceding month.
157     */
158    static final int[]
159        LEAP_YEAR_AGGREGATE_DAYS_TO_END_OF_PRECEDING_MONTH =
160            {0, 0, 31, 60, 91, 121, 152, 182, 213, 244, 274, 305, 335, 366};
161
162    /** A useful constant for referring to the first week in a month. */
163    public static final int FIRST_WEEK_IN_MONTH = 1;
164
165    /** A useful constant for referring to the second week in a month. */
166    public static final int SECOND_WEEK_IN_MONTH = 2;
167
168    /** A useful constant for referring to the third week in a month. */
169    public static final int THIRD_WEEK_IN_MONTH = 3;
170
171    /** A useful constant for referring to the fourth week in a month. */
172    public static final int FOURTH_WEEK_IN_MONTH = 4;
173
174    /** A useful constant for referring to the last week in a month. */
175    public static final int LAST_WEEK_IN_MONTH = 0;
176
177    /** Useful range constant. */
178    public static final int INCLUDE_NONE = 0;
179
180    /** Useful range constant. */
181    public static final int INCLUDE_FIRST = 1;
182
183    /** Useful range constant. */
184    public static final int INCLUDE_SECOND = 2;
185
```

```
186      /** Useful range constant. */
187      public static final int INCLUDE_BOTH = 3;
188
189      /**
190       * Useful constant for specifying a day of the week relative to a fixed
191       * date.
192       */
193      public static final int PRECEDING = -1;
194
195      /**
196       * Useful constant for specifying a day of the week relative to a fixed
197       * date.
198       */
199      public static final int NEAREST = 0;
200
201      /**
202       * Useful constant for specifying a day of the week relative to a fixed
203       * date.
204       */
205      public static final int FOLLOWING = 1;
206
207      /** A description for the date. */
208      private String description;
209
210      /**
211       * Default constructor.
212       */
213      protected SerialDate() {
214      }
215
216      /**
217       * Returns <code>true</code> if the supplied integer code represents a
218       * valid day-of-the-week, and <code>false</code> otherwise.
219       *
220       * @param code the code being checked for validity.
221       *
222       * @return <code>true</code> if the supplied integer code represents a
223       *         valid day-of-the-week, and <code>false</code> otherwise.
224       */
225      public static boolean isValidWeekdayCode(final int code) {
226
227          switch(code) {
228              case SUNDAY:
229              case MONDAY:
230              case TUESDAY:
231              case WEDNESDAY:
232              case THURSDAY:
233              case FRIDAY:
234              case SATURDAY:
```

```
235                    return true;
236                default:
237                    return false;
238            }
239
240    }
241
242    /**
243     * Converts the supplied string to a day of the week.
244     *
245     * @param s a string representing the day of the week.
246     *
247     * @return <code>-1</code> if the string is not convertable, the day of
248     *         the week otherwise.
249     */
250    public static int stringToWeekdayCode(String s) {
251
252        final String[] shortWeekdayNames
253            = DATE_FORMAT_SYMBOLS.getShortWeekdays();
254        final String[] weekDayNames = DATE_FORMAT_SYMBOLS.getWeekdays();
255
256        int result = -1;
257        s = s.trim();
258        for (int i = 0; i < weekDayNames.length; i++) {
259            if (s.equals(shortWeekdayNames[i])) {
260                result = i;
261                break;
262            }
263            if (s.equals(weekDayNames[i])) {
264                result = i;
265                break;
266            }
267        }
268        return result;
269
270    }
271
272    /**
273     * Returns a string representing the supplied day-of-the-week.
274     * <P>
275     * Need to find a better approach.
276     *
277     * @param weekday the day of the week.
278     *
279     * @return a string representing the supplied day-of-the-week.
280     */
281    public static String weekdayCodeToString(final int weekday) {
282
283        final String[] weekdays = DATE_FORMAT_SYMBOLS.getWeekdays();
```

```
            return weekdays[weekday];

    }

    /**
     * Returns an array of month names.
     *
     * @return an array of month names.
     */
    public static String[] getMonths() {

        return getMonths(false);

    }

    /**
     * Returns an array of month names.
     *
     * @param shortened a flag indicating that shortened month names should
     *                  be returned.
     *
     * @return an array of month names.
     */
    public static String[] getMonths(final boolean shortened) {

        if (shortened) {
            return DATE_FORMAT_SYMBOLS.getShortMonths();
        }
        else {
            return DATE_FORMAT_SYMBOLS.getMonths();
        }

    }

    /**
     * Returns true if the supplied integer code represents a valid month.
     *
     * @param code the code being checked for validity.
     *
     * @return <code>true</code> if the supplied integer code represents a
     *         valid month.
     */
    public static boolean isValidMonthCode(final int code) {

        switch(code) {
            case JANUARY:
            case FEBRUARY:
            case MARCH:
            case APRIL:
```

```
333                case MAY:
334                case JUNE:
335                case JULY:
336                case AUGUST:
337                case SEPTEMBER:
338                case OCTOBER:
339                case NOVEMBER:
340                case DECEMBER:
341                    return true;
342                default:
343                    return false;
344            }
345
346        }
347
348        /**
349         * Returns the quarter for the specified month.
350         *
351         * @param code the month code (1-12).
352         *
353         * @return the quarter that the month belongs to.
354         * @throws java.lang.IllegalArgumentException
355         */
356        public static int monthCodeToQuarter(final int code) {
357
358            switch(code) {
359                case JANUARY:
360                case FEBRUARY:
361                case MARCH: return 1;
362                case APRIL:
363                case MAY:
364                case JUNE: return 2;
365                case JULY:
366                case AUGUST:
367                case SEPTEMBER: return 3;
368                case OCTOBER:
369                case NOVEMBER:
370                case DECEMBER: return 4;
371                default: throw new IllegalArgumentException(
372                    "SerialDate.monthCodeToQuarter: invalid month code.");
373            }
374
375        }
376
377        /**
378         * Returns a string representing the supplied month.
379         * <P>
380         * The string returned is the long form of the month name taken from the
381         * default locale.
```

```
     *
     * @param month  the month.
     *
     * @return a string representing the supplied month.
     */
    public static String monthCodeToString(final int month) {

        return monthCodeToString(month, false);

    }

    /**
     * Returns a string representing the supplied month.
     * <P>
     * The string returned is the long or short form of the month name taken
     * from the default locale.
     *
     * @param month  the month.
     * @param shortened  if <code>true</code> return the abbreviation of the
     *                   month.
     *
     * @return a string representing the supplied month.
     * @throws java.lang.IllegalArgumentException
     */
    public static String monthCodeToString(final int month,
                                           final boolean shortened) {

        // check arguments...
        if (!isValidMonthCode(month)) {
            throw new IllegalArgumentException(
                "SerialDate.monthCodeToString: month outside valid range.");
        }

        final String[] months;

        if (shortened) {
            months = DATE_FORMAT_SYMBOLS.getShortMonths();
        }
        else {
            months = DATE_FORMAT_SYMBOLS.getMonths();
        }

        return months[month - 1];

    }

    /**
     * Converts a string to a month code.
     * <P>
```

```
431          * This method will return one of the constants JANUARY, FEBRUARY, ...,
432          * DECEMBER that corresponds to the string. If the string is not
433          * recognised, this method returns -1.
434          *
435          * @param s the string to parse.
436          *
437          * @return <code>-1</code> if the string is not parseable, the month of the
438          *         year otherwise.
439          */
440         public static int stringToMonthCode(String s) {
441
442             final String[] shortMonthNames = DATE_FORMAT_SYMBOLS.getShortMonths();
443             final String[] monthNames = DATE_FORMAT_SYMBOLS.getMonths();
444
445             int result = -1;
446             s = s.trim();
447
448             // first try parsing the string as an integer (1-12)...
449             try {
450                 result = Integer.parseInt(s);
451             }
452             catch (NumberFormatException e) {
453                 // suppress
454             }
455
456             // now search through the month names...
457             if ((result < 1) || (result > 12)) {
458                 for (int i = 0; i < monthNames.length; i++) {
459                     if (s.equals(shortMonthNames[i])) {
460                         result = i + 1;
461                         break;
462                     }
463                     if (s.equals(monthNames[i])) {
464                         result = i + 1;
465                         break;
466                     }
467                 }
468             }
469
470             return result;
471
472         }
473
474         /**
475          * Returns true if the supplied integer code represents a valid
476          * week-in-the-month, and false otherwise.
477          *
478          * @param code the code being checked for validity.
479          * @return <code>true</code> if the supplied integer code represents a
```

```java
 *              valid week-in-the-month.
 */
public static boolean isValidWeekInMonthCode(final int code) {

    switch(code) {
        case FIRST_WEEK_IN_MONTH:
        case SECOND_WEEK_IN_MONTH:
        case THIRD_WEEK_IN_MONTH:
        case FOURTH_WEEK_IN_MONTH:
        case LAST_WEEK_IN_MONTH: return true;
        default: return false;
    }

}

/**
 * Determines whether or not the specified year is a leap year.
 *
 * @param yyyy the year (in the range 1900 to 9999).
 *
 * @return <code>true</code> if the specified year is a leap year.
 */
public static boolean isLeapYear(final int yyyy) {

    if ((yyyy % 4) != 0) {
        return false;
    }
    else if ((yyyy % 400) == 0) {
        return true;
    }
    else if ((yyyy % 100) == 0) {
        return false;
    }
    else {
        return true;
    }

}

/**
 * Returns the number of leap years from 1900 to the specified year
 * INCLUSIVE.
 * <P>
 * Note that 1900 is not a leap year.
 *
 * @param yyyy the year (in the range 1900 to 9999).
 *
 * @return the number of leap years from 1900 to the specified year.
 */
```

```
529    public static int leapYearCount(final int yyyy) {
530
531        final int leap4 = (yyyy - 1896) / 4;
532        final int leap100 = (yyyy - 1800) / 100;
533        final int leap400 = (yyyy - 1600) / 400;
534        return leap4 - leap100 + leap400;
535
536    }
537
538    /**
539     * Returns the number of the last day of the month, taking into account
540     * leap years.
541     *
542     * @param month the month.
543     * @param yyyy the year (in the range 1900 to 9999).
544     *
545     * @return the number of the last day of the month.
546     */
547    public static int lastDayOfMonth(final int month, final int yyyy) {
548
549        final int result = LAST_DAY_OF_MONTH[month];
550        if (month != FEBRUARY) {
551            return result;
552        }
553        else if (isLeapYear(yyyy)) {
554            return result + 1;
555        }
556        else {
557            return result;
558        }
559
560    }
561
562    /**
563     * Creates a new date by adding the specified number of days to the base
564     * date.
565     *
566     * @param days the number of days to add (can be negative).
567     * @param base the base date.
568     *
569     * @return a new date.
570     */
571    public static SerialDate addDays(final int days, final SerialDate base) {
572
573        final int serialDayNumber = base.toSerial() + days;
574        return SerialDate.createInstance(serialDayNumber);
575
576    }
577
```

```java
/**
 * Creates a new date by adding the specified number of months to the base
 * date.
 * <P>
 * If the base date is close to the end of the month, the day on the result
 * may be adjusted slightly: 31 May + 1 month = 30 June.
 *
 * @param months the number of months to add (can be negative).
 * @param base the base date.
 *
 * @return a new date.
 */
public static SerialDate addMonths(final int months,
                                   final SerialDate base) {

    final int yy = (12 * base.getYYYY() + base.getMonth() + months - 1)
                   / 12;
    final int mm = (12 * base.getYYYY() + base.getMonth() + months - 1)
                   % 12 + 1;
    final int dd = Math.min(
        base.getDayOfMonth(), SerialDate.lastDayOfMonth(mm, yy)
    );
    return SerialDate.createInstance(dd, mm, yy);

}

/**
 * Creates a new date by adding the specified number of years to the base
 * date.
 *
 * @param years the number of years to add (can be negative).
 * @param base the base date.
 *
 * @return A new date.
 */
public static SerialDate addYears(final int years, final SerialDate base) {

    final int baseY = base.getYYYY();
    final int baseM = base.getMonth();
    final int baseD = base.getDayOfMonth();

    final int targetY = baseY + years;
    final int targetD = Math.min(
        baseD, SerialDate.lastDayOfMonth(baseM, targetY)
    );

    return SerialDate.createInstance(targetD, baseM, targetY);

}
```

```
627
628    /**
629     * Returns the latest date that falls on the specified day-of-the-week and
630     * is BEFORE the base date.
631     *
632     * @param targetWeekday a code for the target day-of-the-week.
633     * @param base the base date.
634     *
635     * @return the latest date that falls on the specified day-of-the-week and
636     *         is BEFORE the base date.
637     */
638    public static SerialDate getPreviousDayOfWeek(final int targetWeekday,
639                                                  final SerialDate base) {
640
641        // check arguments...
642        if (!SerialDate.isValidWeekdayCode(targetWeekday)) {
643            throw new IllegalArgumentException(
644                "Invalid day-of-the-week code."
645            );
646        }
647
648        // find the date...
649        final int adjust;
650        final int baseDOW = base.getDayOfWeek();
651        if (baseDOW > targetWeekday) {
652            adjust = Math.min(0, targetWeekday - baseDOW);
653        }
654        else {
655            adjust = -7 + Math.max(0, targetWeekday - baseDOW);
656        }
657
658        return SerialDate.addDays(adjust, base);
659
660    }
661
662    /**
663     * Returns the earliest date that falls on the specified day-of-the-week
664     * and is AFTER the base date.
665     *
666     * @param targetWeekday a code for the target day-of-the-week.
667     * @param base the base date.
668     *
669     * @return the earliest date that falls on the specified day-of-the-week
670     *         and is AFTER the base date.
671     */
672    public static SerialDate getFollowingDayOfWeek(final int targetWeekday,
673                                                   final SerialDate base) {
674
675        // check arguments...
```

```
676            if (!SerialDate.isValidWeekdayCode(targetWeekday)) {
677                throw new IllegalArgumentException(
678                    "Invalid day-of-the-week code."
679                );
680            }
681
682            // find the date...
683            final int adjust;
684            final int baseDOW = base.getDayOfWeek();
685            if (baseDOW > targetWeekday) {
686                adjust = 7 + Math.min(0, targetWeekday - baseDOW);
687            }
688            else {
689                adjust = Math.max(0, targetWeekday - baseDOW);
690            }
691
692            return SerialDate.addDays(adjust, base);
693        }
694
695        /**
696         * Returns the date that falls on the specified day-of-the-week and is
697         * CLOSEST to the base date.
698         *
699         * @param targetDOW a code for the target day-of-the-week.
700         * @param base the base date.
701         *
702         * @return the date that falls on the specified day-of-the-week and is
703         *         CLOSEST to the base date.
704         */
705        public static SerialDate getNearestDayOfWeek(final int targetDOW,
706                                                     final SerialDate base) {
707
708            // check arguments...
709            if (!SerialDate.isValidWeekdayCode(targetDOW)) {
710                throw new IllegalArgumentException(
711                    "Invalid day-of-the-week code."
712                );
713            }
714
715            // find the date...
716            final int baseDOW = base.getDayOfWeek();
717            int adjust = -Math.abs(targetDOW - baseDOW);
718            if (adjust >= 4) {
719                adjust = 7 - adjust;
720            }
721            if (adjust <= -4) {
722                adjust = 7 + adjust;
723            }
724            return SerialDate.addDays(adjust, base);
```

```
725
726     }
727
728     /**
729      * Rolls the date forward to the last day of the month.
730      *
731      * @param base the base date.
732      *
733      * @return a new serial date.
734      */
735     public SerialDate getEndOfCurrentMonth(final SerialDate base) {
736         final int last = SerialDate.lastDayOfMonth(
737             base.getMonth(), base.getYYYY()
738         );
739         return SerialDate.createInstance(last, base.getMonth(), base.getYYYY());
740     }
741
742     /**
743      * Returns a string corresponding to the week-in-the-month code.
744      * <P>
745      * Need to find a better approach.
746      *
747      * @param count an integer code representing the week-in-the-month.
748      *
749      * @return a string corresponding to the week-in-the-month code.
750      */
751     public static String weekInMonthToString(final int count) {
752
753         switch (count) {
754             case SerialDate.FIRST_WEEK_IN_MONTH : return "First";
755             case SerialDate.SECOND_WEEK_IN_MONTH : return "Second";
756             case SerialDate.THIRD_WEEK_IN_MONTH : return "Third";
757             case SerialDate.FOURTH_WEEK_IN_MONTH : return "Fourth";
758             case SerialDate.LAST_WEEK_IN_MONTH : return "Last";
759             default :
760                 return "SerialDate.weekInMonthToString(): invalid code.";
761         }
762
763     }
764
765     /**
766      * Returns a string representing the supplied 'relative'.
767      * <P>
768      * Need to find a better approach.
769      *
770      * @param relative a constant representing the 'relative'.
771      *
772      * @return a string representing the supplied 'relative'.
773      */
```

```
774     public static String relativeToString(final int relative) {
775
776         switch (relative) {
777             case SerialDate.PRECEDING : return "Preceding";
778             case SerialDate.NEAREST : return "Nearest";
779             case SerialDate.FOLLOWING : return "Following";
780             default : return "ERROR : Relative To String";
781         }
782
783     }
784
785     /**
786      * Factory method that returns an instance of some concrete subclass of
787      * {@link SerialDate}.
788      *
789      * @param day the day (1-31).
790      * @param month the month (1-12).
791      * @param yyyy the year (in the range 1900 to 9999).
792      *
793      * @return An instance of {@link SerialDate}.
794      */
795     public static SerialDate createInstance(final int day, final int month,
796                                             final int yyyy) {
797         return new SpreadsheetDate(day, month, yyyy);
798     }
799
800     /**
801      * Factory method that returns an instance of some concrete subclass of
802      * {@link SerialDate}.
803      *
804      * @param serial the serial number for the day (1 January 1900 = 2).
805      *
806      * @return a instance of SerialDate.
807      */
808     public static SerialDate createInstance(final int serial) {
809         return new SpreadsheetDate(serial);
810     }
811
812     /**
813      * Factory method that returns an instance of a subclass of SerialDate.
814      *
815      * @param date A Java date object.
816      *
817      * @return a instance of SerialDate.
818      */
819     public static SerialDate createInstance(final java.util.Date date) {
820
821         final GregorianCalendar calendar = new GregorianCalendar();
822         calendar.setTime(date);
```

```
823            return new SpreadsheetDate(calendar.get(Calendar.DATE),
824                                      calendar.get(Calendar.MONTH) + 1,
825                                      calendar.get(Calendar.YEAR));
826
827    }
828
829    /**
830     * dateのシリアル番号を返す
831     * ここで1990/1/1は2となる（これは、マイクロソフトExcel、
832     * Lotus 1-2-3の番号体系にほぼ対応している）
833     *
834     * @return the serial number for the date.
835     */
836    public abstract int toSerial();
837
838    /**
839     * Returns a java.util.Date. Since java.util.Date has more precision than
840     * SerialDate, we need to define a convention for the 'time of day'.
841     *
842     * @return this as <code>java.util.Date</code>.
843     */
844    public abstract java.util.Date toDate();
845
846    /**
847     * Returns a description of the date.
848     *
849     * @return a description of the date.
850     */
851    public String getDescription() {
852        return this.description;
853    }
854
855    /**
856     * Sets the description for the date.
857     *
858     * @param description the new description for the date.
859     */
860    public void setDescription(final String description) {
861        this.description = description;
862    }
863
864    /**
865     * Converts the date to a string.
866     *
867     * @return a string representation of the date.
868     */
869    public String toString() {
870        return getDayOfMonth() + "-" + SerialDate.monthCodeToString(getMonth())
871                   + "-" + getYYYY();
```

```
872        }
873
874        /**
875         * Returns the year (assume a valid range of 1900 to 9999).
876         *
877         * @return the year.
878         */
879        public abstract int getYYYY();
880
881        /**
882         * Returns the month (January = 1, February = 2, March = 3).
883         *
884         * @return the month of the year.
885         */
886        public abstract int getMonth();
887
888        /**
889         * Returns the day of the month.
890         *
891         * @return the day of the month.
892         */
893        public abstract int getDayOfMonth();
894
895        /**
896         * Returns the day of the week.
897         *
898         * @return the day of the week.
899         */
900        public abstract int getDayOfWeek();
901
902        /**
903         * Returns the difference (in days) between this date and the specified
904         * 'other' date.
905         * <P>
906         * The result is positive if this date is after the 'other' date and
907         * negative if it is before the 'other' date.
908         *
909         * @param other the date being compared to.
910         *
911         * @return the difference between this and the other date.
912         */
913        public abstract int compare(SerialDate other);
914
915        /**
916         * Returns true if this SerialDate represents the same date as the
917         * specified SerialDate.
918         *
919         * @param other the date being compared to.
920         *
```

```
921        * @return <code>true</code> if this SerialDate represents the same date as
922        *         the specified SerialDate.
923        */
924       public abstract boolean isOn(SerialDate other);
925
926       /**
927        * Returns true if this SerialDate represents an earlier date compared to
928        * the specified SerialDate.
929        *
930        * @param other The date being compared to.
931        *
932        * @return <code>true</code> if this SerialDate represents an earlier date
933        *         compared to the specified SerialDate.
934        */
935       public abstract boolean isBefore(SerialDate other);
936
937       /**
938        * Returns true if this SerialDate represents the same date as the
939        * specified SerialDate.
940        *
941        * @param other the date being compared to.
942        *
943        * @return <code>true<code> if this SerialDate represents the same date
944        *         as the specified SerialDate.
945        */
946       public abstract boolean isOnOrBefore(SerialDate other);
947
948       /**
949        * Returns true if this SerialDate represents the same date as the
950        * specified SerialDate.
951        *
952        * @param other the date being compared to.
953        *
954        * @return <code>true</code> if this SerialDate represents the same date
955        *         as the specified SerialDate.
956        */
957       public abstract boolean isAfter(SerialDate other);
958
959       /**
960        * Returns true if this SerialDate represents the same date as the
961        * specified SerialDate.
962        *
963        * @param other the date being compared to.
964        *
965        * @return <code>true</code> if this SerialDate represents the same date
966        *         as the specified SerialDate.
967        */
968       public abstract boolean isOnOrAfter(SerialDate other);
969
```

```java
    /**
     * Returns <code>true</code> if this {@link SerialDate} is within the
     * specified range (INCLUSIVE). The date order of d1 and d2 is not
     * important.
     *
     * @param d1 a boundary date for the range.
     * @param d2 the other boundary date for the range.
     *
     * @return A boolean.
     */
    public abstract boolean isInRange(SerialDate d1, SerialDate d2);

    /**
     * Returns <code>true</code> if this {@link SerialDate} is within the
     * specified range (caller specifies whether or not the end-points are
     * included). The date order of d1 and d2 is not important.
     *
     * @param d1 a boundary date for the range.
     * @param d2 the other boundary date for the range.
     * @param include a code that controls whether or not the start and end
     *                dates are included in the range.
     *
     * @return A boolean.
     */
    public abstract boolean isInRange(SerialDate d1, SerialDate d2,
                                      int include);

    /**
     * Returns the latest date that falls on the specified day-of-the-week and
     * is BEFORE this date.
     *
     * @param targetDOW a code for the target day-of-the-week.
     *
     * @return the latest date that falls on the specified day-of-the-week and
     *         is BEFORE this date.
     */
    public SerialDate getPreviousDayOfWeek(final int targetDOW) {
        return getPreviousDayOfWeek(targetDOW, this);
    }

    /**
     * Returns the earliest date that falls on the specified day-of-the-week
     * and is AFTER this date.
     *
     * @param targetDOW a code for the target day-of-the-week.
     *
     * @return the earliest date that falls on the specified day-of-the-week
     *         and is AFTER this date.
     */
```

```
1019        public SerialDate getFollowingDayOfWeek(final int targetDOW) {
1020            return getFollowingDayOfWeek(targetDOW, this);
1021        }
1022
1023        /**
1024         * Returns the nearest date that falls on the specified day-of-the-week.
1025         *
1026         * @param targetDOW a code for the target day-of-the-week.
1027         *
1028         * @return the nearest date that falls on the specified day-of-the-week.
1029         */
1030        public SerialDate getNearestDayOfWeek(final int targetDOW) {
1031            return getNearestDayOfWeek(targetDOW, this);
1032        }
1033
1034    }
```

リスト B-2　SerialDateTests.java

```
 1  /* ========================================================================
 2   * JCommon : a free general purpose class library for the Java(tm) platform
 3   * ========================================================================
 4   *
 5   * (C) Copyright 2000-2005, by Object Refinery Limited and Contributors.
 6   *
 7   * Project Info:  http://www.jfree.org/jcommon/index.html
 8   *
 9   * This library is free software; you can redistribute it and/or modify it
10   * under the terms of the GNU Lesser General Public License as published by
11   * the Free Software Foundation; either version 2.1 of the License, or
12   * (at your option) any later version.
13   *
14   * This library is distributed in the hope that it will be useful, but
15   * WITHOUT ANY WARRANTY; without even the implied warranty of MERCHANTABILITY
16   * or FITNESS FOR A PARTICULAR PURPOSE. See the GNU Lesser General Public
17   * License for more details.
18   *
19   * You should have received a copy of the GNU Lesser General Public
20   * License along with this library; if not, write to the Free Software
21   * Foundation, Inc., 51 Franklin Street, Fifth Floor, Boston, MA 02110-1301,
22   * USA.
23   *
24   * [Java is a trademark or registered trademark of Sun Microsystems, Inc.
25   * in the United States and other countries.]
26   *
27   * --------------------
28   * SerialDateTests.java
29   * --------------------
```

```
30   * (C) Copyright 2001-2005, by Object Refinery Limited.
31   *
32   * Original Author:  David Gilbert (for Object Refinery Limited);
33   * Contributor(s):   -;
34   *
35   * $Id: SerialDateTests.java,v 1.6 2005/11/16 15:58:40 taqua Exp $
36   *
37   * Changes
38   * -------
39   * 15-Nov-2001 : Version 1 (DG);
40   * 25-Jun-2002 : Removed unnecessary import (DG);
41   * 24-Oct-2002 : Fixed errors reported by Checkstyle (DG);
42   * 13-Mar-2003 : Added serialization test (DG);
43   * 05-Jan-2005 : Added test for bug report 1096282 (DG);
44   *
45   */
46
47  package org.jfree.date.junit;
48
49  import java.io.ByteArrayInputStream;
50  import java.io.ByteArrayOutputStream;
51  import java.io.ObjectInput;
52  import java.io.ObjectInputStream;
53  import java.io.ObjectOutput;
54  import java.io.ObjectOutputStream;
55
56  import junit.framework.Test;
57  import junit.framework.TestCase;
58  import junit.framework.TestSuite;
59
60  import org.jfree.date.MonthConstants;
61  import org.jfree.date.SerialDate;
62
63  /**
64   * Some JUnit tests for the {@link SerialDate} class.
65   */
66  public class SerialDateTests extends TestCase {
67
68      /** Date representing November 9. */
69      private SerialDate nov9Y2001;
70
71      /**
72       * Creates a new test case.
73       *
74       * @param name  the name.
75       */
76      public SerialDateTests(final String name) {
77          super(name);
78      }
```

```
 79
 80      /**
 81       * Returns a test suite for the JUnit test runner.
 82       *
 83       * @return The test suite.
 84       */
 85      public static Test suite() {
 86          return new TestSuite(SerialDateTests.class);
 87      }
 88
 89      /**
 90       * Problem set up.
 91       */
 92      protected void setUp() {
 93          this.nov9Y2001 = SerialDate.createInstance(9, MonthConstants.NOVEMBER, 2001);
 94      }
 95
 96      /**
 97       * 9 Nov 2001 plus two months should be 9 Jan 2002.
 98       */
 99      public void testAddMonthsTo9Nov2001() {
100          final SerialDate jan9Y2002 = SerialDate.addMonths(2, this.nov9Y2001);
101          final SerialDate answer = SerialDate.createInstance(9, 1, 2002);
102          assertEquals(answer, jan9Y2002);
103      }
104
105      /**
106       * A test case for a reported bug, now fixed.
107       */
108      public void testAddMonthsTo5Oct2003() {
109          final SerialDate d1 = SerialDate.createInstance(5, MonthConstants.OCTOBER, 2003);
110          final SerialDate d2 = SerialDate.addMonths(2, d1);
111          assertEquals(d2, SerialDate.createInstance(5, MonthConstants.DECEMBER, 2003));
112      }
113
114      /**
115       * A test case for a reported bug, now fixed.
116       */
117      public void testAddMonthsTo1Jan2003() {
118          final SerialDate d1 = SerialDate.createInstance(1, MonthConstants.JANUARY, 2003);
119          final SerialDate d2 = SerialDate.addMonths(0, d1);
120          assertEquals(d2, d1);
121      }
122
123      /**
124       * Monday preceding Friday 9 November 2001 should be 5 November.
125       */
126      public void testMondayPrecedingFriday9Nov2001() {
127          SerialDate mondayBefore = SerialDate.getPreviousDayOfWeek(
```

```java
128                SerialDate.MONDAY, this.nov9Y2001
129        );
130        assertEquals(5, mondayBefore.getDayOfMonth());
131    }
132
133    /**
134     * Monday following Friday 9 November 2001 should be 12 November.
135     */
136    public void testMondayFollowingFriday9Nov2001() {
137        SerialDate mondayAfter = SerialDate.getFollowingDayOfWeek(
138            SerialDate.MONDAY, this.nov9Y2001
139        );
140        assertEquals(12, mondayAfter.getDayOfMonth());
141    }
142
143    /**
144     * Monday nearest Friday 9 November 2001 should be 12 November.
145     */
146    public void testMondayNearestFriday9Nov2001() {
147        SerialDate mondayNearest = SerialDate.getNearestDayOfWeek(
148            SerialDate.MONDAY, this.nov9Y2001
149        );
150        assertEquals(12, mondayNearest.getDayOfMonth());
151    }
152
153    /**
154     * The Monday nearest to 22nd January 1970 falls on the 19th.
155     */
156    public void testMondayNearest22Jan1970() {
157        SerialDate jan22Y1970 = SerialDate.createInstance(22, MonthConstants.JANUARY, 1970);
158        SerialDate mondayNearest=SerialDate.getNearestDayOfWeek(SerialDate.MONDAY, jan22Y1970);
159        assertEquals(19, mondayNearest.getDayOfMonth());
160    }
161
162    /**
163     * Problem that the conversion of days to strings returns the right result. Actually, this
164     * result depends on the Locale so this test needs to be modified.
165     */
166    public void testWeekdayCodeToString() {
167
168        final String test = SerialDate.weekdayCodeToString(SerialDate.SATURDAY);
169        assertEquals("Saturday", test);
170
171    }
172
173    /**
174     * Test the conversion of a string to a weekday. Note that this test will fail if the
175     * default locale doesn't use English weekday names...devise a better test!
176     */
```

```
177      public void testStringToWeekday() {
178
179          int weekday = SerialDate.stringToWeekdayCode("Wednesday");
180          assertEquals(SerialDate.WEDNESDAY, weekday);
181
182          weekday = SerialDate.stringToWeekdayCode(" Wednesday ");
183          assertEquals(SerialDate.WEDNESDAY, weekday);
184
185          weekday = SerialDate.stringToWeekdayCode("Wed");
186          assertEquals(SerialDate.WEDNESDAY, weekday);
187
188      }
189
190      /**
191       * Test the conversion of a string to a month. Note that this test will fail if the
192       * default locale doesn't use English month names...devise a better test!
193       */
194      public void testStringToMonthCode() {
195
196          int m = SerialDate.stringToMonthCode("January");
197          assertEquals(MonthConstants.JANUARY, m);
198
199          m = SerialDate.stringToMonthCode(" January ");
200          assertEquals(MonthConstants.JANUARY, m);
201
202          m = SerialDate.stringToMonthCode("Jan");
203          assertEquals(MonthConstants.JANUARY, m);
204
205      }
206
207      /**
208       * Tests the conversion of a month code to a string.
209       */
210      public void testMonthCodeToStringCode() {
211
212          final String test = SerialDate.monthCodeToString(MonthConstants.DECEMBER);
213          assertEquals("December", test);
214
215      }
216
217      /**
218       * 1900 is not a leap year.
219       */
220      public void testIsNotLeapYear1900() {
221          assertTrue(!SerialDate.isLeapYear(1900));
222      }
223
224      /**
225       * 2000 is a leap year.
```

```
226        */
227       public void testIsLeapYear2000() {
228           assertTrue(SerialDate.isLeapYear(2000));
229       }
230
231       /**
232        * The number of leap years from 1900 up-to-and-including 1899 is 0.
233        */
234       public void testLeapYearCount1899() {
235           assertEquals(SerialDate.leapYearCount(1899), 0);
236       }
237
238       /**
239        * The number of leap years from 1900 up-to-and-including 1903 is 0.
240        */
241       public void testLeapYearCount1903() {
242           assertEquals(SerialDate.leapYearCount(1903), 0);
243       }
244
245       /**
246        * The number of leap years from 1900 up-to-and-including 1904 is 1.
247        */
248       public void testLeapYearCount1904() {
249           assertEquals(SerialDate.leapYearCount(1904), 1);
250       }
251
252       /**
253        * The number of leap years from 1900 up-to-and-including 1999 is 24.
254        */
255       public void testLeapYearCount1999() {
256           assertEquals(SerialDate.leapYearCount(1999), 24);
257       }
258
259       /**
260        * The number of leap years from 1900 up-to-and-including 2000 is 25.
261        */
262       public void testLeapYearCount2000() {
263           assertEquals(SerialDate.leapYearCount(2000), 25);
264       }
265
266       /**
267        * Serialize an instance, restore it, and check for equality.
268        */
269       public void testSerialization() {
270
271           SerialDate d1 = SerialDate.createInstance(15, 4, 2000);
272           SerialDate d2 = null;
273
274           try {
```

```java
275                ByteArrayOutputStream buffer = new ByteArrayOutputStream();
276                ObjectOutput out = new ObjectOutputStream(buffer);
277                out.writeObject(d1);
278                out.close();
279
280                ObjectInput in = new ObjectInputStream(
                                         new ByteArrayInputStream(buffer.toByteArray()));
281                d2 = (SerialDate) in.readObject();
282                in.close();
283            }
284            catch (Exception e) {
285                System.out.println(e.toString());
286            }
287            assertEquals(d1, d2);
288
289        }
290
291        /**
292         * A test for bug report 1096282 (now fixed).
293         */
294        public void test1096282() {
295            SerialDate d = SerialDate.createInstance(29, 2, 2004);
296            d = SerialDate.addYears(1, d);
297            SerialDate expected = SerialDate.createInstance(28, 2, 2005);
298            assertTrue(d.isOn(expected));
299        }
300
301        /**
302         * Miscellaneous tests for the addMonths() method.
303         */
304        public void testAddMonths() {
305            SerialDate d1 = SerialDate.createInstance(31, 5, 2004);
306
307            SerialDate d2 = SerialDate.addMonths(1, d1);
308            assertEquals(30, d2.getDayOfMonth());
309            assertEquals(6, d2.getMonth());
310            assertEquals(2004, d2.getYYYY());
311
312            SerialDate d3 = SerialDate.addMonths(2, d1);
313            assertEquals(31, d3.getDayOfMonth());
314            assertEquals(7, d3.getMonth());
315            assertEquals(2004, d3.getYYYY());
316
317            SerialDate d4 = SerialDate.addMonths(1, SerialDate.addMonths(1, d1));
318            assertEquals(30, d4.getDayOfMonth());
319            assertEquals(7, d4.getMonth());
320            assertEquals(2004, d4.getYYYY());
321        }
322 }
```

リスト B-3　MonthConstants.java

```
1  /* ========================================================================
2   * JCommon : a free general purpose class library for the Java(tm) platform
3   * ========================================================================
4   *
5   * (C) Copyright 2000-2005, by Object Refinery Limited and Contributors.
6   *
7   * Project Info:  http://www.jfree.org/jcommon/index.html
8   *
9   * This library is free software; you can redistribute it and/or modify it
10  * under the terms of the GNU Lesser General Public License as published by
11  * the Free Software Foundation; either version 2.1 of the License, or
12  * (at your option) any later version.
13  *
14  * This library is distributed in the hope that it will be useful, but
15  * WITHOUT ANY WARRANTY; without even the implied warranty of MERCHANTABILITY
16  * or FITNESS FOR A PARTICULAR PURPOSE. See the GNU Lesser General Public
17  * License for more details.
18  *
19  * You should have received a copy of the GNU Lesser General Public
20  * License along with this library; if not, write to the Free Software
21  * Foundation, Inc., 51 Franklin Street, Fifth Floor, Boston, MA 02110-1301,
22  * USA.
23  *
24  * [Java is a trademark or registered trademark of Sun Microsystems, Inc.
25  * in the United States and other countries.]
26  *
27  * -------------------
28  * MonthConstants.java
29  * -------------------
30  * (C) Copyright 2002, 2003, by Object Refinery Limited.
31  *
32  * Original Author:  David Gilbert (for Object Refinery Limited);
33  * Contributor(s):   -;
34  *
35  * $Id: MonthConstants.java,v 1.4 2005/11/16 15:58:40 taqua Exp $
36  *
37  * Changes
38  * -------
39  * 29-May-2002 : Version 1 (code moved from SerialDate class) (DG);
40  *
41  */
42
43 package org.jfree.date;
44
45 /**
46  * Useful constants for months.  Note that these are NOT equivalent to the
47  * constants defined by java.util.Calendar (where JANUARY=0 and DECEMBER=11).
```

```
48   * <P>
49   * Used by the SerialDate and RegularTimePeriod classes.
50   *
51   * @author David Gilbert
52   */
53  public interface MonthConstants {
54
55      /** Constant for January. */
56      public static final int JANUARY = 1;
57
58      /** Constant for February. */
59      public static final int FEBRUARY = 2;
60
61      /** Constant for March. */
62      public static final int MARCH = 3;
63
64      /** Constant for April. */
65      public static final int APRIL = 4;
66
67      /** Constant for May. */
68      public static final int MAY = 5;
69
70      /** Constant for June. */
71      public static final int JUNE = 6;
72
73      /** Constant for July. */
74      public static final int JULY = 7;
75
76      /** Constant for August. */
77      public static final int AUGUST = 8;
78
79      /** Constant for September. */
80      public static final int SEPTEMBER = 9;
81
82      /** Constant for October. */
83      public static final int OCTOBER = 10;
84
85      /** Constant for November. */
86      public static final int NOVEMBER = 11;
87
88      /** Constant for December. */
89      public static final int DECEMBER = 12;
90
91  }
```

リスト B-4 　BobsSerialDateTest.java

```
 1 package org.jfree.date.junit;
 2
 3 import junit.framework.TestCase;
 4 import org.jfree.date.*;
 5 import static org.jfree.date.SerialDate.*;
 6
 7 import java.util.*;
 8
 9 public class BobsSerialDateTest extends TestCase {
10
11   public void testIsValidWeekdayCode() throws Exception {
12     for (int day = 1; day <= 7; day++)
13       assertTrue(isValidWeekdayCode(day));
14     assertFalse(isValidWeekdayCode(0));
15     assertFalse(isValidWeekdayCode(8));
16   }
17
18   public void testStringToWeekdayCode() throws Exception {
19
20     assertEquals(-1, stringToWeekdayCode("Hello"));
21     assertEquals(MONDAY, stringToWeekdayCode("Monday"));
22     assertEquals(MONDAY, stringToWeekdayCode("Mon"));
23 //todo    assertEquals(MONDAY,stringToWeekdayCode("monday"));
24 //     assertEquals(MONDAY,stringToWeekdayCode("MONDAY"));
25 //     assertEquals(MONDAY, stringToWeekdayCode("mon"));
26
27     assertEquals(TUESDAY, stringToWeekdayCode("Tuesday"));
28     assertEquals(TUESDAY, stringToWeekdayCode("Tue"));
29 //     assertEquals(TUESDAY,stringToWeekdayCode("tuesday"));
30 //     assertEquals(TUESDAY,stringToWeekdayCode("TUESDAY"));
31 //     assertEquals(TUESDAY, stringToWeekdayCode("tue"));
32 //     assertEquals(TUESDAY, stringToWeekdayCode("tues"));
33
34     assertEquals(WEDNESDAY, stringToWeekdayCode("Wednesday"));
35     assertEquals(WEDNESDAY, stringToWeekdayCode("Wed"));
36 //     assertEquals(WEDNESDAY,stringToWeekdayCode("wednesday"));
37 //     assertEquals(WEDNESDAY,stringToWeekdayCode("WEDNESDAY"));
38 //     assertEquals(WEDNESDAY, stringToWeekdayCode("wed"));
39
40     assertEquals(THURSDAY, stringToWeekdayCode("Thursday"));
41     assertEquals(THURSDAY, stringToWeekdayCode("Thu"));
42 //     assertEquals(THURSDAY,stringToWeekdayCode("thursday"));
43 //     assertEquals(THURSDAY,stringToWeekdayCode("THURSDAY"));
44 //     assertEquals(THURSDAY, stringToWeekdayCode("thu"));
45 //     assertEquals(THURSDAY, stringToWeekdayCode("thurs"));
46
47     assertEquals(FRIDAY, stringToWeekdayCode("Friday"));
```

```
48      assertEquals(FRIDAY, stringToWeekdayCode("Fri"));
49 //   assertEquals(FRIDAY,stringToWeekdayCode("friday"));
50 //   assertEquals(FRIDAY,stringToWeekdayCode("FRIDAY"));
51 //   assertEquals(FRIDAY, stringToWeekdayCode("fri"));
52
53      assertEquals(SATURDAY, stringToWeekdayCode("Saturday"));
54      assertEquals(SATURDAY, stringToWeekdayCode("Sat"));
55 //   assertEquals(SATURDAY,stringToWeekdayCode("saturday"));
56 //   assertEquals(SATURDAY,stringToWeekdayCode("SATURDAY"));
57 //   assertEquals(SATURDAY, stringToWeekdayCode("sat"));
58
59      assertEquals(SUNDAY, stringToWeekdayCode("Sunday"));
60      assertEquals(SUNDAY, stringToWeekdayCode("Sun"));
61 //   assertEquals(SUNDAY,stringToWeekdayCode("sunday"));
62 //   assertEquals(SUNDAY,stringToWeekdayCode("SUNDAY"));
63 //   assertEquals(SUNDAY, stringToWeekdayCode("sun"));
64    }
65
66    public void testWeekdayCodeToString() throws Exception {
67      assertEquals("Sunday", weekdayCodeToString(SUNDAY));
68      assertEquals("Monday", weekdayCodeToString(MONDAY));
69      assertEquals("Tuesday", weekdayCodeToString(TUESDAY));
70      assertEquals("Wednesday", weekdayCodeToString(WEDNESDAY));
71      assertEquals("Thursday", weekdayCodeToString(THURSDAY));
72      assertEquals("Friday", weekdayCodeToString(FRIDAY));
73      assertEquals("Saturday", weekdayCodeToString(SATURDAY));
74    }
75
76    public void testIsValidMonthCode() throws Exception {
77      for (int i = 1; i <= 12; i++)
78        assertTrue(isValidMonthCode(i));
79      assertFalse(isValidMonthCode(0));
80      assertFalse(isValidMonthCode(13));
81    }
82
83    public void testMonthToQuarter() throws Exception {
84      assertEquals(1, monthCodeToQuarter(JANUARY));
85      assertEquals(1, monthCodeToQuarter(FEBRUARY));
86      assertEquals(1, monthCodeToQuarter(MARCH));
87      assertEquals(2, monthCodeToQuarter(APRIL));
88      assertEquals(2, monthCodeToQuarter(MAY));
89      assertEquals(2, monthCodeToQuarter(JUNE));
90      assertEquals(3, monthCodeToQuarter(JULY));
91      assertEquals(3, monthCodeToQuarter(AUGUST));
92      assertEquals(3, monthCodeToQuarter(SEPTEMBER));
93      assertEquals(4, monthCodeToQuarter(OCTOBER));
94      assertEquals(4, monthCodeToQuarter(NOVEMBER));
95      assertEquals(4, monthCodeToQuarter(DECEMBER));
96
```

```
 97      try {
 98        monthCodeToQuarter(-1);
 99        fail("Invalid Month Code should throw exception");
100      } catch (IllegalArgumentException e) {
101      }
102    }
103
104    public void testMonthCodeToString() throws Exception {
105      assertEquals("January", monthCodeToString(JANUARY));
106      assertEquals("February", monthCodeToString(FEBRUARY));
107      assertEquals("March", monthCodeToString(MARCH));
108      assertEquals("April", monthCodeToString(APRIL));
109      assertEquals("May", monthCodeToString(MAY));
110      assertEquals("June", monthCodeToString(JUNE));
111      assertEquals("July", monthCodeToString(JULY));
112      assertEquals("August", monthCodeToString(AUGUST));
113      assertEquals("September", monthCodeToString(SEPTEMBER));
114      assertEquals("October", monthCodeToString(OCTOBER));
115      assertEquals("November", monthCodeToString(NOVEMBER));
116      assertEquals("December", monthCodeToString(DECEMBER));
117
118      assertEquals("Jan", monthCodeToString(JANUARY, true));
119      assertEquals("Feb", monthCodeToString(FEBRUARY, true));
120      assertEquals("Mar", monthCodeToString(MARCH, true));
121      assertEquals("Apr", monthCodeToString(APRIL, true));
122      assertEquals("May", monthCodeToString(MAY, true));
123      assertEquals("Jun", monthCodeToString(JUNE, true));
124      assertEquals("Jul", monthCodeToString(JULY, true));
125      assertEquals("Aug", monthCodeToString(AUGUST, true));
126      assertEquals("Sep", monthCodeToString(SEPTEMBER, true));
127      assertEquals("Oct", monthCodeToString(OCTOBER, true));
128      assertEquals("Nov", monthCodeToString(NOVEMBER, true));
129      assertEquals("Dec", monthCodeToString(DECEMBER, true));
130
131      try {
132        monthCodeToString(-1);
133        fail("Invalid month code should throw exception");
134      } catch (IllegalArgumentException e) {
135      }
136
137    }
138
139    public void testStringToMonthCode() throws Exception {
140      assertEquals(JANUARY,stringToMonthCode("1"));
141      assertEquals(FEBRUARY,stringToMonthCode("2"));
142      assertEquals(MARCH,stringToMonthCode("3"));
143      assertEquals(APRIL,stringToMonthCode("4"));
144      assertEquals(MAY,stringToMonthCode("5"));
145      assertEquals(JUNE,stringToMonthCode("6"));
```

```
146        assertEquals(JULY,stringToMonthCode("7"));
147        assertEquals(AUGUST,stringToMonthCode("8"));
148        assertEquals(SEPTEMBER,stringToMonthCode("9"));
149        assertEquals(OCTOBER,stringToMonthCode("10"));
150        assertEquals(NOVEMBER, stringToMonthCode("11"));
151        assertEquals(DECEMBER,stringToMonthCode("12"));
152
153 //todo    assertEquals(-1, stringToMonthCode("0"));
154 //       assertEquals(-1, stringToMonthCode("13"));
155
156        assertEquals(-1,stringToMonthCode("Hello"));
157
158        for (int m = 1; m <= 12; m++) {
159            assertEquals(m, stringToMonthCode(monthCodeToString(m, false)));
160            assertEquals(m, stringToMonthCode(monthCodeToString(m, true)));
161        }
162
163 //       assertEquals(1,stringToMonthCode("jan"));
164 //       assertEquals(2,stringToMonthCode("feb"));
165 //       assertEquals(3,stringToMonthCode("mar"));
166 //       assertEquals(4,stringToMonthCode("apr"));
167 //       assertEquals(5,stringToMonthCode("may"));
168 //       assertEquals(6,stringToMonthCode("jun"));
169 //       assertEquals(7,stringToMonthCode("jul"));
170 //       assertEquals(8,stringToMonthCode("aug"));
171 //       assertEquals(9,stringToMonthCode("sep"));
172 //       assertEquals(10,stringToMonthCode("oct"));
173 //       assertEquals(11,stringToMonthCode("nov"));
174 //       assertEquals(12,stringToMonthCode("dec"));
175
176 //       assertEquals(1,stringToMonthCode("JAN"));
177 //       assertEquals(2,stringToMonthCode("FEB"));
178 //       assertEquals(3,stringToMonthCode("MAR"));
179 //       assertEquals(4,stringToMonthCode("APR"));
180 //       assertEquals(5,stringToMonthCode("MAY"));
181 //       assertEquals(6,stringToMonthCode("JUN"));
182 //       assertEquals(7,stringToMonthCode("JUL"));
183 //       assertEquals(8,stringToMonthCode("AUG"));
184 //       assertEquals(9,stringToMonthCode("SEP"));
185 //       assertEquals(10,stringToMonthCode("OCT"));
186 //       assertEquals(11,stringToMonthCode("NOV"));
187 //       assertEquals(12,stringToMonthCode("DEC"));
188
189 //       assertEquals(1,stringToMonthCode("january"));
190 //       assertEquals(2,stringToMonthCode("february"));
191 //       assertEquals(3,stringToMonthCode("march"));
192 //       assertEquals(4,stringToMonthCode("april"));
193 //       assertEquals(5,stringToMonthCode("may"));
194 //       assertEquals(6,stringToMonthCode("june"));
```

```
195 //     assertEquals(7,stringToMonthCode("july"));
196 //     assertEquals(8,stringToMonthCode("august"));
197 //     assertEquals(9,stringToMonthCode("september"));
198 //     assertEquals(10,stringToMonthCode("october"));
199 //     assertEquals(11,stringToMonthCode("november"));
200 //     assertEquals(12,stringToMonthCode("december"));
201
202 //     assertEquals(1,stringToMonthCode("JANUARY"));
203 //     assertEquals(2,stringToMonthCode("FEBRUARY"));
204 //     assertEquals(3,stringToMonthCode("MAR"));
205 //     assertEquals(4,stringToMonthCode("APRIL"));
206 //     assertEquals(5,stringToMonthCode("MAY"));
207 //     assertEquals(6,stringToMonthCode("JUNE"));
208 //     assertEquals(7,stringToMonthCode("JULY"));
209 //     assertEquals(8,stringToMonthCode("AUGUST"));
210 //     assertEquals(9,stringToMonthCode("SEPTEMBER"));
211 //     assertEquals(10,stringToMonthCode("OCTOBER"));
212 //     assertEquals(11,stringToMonthCode("NOVEMBER"));
213 //     assertEquals(12,stringToMonthCode("DECEMBER"));
214   }
215
216   public void testIsValidWeekInMonthCode() throws Exception {
217     for (int w = 0; w <= 4; w++) {
218       assertTrue(isValidWeekInMonthCode(w));
219     }
220     assertFalse(isValidWeekInMonthCode(5));
221   }
222
223   public void testIsLeapYear() throws Exception {
224     assertFalse(isLeapYear(1900));
225     assertFalse(isLeapYear(1901));
226     assertFalse(isLeapYear(1902));
227     assertFalse(isLeapYear(1903));
228     assertTrue(isLeapYear(1904));
229     assertTrue(isLeapYear(1908));
230     assertFalse(isLeapYear(1955));
231     assertTrue(isLeapYear(1964));
232     assertTrue(isLeapYear(1980));
233     assertTrue(isLeapYear(2000));
234     assertFalse(isLeapYear(2001));
235     assertFalse(isLeapYear(2100));
236   }
237
238   public void testLeapYearCount() throws Exception {
239     assertEquals(0, leapYearCount(1900));
240     assertEquals(0, leapYearCount(1901));
241     assertEquals(0, leapYearCount(1902));
242     assertEquals(0, leapYearCount(1903));
243     assertEquals(1, leapYearCount(1904));
```

```
244       assertEquals(1, leapYearCount(1905));
245       assertEquals(1, leapYearCount(1906));
246       assertEquals(1, leapYearCount(1907));
247       assertEquals(2, leapYearCount(1908));
248       assertEquals(24, leapYearCount(1999));
249       assertEquals(25, leapYearCount(2001));
250       assertEquals(49, leapYearCount(2101));
251       assertEquals(73, leapYearCount(2201));
252       assertEquals(97, leapYearCount(2301));
253       assertEquals(122, leapYearCount(2401));
254   }
255
256   public void testLastDayOfMonth() throws Exception {
257       assertEquals(31, lastDayOfMonth(JANUARY, 1901));
258       assertEquals(28, lastDayOfMonth(FEBRUARY, 1901));
259       assertEquals(31, lastDayOfMonth(MARCH, 1901));
260       assertEquals(30, lastDayOfMonth(APRIL, 1901));
261       assertEquals(31, lastDayOfMonth(MAY, 1901));
262       assertEquals(30, lastDayOfMonth(JUNE, 1901));
263       assertEquals(31, lastDayOfMonth(JULY, 1901));
264       assertEquals(31, lastDayOfMonth(AUGUST, 1901));
265       assertEquals(30, lastDayOfMonth(SEPTEMBER, 1901));
266       assertEquals(31, lastDayOfMonth(OCTOBER, 1901));
267       assertEquals(30, lastDayOfMonth(NOVEMBER, 1901));
268       assertEquals(31, lastDayOfMonth(DECEMBER, 1901));
269       assertEquals(29, lastDayOfMonth(FEBRUARY, 1904));
270   }
271
272   public void testAddDays() throws Exception {
273       SerialDate newYears = d(1, JANUARY, 1900);
274       assertEquals(d(2, JANUARY, 1900), addDays(1, newYears));
275       assertEquals(d(1, FEBRUARY, 1900), addDays(31, newYears));
276       assertEquals(d(1, JANUARY, 1901), addDays(365, newYears));
277       assertEquals(d(31, DECEMBER, 1904), addDays(5 * 365, newYears));
278   }
279
280   private static SpreadsheetDate d(int day, int month, int year) {return new SpreadsheetDate(day, month, year);}
281
282   public void testAddMonths() throws Exception {
283       assertEquals(d(1, FEBRUARY, 1900), addMonths(1, d(1, JANUARY, 1900)));
284       assertEquals(d(28, FEBRUARY, 1900), addMonths(1, d(31, JANUARY, 1900)));
285       assertEquals(d(28, FEBRUARY, 1900), addMonths(1, d(30, JANUARY, 1900)));
286       assertEquals(d(28, FEBRUARY, 1900), addMonths(1, d(29, JANUARY, 1900)));
287       assertEquals(d(28, FEBRUARY, 1900), addMonths(1, d(28, JANUARY, 1900)));
288       assertEquals(d(27, FEBRUARY, 1900), addMonths(1, d(27, JANUARY, 1900)));
289
290       assertEquals(d(30, JUNE, 1900), addMonths(5, d(31, JANUARY, 1900)));
291       assertEquals(d(30, JUNE, 1901), addMonths(17, d(31, JANUARY, 1900)));
```

```
      assertEquals(d(29, FEBRUARY, 1904), addMonths(49, d(31, JANUARY, 1900)));

    }

    public void testAddYears() throws Exception {
      assertEquals(d(1, JANUARY, 1901), addYears(1, d(1, JANUARY, 1900)));
      assertEquals(d(28, FEBRUARY, 1905), addYears(1, d(29, FEBRUARY, 1904)));
      assertEquals(d(28, FEBRUARY, 1905), addYears(1, d(28, FEBRUARY, 1904)));
      assertEquals(d(28, FEBRUARY, 1904), addYears(1, d(28, FEBRUARY, 1903)));
    }

    public void testGetPreviousDayOfWeek() throws Exception {
      assertEquals(d(24, FEBRUARY, 2006), getPreviousDayOfWeek(FRIDAY, d(1, MARCH, 2006)));
      assertEquals(d(22, FEBRUARY, 2006), getPreviousDayOfWeek(WEDNESDAY, d(1, MARCH, 2006)));
      assertEquals(d(29, FEBRUARY, 2004), getPreviousDayOfWeek(SUNDAY, d(3, MARCH, 2004)));
      assertEquals(d(29, DECEMBER, 2004), getPreviousDayOfWeek(WEDNESDAY, d(5, JANUARY, 2005)));

      try {
        getPreviousDayOfWeek(-1, d(1, JANUARY, 2006));
        fail("Invalid day of week code should throw exception");
      } catch (IllegalArgumentException e) {
      }
    }

    public void testGetFollowingDayOfWeek() throws Exception {
//    assertEquals(d(1, JANUARY, 2005),getFollowingDayOfWeek(SATURDAY, d(25, DECEMBER, 2004)));
      assertEquals(d(1, JANUARY, 2005), getFollowingDayOfWeek(SATURDAY, d(26, DECEMBER, 2004)));
      assertEquals(d(3, MARCH, 2004), getFollowingDayOfWeek(WEDNESDAY, d(28, FEBRUARY, 2004)));

      try {
        getFollowingDayOfWeek(-1, d(1, JANUARY, 2006));
        fail("Invalid day of week code should throw exception");
      } catch (IllegalArgumentException e) {
      }
    }

    public void testGetNearestDayOfWeek() throws Exception {
      assertEquals(d(16, APRIL, 2006), getNearestDayOfWeek(SUNDAY, d(16, APRIL, 2006)));
      assertEquals(d(16, APRIL, 2006), getNearestDayOfWeek(SUNDAY, d(17, APRIL, 2006)));
      assertEquals(d(16, APRIL, 2006), getNearestDayOfWeek(SUNDAY, d(18, APRIL, 2006)));
      assertEquals(d(16, APRIL, 2006), getNearestDayOfWeek(SUNDAY, d(19, APRIL, 2006)));
      assertEquals(d(23, APRIL, 2006), getNearestDayOfWeek(SUNDAY, d(20, APRIL, 2006)));
      assertEquals(d(23, APRIL, 2006), getNearestDayOfWeek(SUNDAY, d(21, APRIL, 2006)));
      assertEquals(d(23, APRIL, 2006), getNearestDayOfWeek(SUNDAY, d(22, APRIL, 2006)));

//todo   assertEquals(d(17, APRIL, 2006), getNearestDayOfWeek(MONDAY, d(16, APRIL, 2006)));
      assertEquals(d(17, APRIL, 2006), getNearestDayOfWeek(MONDAY, d(17, APRIL, 2006)));
      assertEquals(d(17, APRIL, 2006), getNearestDayOfWeek(MONDAY, d(18, APRIL, 2006)));
```

```
341        assertEquals(d(17, APRIL, 2006), getNearestDayOfWeek(MONDAY, d(19, APRIL, 2006)));
342        assertEquals(d(17, APRIL, 2006), getNearestDayOfWeek(MONDAY, d(20, APRIL, 2006)));
343        assertEquals(d(24, APRIL, 2006), getNearestDayOfWeek(MONDAY, d(21, APRIL, 2006)));
344        assertEquals(d(24, APRIL, 2006), getNearestDayOfWeek(MONDAY, d(22, APRIL, 2006)));
345
346 //     assertEquals(d(18, APRIL, 2006), getNearestDayOfWeek(TUESDAY, d(16, APRIL, 2006)));
347 //     assertEquals(d(18, APRIL, 2006), getNearestDayOfWeek(TUESDAY, d(17, APRIL, 2006)));
348        assertEquals(d(18, APRIL, 2006), getNearestDayOfWeek(TUESDAY, d(18, APRIL, 2006)));
349        assertEquals(d(18, APRIL, 2006), getNearestDayOfWeek(TUESDAY, d(19, APRIL, 2006)));
350        assertEquals(d(18, APRIL, 2006), getNearestDayOfWeek(TUESDAY, d(20, APRIL, 2006)));
351        assertEquals(d(18, APRIL, 2006), getNearestDayOfWeek(TUESDAY, d(21, APRIL, 2006)));
352        assertEquals(d(25, APRIL, 2006), getNearestDayOfWeek(TUESDAY, d(22, APRIL, 2006)));
353
354 //     assertEquals(d(19, APRIL, 2006), getNearestDayOfWeek(WEDNESDAY, d(16, APRIL, 2006)));
355 //     assertEquals(d(19, APRIL, 2006), getNearestDayOfWeek(WEDNESDAY, d(17, APRIL, 2006)));
356 //     assertEquals(d(19, APRIL, 2006), getNearestDayOfWeek(WEDNESDAY, d(18, APRIL, 2006)));
357        assertEquals(d(19, APRIL, 2006), getNearestDayOfWeek(WEDNESDAY, d(19, APRIL, 2006)));
358        assertEquals(d(19, APRIL, 2006), getNearestDayOfWeek(WEDNESDAY, d(20, APRIL, 2006)));
359        assertEquals(d(19, APRIL, 2006), getNearestDayOfWeek(WEDNESDAY, d(21, APRIL, 2006)));
360        assertEquals(d(19, APRIL, 2006), getNearestDayOfWeek(WEDNESDAY, d(22, APRIL, 2006)));
361
362 //     assertEquals(d(13, APRIL, 2006), getNearestDayOfWeek(THURSDAY, d(16, APRIL, 2006)));
363 //     assertEquals(d(20, APRIL, 2006), getNearestDayOfWeek(THURSDAY, d(17, APRIL, 2006)));
364 //     assertEquals(d(20, APRIL, 2006), getNearestDayOfWeek(THURSDAY, d(18, APRIL, 2006)));
365 //     assertEquals(d(20, APRIL, 2006), getNearestDayOfWeek(THURSDAY, d(19, APRIL, 2006)));
366        assertEquals(d(20, APRIL, 2006), getNearestDayOfWeek(THURSDAY, d(20, APRIL, 2006)));
367        assertEquals(d(20, APRIL, 2006), getNearestDayOfWeek(THURSDAY, d(21, APRIL, 2006)));
368        assertEquals(d(20, APRIL, 2006), getNearestDayOfWeek(THURSDAY, d(22, APRIL, 2006)));
369
370 //     assertEquals(d(14, APRIL, 2006), getNearestDayOfWeek(FRIDAY, d(16, APRIL, 2006)));
371 //     assertEquals(d(14, APRIL, 2006), getNearestDayOfWeek(FRIDAY, d(17, APRIL, 2006)));
372 //     assertEquals(d(21, APRIL, 2006), getNearestDayOfWeek(FRIDAY, d(18, APRIL, 2006)));
373 //     assertEquals(d(21, APRIL, 2006), getNearestDayOfWeek(FRIDAY, d(19, APRIL, 2006)));
374 //     assertEquals(d(21, APRIL, 2006), getNearestDayOfWeek(FRIDAY, d(20, APRIL, 2006)));
375        assertEquals(d(21, APRIL, 2006), getNearestDayOfWeek(FRIDAY, d(21, APRIL, 2006)));
376        assertEquals(d(21, APRIL, 2006), getNearestDayOfWeek(FRIDAY, d(22, APRIL, 2006)));
377
378 //     assertEquals(d(15, APRIL, 2006), getNearestDayOfWeek(SATURDAY, d(16, APRIL, 2006)));
379 //     assertEquals(d(15, APRIL, 2006), getNearestDayOfWeek(SATURDAY, d(17, APRIL, 2006)));
380 //     assertEquals(d(15, APRIL, 2006), getNearestDayOfWeek(SATURDAY, d(18, APRIL, 2006)));
381 //     assertEquals(d(22, APRIL, 2006), getNearestDayOfWeek(SATURDAY, d(19, APRIL, 2006)));
382 //     assertEquals(d(22, APRIL, 2006), getNearestDayOfWeek(SATURDAY, d(20, APRIL, 2006)));
383 //     assertEquals(d(22, APRIL, 2006), getNearestDayOfWeek(SATURDAY, d(21, APRIL, 2006)));
384        assertEquals(d(22, APRIL, 2006), getNearestDayOfWeek(SATURDAY, d(22, APRIL, 2006)));
385
386     try {
387       getNearestDayOfWeek(-1, d(1, JANUARY, 2006));
388       fail("Invalid day of week code should throw exception");
389     } catch (IllegalArgumentException e) {
```

```
390      }
391    }
392
393    public void testEndOfCurrentMonth() throws Exception {
394      SerialDate d = SerialDate.createInstance(2);
395      assertEquals(d(31, JANUARY, 2006), d.getEndOfCurrentMonth(d(1, JANUARY, 2006)));
396      assertEquals(d(28, FEBRUARY, 2006), d.getEndOfCurrentMonth(d(1, FEBRUARY, 2006)));
397      assertEquals(d(31, MARCH, 2006), d.getEndOfCurrentMonth(d(1, MARCH, 2006)));
398      assertEquals(d(30, APRIL, 2006), d.getEndOfCurrentMonth(d(1, APRIL, 2006)));
399      assertEquals(d(31, MAY, 2006), d.getEndOfCurrentMonth(d(1, MAY, 2006)));
400      assertEquals(d(30, JUNE, 2006), d.getEndOfCurrentMonth(d(1, JUNE, 2006)));
401      assertEquals(d(31, JULY, 2006), d.getEndOfCurrentMonth(d(1, JULY, 2006)));
402      assertEquals(d(31, AUGUST, 2006), d.getEndOfCurrentMonth(d(1, AUGUST, 2006)));
403      assertEquals(d(30, SEPTEMBER, 2006), d.getEndOfCurrentMonth(d(1, SEPTEMBER, 2006)));
404      assertEquals(d(31, OCTOBER, 2006), d.getEndOfCurrentMonth(d(1, OCTOBER, 2006)));
405      assertEquals(d(30, NOVEMBER, 2006), d.getEndOfCurrentMonth(d(1, NOVEMBER, 2006)));
406      assertEquals(d(31, DECEMBER, 2006), d.getEndOfCurrentMonth(d(1, DECEMBER, 2006)));
407      assertEquals(d(29, FEBRUARY, 2008), d.getEndOfCurrentMonth(d(1, FEBRUARY, 2008)));
408    }
409
410    public void testWeekInMonthToString() throws Exception {
411      assertEquals("First",weekInMonthToString(FIRST_WEEK_IN_MONTH));
412      assertEquals("Second",weekInMonthToString(SECOND_WEEK_IN_MONTH));
413      assertEquals("Third",weekInMonthToString(THIRD_WEEK_IN_MONTH));
414      assertEquals("Fourth",weekInMonthToString(FOURTH_WEEK_IN_MONTH));
415      assertEquals("Last",weekInMonthToString(LAST_WEEK_IN_MONTH));
416
417 //todo    try {
418 //       weekInMonthToString(-1);
419 //       fail("Invalid week code should throw exception");
420 //     } catch (IllegalArgumentException e) {
421 //     }
422    }
423
424    public void testRelativeToString() throws Exception {
425      assertEquals("Preceding",relativeToString(PRECEDING));
426      assertEquals("Nearest",relativeToString(NEAREST));
427      assertEquals("Following",relativeToString(FOLLOWING));
428
429 //todo    try {
430 //       relativeToString(-1000);
431 //       fail("Invalid relative code should throw exception");
432 //     } catch (IllegalArgumentException e) {
433 //     }
434    }
435
436    public void testCreateInstanceFromDDMMYYY() throws Exception {
437      SerialDate date = createInstance(1, JANUARY, 1900);
438      assertEquals(1,date.getDayOfMonth());
```

```
439        assertEquals(JANUARY,date.getMonth());
440        assertEquals(1900,date.getYYYY());
441        assertEquals(2,date.toSerial());
442    }
443
444    public void testCreateInstanceFromSerial() throws Exception {
445        assertEquals(d(1, JANUARY, 1900),createInstance(2));
446        assertEquals(d(1, JANUARY, 1901), createInstance(367));
447    }
448
449    public void testCreateInstanceFromJavaDate() throws Exception {
450        assertEquals(d(1, JANUARY, 1900),
                       createInstance(new GregorianCalendar(1900,0,1).getTime()));
451        assertEquals(d(1, JANUARY, 2006),
                       createInstance(new GregorianCalendar(2006,0,1).getTime()));
452    }
453
454    public static void main(String[] args) {
455        junit.textui.TestRunner.run(BobsSerialDateTest.class);
456    }
457 }
```

リスト B-5　SpreadsheetDate.java

```
1  /* ========================================================================
2   * JCommon : a free general purpose class library for the Java(tm) platform
3   * ========================================================================
4   *
5   * (C) Copyright 2000-2005, by Object Refinery Limited and Contributors.
6   *
7   * Project Info:  http://www.jfree.org/jcommon/index.html
8   *
9   * This library is free software; you can redistribute it and/or modify it
10  * under the terms of the GNU Lesser General Public License as published by
11  * the Free Software Foundation; either version 2.1 of the License, or
12  * (at your option) any later version.
13  *
14  * This library is distributed in the hope that it will be useful, but
15  * WITHOUT ANY WARRANTY; without even the implied warranty of MERCHANTABILITY
16  * or FITNESS FOR A PARTICULAR PURPOSE.  See the GNU Lesser General Public
17  * License for more details.
18  *
19  * You should have received a copy of the GNU Lesser General Public
20  * License along with this library; if not, write to the Free Software
21  * Foundation, Inc., 51 Franklin Street, Fifth Floor, Boston, MA 02110-1301,
22  * USA.
23  *
24  * [Java is a trademark or registered trademark of Sun Microsystems, Inc.
```

```
25   * in the United States and other countries.]
26   *
27   * ---------------------
28   * SpreadsheetDate.java
29   * ---------------------
30   * (C) Copyright 2000-2005, by Object Refinery Limited and Contributors.
31   *
32   * Original Author:  David Gilbert (for Object Refinery Limited);
33   * Contributor(s):   -;
34   *
35   * $Id: SpreadsheetDate.java,v 1.8 2005/11/03 09:25:39 mungady Exp $
36   *
37   * Changes
38   * -------
39   * 11-Oct-2001 : Version 1 (DG);
40   * 05-Nov-2001 : Added getDescription() and setDescription() methods (DG);
41   * 12-Nov-2001 : Changed name from ExcelDate.java to SpreadsheetDate.java (DG);
42   *               Fixed a bug in calculating day, month and year from serial
43   *               number (DG);
44   * 24-Jan-2002 : Fixed a bug in calculating the serial number from the day,
45   *               month and year. Thanks to Trevor Hills for the report (DG);
46   * 29-May-2002 : Added equals(Object) method (SourceForge ID 558850) (DG);
47   * 03-Oct-2002 : Fixed errors reported by Checkstyle (DG);
48   * 13-Mar-2003 : Implemented Serializable (DG);
49   * 04-Sep-2003 : Completed isInRange() methods (DG);
50   * 05-Sep-2003 : Implemented Comparable (DG);
51   * 21-Oct-2003 : Added hashCode() method (DG);
52   *
53   */
54
55  package org.jfree.date;
56
57  import java.util.Calendar;
58  import java.util.Date;
59
60  /**
61   * Represents a date using an integer, in a similar fashion to the
62   * implementation in Microsoft Excel. The range of dates supported is
63   * 1-Jan-1900 to 31-Dec-9999.
64   * <P>
65   * Be aware that there is a deliberate bug in Excel that recognises the year
66   * 1900 as a leap year when in fact it is not a leap year. You can find more
67   * information on the Microsoft website in article Q181370:
68   * <P>
69   * http://support.microsoft.com/support/kb/articles/Q181/3/70.asp
70   * <P>
71   * Excelは1900/1/1を1と見なすという規約に従っています。
72   * このクラスでは1900/1/1を2としています。このクラスの日付番号は、
73   * 1900年の1、2月については、Excelのそれとは異なります。しかしExcelは、
```

```
 74      * ここで余計な1日（1900/2/29、これは実際には存在しない日付です！）
 75      * を加えます。そして、ここから先については、Excelと日付番号が
 76      * 一致することになります
 77      *
 78      * @author David Gilbert
 79      */
 80     public class SpreadsheetDate extends SerialDate {
 81
 82         /** For serialization. */
 83         private static final long serialVersionUID = -2039586705374454461L;
 84
 85         /**
 86          * The day number (1-Jan-1900 = 2, 2-Jan-1900 = 3, ..., 31-Dec-9999 =
 87          * 2958465).
 88          */
 89         private int serial;
 90
 91         /** The day of the month (1 to 28, 29, 30 or 31 depending on the month). */
 92         private int day;
 93
 94         /** The month of the year (1 to 12). */
 95         private int month;
 96
 97         /** The year (1900 to 9999). */
 98         private int year;
 99
100         /** An optional description for the date. */
101         private String description;
102
103         /**
104          * Creates a new date instance.
105          *
106          * @param day the day (in the range 1 to 28/29/30/31).
107          * @param month the month (in the range 1 to 12).
108          * @param year the year (in the range 1900 to 9999).
109          */
110         public SpreadsheetDate(final int day, final int month, final int year) {
111
112             if ((year >= 1900) && (year <= 9999)) {
113                 this.year = year;
114             }
115             else {
116                 throw new IllegalArgumentException(
117                     "The 'year' argument must be in range 1900 to 9999."
118                 );
119             }
120
121             if ((month >= MonthConstants.JANUARY)
122                     && (month <= MonthConstants.DECEMBER)) {
```

```
123            this.month = month;
124        }
125        else {
126            throw new IllegalArgumentException(
127                "The 'month' argument must be in the range 1 to 12."
128            );
129        }
130
131        if ((day >= 1) && (day <= SerialDate.lastDayOfMonth(month, year))) {
132            this.day = day;
133        }
134        else {
135            throw new IllegalArgumentException("Invalid 'day' argument.");
136        }
137
138        // the serial number needs to be synchronised with the day-month-year...
139        this.serial = calcSerial(day, month, year);
140
141        this.description = null;
142
143    }
144
145    /**
146     * Standard constructor - creates a new date object representing the
147     * specified day number (which should be in the range 2 to 2958465.
148     *
149     * @param serial the serial number for the day (range: 2 to 2958465).
150     */
151    public SpreadsheetDate(final int serial) {
152
153        if ((serial >= SERIAL_LOWER_BOUND) && (serial <= SERIAL_UPPER_BOUND)) {
154            this.serial = serial;
155        }
156        else {
157            throw new IllegalArgumentException(
158                "SpreadsheetDate: Serial must be in range 2 to 2958465.");
159        }
160
161        // the day-month-year needs to be synchronised with the serial number...
162        calcDayMonthYear();
163
164    }
165
166    /**
167     * Returns the description that is attached to the date. It is not
168     * required that a date have a description, but for some applications it
169     * is useful.
170     *
171     * @return The description that is attached to the date.
```

```
172      */
173     public String getDescription() {
174         return this.description;
175     }
176
177     /**
178      * Sets the description for the date.
179      *
180      * @param description the description for this date (<code>null</code>
181      *                    permitted).
182      */
183     public void setDescription(final String description) {
184         this.description = description;
185     }
186
187     /**
188      * Returns the serial number for the date, where 1 January 1900 = 2
189      * (this corresponds, almost, to the numbering system used in Microsoft
190      * Excel for Windows and Lotus 1-2-3).
191      *
192      * @return The serial number of this date.
193      */
194     public int toSerial() {
195         return this.serial;
196     }
197
198     /**
199      * Returns a <code>java.util.Date</code> equivalent to this date.
200      *
201      * @return The date.
202      */
203     public Date toDate() {
204         final Calendar calendar = Calendar.getInstance();
205         calendar.set(getYYYY(), getMonth() - 1, getDayOfMonth(), 0, 0, 0);
206         return calendar.getTime();
207     }
208
209     /**
210      * Returns the year (assume a valid range of 1900 to 9999).
211      *
212      * @return The year.
213      */
214     public int getYYYY() {
215         return this.year;
216     }
217
218     /**
219      * Returns the month (January = 1, February = 2, March = 3).
220      *
```

```java
     * @return The month of the year.
     */
    public int getMonth() {
        return this.month;
    }

    /**
     * Returns the day of the month.
     *
     * @return The day of the month.
     */
    public int getDayOfMonth() {
        return this.day;
    }

    /**
     * Returns a code representing the day of the week.
     * <P>
     * The codes are defined in the {@link SerialDate} class as:
     * <code>SUNDAY</code>, <code>MONDAY</code>, <code>TUESDAY</code>,
     * <code>WEDNESDAY</code>, <code>THURSDAY</code>, <code>FRIDAY</code>, and
     * <code>SATURDAY</code>.
     *
     * @return A code representing the day of the week.
     */
    public int getDayOfWeek() {
        return (this.serial + 6) % 7 + 1;
    }

    /**
     * Tests the equality of this date with an arbitrary object.
     * <P>
     * This method will return true ONLY if the object is an instance of the
     * {@link SerialDate} base class, and it represents the same day as this
     * {@link SpreadsheetDate}.
     *
     * @param object the object to compare (<code>null</code> permitted).
     *
     * @return A boolean.
     */
    public boolean equals(final Object object) {

        if (object instanceof SerialDate) {
            final SerialDate s = (SerialDate) object;
            return (s.toSerial() == this.toSerial());
        }
        else {
            return false;
        }
```

```
270
271      }
272
273      /**
274       * Returns a hash code for this object instance.
275       *
276       * @return A hash code.
277       */
278      public int hashCode() {
279          return toSerial();
280      }
281
282      /**
283       * Returns the difference (in days) between this date and the specified
284       * 'other' date.
285       *
286       * @param other the date being compared to.
287       *
288       * @return The difference (in days) between this date and the specified
289       *         'other' date.
290       */
291      public int compare(final SerialDate other) {
292          return this.serial - other.toSerial();
293      }
294
295      /**
296       * Implements the method required by the Comparable interface.
297       *
298       * @param other the other object (usually another SerialDate).
299       *
300       * @return A negative integer, zero, or a positive integer as this object
301       *         is less than, equal to, or greater than the specified object.
302       */
303      public int compareTo(final Object other) {
304          return compare((SerialDate) other);
305      }
306
307      /**
308       * Returns true if this SerialDate represents the same date as the
309       * specified SerialDate.
310       *
311       * @param other the date being compared to.
312       *
313       * @return <code>true</code> if this SerialDate represents the same date as
314       * the specified SerialDate.
315       */
316      public boolean isOn(final SerialDate other) {
317          return (this.serial == other.toSerial());
318      }
```

```java
    /**
     * Returns true if this SerialDate represents an earlier date compared to
     * the specified SerialDate.
     *
     * @param other the date being compared to.
     *
     * @return <code>true</code> if this SerialDate represents an earlier date
     *         compared to the specified SerialDate.
     */
    public boolean isBefore(final SerialDate other) {
        return (this.serial < other.toSerial());
    }

    /**
     * Returns true if this SerialDate represents the same date as the
     * specified SerialDate.
     *
     * @param other the date being compared to.
     *
     * @return <code>true</code> if this SerialDate represents the same date
     *         as the specified SerialDate.
     */
    public boolean isOnOrBefore(final SerialDate other) {
        return (this.serial <= other.toSerial());
    }

    /**
     * Returns true if this SerialDate represents the same date as the
     * specified SerialDate.
     *
     * @param other the date being compared to.
     *
     * @return <code>true</code> if this SerialDate represents the same date
     *         as the specified SerialDate.
     */
    public boolean isAfter(final SerialDate other) {
        return (this.serial > other.toSerial());
    }

    /**
     * Returns true if this SerialDate represents the same date as the
     * specified SerialDate.
     *
     * @param other the date being compared to.
     *
     * @return <code>true</code> if this SerialDate represents the same date as
     *         the specified SerialDate.
     */
```

```java
368     public boolean isOnOrAfter(final SerialDate other) {
369         return (this.serial >= other.toSerial());
370     }
371
372     /**
373      * Returns <code>true</code> if this {@link SerialDate} is within the
374      * specified range (INCLUSIVE). The date order of d1 and d2 is not
375      * important.
376      *
377      * @param d1 a boundary date for the range.
378      * @param d2 the other boundary date for the range.
379      *
380      * @return A boolean.
381      */
382     public boolean isInRange(final SerialDate d1, final SerialDate d2) {
383         return isInRange(d1, d2, SerialDate.INCLUDE_BOTH);
384     }
385
386     /**
387      * Returns true if this SerialDate is within the specified range (caller
388      * specifies whether or not the end-points are included). The order of d1
389      * and d2 is not important.
390      *
391      * @param d1 one boundary date for the range.
392      * @param d2 a second boundary date for the range.
393      * @param include a code that controls whether or not the start and end
394      *                dates are included in the range.
395      *
396      * @return <code>true</code> if this SerialDate is within the specified
397      *         range.
398      */
399     public boolean isInRange(final SerialDate d1, final SerialDate d2,
400                              final int include) {
401         final int s1 = d1.toSerial();
402         final int s2 = d2.toSerial();
403         final int start = Math.min(s1, s2);
404         final int end = Math.max(s1, s2);
405
406         final int s = toSerial();
407         if (include == SerialDate.INCLUDE_BOTH) {
408             return (s >= start && s <= end);
409         }
410         else if (include == SerialDate.INCLUDE_FIRST) {
411             return (s >= start && s < end);
412         }
413         else if (include == SerialDate.INCLUDE_SECOND) {
414             return (s > start && s <= end);
415         }
416         else {
```

```
417                return (s > start && s < end);
418            }
419        }
420
421        /**
422         * Calculate the serial number from the day, month and year.
423         * <P>
424         * 1-Jan-1900 = 2.
425         *
426         * @param d the day.
427         * @param m the month.
428         * @param y the year.
429         *
430         * @return the serial number from the day, month and year.
431         */
432        private int calcSerial(final int d, final int m, final int y) {
433            final int yy = ((y - 1900) * 365) + SerialDate.leapYearCount(y - 1);
434            int mm = SerialDate.AGGREGATE_DAYS_TO_END_OF_PRECEDING_MONTH[m];
435            if (m > MonthConstants.FEBRUARY) {
436                if (SerialDate.isLeapYear(y)) {
437                    mm = mm + 1;
438                }
439            }
440            final int dd = d;
441            return yy + mm + dd + 1;
442        }
443
444        /**
445         * Calculate the day, month and year from the serial number.
446         */
447        private void calcDayMonthYear() {
448
449            // get the year from the serial date
450            final int days = this.serial - SERIAL_LOWER_BOUND;
451            // overestimated because we ignored leap days
452            final int overestimatedYYYY = 1900 + (days / 365);
453            final int leaps = SerialDate.leapYearCount(overestimatedYYYY);
454            final int nonleapdays = days - leaps;
455            // underestimated because we overestimated years
456            int underestimatedYYYY = 1900 + (nonleapdays / 365);
457
458            if (underestimatedYYYY == overestimatedYYYY) {
459                this.year = underestimatedYYYY;
460            }
461            else {
462                int ss1 = calcSerial(1, 1, underestimatedYYYY);
463                while (ss1 <= this.serial) {
464                    underestimatedYYYY = underestimatedYYYY + 1;
465                    ss1 = calcSerial(1, 1, underestimatedYYYY);
```

```
466                }
467                this.year = underestimatedYYYY - 1;
468            }
469
470            final int ss2 = calcSerial(1, 1, this.year);
471
472            int[] daysToEndOfPrecedingMonth
473                = AGGREGATE_DAYS_TO_END_OF_PRECEDING_MONTH;
474
475            if (isLeapYear(this.year)) {
476                daysToEndOfPrecedingMonth
477                    = LEAP_YEAR_AGGREGATE_DAYS_TO_END_OF_PRECEDING_MONTH;
478            }
479
480            // get the month from the serial date
481            int mm = 1;
482            int sss = ss2 + daysToEndOfPrecedingMonth[mm] - 1;
483            while (sss < this.serial) {
484                mm = mm + 1;
485                sss = ss2 + daysToEndOfPrecedingMonth[mm] - 1;
486            }
487            this.month = mm - 1;
488
489            // what's left is d(+1);
490            this.day = this.serial - ss2
491                        - daysToEndOfPrecedingMonth[this.month] + 1;
492
493        }
494
495 }
```

リスト B-6　RelativeDayOfWeekRule.java

```
 1  /* ========================================================================
 2   * JCommon : a free general purpose class library for the Java(tm) platform
 3   * ========================================================================
 4   *
 5   * (C) Copyright 2000-2005, by Object Refinery Limited and Contributors.
 6   *
 7   * Project Info:  http://www.jfree.org/jcommon/index.html
 8   *
 9   * This library is free software; you can redistribute it and/or modify it
10   * under the terms of the GNU Lesser General Public License as published by
11   * the Free Software Foundation; either version 2.1 of the License, or
12   * (at your option) any later version.
13   *
14   * This library is distributed in the hope that it will be useful, but
15   * WITHOUT ANY WARRANTY; without even the implied warranty of MERCHANTABILITY
```

```java
16   * or FITNESS FOR A PARTICULAR PURPOSE. See the GNU Lesser General Public
17   * License for more details.
18   *
19   * You should have received a copy of the GNU Lesser General Public
20   * License along with this library; if not, write to the Free Software
21   * Foundation, Inc., 51 Franklin Street, Fifth Floor, Boston, MA 02110-1301,
22   * USA.
23   *
24   * [Java is a trademark or registered trademark of Sun Microsystems, Inc.
25   * in the United States and other countries.]
26   *
27   * -------------------------
28   * RelativeDayOfWeekRule.java
29   * -------------------------
30   * (C) Copyright 2000-2003, by Object Refinery Limited and Contributors.
31   *
32   * Original Author:  David Gilbert (for Object Refinery Limited);
33   * Contributor(s):   -;
34   *
35   * $Id: RelativeDayOfWeekRule.java,v 1.6 2005/11/16 15:58:40 taqua Exp $
36   *
37   * Changes (from 26-Oct-2001)
38   * -------------------------
39   * 26-Oct-2001 : Changed package to com.jrefinery.date.*;
40   * 03-Oct-2002 : Fixed errors reported by Checkstyle (DG);
41   *
42   */
43
44  package org.jfree.date;
45
46  /**
47   * An annual date rule that returns a date for each year based on (a) a
48   * reference rule; (b) a day of the week; and (c) a selection parameter
49   * (SerialDate.PRECEDING, SerialDate.NEAREST, SerialDate.FOLLOWING).
50   * <P>
51   * For example, Good Friday can be specified as 'the Friday PRECEDING Easter
52   * Sunday'.
53   *
54   * @author David Gilbert
55   */
56  public class RelativeDayOfWeekRule extends AnnualDateRule {
57
58      /** A reference to the annual date rule on which this rule is based. */
59      private AnnualDateRule subrule;
60
61      /**
62       * The day of the week (SerialDate.MONDAY, SerialDate.TUESDAY, and so on).
63       */
64      private int dayOfWeek;
```

```
 65
 66    /** Specifies which day of the week (PRECEDING, NEAREST or FOLLOWING). */
 67    private int relative;
 68
 69    /**
 70     * Default constructor - builds a rule for the Monday following 1 January.
 71     */
 72    public RelativeDayOfWeekRule() {
 73        this(new DayAndMonthRule(), SerialDate.MONDAY, SerialDate.FOLLOWING);
 74    }
 75
 76    /**
 77     * Standard constructor - builds rule based on the supplied sub-rule.
 78     *
 79     * @param subrule the rule that determines the reference date.
 80     * @param dayOfWeek the day-of-the-week relative to the reference date.
 81     * @param relative indicates *which* day-of-the-week (preceding, nearest
 82     *                 or following).
 83     */
 84    public RelativeDayOfWeekRule(final AnnualDateRule subrule,
 85            final int dayOfWeek, final int relative) {
 86        this.subrule = subrule;
 87        this.dayOfWeek = dayOfWeek;
 88        this.relative = relative;
 89    }
 90
 91    /**
 92     * Returns the sub-rule (also called the reference rule).
 93     *
 94     * @return The annual date rule that determines the reference date for this
 95     *         rule.
 96     */
 97    public AnnualDateRule getSubrule() {
 98        return this.subrule;
 99    }
100
101    /**
102     * Sets the sub-rule.
103     *
104     * @param subrule the annual date rule that determines the reference date
105     *                for this rule.
106     */
107    public void setSubrule(final AnnualDateRule subrule) {
108        this.subrule = subrule;
109    }
110
111    /**
112     * Returns the day-of-the-week for this rule.
113     *
```

```java
114        * @return the day-of-the-week for this rule.
115        */
116       public int getDayOfWeek() {
117           return this.dayOfWeek;
118       }
119
120       /**
121        * Sets the day-of-the-week for this rule.
122        *
123        * @param dayOfWeek the day-of-the-week (SerialDate.MONDAY,
124        *                  SerialDate.TUESDAY, and so on).
125        */
126       public void setDayOfWeek(final int dayOfWeek) {
127           this.dayOfWeek = dayOfWeek;
128       }
129
130       /**
131        * Returns the 'relative' attribute, that determines *which*
132        * day-of-the-week we are interested in (SerialDate.PRECEDING,
133        * SerialDate.NEAREST or SerialDate.FOLLOWING).
134        *
135        * @return The 'relative' attribute.
136        */
137       public int getRelative() {
138           return this.relative;
139       }
140
141       /**
142        * Sets the 'relative' attribute (SerialDate.PRECEDING, SerialDate.NEAREST,
143        * SerialDate.FOLLOWING).
144        *
145        * @param relative determines *which* day-of-the-week is selected by this
146        *                  rule.
147        */
148       public void setRelative(final int relative) {
149           this.relative = relative;
150       }
151
152       /**
153        * Creates a clone of this rule.
154        *
155        * @return a clone of this rule.
156        *
157        * @throws CloneNotSupportedException this should never happen.
158        */
159       public Object clone() throws CloneNotSupportedException {
160           final RelativeDayOfWeekRule duplicate
161               = (RelativeDayOfWeekRule) super.clone();
162           duplicate.subrule = (AnnualDateRule) duplicate.getSubrule().clone();
```

```
163            return duplicate;
164        }
165
166        /**
167         * Returns the date generated by this rule, for the specified year.
168         *
169         * @param year the year (1900 &lt;= year &lt;= 9999).
170         *
171         * @return The date generated by the rule for the given year (possibly
172         *         <code>null</code>).
173         */
174        public SerialDate getDate(final int year) {
175
176            // check argument...
177            if ((year < SerialDate.MINIMUM_YEAR_SUPPORTED)
178                || (year > SerialDate.MAXIMUM_YEAR_SUPPORTED)) {
179                throw new IllegalArgumentException(
180                    "RelativeDayOfWeekRule.getDate(): year outside valid range.");
181            }
182
183            // calculate the date...
184            SerialDate result = null;
185            final SerialDate base = this.subrule.getDate(year);
186
187            if (base != null) {
188                switch (this.relative) {
189                    case(SerialDate.PRECEDING):
190                        result = SerialDate.getPreviousDayOfWeek(this.dayOfWeek,
191                                base);
192                        break;
193                    case(SerialDate.NEAREST):
194                        result = SerialDate.getNearestDayOfWeek(this.dayOfWeek,
195                                base);
196                        break;
197                    case(SerialDate.FOLLOWING):
198                        result = SerialDate.getFollowingDayOfWeek(this.dayOfWeek,
199                                base);
200                        break;
201                    default:
202                        break;
203                }
204            }
205            return result;
206
207        }
208
209 }
```

リスト B-7　DayDate.java（最終版）

```
 1 /* ========================================================================
 2  * JCommon : a free general purpose class library for the Java(tm) platform
 3  * ========================================================================
 4  *
 5  * (C) Copyright 2000-2005, by Object Refinery Limited and Contributors.
...
36  */
37 package org.jfree.date;
38
39 import java.io.Serializable;
40 import java.util.*;
41
42 /**
43  * An abstract class that represents immutable dates with a precision of
44  * one day. The implementation will map each date to an integer that
45  * represents an ordinal number of days from some fixed origin.
46  *
47  * Why not just use java.util.Date? We will, when it makes sense. At times,
48  * java.util.Date can be *too* precise - it represents an instant in time,
49  * accurate to 1/1000th of a second (with the date itself depending on the
50  * time-zone). Sometimes we just want to represent a particular day (e.g. 21
51  * January 2015) without concerning ourselves about the time of day, or the
52  * time-zone, or anything else. That's what we've defined DayDate for.
53  *
54  * Use DayDateFactory.makeDate to create an instance.
55  *
56  * @author David Gilbert
57  * @author Robert C. Martin did a lot of refactoring.
58  */
59
60 public abstract class DayDate implements Comparable, Serializable {
61   public abstract int getOrdinalDay();
62   public abstract int getYear();
63   public abstract Month getMonth();
64   public abstract int getDayOfMonth();
65
66   protected abstract Day getDayOfWeekForOrdinalZero();
67
68   public DayDate plusDays(int days) {
69     return DayDateFactory.makeDate(getOrdinalDay() + days);
70   }
71
72   public DayDate plusMonths(int months) {
73     int thisMonthAsOrdinal = getMonth().toInt() - Month.JANUARY.toInt();
74     int thisMonthAndYearAsOrdinal = 12 * getYear() + thisMonthAsOrdinal;
75     int resultMonthAndYearAsOrdinal = thisMonthAndYearAsOrdinal + months;
76     int resultYear = resultMonthAndYearAsOrdinal / 12;
```

```
 77      int resultMonthAsOrdinal = resultMonthAndYearAsOrdinal % 12 + Month.JANUARY.toInt();
 78      Month resultMonth = Month.fromInt(resultMonthAsOrdinal);
 79      int resultDay = correctLastDayOfMonth(getDayOfMonth(), resultMonth, resultYear);
 80      return DayDateFactory.makeDate(resultDay, resultMonth, resultYear);
 81    }
 82
 83    public DayDate plusYears(int years) {
 84      int resultYear = getYear() + years;
 85      int resultDay = correctLastDayOfMonth(getDayOfMonth(), getMonth(), resultYear);
 86      return DayDateFactory.makeDate(resultDay, getMonth(), resultYear);
 87    }
 88
 89    private int correctLastDayOfMonth(int day, Month month, int year) {
 90      int lastDayOfMonth = DateUtil.lastDayOfMonth(month, year);
 91      if (day > lastDayOfMonth)
 92        day = lastDayOfMonth;
 93      return day;
 94    }
 95
 96    public DayDate getPreviousDayOfWeek(Day targetDayOfWeek) {
 97      int offsetToTarget = targetDayOfWeek.toInt() - getDayOfWeek().toInt();
 98      if (offsetToTarget >= 0)
 99        offsetToTarget -= 7;
100      return plusDays(offsetToTarget);
101    }
102
103    public DayDate getFollowingDayOfWeek(Day targetDayOfWeek) {
104      int offsetToTarget = targetDayOfWeek.toInt() - getDayOfWeek().toInt();
105      if (offsetToTarget <= 0)
106        offsetToTarget += 7;
107      return plusDays(offsetToTarget);
108    }
109
110    public DayDate getNearestDayOfWeek(Day targetDayOfWeek) {
111      int offsetToThisWeeksTarget = targetDayOfWeek.toInt() - getDayOfWeek().toInt();
112      int offsetToFutureTarget = (offsetToThisWeeksTarget + 7) % 7;
113      int offsetToPreviousTarget = offsetToFutureTarget - 7;
114
115      if (offsetToFutureTarget > 3)
116        return plusDays(offsetToPreviousTarget);
117      else
118        return plusDays(offsetToFutureTarget);
119    }
120
121    public DayDate getEndOfMonth() {
122      Month month = getMonth();
123      int year = getYear();
124      int lastDay = DateUtil.lastDayOfMonth(month, year);
125      return DayDateFactory.makeDate(lastDay, month, year);
```

```java
126    }
127
128    public Date toDate() {
129      final Calendar calendar = Calendar.getInstance();
130      int ordinalMonth = getMonth().toInt() - Month.JANUARY.toInt();
131      calendar.set(getYear(), ordinalMonth, getDayOfMonth(), 0, 0, 0);
132      return calendar.getTime();
133    }
134
135    public String toString() {
136      return String.format("%02d-%s-%d", getDayOfMonth(), getMonth(), getYear());
137    }
138
139    public Day getDayOfWeek() {
140      Day startingDay = getDayOfWeekForOrdinalZero();
141      int startingOffset = startingDay.toInt() - Day.SUNDAY.toInt();
142      int ordinalOfDayOfWeek = (getOrdinalDay() + startingOffset) % 7;
143      return Day.fromInt(ordinalOfDayOfWeek + Day.SUNDAY.toInt());
144    }
145
146    public int daysSince(DayDate date) {
147      return getOrdinalDay() - date.getOrdinalDay();
148    }
149
150    public boolean isOn(DayDate other) {
151      return getOrdinalDay() == other.getOrdinalDay();
152    }
153
154    public boolean isBefore(DayDate other) {
155      return getOrdinalDay() < other.getOrdinalDay();
156    }
157
158    public boolean isOnOrBefore(DayDate other) {
159      return getOrdinalDay() <= other.getOrdinalDay();
160    }
161
162    public boolean isAfter(DayDate other) {
163      return getOrdinalDay() > other.getOrdinalDay();
164    }
165
166    public boolean isOnOrAfter(DayDate other) {
167      return getOrdinalDay() >= other.getOrdinalDay();
168    }
169
170    public boolean isInRange(DayDate d1, DayDate d2) {
171      return isInRange(d1, d2, DateInterval.CLOSED);
172    }
173
174    public boolean isInRange(DayDate d1, DayDate d2, DateInterval interval) {
```

```
175        int left = Math.min(d1.getOrdinalDay(), d2.getOrdinalDay());
176        int right = Math.max(d1.getOrdinalDay(), d2.getOrdinalDay());
177        return interval.isIn(getOrdinalDay(), left, right);
178    }
179 }
```

リスト B-8　Month.java（最終版）

```
 1 package org.jfree.date;
 2
 3 import java.text.DateFormatSymbols;
 4
 5 public enum Month {
 6   JANUARY(1), FEBRUARY(2), MARCH(3),
 7   APRIL(4),   MAY(5),      JUNE(6),
 8   JULY(7),    AUGUST(8),   SEPTEMBER(9),
 9   OCTOBER(10),NOVEMBER(11),DECEMBER(12);
10   private static DateFormatSymbols dateFormatSymbols = new DateFormatSymbols();
11   private static final int[] LAST_DAY_OF_MONTH =
12     {0, 31, 28, 31, 30, 31, 30, 31, 31, 30, 31, 30, 31};
13
14   private int index;
15
16   Month(int index) {
17     this.index = index;
18   }
19
20   public static Month fromInt(int monthIndex) {
21     for (Month m : Month.values()) {
22       if (m.index == monthIndex)
23         return m;
24     }
25     throw new IllegalArgumentException("Invalid month index " + monthIndex);
26   }
27
28   public int lastDay() {
29     return LAST_DAY_OF_MONTH[index];
30   }
31
32   public int quarter() {
33     return 1 + (index - 1) / 3;
34   }
35
36   public String toString() {
37     return dateFormatSymbols.getMonths()[index - 1];
38   }
39
40   public String toShortString() {
```

```
41      return dateFormatSymbols.getShortMonths()[index - 1];
42    }
43
44    public static Month parse(String s) {
45      s = s.trim();
46      for (Month m : Month.values())
47        if (m.matches(s))
48          return m;
49
50      try {
51        return fromInt(Integer.parseInt(s));
52      }
53      catch (NumberFormatException e) {}
54      throw new IllegalArgumentException("Invalid month " + s);
55    }
56
57    private boolean matches(String s) {
58      return s.equalsIgnoreCase(toString()) ||
59             s.equalsIgnoreCase(toShortString());
60    }
61
62    public int toInt() {
63      return index;
64    }
65 }
```

リスト B-9　Day.java（最終版）

```
1 package org.jfree.date;
2
3 import java.util.Calendar;
4 import java.text.DateFormatSymbols;
5
6 public enum Day {
7    MONDAY(Calendar.MONDAY),
8    TUESDAY(Calendar.TUESDAY),
9    WEDNESDAY(Calendar.WEDNESDAY),
10   THURSDAY(Calendar.THURSDAY),
11   FRIDAY(Calendar.FRIDAY),
12   SATURDAY(Calendar.SATURDAY),
13   SUNDAY(Calendar.SUNDAY);
14
15   private final int index;
16   private static DateFormatSymbols dateSymbols = new DateFormatSymbols();
17
18   Day(int day) {
19     index = day;
20   }
```

```
21
22   public static Day fromInt(int index) throws IllegalArgumentException {
23     for (Day d : Day.values())
24       if (d.index == index)
25         return d;
26     throw new IllegalArgumentException(
27       String.format("Illegal day index: %d.", index));
28   }
29
30   public static Day parse(String s) throws IllegalArgumentException {
31     String[] shortWeekdayNames =
32       dateSymbols.getShortWeekdays();
33     String[] weekDayNames =
34       dateSymbols.getWeekdays();
35
36     s = s.trim();
37     for (Day day : Day.values()) {
38       if (s.equalsIgnoreCase(shortWeekdayNames[day.index]) ||
39           s.equalsIgnoreCase(weekDayNames[day.index])) {
40         return day;
41       }
42     }
43     throw new IllegalArgumentException(
44       String.format("%s is not a valid weekday string", s));
45   }
46
47   public String toString() {
48     return dateSymbols.getWeekdays()[index];
49   }
50
51   public int toInt() {
52     return index;
53   }
54 }
```

リスト B-10　DateInterval.java（最終版）

```
 1 package org.jfree.date;
 2
 3 public enum DateInterval {
 4   OPEN {
 5     public boolean isIn(int d, int left, int right) {
 6       return d > left && d < right;
 7     }
 8   },
 9   CLOSED_LEFT {
10     public boolean isIn(int d, int left, int right) {
11       return d >= left && d < right;
```

```
12      }
13    },
14    CLOSED_RIGHT {
15      public boolean isIn(int d, int left, int right) {
16        return d > left && d <= right;
17      }
18    },
19    CLOSED {
20      public boolean isIn(int d, int left, int right) {
21        return d >= left && d <= right;
22      }
23    };
24
25    public abstract boolean isIn(int d, int left, int right);
26  }
```

リスト B-11　WeekInMonth.java（最終版）

```
1  package org.jfree.date;
2
3  public enum WeekInMonth {
4    FIRST(1), SECOND(2), THIRD(3), FOURTH(4), LAST(0);
5    private final int index;
6
7    WeekInMonth(int index) {
8      this.index = index;
9    }
10
11   public int toInt() {
12     return index;
13   }
14 }
```

リスト B-12　WeekdayRange.java（最終版）

```
1  package org.jfree.date;
2
3  public enum WeekdayRange {
4    LAST, NEAREST, NEXT
5  }
```

リスト B-13　DateUtil.java（最終版）

```
 1 package org.jfree.date;
 2
 3 import java.text.DateFormatSymbols;
 4
 5 public class DateUtil {
 6   private static DateFormatSymbols dateFormatSymbols = new DateFormatSymbols();
 7
 8   public static String[] getMonthNames() {
 9     return dateFormatSymbols.getMonths();
10   }
11
12   public static boolean isLeapYear(int year) {
13     boolean fourth = year % 4 == 0;
14     boolean hundredth = year % 100 == 0;
15     boolean fourHundredth = year % 400 == 0;
16     return fourth && (!hundredth || fourHundredth);
17   }
18
19   public static int lastDayOfMonth(Month month, int year) {
20     if (month == Month.FEBRUARY && isLeapYear(year))
21       return month.lastDay() + 1;
22     else
23       return month.lastDay();
24   }
25
26   public static int leapYearCount(int year) {
27     int leap4 = (year - 1896) / 4;
28     int leap100 = (year - 1800) / 100;
29     int leap400 = (year - 1600) / 400;
30     return leap4 - leap100 + leap400;
31   }
32 }
```

リスト B-14　DayDateFactory.java（最終版）

```
 1 package org.jfree.date;
 2
 3 public abstract class DayDateFactory {
 4   private static DayDateFactory factory = new SpreadsheetDateFactory();
 5   public static void setInstance(DayDateFactory factory) {
 6     DayDateFactory.factory = factory;
 7   }
 8
 9   protected abstract DayDate _makeDate(int ordinal);
10   protected abstract DayDate _makeDate(int day, Month month, int year);
11   protected abstract DayDate _makeDate(int day, int month, int year);
```

```
12    protected abstract DayDate _makeDate(java.util.Date date);
13    protected abstract int _getMinimumYear();
14    protected abstract int _getMaximumYear();
15
16    public static DayDate makeDate(int ordinal) {
17      return factory._makeDate(ordinal);
18    }
19
20    public static DayDate makeDate(int day, Month month, int year) {
21      return factory._makeDate(day, month, year);
22    }
23
24    public static DayDate makeDate(int day, int month, int year) {
25      return factory._makeDate(day, month, year);
26    }
27
28    public static DayDate makeDate(java.util.Date date) {
29      return factory._makeDate(date);
30    }
31
32    public static int getMinimumYear() {
33      return factory._getMinimumYear();
34    }
35
36    public static int getMaximumYear() {
37      return factory._getMaximumYear();
38    }
39 }
```

リスト B-15　SpreadsheetDateFactory.java（最終版）

```
 1 package org.jfree.date;
 2
 3 import java.util.*;
 4
 5 public class SpreadsheetDateFactory extends DayDateFactory {
 6   public DayDate _makeDate(int ordinal) {
 7     return new SpreadsheetDate(ordinal);
 8   }
 9
10   public DayDate _makeDate(int day, Month month, int year) {
11     return new SpreadsheetDate(day, month, year);
12   }
13
14   public DayDate _makeDate(int day, int month, int year) {
15     return new SpreadsheetDate(day, month, year);
16   }
17
```

```
18    public DayDate _makeDate(Date date) {
19      final GregorianCalendar calendar = new GregorianCalendar();
20      calendar.setTime(date);
21      return new SpreadsheetDate(
22        calendar.get(Calendar.DATE),
23        Month.fromInt(calendar.get(Calendar.MONTH) + 1),
24        calendar.get(Calendar.YEAR));
25    }
26
27    protected int _getMinimumYear() {
28      return SpreadsheetDate.MINIMUM_YEAR_SUPPORTED;
29    }
30
31    protected int _getMaximumYear() {
32      return SpreadsheetDate.MAXIMUM_YEAR_SUPPORTED;
33    }
34 }
```

リスト B-16　SpreadsheetDate.java（最終版）

```
1  /* ========================================================================
2   * JCommon : a free general purpose class library for the Java(tm) platform
3   * ========================================================================
4   *
5   * (C) Copyright 2000-2005, by Object Refinery Limited and Contributors.
6   *
...
52  *
53  */
54
55 package org.jfree.date;
56
57 import static org.jfree.date.Month.FEBRUARY;
58
59 import java.util.*;
60
61 /**
62  * Represents a date using an integer, in a similar fashion to the
63  * implementation in Microsoft Excel. The range of dates supported is
64  * 1-Jan-1900 to 31-Dec-9999.
65  * <p/>
66  * Be aware that there is a deliberate bug in Excel that recognises the year
67  * 1900 as a leap year when in fact it is not a leap year. You can find more
68  * information on the Microsoft website in article Q181370:
69  * <p/>
70  * http://support.microsoft.com/support/kb/articles/Q181/3/70.asp
71  * <p/>
72  * Excel uses the convention that 1-Jan-1900 = 1. This class uses the
```

```java
 73   * convention 1-Jan-1900 = 2.
 74   * The result is that the day number in this class will be different to the
 75   * Excel figure for January and February 1900...but then Excel adds in an extra
 76   * day (29-Feb-1900 which does not actually exist!) and from that point forward
 77   * the day numbers will match.
 78   *
 79   * @author David Gilbert
 80   */
 81  public class SpreadsheetDate extends DayDate {
 82    public static final int EARLIEST_DATE_ORDINAL = 2; // 1/1/1900
 83    public static final int LATEST_DATE_ORDINAL = 2958465; // 12/31/9999
 84    public static final int MINIMUM_YEAR_SUPPORTED = 1900;
 85    public static final int MAXIMUM_YEAR_SUPPORTED = 9999;
 86    static final int[] AGGREGATE_DAYS_TO_END_OF_PRECEDING_MONTH =
 87      {0, 0, 31, 59, 90, 120, 151, 181, 212, 243, 273, 304, 334, 365};
 88    static final int[] LEAP_YEAR_AGGREGATE_DAYS_TO_END_OF_PRECEDING_MONTH =
 89      {0, 0, 31, 60, 91, 121, 152, 182, 213, 244, 274, 305, 335, 366};
 90
 91    private int ordinalDay;
 92    private int day;
 93    private Month month;
 94    private int year;
 95
 96    public SpreadsheetDate(int day, Month month, int year) {
 97      if (year < MINIMUM_YEAR_SUPPORTED || year > MAXIMUM_YEAR_SUPPORTED)
 98        throw new IllegalArgumentException(
 99          "The 'year' argument must be in range " +
100          MINIMUM_YEAR_SUPPORTED + " to " + MAXIMUM_YEAR_SUPPORTED + ".");
101      if (day < 1 || day > DateUtil.lastDayOfMonth(month, year))
102        throw new IllegalArgumentException("Invalid 'day' argument.");
103
104      this.year = year;
105      this.month = month;
106      this.day = day;
107      ordinalDay = calcOrdinal(day, month, year);
108    }
109
110    public SpreadsheetDate(int day, int month, int year) {
111      this(day, Month.fromInt(month), year);
112    }
113
114    public SpreadsheetDate(int serial) {
115      if (serial < EARLIEST_DATE_ORDINAL || serial > LATEST_DATE_ORDINAL)
116        throw new IllegalArgumentException(
117          "SpreadsheetDate: Serial must be in range 2 to 2958465.");
118
119      ordinalDay = serial;
120      calcDayMonthYear();
121    }
```

```java
122
123    public int getOrdinalDay() {
124      return ordinalDay;
125    }
126
127    public int getYear() {
128      return year;
129    }
130
131    public Month getMonth() {
132      return month;
133    }
134
135    public int getDayOfMonth() {
136      return day;
137    }
138
139    protected Day getDayOfWeekForOrdinalZero() {return Day.SATURDAY;}
140
141    public boolean equals(Object object) {
142      if (!(object instanceof DayDate))
143        return false;
144
145      DayDate date = (DayDate) object;
146      return date.getOrdinalDay() == getOrdinalDay();
147    }
148
149    public int hashCode() {
150      return getOrdinalDay();
151    }
152
153    public int compareTo(Object other) {
154      return daysSince((DayDate) other);
155    }
156
157    private int calcOrdinal(int day, Month month, int year) {
158      int leapDaysForYear = DateUtil.leapYearCount(year - 1);
159      int daysUpToYear = (year - MINIMUM_YEAR_SUPPORTED) * 365 + leapDaysForYear;
160      int daysUpToMonth = AGGREGATE_DAYS_TO_END_OF_PRECEDING_MONTH[month.toInt()];
161      if (DateUtil.isLeapYear(year) && month.toInt() > FEBRUARY.toInt())
162        daysUpToMonth++;
163      int daysInMonth = day - 1;
164      return daysUpToYear + daysUpToMonth + daysInMonth + EARLIEST_DATE_ORDINAL;
165    }
166
167    private void calcDayMonthYear() {
168      int days = ordinalDay - EARLIEST_DATE_ORDINAL;
169      int overestimatedYear = MINIMUM_YEAR_SUPPORTED + days / 365;
170      int nonleapdays = days - DateUtil.leapYearCount(overestimatedYear);
```

```
171      int underestimatedYear = MINIMUM_YEAR_SUPPORTED + nonleapdays / 365;
172
173      year = huntForYearContaining(ordinalDay, underestimatedYear);
174      int firstOrdinalOfYear = firstOrdinalOfYear(year);
175      month = huntForMonthContaining(ordinalDay, firstOrdinalOfYear);
176      day = ordinalDay - firstOrdinalOfYear - daysBeforeThisMonth(month.toInt());
177    }
178
179    private Month huntForMonthContaining(int anOrdinal, int firstOrdinalOfYear) {
180      int daysIntoThisYear = anOrdinal - firstOrdinalOfYear;
181      int aMonth = 1;
182      while (daysBeforeThisMonth(aMonth) < daysIntoThisYear)
183        aMonth++;
184
185      return Month.fromInt(aMonth - 1);
186    }
187
188    private int daysBeforeThisMonth(int aMonth) {
189      if (DateUtil.isLeapYear(year))
190        return LEAP_YEAR_AGGREGATE_DAYS_TO_END_OF_PRECEDING_MONTH[aMonth] - 1;
191      else
192        return AGGREGATE_DAYS_TO_END_OF_PRECEDING_MONTH[aMonth] - 1;
193    }
194
195    private int huntForYearContaining(int anOrdinalDay, int startingYear) {
196      int aYear = startingYear;
197      while (firstOrdinalOfYear(aYear) <= anOrdinalDay)
198        aYear++;
199
200      return aYear - 1;
201    }
202
203    private int firstOrdinalOfYear(int year) {
204      return calcOrdinal(1, Month.JANUARY, year);
205    }
206
207    public static DayDate createInstance(Date date) {
208      GregorianCalendar calendar = new GregorianCalendar();
209      calendar.setTime(date);
210      return new SpreadsheetDate(calendar.get(Calendar.DATE),
211                                 Month.fromInt(calendar.get(Calendar.MONTH) + 1),
212                                 calendar.get(Calendar.YEAR));
213
214    }
215 }
```

経験則のクロスリファレンス 付録 C

以下に経験則とにおいのクロスリファレンスを掲載します（章-ページ形式）。

C1	16-352, 16-355, 17-372
C2	16-355, 16-359, 16-368, 17-372
C3	16-358, 16-359, 16-362, 17-372
C4	17-373
C5	17-373
E1	17-373
E2	17-374
F1	14-304, 17-374
F2	17-374
F3	17-374
F4	16-350, 16-361, 17-375
G1	16-353, 17-375
G2	16-351, 17-375
G3	16-351, 17-376
G4	16-355, 17-376
G5	9-177, 16-354, 16-360, 16-365, 16-368, 17-376
G6	6-145, 16-355, 16-358, 16-363, 16-366, 16-367, 16-368, 17-377
G7	16-356, 17-378
G8	16-358, 17-379
G9	15-345, 16-358, 16-359, 16-361, 17-379
G10	5-120, 16-358, 17-379
G11	15-340, 16-358, 16-362, 16-365, 17-380
G12	16-359, 16-360, 16-361, 16-362, 16-368, 17-380
G13	16-360, 16-362, 17-380
G14	16-361, 16-366, 17-381
G15	16-362, 17-382
G16	16-363, 17-383
G17	16-363, 17-383, 17-388
G18	16-363, 16-365, 17-384

G19	16-363, 16-365, 17-385
G20	16-364, 17-385
G21	16-365, 17-386
G22	16-367, 17-386
G23	3-69, 14-304, 16-367, 17-388
G24	16-368, 17-388
G25	16-368, 17-389
G26	17-390
G27	17-390
G28	15-338, 17-391
G29	15-339, 17-391
G30	15-340, 17-391
G31	15-341, 17-392
G32	15-342, 17-393
G33	15-343, 17-394
G34	3-66, 6-145, 17-395
G35	5-124, 17-396
G36	6-143, 17-397
J1	16-352, 17-398
J2	16-354, 17-399
J3	16-358, 16-359, 17-400
N1	15-341, 16-353, 16-355, 16-357, 16-361, 16-362, 16-363, 16-367, 16-368, 17-401
N2	16-353, 17-403
N3	16-359, 16-362, 17-404
N4	15-339, 16-364, 17-404
N5	2-49, 14-281, 17-405
N6	15-338, 17-405
N7	15-340, 17-406
T1	16-351, 17-406
T2	16-350, 17-406
T3	16-351, 17-407
T4	17-407
T5	16-351, 16-352, 17-407
T6	16-351, 17-407
T7	16-352, 17-407
T8	16-352, 17-408
T9	17-408

後書き

　2005年に、デンバーのアジャイル会議に出席していたとき、ランス・アームストロングが広めたバンドと似た緑色のリストバンドをエリザベス・ヘンドリクソン[1]が、筆者に手渡してくれました。そこには「テストに夢中（Test Obsessed）」と書かれていました。実際、筆者は1999年にケント・ベックにTDDについて学んでから、テスト駆動開発に夢中です。

　しかしその後、奇妙なことが起きました。このバンドが外せないのです。物理的にとれないからでもなければ、義理で外せないわけでもありません。このバンドは、筆者のプロとしての倫理的価値観を、公に宣言しているのです。筆者が、できうるかぎりの最良のコードを書くという宣言を目に見える形で表明しているのです。このバンドを外すことは、これらの倫理と宣言とに反するように感じられるのです。

　このため、このバンドは、まだ私の腕にあります。コードを書くときには、このバンドが私の視界に入ります。そして筆者が自分に課した、クリーンコードを書くという約束を常に思い起こさせるのです。

---

[1] http://www.qualitytree.com/

索引

Symbols
++ · 419
5S 原則 · 14

A
AOP · 217, 220
Appender · 167
Args · 255, 264, 297
AspectJ · 223
assertEquals · 73, 74, 181
AtomicInteger · 422

B
BDUF · 224

C
C++ · 32, 122, 153
C# · 153
Callable · 422
ClassCastException · 295
Clover · 350
Collections.emptyList · 159
Compare and Swap · 423
ComparisonCompactor · 332
ConsoleAppender · 167
ConTest · 252, 441

D
DAO · 221
DayDate · 353
Dependency Injection · 213
Dependency Inversion Principle · 41, 230
DRY 原則 · 81, 376
DSL · 180, 226
DTO · 145, 217

E
EJB · 214, 222

enum · 400
Excel · 355

F
F.I.R.S.T. · 186
final · 359
FitNesse · 61, 90, 116, 133, 177, 279, 295

H
HTML · 106, 353

I
Inversion of Control · 213

J
Java · 51, 153, 189, 263, 398
  〜仮想マシン · 413
  〜プロキシ · 218
  定数と enum · 400
  定数を継承しない · 399
  ワイルドカードを使って、長い import のリストを避
    ける · 398
Javadoc · 39, 95, 99, 103, 109, 353, 372
JNDI ルックアップ · 213
JUnit · 64, 93, 116, 122, 125, 279, 331

L
log4j · 167

M
main の分離 · 211
Map · 164
minimal · 35
Month · 362

N
null · 158, 159, 210

O
Open Closed Principle ··················· 41, 69, 205

P
POJO ································· 219, 220
priority ································· 250
private ··························· 137, 143, 189
protected ······························· 190
public ····························· 137, 143, 189
Pure Java ······························· 220
Python ······························ 153, 263

R
Ruby ································ 153, 263

S
SerialDate ··························· 349, 352
serialVersionUID ························ 354
SimpleDateFormat ······················· 424
Single Responsibility Principle ········ 41, 69, 193
sleep ··································· 250
Smalltalk ······························· 263
Spring ······························ 213, 220
SQL ··································· 202
SRP ··························· 69, 193, 232, 241
static final ····························· 353
static import ···························· 399
switch 文 ······························· 68
synchronized ················· 241, 246, 423, 427

T
TDD ··························· 13, 153, 174, 279
TODO コメント ··························· 94
TO 節 ································ 66, 67
TPM ··································· 14
try/catch ブロックの分離 ··················· 79
try-catch-finally 文 ······················ 151

W
wait ··································· 250
WEB ツール ····························· 196

X
XML ··································· 222

Y
yield ··································· 250

ア
アーキテクチャ ······················· 13, 214
あいのこ ······························· 144
アクセサ ······················ 138, 142 - 144, 381
アクティブレコード ······················· 146
アサーション ··························· 160
アサート ······························· 183
アジャイル ····················· 13, 17, 174, 214
アスペクト指向フレームワーク ············· 251
アスペクト指向プログラミング ············· 217
アダプタパターン ························ 430
アトミック ························· 240, 418
アノテーション ······················ 222, 224
アンクルボブ ·························· 18, 38
アンディ・ハント ······················ 32, 376

イ
意思決定の最適化 ························ 225
依存関係逆転の原則 ······················· 41
依存性磁石 ······························· 80
依存性注入 ····························· 213
一時変数 ······························· 365
位置揃え ······························· 128
一過性の問題 ··························· 239
一般の経験則 ··························· 375
　1つのソースファイルに複数の言語を使用する ···· 375
　if/else や switch/case よりも多態を好む ········· 388
　あって当然の振る舞いが実装されていない ···· 375
　アルゴリズムを理解する ················· 386
　安全軽視 ····························· 376
　いいかげんにならないこと ··············· 393
　隠れた時間軸上の結合 ··················· 392
　関数では1つのことを行うべき ············ 391
　関数は1つの抽象レベルを担うべき ········· 395
　関数名は体を表すべき ··················· 385
　機能の羨望 ··························· 381
　規約より構造 ························· 390
　境界条件はカプセル化する ··············· 394

境界値に対する不正確な振る舞い 376
継承クラスに依存したベースクラス 378
雑然 380
条件の否定形を避ける 391
条件をカプセル化せよ 391
情報過多 379
人為的な結合 380
推移的なナビゲーションを避ける 397
垂直分離 379
正確であれ 390
責務を持たせる場所の間違い 383
設定可能なデータは高いレベルに置く 396
説明的変数 385
セレクタ引数 382
抽象レベルが正しくないコード 377
重複 376
デッドコード 379
標準の規約に従う 388
不整合 380
不適切な static 384
不明瞭な意図 383
マジックナンバーを名前付けした定数に置きかえる
 389
論理的な依存性を物理的なものとする 386
イベント 72
意味のある対比 47
インクリメンタル主義 279, 281
インスタンス変数 71, 88, 119, 122, 142, 195, 379
インスタンスメソッド 364
インターフェイス 52, 163, 170, 205, 219
インターフェイス境界 165
インデント 65, 82, 130, 131
隠蔽構造 144

ウ
ウェーディング 27
受け入れテスト 34
嘘 88

エ
エクストリームプログラミング 37, 376
エグゼキュタフレームワーク 243, 421
エドガー・ダイクストラ 81
エラー処理 80, 149

null を返さない 158
null を渡さない 159
エラーの分類 154
エラーメッセージ 154
エリック・エバンズ 404
エリック・ガンマ 331
エレガント 32
エンコーディング 50, 405

オ
横断的関心事 217
応答時間 238
オーバーヘッド 239
大文字の O 46
オブジェクト 36, 51, 74, 77, 137, 139, 141, 142, 144, 147, 210, 213
オブジェクト指向 77, 140, 141, 193, 382

カ
開始処理 210
概念 125, 184
開放／閉鎖原則 41, 69, 153, 205
学習テスト 166, 169
カバレッジツール 406
カプセル化 190, 339
環境 373
　テストに複数のステップを要する 374
　ビルドに複数のステップを要する 373
関心事 194, 210, 217, 224
関心事の分離 151, 210, 225, 238
関数 47, 61, 82, 123, 126, 198, 374, 379, 391, 395
　1 つの〜に 1 つの抽象レベル 67
　1 つのことを行う 65
　try/catch ブロックの分離 79
　多すぎる引数 374
　可変引数 74
　〜内のセクション 67
　〜ヘッダ 108
　〜を書く目的 66
　コマンド・照会の分離原則 77
　出力引数 72, 76, 374
　死んだ〜 375
　小さいこと！ 64
　逓減規則 67

動詞とキーワード 75
内容をよく表す名前を使う 70
名前の整合性 71
引数 71, 73
引数オブジェクト 74
副作用 75
フラグ引数 374
ブロックとインデント 65
戻りコード 78
管理層 30

キ

飢餓状態 244, 436
気配り 35
汚いテスト 175
機能の羨望 144, 381
境界 163, 166, 352, 407
凝集 17, 194
強制的なエラー 250
共有データ 241
共有変数 424
「きれいさ」のセンス 31
きれいな境界 171
きれいなプログラム 38

ク

空行 118
具象クラス 205
クライアント 411
クライアント／サーバー 411, 446
クライアントベースロック 246, 427
クラス 45, 56, 122, 142, 189, 235
　具象〜 205
　〜の簡単な解説 192
　〜の構成 189
　〜名 53
　継承〜に依存したベース〜 378
　自身の〜を羨望 366
　小さな〜の集まり 194
　抽象〜 205
　変更から切り離す 205
　変更のために最適化する 202
グラディ・ブーチ 33
クリーンコード 13, 20, 25, 31, 32, 38, 209, 264

クリーンテスト 177
クリストファ・アレキサンダ 16
クリティカルセクション 246

ケ

経験則 371
継続的改良 255
経路 240, 416, 417
結合 17
ゲッタ 137, 138, 145
原則 41, 69, 77, 81, 174, 193, 229, 241
ケント・ベック 27, 64, 109, 229, 331, 385

コ

構造化プログラミング 81
構築−操作−検査パターン 180
肯定表現 339
コード 13, 19, 25, 26, 34, 39, 87, 149, 169, 329
　クリーン〜 31, 32
　〜では説明できない 89
　〜のセンス 31
　〜の重複 36, 81, 184, 376
　〜の重複の排除 231
　〜の追加や削除 307
　〜のにおい 371
　〜の表現力 234
　〜補完 46
　コメントアウトされた〜 105
　垂直方向の並び順 126
　水平方向の位置合わせ 128
　製品〜 174
　洗練された〜 29, 31
　粗悪な〜 27
　縦方向の書式化 116
　ダメな〜 89, 329
　テスト〜 175
　まだ存在しない〜 169
　横方向の書式化 126
誇大広告 226
コマンド・照会の分離原則 77
コマンドライン引数 255
コメント 87, 89, 355, 372
　HTML〜 106
　TODO〜 94

意図の説明･････････････････････91
　　多すぎる情報････････････････････107
　　関数ヘッダ････････････････････108
　　記述不足の〜･････････････････373
　　強調･･･････････････････････94
　　結果に対する警告････････････････93
　　誤解を招く〜･････････････････99
　　〜アウトされたコード････････････105, 373
　　冗長な〜･････････････････････96, 372
　　退化〜････････････････････････372
　　閉じカッコ〜････････････････････104
　　日誌〜･････････････････････100
　　ノイズ〜････････････････････100
　　非局所的な情報･････････････････107
　　不適切な情報････････････････････372
　　不明確なつながり･･･････････････108
　　道標･･････････････････････104
　　明確化･････････････････････92
　　命令〜･････････････････････99
　　よい〜･････････････････････89
　　よくない〜････････････････････95
　小文字のL･･････････････････････46
　ごろ合わせをしない･････････････････55
　壊れた窓･････････････････････33
　コンストラクタ･･･････････････････53
　コンテキスト･････････････････154, 211
　コンテナ････････････････213, 216, 238, 424
　コンペアアンドスワップ･････････････423
　混乱･････････････････････････28

サ

サードパーティー････････････154, 156, 163
サーバー･･････････････････････411, 413
サーバー適合･････････････････････246
サーバーベースロック･･････････････246, 429
サーブレット･････････････････････238, 424
再現性･･････････････････････239
細部･････････････････････13, 15, 16, 33

シ

ジェネリクス･･････････････････････165
シグネチャ･･･････････････････････153
システム･･････････････････････209, 214
システムアーキテクチャのテスト実行･･････224

　　事前の大規模設計････････････････224
　　しつけ･･････････････････････14
　　実行経路候補････････････････････416
　　実行モデル･････････････････････244
　　実装･･･････････････････････52
　　失敗･･････････････････････87
　　自動車業界･････････････････････14
　　ジム・ニューカーク･･････････････166
　　終了処理コード･･･････････････247
　　出力引数･･････････････････72, 76, 374
　　循環待機･･･････････････････435, 437
　　照会････････････････････････203
　　冗長なコメント･･･････････････355, 372
　　情報･････････････････････46
　　情報を与えるコメント･････････････90
　　書式化･････････････････････115
　　人為的な結合･･･････････････････380
　　死んだ関数･････････････････････375

ス

垂直概念分離性････････････････････118
垂直距離････････････････････････120
垂直分離････････････････････････379
垂直密度････････････････････････119
水平分離性･･････････････････････127
スクラム････････････････････････13
スケールアップ････････････････････214
スケジュール･････････････････････30
スコープ････････････････････130, 241
スペシャルケースパターン･･･････････157
スループット･････････････････238, 412, 430
スレッド･････････････237, 240, 242, 413, 417
　　シングル〜の計算処理のスループット･･････432
　　〜化されたコード･････････････247, 249
　　〜化されていないコード･･････････248
　　〜セーフでないクラス･････････････424
　　〜セーフなコレクション･･････････243
　　ノンブロッキングなやり方･･････････422
　　マルチ〜コードをテストする･･････････438
　　マルチ〜による計算のスループット･････432
　　メソッド間の依存性が同時並行コードを破壊する
　　　･････････････････････････425

セ

制御 211
制御の反転 213
制御変数 121
清潔 14
生産性 28
清掃 14
静的型付け言語 263
整頓 14
製品 13
製品コード 174
整理 14
責務 190, 202, 383, 414
設計 230, 239
セッタ 137, 138, 145, 213
設定よりも規約 222
セレクタ引数 382

ソ

相互排他 244, 434, 436
創発 229
ソースコード管理システム 100, 105, 352
束縛リソース 244
ソフトウェアの物理 224
ソフトウェアプロジェクトにおけるコスト 234

タ

退化コメント 372
待機 435, 436
対象－条件－想定結果規約 184
ダグ・リー 243
多態 68, 69, 140, 377, 384, 388
縦方向の書式化 116
ダミーのスコープ 132
単一責務の原則 41, 69, 193, 211, 213, 241
単純な設計のための4つの規則 229
単体テスト 34, 152, 173, 176, 350

チ

小さなクラスの集まり 194
小さな再利用 233
チーム 28, 132, 209
遅延初期化／遅延評価 210
抽象化レベル 67

抽象化 37, 63, 137, 376, 377
抽象化レベル 209
抽象クラス 205
抽象ファクトリ 52, 69, 212, 356, 357
重複 81, 211, 231, 376
直列化 354

テ

逓減規則 67
定数 124, 261, 353, 399, 400
デイブ・トーマス 32, 34, 376
データ 147
データアクセスオブジェクト 221
データ構造 137, 139, 141, 144
データ抽象化 137
データ転送オブジェクト 145, 217
データのコピー 242
データベース接続 424
適切なコメント 87
デザイン駆動 13
テスト 13, 26, 34, 173, 183, 184, 230, 247, 406, 412
　xxx性を可能とする 176
　カバレッジツールを使用する！ 406
　汚い～ 175
　境界条件～ 407
　きれいに保つ 175
　クリーン～ 177
　ささいな～を省略しない 407
　失敗パターンは何かを語る 407
　～カバレッジのパターンは何かを語る 408
　～環境 180
　～駆動開発 35, 173, 279
　～ケース 72, 93, 167, 332
　～コード 175
　～実行 224
　～スイート 279
　～は高速に実行できるべき 408
　～を保守するコスト 175
　バグの周辺は徹底的に～を 407
　不十分な～ 406
　無視することを指定された～は、あいまいさへの問い
　　かけである 407
　リファクタリング 179
哲学者の食事 245

索引

手続き型·················140
デッドコード··············379
デッドロック············244, 433
デビッド・ギルバート··········349
デメテルの法則·············142
デューデリジェンス···········376
テンプレートメソッドパターン····184, 233

ト

同期··················242
同期化セクションを小さく········246
同期化メソッド間の依存関係······246
動詞··················53
同時並行性···········237, 239, 411
　　神話と誤解············239
　　～防御原則·············241
道場··············38, 39, 183
通し番号················353
閉じカッココメント···········104
ドメイン特化言語··········26, 226
ドメイン特化テスト言語·········180

ナ

長い変数名···············281
名前················43, 401
　　1つのコンセプトには1つの単語··54
　　一部分のみが異なる～········46
　　意図が明確な～············43
　　意味のある文脈············56
　　インターフェイスと実装·······52
　　エンコーディングを避ける····50, 405
　　解決領域の用語の使用········55
　　可能な限り標準の用語を使用する··404
　　記述的な～を選ぶ··········401
　　気取らない··············54
　　クラス名···············53
　　検索可能な～············49
　　ごろ合わせをしない·········55
　　抽象レベルに適切な～を選ぶ····403
　　長い～················70
　　～で副作用を示すべき·······406
　　～の整合性··············71
　　発音可能な～············48
　　はっきりした～···········404

ハンガリアン記法············50
広いスコープには長い～を······405
メソッド名···············53
メンタルマッピングを避ける·····52
メンバープレフィクス·········51
問題領域の用語の使用·········56

ニ

におい··············371, 381
二重規範················180
偽情報·················45
日誌コメント··············100
入力引数················72

ノ

ノイズコメント·············100
ノンブロッキングなやり方······422

ハ

バイトコード··········240, 417, 419
敗北··················176
バグ················345, 407
はさみの規則·············122
パターン·······217, 226, 234, 377, 404
パフォーマンス··········239, 412
ハンガリアン記法·········50, 383

ヒ

悲観ロック···············423
引数············47, 71, 73, 374
引数オブジェクト············74
非公開コードのJavadoc········109
ビジネスロジック············216
非チェック例外·············153
否定表現················339
批評··················349
ビャーネ・ストラウストラップ·····32
標準の用語···············234

フ

ファクトリ········52, 69, 212, 216, 356
ファクトリクラス············357
ファクトリメソッド···········53
フィールド···············235

副作用··· 75
不十分なテスト ······································· 406
不正確なコメント ······································ 88
双子メソッド·· 362
物理··· 224
フューチャ ·· 422
フラグ引数 ······································ 73, 374
振る舞い······ 139, 147, 153, 169, 217, 235, 244, 279, 375, 376, 384
プレッシャー ································· 28, 31, 169
フレッド・ブルックス ································· 15
プレフィクス····································· 56, 338
プロ·· 13, 30, 31, 116
プロキシ·· 218
プログラマ ····································· 25, 28, 30
プログラミング ································ 26, 264
プログラム ··· 38
プロジェクト··· 28
プロジェクトマネージャ ····························· 30
ブロック ······································· 65, 121
プロデューサーコンシューマ ························ 244
文脈··· 56

ヘ

変更から切り離す ·································· 205
変更の原因 ··· 193
変更のために最適化する ····························· 202
変数·································· 71, 88, 119, 137, 189, 379
　　インスタンス～ ····························· 122, 195
　　制御～ ······································· 121
　　～宣言 ······································· 121

ホ

ボーイスカウトの規則 ····························· 41, 338
保守··· 14, 234
ホワイトスペース ···································· 127
本番環境 ·· 180

マ

マーチン・ファウラー ···························· 371, 381
マイケル・フェザーズ ······························· 35
マインスイーパー ···································· 45
マジックナンバー ··························· 45, 368, 383
まだ存在しないコード ······························ 169

ミ

密接に関連した概念 ································ 120

メ

名詞··· 53
命令コメント ······································· 99
メソッド ······························ 142, 153, 235, 246
　　～間の依存性が同時並行コードを破壊する ······ 425
　　～抽出 ·· 36
　　～名 ·· 53
メンタルマッピング ····························· 52, 181

モ

モジュール化 ································· 209, 225
モック ·· 211
モンテカルロテスト ································ 440

ユ

ユビキタス言語 ···································· 404

ヨ

よいコメント·· 89
要件··· 30
よくないコメント ···································· 95
読みやすさ····································· 33, 177

ラ

ライブラリ····································· 243, 421
ライブロック··································· 244, 436
楽観ロック ·· 423
ラリー・コンスタンティン ··························· 17

リ

リーダーライター ·································· 245
リターンコード···································· 150
リチャード・ガブリエル ····························· 17
リファクタリング ······· 15, 179, 214, 230, 279, 307, 349, 371

ル

ルートヴィッヒ・ミース・ファン・デル・ローエ····· 13
ループ ································ 52, 81, 82, 113, 121, 131

レ

例外 78, 150
 状況を伝える 154
 正常ケースのフローを定義する 156
 〜クラスの定義 154
レブランの法則 28

ロ

ローカル変数 47, 49, 121, 379, 419

ロシア人形 221
ロック 435, 436
ロバート・シモン 360
ロン・ジェフリーズ 36, 376

ワ

ワード・カニンガム 37
割り込み 435, 437

- 本書は、株式会社KADOKAWA/アスキー・メディアワークスより刊行された『Clean Code』を再刊行したものです。再刊行にあたり、旧版刊行後に発見された誤植等を修正しております。
- 本書に対するお問い合わせは、電子メール(info@asciidwango.jp)にてお願いいたします。但し、本書の記述内容を越えるご質問にはお答えできませんので、ご了承ください。

<small>クリーンコード</small>
Clean Code
アジャイルソフトウェア達人の技

2017年12月18日　初版発行
2023年12月25日　第1版第5刷発行

著　者　<small>ロバート　マーチン</small>Robert C. Martin
訳　者　<small>はないしせい</small>花井志生

発行者　夏野　剛
発　行　株式会社ドワンゴ
　　　　〒104-0061
　　　　東京都中央区銀座 4-12-15 歌舞伎座タワー
　　　　編集　03-3549-6153
　　　　電子メール　info@asciidwango.jp
　　　　https://asciidwango.jp/

発　売　株式会社KADOKAWA
　　　　〒102-8177
　　　　東京都千代田区富士見 2-13-3
　　　　KADOKAWA購入窓口　0570-002-008（ナビダイヤル）
　　　　https://www.kadokawa.co.jp/

印刷・製本　株式会社リーブルテック

Printed in Japan

本書(ソフトウェア/プログラム含む)の無断複製(コピー、スキャン、デジタル化等)並びに無断複製物の譲渡および配信は、著作権法上での例外を除き禁じられています。また、本書を代行業者などの第三者に依頼して複製する行為は、たとえ個人や家庭内での利用であっても一切認められておりません。
定価はカバーに表示してあります。

ISBN978-4-04-893059-8　C3004

アスキードワンゴ編集部
編　集　鈴木嘉平